21世纪市场营销立体化系列教材 编委会

主　任：万后芬（中南财经政法大学）

编委会：（以姓氏笔画排序）

丁桂兰（中南财经政法大学）　　田志龙（华中科技大学）

汤定娜（中南财经政法大学）　　张广玲（武汉大学）

杜兰英（华中科技大学）　　　　余序洲（中南民族大学）

陈志浩（中南财经政法大学）　　陈　涛（武汉科技大学）

周　玫（江西财经大学）　　　　黄　静（武汉大学）

景奉杰（华东理工大学）

21世纪市场营销立体化系列教材

International Marketing

国际市场营销学

（第二版）

⊙ 主　编　汤定娜
　　副主编　刘　煜　刘俊清　刘梦玮

华中科技大学出版社
http://www.hustp.com
中国·武汉

图书在版编目(CIP)数据

国际市场营销学 / 汤定娜主编. —2 版. —武汉：华中科技大学出版社，2020.7（2022.1 重印）
21 世纪市场营销立体化系列教材
ISBN 978-7-5680-6325-8

Ⅰ.①国… Ⅱ.①汤… Ⅲ.①国际营销－高等学校－教材 Ⅳ.①F740.2

中国版本图书馆 CIP 数据核字(2020)第 111990 号

国际市场营销学（第二版）

主编　汤定娜

Guoji Shichang Yingxiaoxue（Di-er Ban）

策划编辑：周晓方　陈培斌
责任编辑：章　红
封面设计：刘　卉
责任监印：周治超

出版发行：华中科技大学出版社（中国·武汉）　　电话：（027）81321913
　　　　　武汉市东湖新技术开发区华工科技园　　邮编：430223
录　　排：华中科技大学惠友文印中心
印　　刷：武汉科源印刷设计有限公司
开　　本：787mm×1092mm　1/16
印　　张：17　插页：2
字　　数：453 千字
版　　次：2022 年 1 月第 2 版第 2 次印刷
定　　价：48.00 元

本书若有印装质量问题，请向出版社营销中心调换
全国免费服务热线：400-6679-118　竭诚为您服务
版权所有　侵权必究

内容简介

随着经济全球化的不断发展,国际市场竞争越来越激烈。中国企业要想在国际市场顺利立足并进一步发展壮大面临着巨大的挑战,从而对从事国际营销活动的人才提出了更高的要求:不仅需要掌握国际营销战略和策略等竞争获胜的手段,更需要具有先进的理念和对异国文化及消费者行为差异性的辨别能力及其他多种能力。基于此,本教材在编写上突出了基础性、系统性、实践性和动态性等特点。基础性表现在内容选择和结构安排上都以国际市场营销学的基本理论和知识为核心,内容精要,结构简练;系统性是指教材体系的构建全面覆盖了国际市场营销学的理念、战略和策略等各方面,充分体现其完整性和系统性;实践性体现为强调从中国企业参与国际市场竞争的需要出发调整内容和体系,以及教材中大量的企业实例以及每章后的案例讨论;动态性是本教材的另一个亮点,不仅通过再版修订的形式更新内容和资料,更重要的是通过鲜活的实例特别是案例讨论的安排,将静态的教材与动态的实践活动连接起来,保持教材的新颖性与活力。

本教材不仅能满足在校本科生教学需要,也能为营销人员从事国际市场营销实践提供借鉴和参考。

总 序

在经济全球化背景下，随着市场经济的发展，一切面向市场的组织都必须投身于市场经济大潮之中，按照市场经济的规律，搞好自身的经营和管理。社会经济的这一发展趋势，使得会经营、懂管理、善策划的市场营销专业人才成为市场的宠儿，社会对市场营销专业人才的需求逐年递增。

市场营销专业是随着市场经济的发展而建立和不断发展起来的新兴专业，迄今为止，还不到100年的历史。随着营销实践的发展，市场营销的内涵及其对与之相关联的营销人才知识体系的要求也在不断发展和变更：市场营销已由单纯的销售产品实施过程发展到营销的战略和策划过程，由单纯的产品营销发展到品牌营销，由单纯的实物产品营销发展到服务产品的营销，由单纯的交易性营销发展到交易与关系相结合的全面营销，由单纯的微观营销发展到宏观与微观相结合的全方位营销。

从我国的情况来看，1978年开始引进市场营销课程，1992年才正式将市场营销专业列入本科招生目录。二十几年来，随着社会对市场营销专业人才需求的增长，开设市场营销专业的院校已从最初的一部分综合大学、财经院校，发展到理、工、医、农、艺、体等各类院校，以及各类职业技术院校；人才培养的层次也由原来的本科、专科，发展到硕士、博士层次。由此，我们抱着根据学科的发展及社会对市场营销专业人才的需要来重新规划营销人才培养体系，设计市场营销专业系列教材，为新型的市场营销专业人才的培养提供工具的目的，编著出版了这套"21世纪市场营销立体化系列教材"，并于2014年开始陆续对系列教材进行全面修订改版工作。

本系列教材的编著力求凸现如下特点。

第一，按照社会对营销人才知识体系新的要求设计系列教材。本系列教材既包括交易营销方面的理论和知识，又包括关系营销、服务营销、品牌营销、营销策划等方面的理论和知识。

第二，引进营销方面的最新的理论和成果。系列教材的作者在编著过程中，都力求吸收国内外的最新成果，体现营销发展的最新动向，力求教材内容上的创新。

第三，加强案例分析。教材的每章都以小案例导入，并配备了大量的案例加以说明，力求理论联系实际，学以致用。

第四，创新教材形式。本套教材拟以现代教育技术为支撑，为读者提供一套"纸质教材与电子课件、课程网络"相结合的新型的立体化教材。

　　本系列教材由多年从事本学科教学、在本学科领域内具有比较丰富的教学经验的教师担任各教材的主编，并由他们组成本系列教材的编委会，为读者提供以《市场营销学》《国际市场营销学》《市场研究理论与方法》《消费者行为学》《销售管理》《广告管理》《新产品管理》《渠道管理》《营销策划》《品牌管理》《服务营销》《网络营销》《商务沟通》为主体的系列教材。

　　在系列教材的写作过程中参考了大量的国内外最新研究和实践成果，各位编著者已尽可能在参考文献中列出，在此对这些研究者和实践者表示真诚的感谢。因为多方面的原因，如果有疏漏之处，作者表示万分歉意，并愿意在得知具体情况后予以纠正，在此先表示衷心的谢意。

　　编撰一套教材是一项艰巨的工作，由于作者的水平有限，本套教材难免会有疏漏和谬误之处，真诚希望广大读者批评指正，不吝赐教。

2008 年 9 月 10 日
2019 年 11 月修订

目 录

第1章 导论 ... 1
1.1 国际市场营销概念 ... 2
1.2 国际市场营销学及其发展历程 ... 5
1.3 国际市场营销决策 ... 9
本章小结 ... 13
关键术语 ... 13
思考题 ... 14
参考文献 ... 14
案例研讨 ... 14

第2章 国际市场营销战略计划 ... 18
2.1 国际市场营销战略要素和目标 ... 19
2.2 国际市场营销战略计划 ... 23
2.3 国际市场投资组合战略 ... 31
本章小结 ... 35
关键术语 ... 35
思考题 ... 36
参考文献 ... 36
案例研讨 ... 36

第3章 国际市场分析与评估 ... 41
3.1 国际市场的测量与预测 ... 43
3.2 国际市场营销环境分析与评估 ... 48
3.3 国际市场结构与不同市场类型 ... 55
本章小结 ... 59
关键术语 ... 59
思考题 ... 60
参考文献 ... 60
案例研讨 ... 60

第4章 国际目标市场选择 ... 65
4.1 国际市场细分 ... 66

4.2 国际目标市场选择 ... 74
　　4.3 国际市场定位 ... 79
　　本章小结 ... 80
　　关键术语 ... 80
　　思考题 ... 80
　　参考文献 ... 80
　　案例研讨 ... 81

第5章　国际市场进入方式选择 ... 84
　　5.1 进入国际市场的方式 ... 85
　　5.2 进入国际市场方式的选择 ... 109
　　本章小结 ... 116
　　关键术语 ... 116
　　思考题 ... 116
　　参考文献 ... 116
　　案例研讨 ... 117

第6章　国际市场产品策略 ... 121
　　6.1 国际产品生命周期 ... 122
　　6.2 国际市场产品策略 ... 130
　　6.3 国际市场品牌和包装策略 ... 139
　　6.4 国际市场质量保证和服务策略 ... 148
　　本章小结 ... 150
　　关键术语 ... 151
　　思考题 ... 151
　　参考文献 ... 151
　　案例研讨 ... 152

第7章　国际市场渠道策略 ... 155
　　7.1 国际市场营销渠道模式 ... 156
　　7.2 国际市场营销渠道设计 ... 160
　　7.3 国际市场营销渠道管理 ... 165
　　7.4 国际市场物流管理 ... 167
　　7.5 国际市场网络渠道 ... 169
　　本章小结 ... 171
　　关键术语 ... 172
　　思考题 ... 172
　　参考文献 ... 172
　　案例研讨 ... 173

第8章　国际市场促销策略 ... 176
　　8.1 国际市场促销组合 ... 178

- 8.2 国际市场广告策略 182
- 8.3 国际市场人员推销策略 189
- 8.4 国际公共关系策略 194
- 8.5 国际会展 197
- 8.6 国际市场促销与网络营销 203
- 本章小结 205
- 关键术语 205
- 思考题 205
- 参考文献 206
- 案例研讨 206

第9章 国际市场价格策略 209
- 9.1 国际市场产品价格构成与价格阶升 210
- 9.2 国际市场定价的影响因素 213
- 9.3 国际市场定价的方法 218
- 9.4 跨国公司的定价取向 221
- 9.5 倾销与转移定价 222
- 本章小结 228
- 关键术语 229
- 思考题 229
- 参考文献 229
- 案例研讨 230

第10章 国际市场营销管理 232
- 10.1 国际市场营销的全球化与本土化 233
- 10.2 国际市场营销管理的战略要素 234
- 10.3 国际市场营销管理的组织结构 238
- 10.4 国际市场营销管理控制 248
- 本章小结 252
- 关键术语 252
- 思考题 252
- 参考文献 253
- 案例研讨 253

主要参考文献 257

再版后记 259

第1章 导论

📝 **本章提要** 本章是对本学科基本概念和体系及发展概况的介绍,在课程学习中起着导引的作用。其重点在于:理解国际市场营销的含义,了解国际市场营销学与国际贸易的联系与区别,认识国际市场营销学的特点以及企业开展国际市场营销活动的动因。其难点主要在于:国际市场营销概念的理解、国际市场营销学与国际贸易的关系和企业开展国际市场营销活动的动因的掌握。

引 例

出口3支蜡烛就能换回1台冰箱,这样昂贵的蜡烛在中国人眼中还很陌生,但在欧美,每四个家庭中就有一个在用这种蜡烛。中国山东青岛的青岛金王应用化学股份有限公司就是这些蜡烛的制造者。

根据美国蜡烛协会提供的测算资料,目前全世界每年有120多亿美元的蜡烛制品需求量,仅欧美等国就占75%以上的份额,而且欧美市场基本保持4%~5%的增长率。围绕蜡烛衍生出的装饰配套烛台、花等产业也潜力巨大,单以为蜡烛配套的玻璃烛台为例,每年就产生不低于30亿美元的贸易额。由于经济发达程度和宗教信仰习惯的影响,欧美两地成为世界上蜡烛消费能力最强的地区,而受消费习惯和消费能力的制约,非欧美的其他地区包括我国在内的工艺蜡制品市场还处于导入阶段,购买力尚待发掘。现在国际市场上排名前三的蜡烛生产企业分别是美国Blyth(布雷斯)、Yankee Candle(扬基烛业)和青岛金王。

工艺蜡烛及相关工艺品行业是劳动力密集型的制造产业。具有原材料优势和劳动力价格优势的中国,近几年在蜡烛产品出口市场一直较为活跃。2017年全球蜡烛产品占比前五出口国家分别是中国、波兰、美国、越南和荷兰。其中,中国市场份额占比近两成,为19.9%。

目前在中国进行蜡烛相关生产的企业超过1 500家,遗憾的是80%~90%都是贴牌生产,没有自己的设计和专利,加工费低廉,利润微薄,而国外进口商则可凭借自己的品牌渠道优势获取7~10倍于国内企业的利润。

> 1993年，青岛金王凭借2万元的启动资金进入蜡烛行业，15年之后，青岛金王已经成长为日用消费品蜡烛类行业中亚洲第一、全球第三的上市公司，是亚洲同行业规模最大、综合实力最强的工艺蜡烛制品生产商，是集研发、设计、生产、销售于一体的高新技术企业，拥有1 200项专利的Kingking品牌产品已畅销世界50多个国家和地区。
>
> 金王主要生产新型聚合物基质复合体材料蜡制品、日用蜡烛制品等五大类产品。其产品突破了普通蜡烛只采用石蜡做原料的限制，研制出了新型聚合物基质复合体烛光材料制品，产品毛利率约为25%。其95%的蜡烛及相关产品出口欧美。
>
> 与中国工艺蜡烛产品出口的企业普遍采用贴牌生产(OEM)的方式不同，青岛金王生产的新材料工艺蜡烛产品在海外销售均使用自有品牌。现在，金王的自主品牌Kingking商标已经在全球26个国家和地区注册，是美国沃尔玛、瑞典宜家家居及法国家乐福等26家世界500强企业日用消费蜡烛类产品最主要的供应商之一。青岛金王国际领先的研发中心，先后被瑞典宜家家居、瑞士SGS授权为蜡烛产品标准检测机构。目前，青岛金王在全球蜡烛制品尤其在高端产品领域占据着牢固的领导地位。
>
> 资料来源 中国产业信息网，www.chyxx.com/industry/201807/657676.htm。

改革开放以来，大量像青岛金王这样的企业因直接为国际市场的消费者提供产品而走出国门，参与国际竞争，将中国的产品和服务销往世界各地。自21世纪初加入WTO(世界贸易组织)以后，中国企业的国际化进程加快，更多的企业参与到国际竞争中。这些企业中有大型国有企业，更多的是类似青岛金王这样的中小企业。青岛金王这样的活动属于什么性质的活动？青岛金王为什么要走出国门开拓国际市场？青岛金王走出国门时需要进行哪些基本决策？……这些问题都是企业在开展国际市场营销活动时需要解决的首要问题，也是学习国际市场营销学需要了解的基本问题。

1.1 国际市场营销概念

由于国际市场营销学是在市场营销学的基础上发展起来的，是市场营销学的延伸和扩展，因此，在探讨国际市场营销学中国际市场营销定义之前，必须考察市场营销学中市场营销的定义，以对市场营销的定义的理解为基础来理解国际市场营销的概念。

1.1.1 国际市场营销的定义

1. 什么是市场营销

市场营销的定义可以从不同角度来理解。美国市场营销协会(AMA)1985年关于市场营销的定义是：**市场营销是(个人和组织)通过对思想(或主意、计策)、货物和劳务的构想、定价、促销和渠道等方面的计划和执行，以达到个人和组织的预期目标的交换过程。**根据这一定义，市场营销活动是一个包含了分析、计划、执行与控制等活动的管理过程；市场营销的主体包括一切面向市场的个人和组织，既包括工商企业等营利性组织，又包括学校、医疗机构、公共事业单位等非营利性组织，还包括通过交换获取所需之物的个人；市场营销的客体中既有有形的实体货物，又有无形的劳务和思想等；交换是市场营销活动的核心概念，因为有了交换，即有了通过提供他人所需之物来换取自己所需之物的过程，才有了市场营销的过程；盈利是市场营销活动的目标，盈利与否和盈利多少决定了企业生存和发展的状态。

2. 什么是国际市场营销

对国际市场营销的界定，目前被引用最多的是美国著名的国际市场营销学家菲利普·R.凯特奥拉(Philip R.Cateora)和约翰·L.格雷厄姆(John L.Graham)关于国际市场营销的定义：国际市场营销是指对商品和劳务流入一个以上国家的消费者或用户手中的过程进行计划、定价、促销和引导，以便获取利润的活动。简言之，国际市场营销就是跨国的市场营销活动。跨国的性质和特点决定了国际市场营销活动的主体——组织和个人从事营销的活动空间和范围跨越了国境，如青岛金王产品已畅销世界50多个国家和地区，是全球日用消费品蜡烛类行业中亚洲第一、全球第三的上市公司；国际营销活动的客体——商品和劳务等所满足的是处于产销状态多元化的不同国家的消费者的需要；国际营销活动的舞台是全球市场，应对的是国际竞争关系。总之，国际市场营销的定义因其跨越国界的行为而与一般市场营销有很大的区别。

1.1.2　国际市场营销的特点

国际市场营销以跨越国界为主要特征，与仅在国内市场开展的营销活动相比，具有很大差异。美国学者菲利普·R.凯特奥拉认为这种差异主要是"实施营销计划的环境不同"，由环境不同导致营销战略和策略的内容、制定和实施、营销管理的制度和程序等方面都有着显著不同。国际市场营销的特点主要表现在以下几个方面。

1. 营销环境的复杂性

企业如果在国内市场开展营销活动，是在相对熟悉的营销环境中进行的。众所周知，环境因素的变化会对企业营销活动起一定的影响。当环境因素影响企业决策时，有经验的营销人员一般都会做出一定的适应性反应。而企业的国际市场营销活动是企业从熟悉的营销环境进入不熟悉的、有差异的营销环境的过程中开展的，营销人员这时受到的是国内和国际两个层面的环境因素的影响，特别是不熟悉的异国的环境因素。由此可见，国际市场营销环境比国内市场营销环境的复杂程度要大得多。营销人员须对国际营销环境的复杂性有足够的认识。正如引例中所看到的，由于经济发达程度和宗教信仰习惯的影响，欧美两地成为世界上蜡烛消费能力最强的地区，青岛金王产品要想更好地满足消费者的需求，就必须充分了解欧美消费者对蜡烛的偏好和消费习惯，而当地政府、主管部门与行业协会等相关机构对于蜡烛销售的限制以及竞争格局等，也都是企业必须考虑的重要影响因素。

2. 营销战略的整体性和协调性

国际市场营销战略无论是从战略的思考、制定，还是实施、完善等方面，都比仅在国内市场生存发展的企业的营销战略的要求要高。对于企业是否要跨国营销、究竟去哪一个国家、采取什么方式、选择什么产品及营销组合、建构什么样的组织体制和管理机制等问题都要进行全面的、整体的考虑；在国际营销活动开展过程中，由于所去的每个子市场都有其特殊性，市场与市场之间在战略执行和协调上有很多问题需要解决，如全球化和本土化问题,等等。

3. 营销策略的针对性和灵活性

如前所述,国际市场营销活动是受双重环境影响的,特别是所去的目标国市场的环境在很大程度上成为国际营销活动直接和主要的影响因素。如产品国际质量认证标准ISO9000系列,当没有通过该认证的企业生产的产品销到国外时,会被很多国家拒之门外,这些环境因素也对国际市场营销组合策略产生很大的影响,使得决策内容有很大的不同。如产品策略方面的标准化与差异化选择,价格策略方面的成本导向定价方法的选择,渠道策略方面的长渠道、短渠道和渠道模式的选择,促销策略方面的促销方式的选择等。这些策略的制定都得根据每一个目标市场国具体的市场状况来考虑。因此,在营销策略上很难做到把某一个市场总结出的好经验在其他市场直接推广,如果因其有共同性而进行推广,也大多会在进入另一个市场时进行一定适应性修改。

1.1.3 国际市场营销与国际贸易的联系与区别

国际贸易是指一国(或地区)与另一国(或地区)进行商品、技术和劳务等交换活动。从一个国家来看,这种商品、技术和劳务的交换活动称为对外贸易;从世界范围来看,这种交换活动又称为世界贸易或国际贸易。回顾前述国际营销活动的定义,国际市场营销和国际贸易同样是以盈利为目的的国际经济活动,同样涉及跨越国界,而且两者之间具有紧密的联系。国际贸易活动有时与国际营销活动具有相似性,如当企业的产品跨越国界销售时,如果不考虑其他因素,可以说是出口贸易,也可以说是出口营销;企业国际营销活动是在国际贸易的大环境下进行的,国际贸易的发展水平、速度和方向以及形式都会对国际市场营销活动产生影响。因此开展国际市场营销活动必须充分了解国际贸易体系和运作规律。

国际市场营销活动与国际贸易毕竟是不同的经济活动。根据两者在主体、内容、流程等方面表现出来的差异,归纳出国际市场营销与国际贸易以下具体的区别。

1. 活动的执行主体不同

国际市场营销的主体主要是企业(或组织),国际贸易的主体主要是国家。国际贸易属于宏观层面,参加国际贸易活动的虽然有贸易企业和生产企业,但国际贸易活动主要是由国家来组织的,因此可以说其主体是国家;国际市场营销属于微观层面,国际市场营销活动的主体很明确,是企业或其他提供商品和服务的组织。因此,国际贸易从跨国界交易活动的总体上来研究国与国之间的贸易关系,如对外贸易理论与政策、国际贸易惯例与法规以及外贸实务等。国际市场营销则站在企业的角度,从微观上研究企业跨国界营销问题,如营销环境分析、制订营销组合策略等。

2. 活动的流程不同

国际市场营销活动的流程相对来说比国际贸易的长。国际贸易虽然也涉及几种市场营销功能,如产品购销、产品定价、实体分配等,但企业对这些活动往往不会进行整体计划、组织与控制,主要依靠接订单维持企业的运转。国际市场营销活动一般贯穿生产、流通和消费整个过程。开展国际市场营销活动必须进行国际市场分析与市场机会寻求、市场营销目标确定，以及营销战略计划的制定、执行和控制，具体市场营销组合策略的实施，如产品策略、定价策略、渠道策略和促销策略的制定、执行和控制等。

3. 活动的流向不同

国际营销的流向主要是销售流向，国际贸易会涉及购买与销售两个流向。仅从商品的跨越国界看，国际贸易涉及商品交易的两个方面，即涉及本国产品向国外销售和本国购买国外产品这一卖一买的两个方面，即跨国商品交易的两个流向，且流向国外的终点一般不是最终消费者，而是机构或企业；国际市场营销一般只涉及商品交易的一个方面，即本国产品如何向国际市场销售这一单一流向。当然，开展国际营销活动的企业也会从国外购进原材料，但这种购买也是为了售卖，最终目的还是为了向国际市场销售低成本的、适销对路的产品或服务。流向的终点一般都是最终消费者，因此，国际营销活动要求企业具有很强的适应市场需求变化、满足消费者需求的能力。

4. 活动的范围不同

企业在开展国际贸易活动时，其产品或劳务的交换必须是跨越国界的，即从一个国家转移到另一个国家；而企业在开展国际市场营销活动时，其产品或劳务可以是跨越国界的，也可以不是跨越国界的。如企业的子公司在国外生产，就地销售。企业进入国外市场方式多种多样，可以根据竞争的态势和消费者的偏好进行调整和转换。

1.2 国际市场营销学及其发展历程

1.2.1 国际市场营销学的研究对象与研究内容

国际市场营销学起源于市场营销学，是市场营销学的分支。其研究对象与研究内容与市场营销学在本质上有相似之处，但在体系和架构上是独立的，具有自身的研究对象和系统完整的研究内容。

1. 国际市场营销学的研究对象

国际市场营销学的研究对象可定义为：以满足全球范围内目标顾客需求为中心的跨越国界的营销活动及其规律性。满足顾客需求仍然是开展国际市场营销活动企业的中心与出发点，只不过顾客突破了国界的限制，产品和服务供给对象的所在地可以是世界上任何一个国家和地区。在满足国际性顾客需求的过程中所涉及的国际市场调查、目标产品的确定、国际市场分析研究、国际市场细分与目标国选择、国际市场进入战略和国际市场营销组合策略等营销活动的特点和规律性，是国际市场营销学研究的对象和范围。

2. 国际市场营销学的研究内容

国际市场营销学的研究主要涉及以下内容：国际市场营销相关概念的界定；国际市场营销观念的演变和相关理论的发展；企业国际营销活动的战略制定和策略安排，所面对的国际营销环境与国际市场的分析和进入国际市场的一系列战略及营销组合策略的制定。国际市场营销学自 20 世纪 50 年代以来发展迅速。目前，发达国家对国际市场营销学的研究主要站在跨国公司全球扩张的角度，因此研究的具体内容偏重于已经进入国际市场的企业如何进行跨国营销的战略控制与营销本土化问题。中国企业的国际化相对而言起步较晚，因而国际市场营销学的研究不仅要站在已进入国际市场的企业角度考虑，更多的是要站在国内企业如何从国内市场走向国际市场的角度来考虑。

本教材的体系结构和主要研究内容安排如下。

(1) 导论部分。即第一章的内容：国际市场营销的概念，从市场营销基本概念的理解入手，了解国际市场营销的定义，并通过对国际市场营销特点及其与国际贸易的联系与区别的辨析，深入了解国际市场营销的概念；国际市场营销学及其发展历程，在介绍国际市场营销学的研究对象的基础上阐述国际市场营销实践活动的发展阶段和国际市场营销理论的发展演变过程；企业国际市场营销活动决策内容，在探讨企业国际市场营销活动动因的基础上，介绍一般的国际营销活动决策内容及中国企业开展国际营销活动应注意的问题。

(2) 国际市场营销战略部分。包括第二章至第五章的内容：国际市场战略规划，主要是国际市场营销战略要素与目标及国际市场营销战略计划等；国际市场选择，主要是国际市场细分与目标国市场的选择；国际市场进入方式的选择，主要是可供选择的进入方式、影响进入方式选择的因素和选择方法。

(3) 国际市场营销策略部分。包括第六章至第九章的内容：国际目标市场营销组合策略中的国际市场产品策略、国际市场促销策略、国际市场渠道策略和国际市场价格策略。

(4) 国际营销管理部分。主要是第十章的内容：国际市场的本土化营销管理，包括国际市场营销管理导向和原则、国际市场营销的组织与控制、国际市场营销审计等。

1.2.2　国际市场营销学的发展历程

国际市场营销学是伴随着国际营销活动的发展而发展的，因此，了解国际市场营销学的发展历程，除需要了解其基本的发展演变过程外，还需了解开发国际营销活动一般所经历的发展阶段。

1. 国际市场营销理论的发展沿革

1) 国际市场营销理论的发展轨迹

国际市场营销理论的发展演变可以简单地分为两个阶段。

第一个阶段（从第二次世界大战结束至20世纪50年代末）是出口营销理论的形成与应用阶段。在这个阶段，企业尝试着将市场营销学理论应用于出口贸易。1956年，美国帕莱塔(Edward E.Pratt)教授在他发表的著作《近代国际商业论》中首次采用"出口市场营销学"这一用语，成为该阶段的主要标志。

第二个阶段(从20世纪50年代末至今)是国际市场营销理论的形成与发展阶段。由于国际性企业迅速发展，有关国际市场营销活动的专著和报告不断问世，出口市场营销学开始向现代国际市场营销理论演进。在推动这一演进过程的众多学者中，比较有代表性的人物之一就是美国宾夕法尼亚州立大学克莱默教授，他于1959年首次提出了"国际市场营销"术语。之后，国际市场营销学不断完善，逐步形成独立的学科。

2) 国际市场营销观念的演变

市场营销观念经历了由生产观念、产品观念、推销观念向市场营销观念和社会营销观念等观念演变的过程。对国际市场营销观念的演变过程的分析，会考虑市场营销观念演变发展的影响，但主要从企业对国际市场营销活动的参与程度和持有的态度方面进行考察。国际市场营销观念的演变表现为以下三种导向。

(1) 国内营销导向。公司设法把国内产品销售到国外市场上去，但仍以国内业务为主，国际业务被放在第二位，国际业务是国内业务的延伸。外销产品的主要动机是解决生产能力过剩问题。因此，一般是将国内市场出售的产品直接销到国外去，不会对外销产品进行国外市场适应性调整。

(2) 国际营销导向。公司已经认识到海外业务的重要性，也看重国外市场的差异性。因此采取以国别为基础销售产品的战略，针对每一个国家制定相对独立的计划，分别采取不同的营销策略。

(3) 全球营销导向。公司认定其市场范围是整个世界，公司尽其所能在全球范围组织资源，制定全球营销策略。

2. 国际市场营销的发展阶段

国际市场营销的发展历程从企业参与国际营销活动的程度看，大体经历了四个阶段。

(1) 被动出口营销阶段。20世纪50年代以前，国内营销导向。企业在无计划甚至不清楚的情况下，产品已经到达国外市场。产品主要是通过本国的中间商或直接找上门的外国客户销售到国外。处于这个阶段的国际营销活动由于是无意识的、被动的，因而只能算是萌芽状态。

(2) 积极出口营销阶段。20世纪50年代中期到60年代，由国内营销导向转为国际营销导向。其间又经历了由少量、偶然地出口营销阶段到经常性、频繁地出口营销阶段的过程。在有计划出口营销的开始阶段，可能是因为国内需求的波动，造成部分产品滞销或剩余，企业偶尔开展一些出口营销。但因剩余产品是不定量、不定期的，有多少就卖多少，企业在国外市场无法保持稳定的客户和市场地位。等到发现国外市场需求迅猛增长，由此产生的获利机会增加时，企业也发展到一定程度，已经具备固定的生产能力，可长期供应国外市场所需产品，国外市场逐渐成为企业的主要市场。产品可以通过本国或国外的中间商销售，也可以通过自己设在海外的销售机构和销售队伍销售。但在企业的战略规划中国内业务仍占重要地位，公司组织结构和产品线的设置变化不大，只是相应做了一些调整。

(3) 跨国营销阶段。20世纪60年代末兴起至今，国际营销导向。企业营销活动跨越国界，到最有利的地方投资进行生产和销售。此时，企业已经完全投身于国际营销活动中，在世界各地不断地寻找市场机会，并有计划地生产和提供各国市场所需的产品或服务。它们不仅在世界各地营销，而且在全球各地(包括本国国内)生产。在这些企业看来，各国市场相互间存在许多差异。因此，它们针对各国市场的特点设计和实施不同的营销策略。目前大多数跨国公司正处于这个阶段。

(4) 全球营销阶段。20世纪80年代初兴起至今，全球营销导向。企业把全世界作为其一个市场，为全球市场有计划地生产和销售产品。处于全球性营销阶段的企业往往将包括本国市场在内的整个世界看做一个大市场。80年代初,企业对全球营销的认识局限于标准化和统一性上,认为世界各国人们的需求和消费行为具有共性,且还在不断地挖掘新的共性。依据这些发现,它们发展和实施适用于各国市场的统一的营销策略。这种全球标准化的营销活动必然导致最佳规模效益。但是在全球营销战略实施过程中,跨国公司遇到了障碍和阻力,原来认定的世界各国人们需求和消费行为的共性由于各国和各地区文化的差异和环境的动态变化而越来越不确定或发生变化,统一的营销策略的实施越来越难,即所谓"全球—当地两难问题"。因此跨国公司纷纷调整全球营销战略,在不同的国家实施相对不同的营销战略和策略。"思想全球化,行动本土化"的口号也相应地被提了出来,并被许多实施全球营销战略的企业接受。

20世纪90年代,Oviatt和Mc Dougall等学者提出了"天生国际企业"的概念。他们认为,传统的国际化理论一般针对大型成熟的企业,较少关注中小企业。随着现代通信技术的发展以及运输成本的降低,中小企业也可以在不同国家抓住商业机会,取得竞争优势。虽然资源有限,但是这些中小企业同样可以在国际市场上获得成功。天生国际企业创立不久,甚至在成立之日,就走上国际化道路。下面案例中猎豹移动CEO对国际化的想法和实践展现出了互联网时代中国企业国际化发展的不一样的路径。

 案例　　**猎豹移动的"先全球化再本土化"**

　　猎豹移动从2013年开始,致力于移动互联网的全球化业务。2016年猎豹移动在全球有6亿的月度活跃用户,有74%的用户来自海外,其中,欧美国家的用户月度活跃度超过一个亿,成为全球最大的工具和移动安全的提供商。猎豹移动在美国不仅开展了业务,现在也是Facebook在全球最大的移动和网络的合作伙伴,也是雅虎现在全球最大的移动网络合作伙伴。

　　在2016年中以科技创新投资大会上,猎豹移动CEO傅盛分享了他对中国公司国际化发展的看法:三年前,猎豹移动还是中国一个刚刚创业摆脱困境的小公司。我们觉得中国互联网的竞争已经红海化,移动互联网的竞争更是红海化的时候,面临百度、360、腾讯三家在移动安全上的竞争,我们如何才能杀出一条血路?移动互联时代让公司全球化变得不再困难。在移动时代出现之前,联想、华为在那个时代进行全球化的时候,必须先本地化,然后才能全球化。你必须在每个国家进入区域市场,找到合作伙伴,组建办公室、成立当地团队然后才能开展业务。但是移动时代你可以先全球化再本地化。就是你可以通过Google play、App store和Facebook这样的全球性大品牌,瞬间把你的产品放在几十亿人面前,让几十亿来自不同国家、不同地区的人都可以下载那个产品。而今天中国又恰巧具备了移动互联网的领先优势。所以在猎豹决定全力开始国际化的两年内,没有对外派出一名员工。所有的研发、所谓的本地化都是在北京完成的。我们在北京语言学院还有留学生聚居的地方,请了超过二三十个老外,以及全球各地的志愿者帮我们做本地化。

　　这样一个时代大机遇,使得我们中国公司连接世界变得比以前要容易得多。我们用了3年的时间,也证明我们能够实现全球化,也证明中国移动互联网其实已经和美国一样变得非常领先。它有能力全球化并且有能力整合全球资源，不管是技术的、还是人力的，我们都有这样的机会。

资料来源　《猎豹移动傅盛：如何在三年内做到全球月活用户 6 个亿？》，微信公众号：猎豹全球智库，2016-01-07。

1.3　国际市场营销决策

　　面向国际市场的企业需要做出开展国际营销活动的基本决策。而在决策之前必须解决为什么走出去的问题，即弄清楚企业开展国际营销活动的动机。走向国际市场会面对比国内市场复杂得多的营销环境和各种各样的风险，但相应也会获得一些国内市场难以获得的利益，这些利益有可能关系到企业的成长速度和发展前途。了解企业国际营销的动因，有利于企业明确其走向国际市场的目标和方向；归纳和分析国际营销的战略决策内容，能帮助企业理清进入国际市场发展的思路、方法和路径。中国的企业绝大多数是中小企业，深入分析这一类企业的国际营销活动的特点和规律性，对于中国中小企业顺利打入国际市场，在国际市场上站住脚并进一步发展壮大具有重要意义和价值。

1.3.1　企业开展国际市场营销活动的动因

　　青岛金王为什么要走向国际市场？企业走出国门，开拓国际市场，从事国际市场营销活动一般都有着具体的利益和动机。由于国际市场营销的主体类型多种多样，每个主体在不同时期所追求的目标不同，因此，企业开展国际市场营销活动的动因也是多种多样的。

1. 获得利润的需要

　　企业跨国营销的原因有很多，获取利润是首要的。追求利润最大化是企业参与国际市场营销活动的根本动因。有的企业期望通过销量的增加获得利润，当企业的产品销量增加时，可以使单个产品分摊的成本降低，从而实现规模经济效益。通过国际营销活动，企业可以将产品销往国外市场或在市场所在国当地进行生产，从而实现扩大销量、取得规模经济效益的目的。如科龙空调的一位负责人曾在接受采访时说：外销的一个作用就是利用产能，产能利用得越多，利润就越多。我国日用陶瓷和自行车的出口量占世界出口总量多年来都保持在 60%以上。

　　还有的企业期望利用资源优势获得利润。企业通过国际营销活动，利用目标国的资源优势可以降低成本，从而取得更大的收益。如在美国，只做短期和中期规划且预算有限的公司，都倾向于聘请承包人，而不是聘请带固定薪水的雇员。这是利用外包实现的。外包有一个很简单的定义，即利用国外的资源(或服务)来完成公司的某个项目。Forrester Research 公司的报告显示，多达 25%的 1000 强公司通过利用海外劳力来降低成本。市场研究机构 Gartner 指出，如果一家公司能成功地实施外包，可以为公司节约 25%~30%的费用。

2. 扩大市场的需要

　　一个国家的市场容量和潜力总是有限的，企业需要通过国际市场营销活动来开拓市场，以获得更大的生存和发展空间。如国内手机业，已从新兴产业进入过度竞争时期，产能的不断扩大与市场容量有限之间的矛盾，使国内手机产量"相对过剩"的局面更加凸显。国内手机厂家已逐渐把目光转移到海外市场。据海关统计，仅2016年第三季度，中国手机整机出口出货量就约为3.5亿部，环比上升5.6%；价值380.3亿美元，环比上涨19.8%。出口的目标国以美国、阿联酋和荷兰等为主。

此外，由于各国的经济发展阶段和技术进步水平不同，当一种产品在国内市场已处于寿命周期的衰退期时，在其他国家的市场却可能正处于收益率最佳的成长期。因此，企业可将国内市场上已不具备优势的产品转移到国外市场，通过延长产品的生命周期来延展市场。手扶拖拉机是我国农机行业的传统产品，近年来在农业领域的功能和作用远不如20世纪70年代那么强，但在孟加拉国、印度、缅甸等国却有很大需求，同时，该产品也销往美国等发达国家市场。

3. 竞争的需要

由于市场竞争的需要而促使企业开展国际市场营销活动有三种表现。

一是回避竞争。当国内市场需求日趋饱和，竞争十分激烈时，企业会走出国门，寻找更大的市场空间，以避开竞争锋芒。如中国家电国内市场极度饱和，竞争激烈，企业纷纷加快进军国际市场的步伐。如作为中国国际化较早的企业，TCL集团近年加快了在海外建厂的速度。2016年5月，TCL与埃及最大的家电企业ELARABY签署备忘录，双方宣布将在埃及建立液晶彩电工厂，该生产基地将是中方最大的合资彩电工厂，立足埃及，产品辐射整个非洲以及中东市场。TCL于1999年在越南建立第一个境外彩电生产基地，目前，TCL多媒体已经建立了辐射欧洲地区的波兰工厂，辐射中北美地区的墨西哥工厂。业内人士分析，此次TCL在埃及合资工厂的建立，有望进一步完善TCL国际化战略布局。又如我国本土的叉车企业在产品、资金、研发力度、管理理念和人才培养等方面正面临与跨国叉车巨头们的全方位竞争。除了必要的内部重新洗牌外，出口海外，对本土叉车企业来说，已经是必经之途。

二是参与竞争。一般来说，国际市场的竞争水平超过国内市场。企业进入国际市场，积极参与较高水平的市场竞争，通过借助竞争的动力和压力来推动企业技术创新和提高管理效率。如海尔冰箱在20世纪90年代初初次进入国际市场时，并没有去周边发展中国家，而是去了德国市场，去了转让技术企业的母国。为了进入德国市场，认证工作就做了一年半，通过认证之后，将冰箱运到德国。海尔冰箱出口德国市场后，正好碰上德国的检测机构对德国市场上的全部冰箱进行质量检测，检测结果显示，海尔居第一位。德国检测机构一共检测了5个项目，每个项目最多2个加号，海尔得了8个，第二名得了7个。海尔首次出口德国2万台冰箱，吹响了向欧洲家电市场进军的号角。

三是追逐竞争。在寡头竞争的行业中，竞争者之间都非常重视其产品的竞争地位或市场占有率，因而对竞争对手的行动十分敏感。当竞争对手将产品打入某外国市场时，本企业为了防止市场被竞争对手独吞，也往往会采取追随行动，以维持或加强自身的竞争地位。这也就是所谓的"寡占反应"。走出去的主要原因是为了保持竞争关系的平衡，如美国食品巨头麦当劳与肯德基在中国市场的表现。

4. 获得资源的需要

企业可以通过国际市场营销取别国资源之长，补本国资源之短，以取得全球利益最大化。

一是获取自然资源。各国的资源禀赋不一致。对于资源贫乏的国家来说，利用国外资源成为重要的投资目的；对于资源有限的国家来说，开发国外资源，可能比开发国内资源成本更低、收效更大。中国的企业走出去的一个重要战略目的就是取得更多的资源。因为中国是一个资源稀缺的国家，所以需要走出去找资源，如石油等矿产资源。我国到国外投资建矿最早的项目是1987年中国冶金进出口公司与澳大利亚哈默斯利铁矿公司合资开发恰那铁矿。其后，境外开矿项目陆续增多。如中国五矿集团在南亚和中亚地区，就开展了大量的资源合作项目，共拥有铜资源量1202.66万吨、锌资源量132.53万吨、铅资源量46.63万吨。以中国五矿集团为首的"五矿联合体"于2014年7月收购了秘鲁拉斯邦巴斯(Las Bambas)铜矿。2016年1月，拉斯邦巴斯铜矿正式投产，标志着中国金属矿业史上迄今实施的最大境外收购项目取得了重要的阶段性成果。再如生产电子元器件所需要的许多关键原材料国内均短缺，从生产云母电容器用的天然云母片，到生产厚膜电子浆料用的贵金属钯和钌，甚至电子元器件常用的铜材等等我国都有进口的需求。我国的电子元器件企业通过国际化经营，尤其是通过对外国直接投资，既可以利用别国的自然资源，也可以获得企业所需要的先进技术[①]。

二是获取技术与信息资源。企业可以通过国际营销活动获得其他途径无法获得的先进科学技术和管理技术以及市场信息。如在机床工具行业，秦川集团旗下的秦川发展(上市公司 000837) 2003年收购了位于世界著名汽车业基地底特律的联合美国工业公司(UAI) 60%的股权，绝对控股了该公司，并拿到了世界上最先进的"四拉合一"技术。又如华立集团曾在2001年10月收购了飞利浦集团在美国加州的CDMA移动通信部门。华立集团获得了"飞利浦"在CDMA无线通信方面的几乎所有的知识产权。与当时国内18家获得CDMA手机生产牌照、但却没有一家拥有核心技术的企业相比，华立集团一下切入到移动通信业的核心，把握了CDMA手机生产的核心技术——芯片软件设计及整体参考设计相关业务。从某种意义上来说，当年这场波澜不惊的收购确实改变了中国CDMA市场格局——对于国内18家CDMA手机终端设备生产商来说，至少在芯片购买上除了高通公司外，又多了一个选择。华立集团的介入还迫使高通公司把芯片价格降了下来。

三是获取劳动力资源。参与国际营销活动的企业，特别是跨国公司在全球范围内寻找低廉的劳动力资源，以使其获得成本优势，从而提高竞争实力。进入21世纪以后，世界500强企业中有400多家已经到中国来投资和进行贸易，很大程度是因为中国作为后发国家，劳动力成本远远低于发达国家。丰富而低廉的劳动力资源成为我国参与国际分工的最大竞争优势。根据联合国《2002年贸易和发展报告》，1998年美国劳动力的平均工资是中国的47.8倍，日本劳动力的平均工资是中国的29.9倍，韩国劳动力的平均工资是中国的 12.9 倍。我国丰富而低廉的劳动力资源曾在新兴市场国家中显示了巨大的市场潜力。但是，据德勤公司最近的报告显示，自2005年以来的十年期间，中国的劳动力成本上升了5倍。由于劳动力成本上升，使得中国与发达经济体之间的成本套利

---

① 见《元器件行业面临国际化经营的挑战》，中国电子报，2005年4月22日。

下降，一些发达经济体的企业已经将其生产转移到成本较低的国家或搬回自己的国家。比较而言，越南、柬埔寨、印度等国的劳动力资源更丰富，劳动力成本更低廉。

1.3.2 企业国际市场营销决策的主要内容

企业开展国际市场营销活动，首先必须了解分析国际市场营销环境，在分析国际市场营销环境的基础上解决以下问题：企业是否一定要走出国门，企业的目标市场国是哪些，如何进入目标市场国，企业在目标市场国采取什么营销组合策略，企业相应的国际市场营销组织如何安排，等等，即企业国际市场营销决策的4W1H问题：Whether, Which, How, What, Who，并对这些问题进行战略决策。图1-1所示为国际市场营销的主要决策内容。

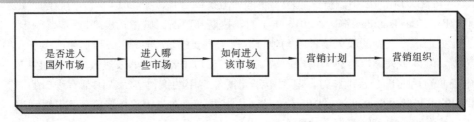

图 1-1　国际市场营销中的主要决策内容

资料来源　菲利浦·科特勒：《营销管理分析、计划、执行与控制》，梅汝和等译，上海人民出版社，2001年。

1. 关于是否进入国外市场的决策

并不是任何企业都能够在国外找到比国内更好的市场机会和更有前景的市场。是否进入国外市场，会因为企业所在行业的竞争特点不同、企业的实力和面临的风险不同而有不同的选择。企业在考虑进入国外市场时，第一个要慎重决策的是要不要走出去，而决策的基础是对行业、宏观环境和企业自身等进行评估与分析。

2. 关于进入国外哪些市场的决策

当企业已经决定走出去时，需要对进入哪些市场做出决策。而且企业必须决定其市场是扩展到几个国家还是许多国家，以及扩展的速度。因此，关于进入哪些市场的决策从短期看是决定进入哪一个或哪几个目标国市场，一般考虑在市场吸引力方面排位较高、市场风险低、企业拥有竞争优势的市场；从长期看是决定市场的覆盖范围及其速度，即决定是少数目标国的跨国营销，还是区域性的国际营销，还是全面覆盖的全球营销。

3. 关于如何进入选定的市场的决策

进入国际市场的方式可以有不同选择，例如，是出口，还是许可协议，或是对外直接投资。这种选择实际上也就是企业的投资决策，出口是国内生产国外销售，其投入最小，风险也小，但是相应收益和控制度也小；投入最大的是在国外建立独资企业，这种方式回收期长，但收益和控制程度也高。

4. 关于国际营销计划的决策

国际营销计划中，竞争战略的选择是重要内容之一。是采取成本领先战略还是差异化战略，企业需要比照竞争对手的战略和企业自身的竞争优势，对竞争战略做出选择。营销组合策略的安排也是营销计划中的重要内容之一。企业必须决定对营销组合要进行多大的调整，才能适应国外当地市场的需要。早期的决策方案主要有两种：一是使用其全球范围内标准化营销组合，使产品、广告和分销渠道都标准化，从而使成本降至最低限度；另一个是适应化营销组合，生产企业根据各个目标市场的特点调整其营销组合的内容。早期主要是在这两种方案中进行选择，即是选择标准化策略还是差异化策略。由于国际环境的复杂多变，国与国之间的差异性明显，采用标准化策略的要求越来越高，采用差异化策略的企业越来越多。目前的决策所要解决的问题主要是在多大程度上差异化，在哪些方面差异化。

5. 关于国际营销组织的决策

企业须根据其对国际市场营销领域介入程度的不同，对企业管理国际市场营销活动的组织机构和形式进行决策。是仅设一个出口部，还是设立国际事业部，或是根据产品、职能、区域等要素的地位来设置，或者采用矩阵式或混合式形式来设置国际组织或全球组织。大多数公司的组织形式与其国际化发展阶段相匹配，开始是通过出口部出口，然后演变成国际事业部，一些公司发展到一定程度后组成跨国公司或全球公司。

本章小结

本章介绍了国际市场营销的含义，阐述了国际市场营销就是跨国市场营销活动的实质，并介绍了国际市场营销环境的复杂性、营销战略的整体性和协调性、营销战略的针对性和灵活性等特点，以及国际市场营销学与国际贸易在活动的执行主体、流程、流向和范围等方面的联系与区别；梳理了国际市场营销学研究对象、研究内容以及理论与实践的发展历程；从利润、市场、竞争和资源等几个方面阐述了企业开展国际市场营销活动的动因；探讨了企业国际市场营销决策 4W1H 问题：Whether，Which，How，What，Who。

关键术语

国际市场营销	跨越国界	国际贸易	出口营销
跨国营销	营销本土化	国际市场营销观念	跨国公司
国际市场营销动因			

思考题

1. 如何理解国际市场营销的概念?
2. 国际市场营销与国内市场营销的区别有哪些?
3. 国际市场营销与国际贸易的区别有哪些?
4. 企业为什么会开展国际市场营销活动?
5. 中国企业国际市场营销活动的特点有哪些?近期发展状况与发展趋势如何?

参考文献

1. [美]菲利普·科特勒. 营销管理——分析、计划、执行与控制[M]. 12版. 梅汝和,梅清豪,译. 上海:上海人民出版社,2001.
2. [美]迈克尔·J贝克. 市场营销百科[M]. 李桓,译. 沈阳:辽宁教育出版社,1998.
3. [美]菲利普·R凯特奥拉,[美]玛丽·C吉利,[美]约翰·L格雷厄姆. 国际市场营销学[M]. 15版. 赵银德,沈辉,张华,译. 北京:机械工业出版社,2012.
4. 万后芬,等. 市场营销教程[M]. 北京:高等教育出版社,2013.
5. 王涛生,黄志红,瞿林. 国际市场营销学[M]. 长沙:国防科技大学出版社,2005.
6. [美]约翰·B库仑. 跨国管理[M]. 赵树峰,译. 北京:机械工业出版社,2003.
7. 汤敏. 发展中国中小型跨国公司与"走出去"战略[N]. 21世纪经济报道,2002-03-04.
8. 徐茂魁,李淑龙. 世界市场营销概述[M]. 北京:中国大百科全书出版社,1995.

案例研讨

好孩子集团的国际化——进入美国市场

在美国童车市场上,曾经有一种名为"Cosco-Geoby"的童车备受美国消费者青睐。1999年,"Cosco-Geoby"童车在美国销售量达146万辆,在美国NPD商业调查公司婴儿推车商品的销售排行榜上名列第一,市场占有率达28.40%。这种"Cosco-Geoby"童车来自中国的好孩子集团。进入21世纪后,美国童车市场的年均销售增长率只有5%~6%,但好孩子集团在美国的销售增长率却达到了10%。2004年,好孩子集团专门为欧洲市场开发的运动休闲型童车批发价为700多欧元,毛利率超过20%。上市不到一年,这款车在欧洲卖出了20多万辆。

一、好孩子集团简介

好孩子(GOOD BABY)国际控股有限公司是一家世界领先的育儿产品公司。公司设计、研发、制造、营销和销售儿童汽车安全座、推车、服饰及棉纺品、喂养和洗护用品、床、自行车、三轮车及其他儿童用品。好孩子的创始人宋郑还1994年开始带领好孩子进军国际市场,至今已连续13年保持在中国、美国、欧洲婴儿车销量第一,2014年,收购德国高端儿童用品公司

CYBEX和美国百年儿童用品公司Evenflo，转型全球化发展。如今好孩子已是拥有德国、美国、中国三个母市场，多品牌、全品类、全渠道经营的显形冠军，儿童汽车安全座在德国占有率超过55%，欧洲前五大经济体超过42%，美国29%，中国27%，均为第一。

好孩子公司正式进入美国市场是1996年，在美国市场摸爬滚打20多年，积累了丰富的国际营销经验，最让人难以忘怀的是好孩子公司进入美国市场初期的经历。

二、深入的市场调查

好孩子集团在产品进入美国以前，花费了很多时间和精力研究美国市场及其需求变化，包括美国小孩子的活动特点，家长们的生活习惯、喜忧爱憎等。此外，该公司还对美国相关的法律法规、文化背景、家庭结构等进行了深入的调查和研究。集团每年花费数十万美元，请市场调查公司做产品消费市场调查，以随时跟踪动态的市场信息。董事长宋郑还等集团负责人每年多次亲赴美国市场，考察当地市场行情和消费者的需求变化，为决策提供依据。根据市场调查的信息，公司开发出了一系列性能安全、使用方便、轻巧灵活的童车产品。公司专为美国市场设计生产的B2000型婴儿摇篮车一经在美国达拉斯世界婴儿用品博览会上亮相立刻就引起了轰动。

好孩子集团总裁宋郑还说，"好孩子"完全是凭借专利技术打开海外市场的。强大的产品研发能力，是"好孩子"的核心竞争力。他认为，"好孩子"的产品必须同时具备三个要素：①要有一个与众不同的创意；②要能适应本地市场的风格；③拥有把设计方案商品化的能力。

三、本土化的产品设计

"好孩子"牌高级系列婴儿推车是好孩子集团公司从医学角度出发，根据婴幼儿人体生理机能而设计生产的一种品质优异的育儿用具。其设计和制造都优先考虑了婴儿的安全性和舒适性，并且也为母亲考虑了在操作、使用上的方便性。

在国内市场上，"好孩子"牌童车执行了GB14748-93《儿童推车安全要求》、SG142.25-85《童车整车通用技术条件》，参照执行了国际标准ISO 8098-1989，其主要技术指标均达到了上述标准。

为了让产品顺利进入美国市场，好孩子集团出口的每一批产品100%地按照美国的童车标准设计。为了适应美国消费者个性化的产品需求，公司不惜花重金聘请当地的设计公司设计产品。好孩子集团推出的一系列产品，彼此之间风格互有差异，这样就为不同类型、不同情况的消费者提供了选择的余地。事实上，正是好孩子集团本土化的产品设计为其系列产品进入美国市场奠定了一个良好的基础。

美国有些年轻父母喜欢在几年内连续生两个小孩，据说这样既容易造成两个孩子的亲和感，又适于从小培养孩子的竞争能力。好孩子集团为此特别设计了一种有两个车斗、能让两个孩子一同并排或面对面坐、玩的"双胞胎"手推童车，面市后，一下子吸引了众多年轻的美国父母。结果，样品刚刚展示出来，立即就收到了5万份订单。

四、稳固的战略联盟

"好孩子"虽然质量过硬，但由于竞争对手多，要步入美国主流市场销售网却并非易事。按照美国市场的运行规律，"好孩子"在美国找到了一家理想的合作伙伴——卡斯科(Cosco)公司。

附表　好孩子集团公司童车车型及主要功能

车型	A型系列推车	B型系列推车	C型系列推车	D型系列推车	S型系列推车
功能	推车、摇篮、安乐椅、学步车四为一体。结构优化设计，操作方便化，豪华造型，轻型简洁，双向推杆，可拆卸，前扶手可不同角度调节，拆卸方便	超豪华的弧形结构优化设计，车兜世界独创，可拆卸，可平行、弧形两种摆动，结构简单，操作方便，折叠体积小，前后轮可拆卸，附有超大物篮，前万向轮设有定向装置，前后轮设有避震装置，使用性能可靠，设有防寒脚兜、加厚布套	豪华型，双向推杆，可靠方便的靠背结构，八轮可卸，前轮设有定向装置，后轮设有刹车装置，国际流行款式，折叠体积小，打开方便	轻型伞把车，国际流行款式，结松轻便，配置可旋转伞把式把手，打开、折叠方便	大流线型设计，豪华型并排双人推车，前车兜可换向，两孩童可相对或并排而坐，配有大型车篷、篮筐

卡斯科公司位于美国中南部城市达拉斯市，是一家有上百年历史的老牌儿童用品企业。"好孩子"登陆美国时，正值卡斯科公司在激烈的市场竞争中刚刚丢失了童车市场之际。当一家大公司傲慢地一口气回绝了"好孩子"的合作意向后，卡斯科公司却表示它很愿意与来自中国的童车新秀结盟，希冀收复失地，重铸辉煌；而好孩子集团则看中了卡斯科公司悠久的历史、良好的商誉和庞大的营销网络。双方几经磋商，结成了战略联盟关系，共同开拓美国市场。根据协议，好孩子集团把自己设计生产的童车运往美国，由卡斯科公司总代理，并以双方联名的"Cosco-Geoby"品牌在美国市场销售。"好孩子"新颖的款式、优异的质量与卡斯科公司的良好商誉实现了"天作地合"式的"联姻"，使"Cosco-Geoby"童车迅速打开了美国市场。

其实"好孩子"打入美国市场并不容易。初进美国市场时，"好孩子"为了占据市场份额，对经销商的报价几乎就是成本价，这与中国目前绝大多数从事 OEM 的企业完全相同。但是，美国经销商更看重质量和新颖性并重的产品。既然只靠低廉的价格并不能有效打开美国市场，"好孩子"就大动心思搞研发。一个来自摇篮的创意使他们另辟蹊径地开发出了在美国市场红极一时的"爸爸摇 妈妈摇"童车，并做了美国人喜欢的弧形外观造型，在美国申报了外观设计专利、发明专利。由于这款童车极具创意，美国卡斯科公司决定与"好孩子"展开全面合作。虽然卡斯科公司非常看好"爸爸摇 妈妈摇"童车，但该公司当时只愿意好孩子集团为自己贴牌生产。好孩子集团董事长宋郑还则坚持用"好孩子"品牌，只由卡斯科公司负责代销。最后双方各自让了一步，才出现了"Cosco-Geoby"这个联袂品牌。

五、合作的营销观念

好孩子集团认为，合作的营销观念至关重要。公司强调与用户合作，竭尽全力为用户着想，提高产品质量并不断创新；与战略伙伴合作才能达到双赢的营销效果。作为出口免检产品，好孩子集团始终要求在产品质量上"全员追求卓越"。集团出口到美国市场的系列童车，在通过美国进口商品检验时，从未发生过质量问题，在美国市场上树立了良好的产品形象和企业形象。新千年伊始，好孩子集团的 D200 型童车在美国市场销量剧增。为了使商品不断档，卡斯科公司紧急发来传真，要求增加货源。好孩子集团立即安排加班生产，并以高出船运价近10倍的运费，把这批童车空运到美国，保证了美方的正常供货。

在合作过程中，"好孩子"人还以高度的契约意识约束自己，以坦诚待人，求互利互惠，共同发展。面对"Cosco-Geoby"日益扩大的市场份额，另一些美国公司许以更优惠的合作条件，希望与好孩子集团合作，好孩子集团均予以婉言谢绝，恪守与卡斯科公司的既定协议，既赢得了合作者的信任，又受到了竞争者的尊重。

好孩子集团依靠建立国际战略联盟的路子，很快使产品在美国市场上站稳了脚跟。与此同时，"好孩子"系列产品还相继进入了西欧、日本、东南亚、南美洲、中东、俄罗斯等30多个国家和地区的市场，所创造的利润中有90%来自国际市场。

"好孩子"获得了众多国际儿童用品品牌商的认可，其中包括 Nike Kids、NUBY、Cake Walk、Cosco、Huffy Sports、Maxi-Cosi、Mini-man、Parrot、Quinny、Safety 1st、Tommee Tippee 等在内的全球一线儿童用品品牌在中国的代理权。代理这些"小巨人"在中国市场的销售，用董事长宋郑还的话来说是"好孩子"的第四次"洋务运动"，前三次包括融外资、产品走向国际市场和接沃尔玛的订单。代销国际品牌将帮助"好孩子"最大限度地分享到上千亿元的儿童用品市场蛋糕。他认为，单凭销售"好孩子"自己的产品，即使销售得再多，也不可能分到非常大的市场份额。"好孩子"的目标是占领中国母婴产品市场40%以上的份额，其中代销品牌的贡献将占到其中的一半。

宋郑还指出，通过第四次"洋务运动"，"好孩子"完成了由品牌制造商到品牌服务商的转变。"好孩子"通过代理"小巨人"们的产品，不仅避免了与这些全球著名儿童品牌的潜在竞争，而且还在无形之间把它们变成了合作伙伴。

随着中国经济发展和技术进步的加快，国内的消费理念和消费能力也发生显著变化，婴儿推车、儿童安全座椅等在国内消费者心中也成为必需品。中国市场已经是全球第二大母婴消费市场。从2010年开始，好孩子集团调整了国际化战略，国内市场被放在了重要地位。

资料来源
1. 汤定娜，万后芬：《中国企业营销案例》，高等教育出版社，2007年。
2. 好孩子集团网站，http://www.gbinternational.com.hk/。

案例思考题

1. 好孩子集团进入美国市场的动机是什么？
2. 好孩子集团实施的是何种观念？
3. 好孩子集团是如何进行国际市场调查的？你认为童车的市场调查重点应是什么？
4. 好孩子集团产品的本土化设计有何优势和局限？
5. 在国际市场营销中，选择战略联盟伙伴的标准和关键是什么？
6. 对"Cosco-Geoby"的由来及其之后的发展你如何评价？
7. 代销国际品牌的产品对好孩子集团自己品牌的战略发展具有什么影响？
8. 好孩子集团目前在国际化战略上进行了大的调整，据你所知战略调整主要涉及哪些方面？调整的原因是什么？

第 2 章　国际市场营销战略计划

本章提要　通过本章学习，了解国际市场营销战略的概念、构成要素及国际市场营销的目标；掌握国际市场营销的战略类型及战略计划的制定过程；熟悉国际市场营销战略投资组合的分析、评价和选择的方法。

引　例

当 Jerry 在自己的生日 Party 上与朋友开心合影的时候，他大概不会想到在同一时刻医院里有为数众多的病人在接受内窥镜检查。虽然两件事看似没有多大关联，但唯一相同的是他们都得到了奥林巴斯公司的服务。在面对媒体时，奥林巴斯公司也经常感叹，"我们总是以一家照相机生产商闻名于世"，事实上照相机只是这个光学产业集团的一个组成部分而已。

追溯历史，奥林巴斯在创业之初(20 世纪初)的支柱性业务是显微镜和体温计，当时企业的名称是株式会社高千穗制作所。当时，世界市场上受到欢迎的显微镜品牌主要是一些德国厂商，如 Leitz(也就是后来的 Leica 徕卡公司)和 Zeiss(蔡司)，造价非常昂贵，高千穗的母国所在地——日本当时还没有制造显微镜的能力，而它诞生的最初目标就是使显微镜的生产本土化，制造医生和研究人员买得起而质量又尽可能高的显微镜。高千穗提供的第一台显微镜是 1920 年生产的"旭号"。早期的产品并不能与德国的产品相媲美，尤其是高倍的"油镜"系统技术还不是很成熟，但是平易近人的售价使得高千穗在日本国内站稳了脚跟。

在 1949 年，高千穗易名为奥林巴斯，使品牌和企业名称统一。此举也显示出奥林巴斯期望在国际市场中经营的愿望。即使 21 世纪初的今天，很多消费者仍然不知道 OLYMPUS(奥林巴斯)是一个来源于日本的品牌，因为名字实在太像一个欧洲厂商。的确，该品牌名称来源于希腊神话，体现了公司"制作全世界通用的产品"的愿望。

奥林巴斯的业务单元也是由光学及其关联产品这一中心衍生发展而来的。最初的显微镜业务衍生出了奥林巴斯的医疗业务单元，提供了众多的医学光学产品，包括显微镜、内窥镜以及相关的微创手术器械。值得一提的是，奥林巴斯现在占有内窥镜全球市场70%的市场份额。这方面的优势进一步衍生出了生命科学业务单元，提供的产品包括生物成像系统、生化分析仪器甚至相关的化学试剂。奥林巴斯另外一个重要的业务单元分支就是影像产业，在民用市场上，奥林巴斯一直是全球最大的几家相机生产商之一。早在胶片相机的时代，奥林巴斯就以其小巧的袖珍相机和便于操作的单反相机赢得了较高的市场份额。而这一业务领域也承袭了该公司显微镜生产经验，被消费者评价为成像精细、色彩真实的产品。两个业务分支最后合流衍生出奥林巴斯的工业领域供应品，包括检测电子产品质量的显微镜系统和工业探伤系统，服务于制造业、工程服务和考古学等领域。

早在20世纪60年代，奥林巴斯就设立了海外当地法人奥林巴斯·欧洲及奥林巴斯·美国，以它们为营业活动、销售活动的据点积极地开展海外战略。奥林巴斯很早就预见到国际贸易自由化的趋势，从开始就采用了委任当地人进行公司运营的人才本地化方式开展海外事业。特别是在欧洲，除了总公司及制造、研发公司以外的约50个分公司所有岗位（包括总经理在内）均聘请当地工作人员，使奥林巴斯与当地社会建立起了密切的关系。

奥林巴斯的主要经营目标不分国内国外，均从收益性、成长性、品牌影响力三个角度来进行设定。奥林巴斯建立了以顾客、相关客户、股东、职员以及职员家属为核心的业绩评价机构，以使整个集团所有部门都沿着上述经营目标，合理调整业务推进的方向、公正地评价业绩。正是这一有着"国际特色"的机构，帮助奥林巴斯建立起了全球网络连接中心，以总体目标为基础，对每一个业务的开展目标进行讨论，并达成协议。奥林巴斯认为从目标设定到成果分配都可以通过该系统公开进行讨论，可使集团内各公司通过竞争建立起更加牢固的信赖关系，并能为促使奥林巴斯成为真正的全球性优良企业而发挥不可忽视的作用。

从引例中可以看到：奥林巴斯最初的战略目标只是制造医生和研究人员买得起而质量又尽可能高的显微镜，当其逐渐发展并从国内市场走向国际市场时，新的业务单元也就由光学及其关联产品这一中心衍生发展而来，如奥林巴斯的医疗业务单元、生命科学业务单元。众所周知的奥林巴斯相机则属于奥林巴斯另外一个重要的业务单元影像产业，以及在此基础上衍生出的奥林巴斯的工业领域供应品。这里描述的正是奥林巴斯的战略发展轨迹。

战略是对战略主体的未来所做的系统性决策，是关于企业设立目标和控制目标实现的全过程的系统性决策。跨国企业在进行国际营销时必须像奥林巴斯那样引入战略营销的理念，在进入国际市场前相应地制定自己的营销战略计划，并在实施过程中不断进行调整，才有可能稳步地发展壮大。

2.1　国际市场营销战略要素和目标

国际市场营销的战略要素是国际市场营销的重要组成部分，主要是指在制定战略时主要从哪些方面进行战略思考；而战略目标主要是指企业进行国际市场营销的最高目标，该目标不但可以激励员工，同时可以给予员工明确的努力方向。

2.1.1　国际市场营销战略要素

当今世界经济的最显著特点莫过于经济全球化的步伐在迅速加快，国际化已经成为诸多企业不得不面对的一个新挑战。许多财力雄厚的跨国集团已经吹响了全球扩张的号角，留给非强势企业的市场机会越来越少，企业要想在国际竞争中生存，必须从战略的高度关注企业的国际营销，而制定企业的国际市场营销战略正是这种关注的具体表现。通常企业的国际营销战略主要由几个要素构成，其中最重要的，一是选定目标国市场，二是开发最适合于各个目标市场的国际市场营销策略组合，即产品策略、价格策略、促销策略和渠道策略的组合。国际市场营销战略的构成如图 2-1 所示。

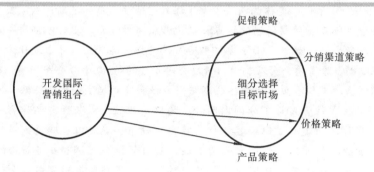

图 2-1　国际市场营销战略构成图

资料来源　闫国庆：《国际市场营销学》，清华大学出版社，2013 年，第 115 页。

1. 国际目标市场的细分和选择

目标市场是企业提供产品或服务的特定的细分市场。由于企业资源的有限性，企业不可能同时满足市场上所有消费者的需求。此外，不同的市场竞争条件各不相同。因此，企业需要把整个市场划分为几个细分市场，通过评估自身相对于竞争对手的优势和劣势，在这些细分市场中选择具有优势且极具发展潜力的市场区域作为自己的目标市场，有针对性地开发企业的营销组合策略。"制造医生和研究人员买得起而质量又尽可能高的显微镜"中的"医生和研究人员"就是奥林巴斯初期产品的目标顾客。

与国内范围的细分不同的是，国际市场的细分具有两个层次，即宏观细分和微观细分。具体操作时，先宏观细分后微观细分，宏观细分是要决定在世界市场上应选择哪个国家或地区作为拟进入的市场。这就需要根据一定的标准将世界市场划分为若干个子市场，每一个子市场具有基本相同的营销环境，企业可以选择某一组或某几个国家作为目标市场。微观细分类似于国内市场细分，即当企业决定进入某一海外市场后，它会发现当地市场顾客需求仍有差异，需进一步细分成若干个子市场，以期选择其中一个或几个子市场作为目标市场。

需要强调的是，无论是全球性企业还是跨国企业，其细分市场的过程都应是一个不间断的循环过程。一方面，全球企业常常需要开拓新的业务领域，这需要对全球市场重新加以细分；另一方面，原有的业务所面临的全球市场条件经常会发生变化，这也要求企业不断地对原有市场进行细分。在重新细分的基础上，不断调整自己的业务组合，淘汰那些前景黯淡的业务，整合资源，优先发展前景良好的目标市场。

2. 开发国际市场营销组合策略

具体地说，开发国际市场营销组合策略就是开发产品策略、价格策略、促销策略和分销渠道策略的组合。

1) 国际市场产品策略

产品是营销组合中最重要的因素,它对定价、促销和渠道等营销组合策略有直接的影响。

根据产品的五层次理论,即整体产品包含核心产品、形式产品、期望产品、延伸产品和潜在产品五个层次,企业的产品策略应该包括开发物理形态的产品或服务的性能及功能;为提高顾客满意度的产品或服务的包装及标签化;对产品或服务的颜色、形式、便利性等属性做出决策的过程。在国际市场营销中,产品策略主要包括产品的标准化和差异化策略、产品组合策略以及产品的品牌和包装策略。对于跨国公司来讲,产品策略已经演变为一种极其重要的竞争方式,不同的国际化企业表现出不同的产品策略重点。实行多母国战略的企业,它的产品策略重点在于对当地市场需求的适应性,而对于实行全球战略的企业,其产品策略在于通过标准化营销组合去满足全球市场同质性的需求。跨国企业应该把营销效果和利润水平作为评价产品策略的标准,选择符合自身且能够带来竞争优势的产品策略。

2) 国际市场价格策略

国际市场产品价格策略是指企业为支持国际市场营销战略的定价技巧。在国际市场竞争中,价格是最常用同时也是最敏感的竞争手段之一,它不仅影响到市场的需求,而且对公司的盈利水平直接产生影响。企业在进行国际产品定价时必须充分考虑产品的成本和国际价值、供求关系、经济行情或周期、国际市场竞争结构以及产品的生命周期等因素的作用,并结合目标市场的特点和产品的定位,适时选用成本导向定价法、需求导向定价法、竞争导向定价法等定价方法,或对这些定价方法进行组合运用,以保证企业定价目标的实现。

3) 国际市场促销策略

国际促销是企业为实现其意图,影响已有的和潜在的消费者态度和行为的各种沟通方式,是国际市场营销组合的一个重要组成部分。对从事国际市场营销的企业来说,可以采取的促销策略主要有两种,即推进策略和拉引策略。推进策略是指企业以中间商作为主要促销对象,通过本企业促销人员的努力将产品推进分销渠道,从批发到零售环节一步步推进到最终消费市场,在实施推进策略时,人员推销的作用尤为重要。拉引策略是指企业以最终消费者为主要促销对象,利用广告、营业推广和公共关系等促销手段,去刺激消费者的购买欲望,将产品间接地拉进分销渠道的策略。在国际市场上,促销组合策略主要有国际广告策略、国际公共关系策略、国际人员推销策略以及国际营业推广策略等。

与国内促销相比,国际环境的差异性大,如文化环境和经济环境的差异,使得国际促销策略的制定难度较大。正是由于促销因素对地区差异的敏感性,跨国企业一般需要按照国际市场的差异去制定促销策略。

4) 国际市场分销渠道策略

国际市场分销渠道策略指的是企业为了让目标市场顾客能够方便地购买企业的产品或服务而策划流通渠道的过程。在进行国际市场分销渠道决策时,要求企业对各种不同的环境因素进行综合分析,包括顾客因素、产品性质、中间商因素、竞争因素、企业因素、环境因素和渠道成员彼此的权利和义务等方面。通常企业分销渠道的决策内容主要包括营销渠道的长度和宽度决策、营销渠道的标准化和差异化决策、新建渠道与利用现有渠道的决策等。此外,企业还必须注重对渠道的管理,定期评估国际中间商,调整国际销售渠道,消除渠道冲突,等等。

分销渠道是连接生产者与消费者的关键点,也是公司内部与外部完成销售职能的实体。相对于其他营销组合因素来讲,分销渠道具有不易改变的特点,这就要求跨国企业在制定分销渠道策略时特别慎重。

2.1.2 国际市场营销目标

1. 常见的国际市场营销目标

企业的国际市场营销目标是指企业在特定期限内,考虑其内外环境条件的可能性,在实施其国际市场营销战略的过程中要求达到的程度和要求取得的成效。与国内市场相比,国际市场的环境更加复杂,企业的国际市场营销活动也会面临更大的潜在风险。那么,在这种情况下企业为什么还要进行国际营销活动呢?这主要是因为通过国际市场营销活动,企业能够达到以下几个目标。

1) 盈利目标

追求利润是企业经营活动的根本目的,盈利能为企业的发展、股东的投资回报以及企业成员的物质待遇的改善提供财源。通过国际市场营销活动,企业扩大了原来的市场范围,提高了盈利能力,为培养竞争优势提供了坚实的物质基础。盈利目标一般表现为利润总额、资金利润率、销售利润率和投资回报率等。

2) 市场竞争地位目标

企业在市场中的相对竞争地位是衡量企业经营成效的重要标志之一,特别是大型企业常把市场竞争地位列为一个重要目标来测定其在发展和盈利方面的实力。企业通过国际营销活动,不但可以扩大原来的市场范围,取得更广阔的市场空间,而且还可以培养自有品牌的国际影响力,以便在未来的国际竞争中处于优势地位。企业通常以国际市场占有率或总销售额来衡量自己的国际竞争地位。

3) 研究开发和技术领先目标

技术是企业核心竞争力的来源之一,拥有先进的技术将为企业的国际扩张带来极大的优势。企业通过国际营销活动,不但可以吸引优秀的国际人才,同时还可以利用国外的人才优势建立研发中心,开发有自主产权的先进技术。如中国的华为、海尔、联想等企业都在国外建立了自己的技术研发中心,以保障自己的技术领先优势。

4) 培养国际品牌目标

把自有品牌推向国际市场是许多企业进行国际营销的主要目标之一。实践证明,品牌对企业产品的销售能起到举足轻重的作用,企业拥有一个强势的国际品牌能为它带来巨大的竞争优势。品牌资产概念的提出,使越来越多的企业把培养国际品牌作为企业国际营销的一个重要目标,甚至是首要目标。奥林巴斯原名为高千穗,1949年,该公司易名为奥林巴斯,使品牌和企业名称得到统一,充分显示出奥林巴斯期望成为国际性品牌的愿望。此举的效果可以从引例的描述中看到:即使在21世纪初的今天,很多消费者仍然不知道OLYMPUS(奥林巴斯)是一个来源于日本的品牌,因为名字实在太像一个欧洲厂商。

5) 人力资源目标

人们常说 21 世纪最重要的资源就是人才，企业的发展在很大程度上取决于其职工的素质和积极性。通过国际营销，可让更多优秀的人才了解企业，并吸引他们到企业工作，从而加快企业的发展。宝洁、可口可乐等国际公司每年都吸引大量海外优秀人才来增强自己的实力。

以上目标只是国际营销中最常出现的几个目标，国际市场营销的目标远远不止这些，其他的目标还包括产品目标、占有资源目标和生产率目标，等等。

2. 国际市场营销目标制定的原则

国际市场营销目标的制定应遵循下列基本原则。

(1) 关键性原则。该原则要求企业确定的国际市场营销战略目标必须突出有关国际市场营销全局的问题，以免企业滥用资源，造成损失。

(2) 可行性原则。该原则要求制定目标时要全面分析各种资源条件和主观努力所能达到的程度，既不要脱离实际把目标定得太高，也不能把目标定得太低，以免目标失去激励作用。

(3) 定量化原则。企业制定国际营销目标时应该尽量使目标定量化，使其具有可衡量性，以方便企业对目标进行评价。

(4) 一致性原则。它要求国际营销的各目标间相互协调和促进，形成一个和谐的目标系统，同时要求把国际营销的长期和短期目标结合起来，在纵向上实现全过程的链接。

(5) 稳定性原则。企业国际营销目标确定后必须保持相对的稳定，不可朝令夕改而引起员工的困惑。当然，如果企业的经营环境经常发生变化，企业可以对目标进行适当的调整，但必须注意做好与员工之间的沟通工作。

企业在制定目标时需结合实际情况及其他影响因素综合考虑以上原则。如引例中的奥林巴斯，其主要经营目标就是从收益性、成长性、品牌影响力三个角度来进行设定的。

2.2 国际市场营销战略计划

跨国企业为了谋求更好的发展，就应该从长远的观点来进行环境分析，并制定相应的市场营销战略计划。企业对市场营销环境的变化不仅要有事后的应对能力，而且还要有事前的应对能力。所以，企业的市场营销活动必须从战略角度来策划，同时企业还必须强调战略性经营、战略性计划以及战略性市场营销计划的重要性。

2.2.1 国际市场营销战略计划概述

在国际市场营销活动中，国际市场营销战略计划与其他类型计划统称为国际市场营销计划。国际市场营销计划是指企业制定的一定时期内该企业开展国际市场营销活动的目标及达到目标的策略和步骤。它规定了预期的经营要求，减少了在市场活动中的盲目性；预先测算了成本和费用开支，有利于充分利用企业的资源；明确了各部门的目标和工作方法，使市场营销人员的工作有了明确的方向指导；协调和沟通了企业内部各部门的联系，使其正常运转。

国际市场营销计划和国内市场营销计划存在着显著的差别，如表 2-1 所示。

表 2-1　国内市场营销计划和国际市场营销计划区别

国内市场营销计划	国际市场营销计划
(1) 单一国家和语言	(1) 多国籍、多种语言和多种文化
(2) 相同类型的市场	(2) 各种不同类型的市场
(3) 资料收集容易	(3) 资料分散且不易收集，花费大
(4) 政府干涉较少	(4) 政府干涉和贸易保护主义限制较多
(5) 政治因素不太重要	(5) 政治因素重要
(6) 企业环境相对稳定	(6) 环境多种多样且不稳定
(7) 单一货币	(7) 多种货币
(8) 经营业务规划已成熟	(8) 规则复杂且难以掌握
(9) 运输方便	(9) 运输时间长，需要种种保险
(10) 在平等的条件下竞争	(10) 受各国爱国主义和排外的抑制
(11) 价格稳定	(11) 价格升降幅度大
(12) 管理者熟悉有关的预算和控制制度	(12) 管理者不熟悉有关预算和控制制度

企业的国际市场营销计划根据其执行期间的长短可以分为战略计划和作业计划。战略计划又称长期计划，其期限一般在 5 年以上。作业计划又称为短期计划，一般指年度计划。

1. 国际市场营销战略计划

国际市场营销战略计划是指系统地评估公司本身的独特资源、基本经营状况、目标和变化着的国际环境，采取必要的政策和行动，制定较长时期内企业开展国际市场营销的基本目标，以及达到目标的主要策略和实施的重大步骤的一项工作。企业的营销战略计划是一种寻找机会、对付风险的系统方法。

1) 国际市场营销战略计划特点

与国际市场营销作业计划相比，国际市场营销战略计划有以下几个特点：

(1) 长期性，国际市场营销战略计划的期限一般为 5 年，更长的则有 7 年、10 年甚至 20 年以上的；

(2) 战略性，国际市场营销战略计划所关心的不是日常经营中的问题，而是一些重大的战略问题；

(3) 复杂性，国际市场营销战略计划需要对世界贸易、生产、技术、竞争等重大问题做出判断和预测，所需要的信息量更大，有时不得不委托企业外部的力量进行调研和预测；

(4) 灵活性，与国内环境相比，国际贸易环境更加多变，这就要求对企业的战略计划进行应变性调整，这样做既能使企业保持长期的战略观念，又不至于使长期战略计划成为僵化的教条。

2) 国际市场营销战略计划构成

国际市场营销战略计划由公司的高层及主要部门制定，主要由以下几部分构成：

(1) 环境竞争分析，其目的是为了寻找扩大业务的机会和分析竞争的威胁，包括世界贸易的发展趋势、国际关系、技术，以及出口地区的政治、法律、竞争者等内容；

(2) 对公司本身的分析，包括人才管理、产品、财务、营销等内容；

(3) 拟定目标，目标的确定原则以国际市场为向导，具有必要的方针措施，富有鼓动性；

(4) 制定战略，具体的战略有公司增长战略、产品战略、市场战略等。

2. 国际市场营销作业计划

国际市场营销作业计划是由国际市场营销战略计划中衍生出来的，是企业在计划期内的具体行动纲领，它规定着企业在计划期内的销售数量、品种、质量和生产日期等具体内容。表2-2所示为国际营销作业计划的主要内容。

表2-2　国际市场营销作业计划内容

国际营销作业计划	
(1) 导论	介绍目标市场的情况和营销计划的目标
(2) 产品描述	从目标市场的观点对产品或产品线进行评估
(3) 目标市场	①对目标市场文化和经济调研的总结 ②当地消费者购买习惯的情况 ③当地价格战略 ④目标市场规模的估计
(4) 竞争状况分析	对波特的五种力量进行分析
(5) 政府管制和机构	①本国政府的对外贸易政策 ②东道国政府对外国公司的管制
(6) 细分市场概述	在进入市场之前需要注意的潜在的市场细分问题
(7) 产品战略	①战略目标 ②产品如何适应新市场 ③如何为新市场设计广告 ④在新市场实施促销活动 ⑤寻找战略伙伴 ⑥制定新市场的品牌战略
(8) 分销战略	①分销模式 ②包装要求 ③装运要求 ④保险要求 ⑤仓储和存货控制 ⑥分销渠道的设计
(9) 价格战略	制定产品在当地市场的定价策略
(10) 收益战略	制定企业在新市场出售产品时可以接受的支付方法
(11) 财力要求	对进入新市场所需要的融资数量和渠道进行决策

续表

国际市场营销作业计划	
(12) 人事要求	对实施国际营销作业计划所需的人事进行安排
(13) 安全问题	对国际营销计划执行过程中可能出现的问题进行预测并制定相应的应急措施
(14) 营销计划总结	总结营销计划的要点,并就计划实施过程中的一些细节问题提出建议以及分析其对营销计划执行的影响

2.2.2 国际市场营销战略计划的制定

跨国企业的国际市场营销战略计划的确立过程如图 2-2 所示。

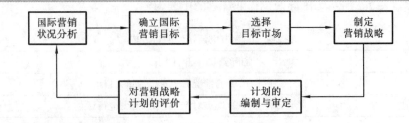

图 2-2 国际市场营销战略计划确立过程

1. 国际市场营销状况分析

进行国际市场营销状况分析是国际市场营销战略计划的第一步,是企业收集信息、整理信息的过程,也是随后加以分析并根据分析结果进行预测的行为。分析主要包括企业自身、市场情况、竞争对手等方面。

1) 对企业自身的分析

搞清楚企业所拥有的全部经营资源,包括企业在人财物方面的基本情况,以及一些抽象的非确定性因素,如企业信誉、企业文化等,其目的是要掌握企业实现目标的基本条件,以及这些条件的可用性和可靠性。华为是中国国际化最为成功的企业之一,当初华为在是否进行国际化的决策时,通过充分了解自身的人才储备情况,更加坚定了国际化的信心。

2) 对市场的分析

主要分析目标市场的不可控因素,如东道国对于产品技术、质量标准的规定等,同时还要对市场的销售方式、分销渠道及东道国对外国企业的态度等方面的信息进行广泛的收集和全面分析。罗非鱼是我国主要的养殖水产品和出口品种,2014 年我国罗非鱼产量约为 155 万吨,占世界总产量的 40%,其中出口 40.84 万吨,并且在 2015 年出口量增长了约 3%。目前已然形成种苗、饲料、加工、制冷、储藏、包装、运输、出口一条龙式罗非鱼产业链,解决了大批待业人员的就业问题,帮助农民脱贫致富。近年来由于国际经济环境的影响,罗非鱼国际市场行情并不稳定,出口美国和欧洲等市场的受欧美强化对我国出口罗非鱼片的磺胺类药残检测影响,我国罗非鱼片出口严重受阻,导致鱼价大幅下跌,国内罗非鱼养殖的风险不断加大,打击了广大养殖户的养殖积极性。由此可见,在制定国际市场营销计划时对市场的分析尤为重要。

3) 对竞争对手的分析

明确谁是竞争对手以及竞争对手的具体行为，找出其优势和劣势所在，做到知己知彼，百战不殆。

2. 确立国际市场营销目标

在进行国际市场营销状况分析以后，接下来就是要确立国际市场营销的目标。在确立企业国际市场营销的战略目标时要考虑以下三个方面：确定产品种类和市场范围，确立利润目标，确定企业增长速度。

1) 确定产品种类和市场范围

企业应该经营哪种产品及其经营范围是企业首先要解决的问题。企业可以根据现有的产品情况，结合自身的资源和国外市场的需求趋势，来确定产品的种类和进入的市场范围。2006年9月，我国长城汽车开始在俄罗斯投资建厂，这从一个侧面说明了长城汽车的成功。一直以来，长城汽车在俄罗斯地区都深受欢迎，除了其优越的性价比外，公司在该地区的经济型汽车的产品定位也起了很大的作用。

2) 确立利润目标

企业参与国际营销的重要目标之一就是最大限度地获取利润，这就要求企业必须制定合理的利润目标。利润目标可以分为长期利润目标和短期利润目标，在制定利润目标时，企业必须兼顾和平衡长短期利润目标之间的关系。

3) 确定企业增长速度

增长速度是衡量企业发展状况的重要指标。企业的增长可以指销售额的增长、利润的增长或市场占有率的增长。在制定增长目标的时候，企业必须根据实际情况选择合适的增长指标来评价企业的国际经营状况。

3. 选择目标市场国

目标市场国是企业决定要为其提供产品或服务的国家。通常有三种战略可供企业选择。

1) 集中性战略

企业不是面向整体世界市场，而是将主要力量放在一个或少量几个子市场上，为该市场开发具有特色的项目活动，进行广告宣传攻势。这种策略主要适合于小规模企业。因为这种策略成本小，能在短期内取得促销的效果，也有企业在初次进入国际市场时采用这种战略。

2) 无差异战略

指企业不是针对某个子市场，而是面向各个子市场的集合，以同一种形式在各个市场中推进。这种战略应配以强有力的促销活动，进行统一的广告宣传，但是活动成本较大，时间较长，一般适合于大型企业。

3) 差异性策略

指面对已细分的市场，企业从中选择两个以上或多个子市场作为目标市场国，分别向每个目标市场国提供有针对性的产品或服务。

企业选出目标市场国以后，还要依据目标市场国的市场规模、潜力和竞争环境对其进行评估，以期选择最适合自己的目标市场国。

案例　国内名不见经传的品牌却是非洲的"手机之王"

在深圳南山区科技生态园里,藏着一家在国内名不见经传的手机公司。在中国几乎没有什么人用过它的产品,但这家名叫传音的深圳公司,是名副其实的"非洲手机之王"。官方公布的数据显示,2017 年传音手机在全球销售了超过 1.2 亿部手机,排名全球第四。其中功能机约 9000 万台,排名全球第一,智能机超过 3500 万台,排名全球第十。目前传音旗下各品牌手机在非洲的市场份额排名第一,超越三星、苹果等品牌。

这家公司目前在非洲一共有三个手机品牌,分别是 Itel、Tecno、Infinix,另外还有一个家电品牌 Syinix 和一个智能配件品牌 Oraimo。其中,Itel 主要是高性价比、优质可靠的产品,售价在 10 多美元到 100 美元之间;Tecno 主要聚焦中等消费人群,零售价格在 15 美元到 400 美元之间;Infinix 是一个针对年轻人的细分品牌,售价在 80 美元到 300 美元之间。

在凤凰网科技采访中,传音控股副总裁阿里夫说,选定了非洲作为战略聚焦市场之后,打造专门为非洲消费者定制的手机,是传音公司成功的核心。"本地化创新"是传音公司非常重要的战略,也是这家中国公司在非洲成功的重要因素。

阿里夫介绍,传音公司在非洲大部分地方都有办事处,有超过 1 万名本地员工,为当地消费者提供服务的网络规模非常大。早期传音公司的团队去非洲了解市场,发现在一些国家首都之外的二三线城市,部分乡镇甚至连电都没有,但是却有手机网络。那些地方的用户为了给手机充电需要跑到另外一个地方去,付钱充电。这样的市场,如果推出长待机的手机,用户可以省钱、省麻烦、省时间。因此传音公司专门推出了长待机系列,推出了待机时间 20 天、30 天的手机之后,用户不用经常跑到很远的地方去充电,因此传音公司的产品在这些地方卖得特别好。

在非洲地区,不同运营商的电话费是不一样的,跨网络通话的费用很高,但 SIM 卡的价格又比较便宜。当时非洲市场的诺基亚、三星都是单卡手机。为了省钱,当地人的钱包里通常会放两三个 SIM 卡,以便随时更换 SIM 卡来打电话给对应的运营商网络。发现这个用户的痛点需求后,传音公司 2007 年在非洲推出了第一款 Tecno 牌子的双卡双待手机,一下子就获得了非洲人对这个品牌的认可。2008 年,传音公司正式选择将重心完全聚焦在非洲市场,之后甚至还发布了一款四卡手机。

因为地理位置的特殊性,非洲地区的人肤色都很黑。"肤色深不意味着不喜欢拍照,他们是非常喜欢的,而且也非常喜欢分享。"阿里夫说。但如果白人和深肤色人一起拍,光线不好的话照片效果就会比较差,边上的黑人朋友也许只能看到眼睛和白色的牙齿。这是因为一般手机拍摄对于肤色较深的人种很难准确识别面部。传音公司通过搜集非洲本地人的照片,积累大量的深肤色数据,创造性地针对非洲人特征进行开发,针对深肤色五官特征进行定位,提出首创的深肤色用户的美肤模式,帮助非洲消费者拍出更加满意的照片。

早期的非洲市场十分散乱,经销商们通常很难和手机品牌商达成长期稳定的合作。非洲的市场与中国和美国运营商占主导不同,公开渠道的经销商也很重要。传音公司在与当地的电信运营商合作的同时,也没有冷落经销商们。与他们一起在非洲超过 30 个国家内建立了零售网络，帮助当地经销商获利。还为售后维修单独成立一个品牌，智能手机厂商如今几乎没有人这么做。传音公司的售后维修品牌名叫"Carlcare"，目前在全球共有2000多家专业服务网点，非洲有1200家（含第三方合作网点），覆盖非洲、中东、东南亚多个地区，并且可以为非传音公司的产品提供维修服务。

靠着便宜耐用、"美黑"、"防油指纹识别"等脑洞大开的本土化设计，以及完善的经销商体系和售后服务，后面的故事大家都知道了——传音公司一步一步称霸非洲市场。

资料来源　刘正伟：《打败苹果三星称霸非洲，这家中国手机厂商99%的人不知道》，凤凰网科技《凤眼》，2018-09-06，http://tech.ifeng.com/a/20180308/44899702_0.shtml。

4. 制定国际市场营销战略

制定目标以后，企业应及时制定国际市场营销战略，布置下一步的行动方案。国际市场营销战略的制定主要包括与产品有关的战略、与市场有关的战略、与竞争有关的战略。

1) 与产品有关的战略

与产品有关的战略主要包括产品开发战略和多元化发展战略。

产品开发战略旨在为现有的市场寻找新产品，或改进现有产品以适应市场需要。当现有产品与不断变化的消费者需要出现差距时，最适宜采取产品开发战略。它包括改进现有产品、用竞争力强的产品替代现有的产品、增加现有产品品种以及开发新产品。20世纪60年代，美国康乃馨公司发现大部分美国人对速食早餐和减肥有所需求，便推出"康乃馨速食奶粉"和"咖啡伴侣"减肥饮料，深受欢迎，至今这两种产品在美国市场还畅销不衰。

多元化发展战略一般是在企业现有营销系统中的业务不再有增长的余地，而其他行业的发展机会又较为明显时采用。它包括同心多元化战略、纵向一体化战略、复合多元化战略。

同心多元化战略指企业增加与其现有产品或服务相类似的新产品或服务。实施同心多元化战略时，新增加的产品或服务必须位于企业现有的专门技能和技术经验、产品系列、分销渠道或顾客基础之内。强生公司是医药领域实施同心多元化战略较成功的公司之一，公司的经营范围包括医药用品、器械、个人护理产品等。

纵向一体化战略是一种向前和向后两个方向扩展企业现有经营业务的增长战略。前向一体化是指企业的业务向消费它的产品或服务的行业扩展，而后向一体化是指企业向为它目前的产品提供原料的产品或行业扩展。

复合多元化战略是企业发展与目前的技术、顾客、产品和市场完全无关的新产品。中国海尔目前正在走复合多元化道路。截至2007年，海尔的多元化领域包括家电、生物制药、计算机、手机及房地产等。

2) 与市场相关的战略

与市场相关的战略主要包括市场渗透战略和市场开发战略。

市场渗透战略是指当产品市场份额和销售受到威胁时，企业应加强营销工作，增加现有产品的销售。

市场开发战略是为现有产品寻找新市场、新客户，包括现有市场的扩展和新开辟市场。对于国产手机而言，国内市场竞争过于激烈，剩余的拓展空间已经不大，对于小米这种已经趋于成熟的手机品牌而言更是如此，开拓海外市场成为其出路。2014年7月进入印度市场以来，小米已经在这一市场销售了超过300万部手机，在印度的市场份额达到14%。国内市场饱和的趋势促使小米更多涉足亚非拉等海外市场。

3) 与竞争相关的战略

与竞争相关的战略主要有以发挥竞争优势为重心的战略和以维持或提升竞争地位为重心的战略。

以发挥竞争优势为重心的战略包括成本领先战略、差异化战略和集中化战略。

以维持或提升竞争地位为重心的战略包括市场领导者战略、市场挑战者战略、市场追随者战略和市场补缺者战略。

市场领导者战略使企业在某一特定市场上所占的市场份额处于领先地位，从而使企业在竞争中保持主动。

市场挑战者战略指当企业市场份额小于领导者，但仍有雄厚的实力对领导者构成威胁时，可以采用针锋相对的攻击战略。如在世界市场上处处可见百事可乐与可口可乐之间的竞争，在竞争中百事可乐采用的就是市场挑战者战略。

市场追随者战略指市场中的中小企业为了保持现有的地位，不愿轻易采取挑战行动触犯领导者利益时采用的一种跟随领导者的战略。其战略形式一般会在很大程度上与市场领导者保持一致。

市场补缺者战略是指某些行业中的小企业，虽然经营规模小，但却拥有某些特长而区别于竞争对手，这些中小企业所选择的目标市场都是大企业所忽略的或不愿经营的细分市场。

5. 战略计划的编制与审定

企业在制定战略后，应该编制细致而恰当的计划保证战略的实施。企业国际市场营销战略计划的编制包括计划的内容、编制的方法及计划的审定。

1) 战略计划的内容

战略计划的内容主要涉及企业的背景，如对企业内外部环境的分析；企业目标，如企业的总目标、财务目标、销售目标等；营销策略，它是实现目标方式和行为的具体安排，要求企业根据背景环境和上述目标，确定实施战略的具体战术措施；实施方案，在确定营销策略后，需将营销策略方案具体化，包括何时开始实施、由谁负责、投入多少资源、如何协调、何时完成等，并尽量用技术图表显示计划的实施内容和过程。

2) 战略计划的编制方法

计划的编制方法主要有三种，分别是自上而下法、自下而上法、目标下达—计划上报法。

自上而下法是指由最高管理部门为较低层次的部门制定目标和计划，即主要由公司总部下达计划，子公司基本上没有发言权的计划编制方法。

自下而上法是指由各部门制定其认为可以达到的最佳目标和计划，然后送给最高层领导批准，即公司总部完全下放权力，由子公司自己制定计划的方法。

目标下达—计划上报法是指由企业高层领导纵览企业的机会和需求，建立公司目标，各部门负责制定达到这些目标的计划，当这些计划被高层领导批准后便成为正式的计划。

3) 战略计划的审定

计划编制完成后，应该由公司高层进行评价审核，以保证计划和目标的一致性和战略战术的可行性。计划审定的标准有计划的可行性、计划的整体性、计划的时间同步性和计划的自御性。其中，计划的整体性要求计划中的行动方案必须是一个有机的和协调一致的整体；计划的时间同步性要求计划必须保证同步和衔接；计划的自御性要求营销计划应超前估计到竞争对手可能做出的反应和行动，并制定一些相应的防范措施。

6. 对战略计划的评价

对国际营销战略的评价主要是指在战略计划实施过程或实施完成后，根据实施计划的实际情况对先前制定的计划进行评价和总结，找出原计划制定过程中做得好的环节并进行借鉴，同时发现计划制定的不足，为下次营销计划的制定总结经验，以便制定更完美的计划。

2.3 国际市场投资组合战略

跨国企业，尤其是大型跨国企业，由于其资源的有限性，不可能服务于全部市场，而企业经营要求必须利用有限的资源在几个细分市场上获取最高的回报。同时，由于国际环境的复杂性，企业为了降低经营风险，必须对其国际投资进行最有效的组合，因此，制定国际市场投资组合战略在考虑营销战略时不可或缺。

2.3.1 国际市场投资组合战略分析方法

企业理想的投资组合战略应当能够利用外部市场的机会并中和不利环境的影响，同时加强企业内部的优势及对自身的弱点加以改进。基于理想战略的这些特点，在选择国际市场投资组合战略时，企业应借助一些战略分析和评价方法来达到选择理想战略的目的。下面主要介绍波士顿矩阵法和亚瑟·利特尔法。

1. 波士顿矩阵法

波士顿矩阵法也称增长率-市场占有率矩阵法，是由波士顿咨询公司提出的。该方法假定，除了最小的和最简单的公司外，所有的公司都有两个或两个以上的经营单位，这些经营单位就构成企业的业务组合或投资组合。从引例中可以看到，奥林巴斯至少有医疗业务单元、生命科学业务单元、影像业务、工业领域供应品等经营单位。

波士顿咨询公司主张，一个经营单位的相对竞争地位和市场增长率是决定整个投资组合中每一经营单位应当奉行什么战略的两个基本参数。以这两个参数为坐标，波士顿咨询公司设计出一个具有四象限的矩阵图(如图 2-3 所示)。

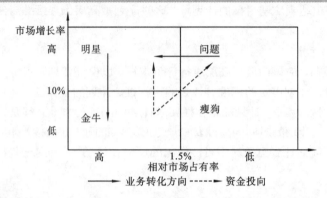

图 2-3　波士顿矩阵

波士顿矩阵横坐标表示经营单位的相对竞争地位，以经营单位相对于其主要竞争对手的相对市场占有率表示。相对竞争地位决定了该经营单位获取现金的速度。矩阵图中的纵坐标表示市场增长率。市场增长率代表着对一个经营单位市场吸引力的大小。如果市场增长迅速，则该经营单位回收资金的速度也将比较快。一般高于10%的增长率被认为是高的市场增长率，而相对市场占有率一旦超过1.5%，也被认为是具有较高的相对市场占有率。然而，这种划分不是绝对的，各行业可以根据各自的具体情况采取不同的划分界限。

从波士顿矩阵图可以看出，企业经营单位可以分为四种类型，即金牛型、明星型、问题型和瘦狗型，这四类经营单位拥有各自不同的特点。

1）金牛型

金牛型业务单位具有较高的市场占有率和较低的市场增长率，它只需要较少的资金投入就能带来高额的利润和现金。金牛型业务是目前公司现金的主要来源，它可以为公司其他业务的发展提供现金支持。

2）明星型

明星型业务的市场增长率和市场份额都较高，它所产生的现金数量巨大，同时也需消耗大量的现金来维持自己的发展。通常明星业务代表最优的利润增长点和最佳的投资机会，是企业后续发展的动力和优势。企业应该投入适当的资源保持明星类业务的成长。

3）问题型

问题型业务的市场占有率较低而市场增长率却较高，较高的市场增长需要大量的现金投入，同时较低的市场占有率却只能产生少量的现金。对于这类业务，企业应该视其潜力来判断是否投入资源来扶持它的成长。

4）瘦狗型

瘦狗型业务的市场占有和市场增长率都比较低，市场增长率低说明此类业务的成长潜力已十分有限，市场占有率低说明该类业务所带来的现金数量较少。对于大多数企业来说，瘦狗型业务常是企业放弃的对象。

波士顿咨询公司认为，大多数公司的经营单位都分布于该矩阵中的某一个象限，企业可以根据该矩阵对自己的国际投资战略组合做出决策。首先，要维持金牛类业务单位的地位,因为它是企业现金的主要来源,同时,应避免对该类业务的过量投资追加;其次,要优先扶持明星类业务的成长,它是企业未来利润和竞争优势的主要来源;再者,对于问题类业务要判断该业务的发展潜力,对于具有良好潜力的业务要积极投入资金,支持它的发展,而对于发展潜力有限的业务要及时抽掉资金,迅速放弃该业务;最后,对于瘦狗类业务,企业应该采取收缩战略,果断退出。

波士顿矩阵也有局限性,如只以市场增长率和市场占有率作为划分业务类型的标准过于简单,同时业务的取舍战略只以其产生的现金量为标准,而忽略了该业务可以带来的经验价值等。

2. 亚瑟·利特尔法

亚瑟·利特尔法又称生命周期法,由亚瑟·利特尔咨询公司提出。该方法基于行业成熟度和战略竞争地位两个参数来确定公司中各个经营单位所处的位置。生命周期法认为,任何一个行业根据所表现的特征,可划分为孕育期、成长期、成熟期和衰退期四个阶段。每一阶段行业所呈现的特点如表2-3所示。

表2-3 行业成熟度各阶段的特点

因 素	孕 育 期	成 长 期	成 熟 期	衰 退 期
增长率	较国民生产总值增长快	高于国民生产总值增速	等于或低于国民生产总值增速	增长为零或负增长
增长潜力	基本不满意或产品相对不知晓	部分满意或产品相对不知晓	一般满意或产品被知晓	满意或产品早已知晓
产品线范围	窄,很少品种	宽,多样化	宽,标准化	窄,如果行业分散的话则较少
竞争者数目	竞争无统一规律,数量通常增加	最多,后开始减少	稳定或下降	最少
市场占有率分布	无统一规律,通常分散	逐渐地(或快速地)集中	稳定	集中化或很分散
市场占有率稳定性	不稳定	逐渐地稳定	基本稳定	非常稳定
顾客稳定性	不稳定	逐渐稳定	稳定	非常稳定
行业进入壁垒	低	较低	较高	非常高
技术	快速发展,已知技术很少	变化中	已知晓,容易获得	已知晓,容易获取

资料来源 杨锡怀,冷克平,王江:《企业战略管理理论与案例》第2版,高等教育出版社,2004年,第231-232页。

应用生命周期法,一个经营单位的战略竞争地位为分为主导地位、强劲地位、有利地位、可维持地位和软弱地位五种类型。

主导地位指能够控制竞争者的行为,具有较大的战略选择范围,且战略能独立于竞争者而做出。

强劲地位指能够遵循自己的战略和政策,而不会危及其长期的地位。

有利地位指可能具有一定的战略优势，有能够保持其长期地位的好机会。

可维持地位指具有证明其运营可继续存在的满意的经营绩效，有能够维持其长期地位的一般机会。

软弱地位指令人不满意的经营绩效，短期内能够生存，但要长期生存则必须提高其地位。

以行业成熟度为横坐标，竞争地位为纵坐标，这样就组成了一个具有 20 个单元的生命周期矩阵。根据亚瑟·利特尔咨询公司的建议，有四种战略可供选择，即发展战略、选择型发展战略、收获战略和放弃战略。运用生命周期矩阵进行战略选择的操作方法如图 2-4 所示。

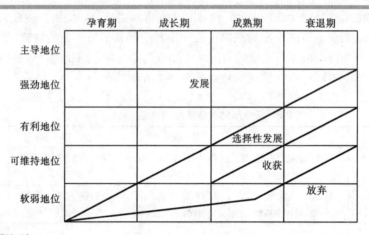

图 2-4　生命周期矩阵

2.3.2　国际市场投资组合战略的评价与选择

1. 国际市场投资组合战略评价的原则

对国际市场投资组合战略的评价是跨国公司国际营销战略制定的重要内容，国际市场投资组合战略评价应遵循适用性原则、可行性原则和可接受性原则。

1) 适用性原则

该原则用以分析国际投资组合战略与公司的长期国际营销战略、组织形式及环境的适应程度，以及如何巩固和改进公司的竞争地位。

2) 可行性原则

该原则用以分析公司能否成功地实施投资组合战略，它涉及公司的资金支持、组织能力支持、营销能力支持和供应能力支持等方面。

3) 可接受性原则

该原则是从公司整体利益、公司各部门利益以及社会公众利益的角度分析投资组合战略是否能够被接受。

2. 国际市场投资组合战略的选择

对国际市场投资组合战略的选择是一项重大的决策，它将对企业国际营销的顺利开展产生深远影响。一般来说，有几个因素会影响企业对投资组合战略的选择。

1) 现行战略的继承性

考虑该因素主要是因为企业在实施现行战略时已投入了大量的物力和财力资源，这部分资源构成企业转向新战略时的沉没成本。因此，企业在选择新战略时，多多少少会受到现行战略的影响。

2) 企业对待风险的态度

企业的经理人员对待风险的态度对战略的选择影响极大，勇于冒险的决策者有较大的战略选择余地，反之其选择余地就小。因此，这两类不同的决策者对战略会做出不同的选择。

3) 企业对外部环境的依赖程度

企业对外部环境中的用户或供应者的依赖程度越大，其战略选择的余地就越小。例如，如果一个企业主要是为另一个企业生产配套的零部件，那么，该企业的战略选择就不得不适应该协作单位的要求。

4) 时间限制

时间因素从多方面影响企业投资组合战略的选择，如有些战略决策有时间限制，以及不同战略产生效果所需的时间不同等。

本章小结

本章阐述了国际市场营销战略的概念；选定目标国市场，开发最适合于各个目标市场的国际营销策略组合等构成要素；国际市场营销的盈利、竞争、技术、品牌和人力资源等目标。

对如何制定国际市场营销计划进行了论述；介绍了国际营销计划和国内营销计划的区别；国际营销战略计划和作业计划的特点和构成及其制定国际营销战略计划过程中的六大步骤。

阐述了国际市场营销战略投资组合的分析、评价和选择的方法；主要介绍了波士顿矩阵法和亚瑟·利特尔法。

关键术语

战略	国际市场营销战略	战略要素	战略目标
国际目标市场	宏观细分	微观细分	国际市场营销目标
国际市场营销战略计划	国际市场营销作业计划	投资组合战略	波士顿矩阵法
亚瑟·利特尔法			

思考题

1. 如何理解国际市场营销的战略要素和战略目标？
2. 国际市场营销战略计划内容主要有哪些？你认为如何编制国际营销战略计划更为合理？
3. 开展国际营销活动需考虑的战略主要有哪些？
4. 对国际市场投资组合战略进行选择时应该注意哪些影响因素？

参考文献

1. 庄宗明. 世界经济学[M]. 北京：科学出版社，2015.
2. 杭言勇. 世界经济概论[M]. 北京：机械工业出版社，2010.
3. [美]菲利普·R 凯特奥拉，[美]玛丽·C 吉利，[美]约翰·L 格雷厄姆. 国际市场营销学[M]. 15 版. 赵银德，沈辉，张华，译. 北京：机械工业出版社，2012.
4. [美]苏比哈什·C 贾殷. 国际市场营销[M]. 6 版. 吕一林，雷丽华，译. 北京：中国人民大学出版社，2004.
5. [美]迈克尔·A 希特，等. 战略管理：竞争与全球化（概念）[M]. 吕巍，等，译. 北京：机械工业出版社，2016.
6. 辛玲，龚曙明. 市场调查与预测[M]. 2 版. 北京：清华大学出版社，2014.
7. 于丹，高俊云. 国际市场营销[M]. 北京：人民邮电出版社，2014.
8. 闫国庆. 国际市场营销学[M]. 北京：清华大学出版社，2013.

案例研讨

华为的国际化之路

创立于 1987 年的华为技术有限公司，从一家注册资本仅有 2.1 万元的交换机代理商一跃而成为全球电信行业巨头；从 1996 年为了"活下去"而走向国际市场到 2016 年，海外销售已达到 352 亿美元，海外销售总收入占比达到 58%，产品已经进入包括德国、法国、英国、葡萄牙、荷兰、美国、加拿大等欧美 14 个发达国家。而且，华为还在全球建立了 8 个地区部、55 个代表处及技术服务中心，销售及服务网络遍及全球。华为是如何从营销战略层面一步一步走向国际化道路的呢？

一、以"农村包围城市"作为国际市场的撬点

华为的国际市场模式的撬点是：农村包围城市。中国革命成功的一条关键经验是农村包围城市。同样，华为的海外战略也借鉴了这条经验。华为的发展依从地缘关系，从地缘亲近、政治敏感度低、经济次发达的国家和地区逐步推进到地理位置相对较远、政治敏感度较高、经济发达国家的路径。华为按照心理距离远近把进入国际市场区域按先后顺序划分为四个层次。

距离最近的是香港,香港是华为迈入海外市场的第一个落脚点。1996 年,华为与和记电讯合作,提供以窄带交换机为核心的"商业网"产品。华为的 C&C08 打入香港市话网,可以说是华为大型交换机走向海外市场的第一步。第二层次是俄罗斯、东南亚、中东、非洲等次发达国家市场。1997 年华为在俄罗斯建立了合资公司,进军俄罗斯市场。1999 年开始进军泰国市场,接着在新加坡、马来西亚等东南亚市场以及中东、非洲等区域市场拓展,取得了不错的业绩。第三层次是西欧市场发达国家市场。2004 年 3 月,华为欧洲地区总部新技术研发中心在英国贝辛斯托克罗成立,接着,华为在英国设立欧洲地区总部。2008 年,华为攻克欧洲最后一个堡垒——德国电信 DT。第四层次是北美市场。北美市场既是全球最大、最成熟、最高端也是竞争最激烈的电信设备市场,是全球最大的电信设备商思科的大本营,也是华为最难攻克的"堡垒"。

二、以市场驱动为导向进行产品研发

在经济全球化的浪潮中,发达国家的跨国企业提前完成了全球化的战略布局,利用自己掌握的先进技术和知识产权,纷纷在各个高科技行业中构建起技术壁垒,控制产品的定价权,获取丰厚的利润回报。在技术创新上,华为非常重视以市场驱动为导向的产品研发,根据世界各国不同客户的需求,向他们提供专业、快速、优质的通信解决方案。华为主动地参与国际竞争,不但迅速地提升自身的技术水平,而且有效地攻破国际通信巨头的技术壁垒,逐步成为世界通信行业的领导者。华为的研发创新体现在以下三点:

1. 以"小改进,大突破"的创新理念提升核心竞争力。任正非呼吁以提升公司的核心竞争力为目标,不断地改进技术和管理的不足。此外,他还强调,技术创新应该贴近目标市场,在原有的技术基础上进行改良和创新,脱离实际应用的创新难以得到市场的接纳。30 年来,华为人以勤勉踏实的工作作风,积极响应每个客户的真实需求,努力攻克 ICT(信息与通信技术)领域的技术难关,为世界各地的客户提供先进的技术和服务。在未来数据中心、人工智能等领域,华为都实现了业界最尖端的技术突破,成为世界 ICT 行业标准和技术产业的主导者。

2. 以"高投入,大增长"的开放思维引领行业新趋势。作为一家高新技术企业,华为深谙研发对企业快速发展的重要性。华为在全球拥有超过 17 万名员工,其中研发人员 7.9 万名,约占员工总数 46.47%。30 年来,华为共申请中国专利 52550 件,外国专利 30613 件。2006—2015 年,华为的研发费用累计高达 2440 亿元人民币,占总销售收入 12.36%。在这 10 年期间,华为研发投入平均增长率为 27.28%,销售收入平均增长率 22.08%。显而易见,研发的高投入是华为高速发展的重要保证。

3. 以"开放、合作、共赢"的发展思路打造健康生态圈。华为向全球运营商全面开放 ICT 能力,并把运营商和合作伙伴联系在一起,打造一个健康的生态系统。其中,华为在云计算领域的全球合作伙伴就超过 500 家。华为还积极开展与同行业、学术界、科研机构的密切合作,先后与 IBM、摩托罗拉和微软等行业翘楚联合成立了实验室和联合创新中心,把世界上最前沿的科技成果带给全球消费者。华为以开放的姿态,融合各领域的尖端技术,推动全球 ICT 产业向合作共赢的方向发展。

三、敢于迎接挑战,走竞争、合作和发展之路

华为在其战略定位中提到:为客户更好提升自身的竞争能力;与竞争伙伴在竞争后互相合作和发展,一起打造出广阔的生存平台,共同享有价值链上的利益。

在手机竞争中,华为毫不掩饰自己的竞争态势,采用市场挑战者策略直面与三星和苹果的竞争。2015 年,在多个场合下,华为消费者 BG 总裁余承东曾多次表示要超越或者打败苹果、

三星。2015年底,余承东在接受腾讯科技采访时强调:"我们的销量会在一两年内超越苹果,最晚两年。"并且在智能手机行业,华为要用四到五年做到全球第一。在2016年8月,根据市场研究公司IDC发布的2016年第二季度全球智能手机出货量报告,2016年第二季度全球智能手机市场增长乏力,出货量为3.433亿部,同比仅小幅增长了0.3%。其中,相对于2015年,苹果的市场份额从13.9%下降到11.8%,华为则从8.6%增长到9.4%。如果继续保持这个趋势的话,华为的确有望在两年内超越苹果,成为全球第二大智能手机厂商。

而在营销策略方面,华为也采取争锋相对的策略与三星在时、空方面进行品牌宣传战。2015年3月1日,三星在世界移动通信大会的邀请函上采用"What's next"的宣传语,为新手机S6预热,与此同时,华为发布"Next is here"的海报,与三星相映成趣。4月,三星为S6打出"Next is now"的广告语,华为紧随其后上线"Now is P8"为其新品P8造势。从空间上看,起先,华为的广告牌总是设法与三星的广告毗邻张贴。如苏丹喀土穆机场路上华为和三星的广告牌,三星在屏幕左侧,华为在右边。从空间感知的顺序来看,人们的视觉移动一般是从左向右。在这之前,三星是手机品牌中的强势品牌,华为作为后来者,并不为苏丹消费者熟知。于是,华为直接挑战三星手机,给消费者营造"华为取代三星"的心理氛围。

四、塑造全球本土化的国际品牌

开展国际化经营和打造国际化品牌既有承接性又有区别。华为在品牌跨文化传播中基本上采用全球本土化策略。例如,华为P10的全球广告在不同国家和地区,风格差异较大。华为P10在俄罗斯的广告《战斗民族的男人看完以后都按捺不住了》,比较大胆地使用了性吸引,男士拍照时,女士躺在地上,因为俄罗斯在这方面的文化相对比较开放。华为P10在德国的视频广告也使用了性吸引,画面中,三个女士在跳舞,舞女的裙子开叉到大腿,但是与俄罗斯的广告相比,相对而言比较收敛。在孟加拉国的广告中,只出现女士的上半身,衣服穿得很严实,含蓄地通过眼神传达情感。

华为在国际化过程中,深感品牌建设的重要性。2004年开始,华为在欧洲开启了"东方快车计划"。与一家全球著名的咨询公司合作,对自身品牌进行了一次全面的评估与规划,制定了打造一个国际主流的电信制造商品牌的规划。他们将这一规划形象地表述为:"破除了狭隘的民族自尊心就是国际化;破除了狭隘的华为自豪感就是职业化;破除了狭隘的品牌意识就是成熟化。"在这个理念指导下,华为经过了艰辛的努力和探索,获得了值得中国人骄傲和自豪的业绩:2010年,华为进入世界500强;2014年,华为作为第一家进入"Interbrand全球最佳品牌100强"的中国企业,位居94位;2015年,华为二度蝉联榜单,位居88位(品牌价值49.52亿美元);2016年升到72位(品牌价值58.35亿美元)。2015年,华为首次登上Brandz全球百家最具价值品牌榜,位列第70位;2016年上升到第50位,2017年为第49位。据全球调研机构IP-SOS报告显示,华为品牌认知度增幅位列全球第一,其中整体认知度由2014年的65%上升到76%。由于华为提供的是ICT信息通信技术产品,是高端领域,这些业绩的取得,改变了国外对中国企业总是生产低端廉价产品的印象,提升了中国品牌在全球品牌中的地位。

五、满足不同需求的国际市场营销组合策略

(一)国际市场产品策略——多样化产品策略

华为品牌的全球化,首先是从B2B层面开展的。2012年后,华为开始面向消费者,产品在全球拓展,华为品牌B2C领域扩大了传播力度。目前华为国际市场产品策略为:B2B市场成为通信行业领先的制造企业;B2C领域多样化的产品和产品线,能满足顾客多样化的需求;

产品技术领先及价格性能具备国际化发展能力，在海外市场中具有较高创新能力。从 B2B 领域的业务结构变化来看，此前华为主要提供硬件交付，比如交换机、大型机柜、基站建设等通信设备，而现在一些运营商不仅将部分业务模块外包，也要求供应商在提供硬件设备的同时提供运营维护和整体解决方案。华为 B2C 层面的战略主要包括软件、智能终端等方面。B2C 领域虽然科技含量不高，但由于受众和用户广泛，使得华为品牌被全球消费者所熟悉，在这一阶段，华为加大了品牌传播力度和范围，迅速提升了华为品牌的认知度。华为也正是靠这些努力，跻身于"Interbrand 全球最佳品牌 100 强"。手机市场中的产品就包含各种系列，例如荣耀系列、P 系列以及 Mate 系列等，不同的系列可以更好地满足各种层次消费者的需求，同时增加了国际市场竞争力。

（二）价格与促销策略——成本领先到核心技术领先策略

在过去很长的一段时期内，华为公司一直采用成本领先战略，产品价格在国际市场中只有同类同质产品价格的一半，这种战略使得华为公司在国际市场上能够迅速占领市场份额，赢得广大国际消费者的喜爱。华为公司处于深圳特区，劳动力的价格相比国外的一些企业来说还是要低很多。在控制生产成本的过程中，华为公司建立了比较良好的预算机制和控制方法，使得华为的产品在价格上具有一定的相对优势。但近年随着企业的不断发展和壮大，研发新产品的成本也在逐步增大，这迫使华为公司由成本领先策略向核心技术领先策略转移。2016 年华为智能手机出货量为 1.4 亿台，中高端机型占比 55%。华为也是唯一在重点成熟市场的中高端价位取得成功的中国手机品牌。如在西欧市场 300～500 欧元智能手机档位，华为市场份额已达第二位，而在西班牙 400～500 欧元档位份额位居第一（2015 年 Q4 GFK 数据）、意大利市场 400～500 欧元档位市场份额首次超越三星（2016 年 1 月 GFK 数据）。另外，华为公司还针对不同国家的市场制定了不同的价格策略，使价格更加具有弹性，更好地适应当地环境。

（三）渠道策略——通过合作，融入全球产业链，结成利益共同体

华为通过加深与业务伙伴的合作，构建合作伙伴联盟，融入全球产业链。2009 年，华为与沃达丰进一步签署了加深双方战略合作伙伴的协议，参与西班牙、希腊、匈牙利及罗马尼亚无线网络及其他子网核心网及骨干网建设，并且与沃达丰携手开发 LTE（第四代网络技术）。截至 2015 年 7 月，华为与欧洲企业签署了 15 项合作协议，业务全面，技术专业，运作规范。华为还与 SAP、埃森哲、In-fosys、GE、微软、Hexagon 等战略合作伙伴拓展相关业务的合作。与当地运营商合资成立公司，结成利益共同体。华为还将在国内与中国邮电系统合作成立莫贝克公司的模式复制应用到国际市场的开拓中，第一个项目就是俄罗斯的合作公司。2004 年 11 月，3Com 和华为公司合资成立的华为 3Com 公司正式运营。在这合资公司内部，跨文化团队主要依靠华为提供技术和人力支持，3Com 公司提供资金，此次合作有助于华为更快速、更大规模地进入国际市场，并使 3Com 公司立即进入潜力巨大的中国市场，降低各自市场拓展的成本。

此外，华为每年都要参加 20 多个大型国际展览，在国际舞台展示自己，参展投入往往上亿元。在这些大型展览会上，华为的展台和很多国际巨头的连在一起，而且通常比他们的更大、布置更细致，展出的也是华为最先进的技术和产品。通过这些展览会在视觉上给参展的运营商一种震撼，促使他们更多地关注华为的产品和技术。

资料来源

1. 刘永民：《探究华为迈向全球化的成功之路》，载《中国经贸导刊》，2016(35):87-89。

2. 张景云：《中国品牌全球化战略：华为的案例研究》，载《品牌研究》，2018(2):3-7。
3. 蒋娟娟，李志明：《华为全球化战略分析以及启示》，载《中国乡镇企业会计》，2018(4):5-6。
4. 李金洺：《华为公司的全球化战略浅析》，载《商情》，2017(27):69。
5. 张景云：《中国品牌全球化战略：华为的案例研究》，载《品牌》，2018(2):3-7。.
6. 尹志欣，袁立科，李振兴：《高科技企业全球创新布局及模式选择——以华为公司为例》，载《中国科技论坛》，2017(10):72-79。
7. 欧阳辉.华为美国并购得与失，2017-07-25，http://opinion.caixin.com/2017-07-25/101121711.html。

案例思考题

1. 华为的国际化之路在战略上具有什么特点？
2. 华为的"美国行"遭遇挫折，从国际市场环境上看主要是受到哪些因素的影响？
3. 如果你是华为国际营销负责人，下一步对国际营销战略规划将做何调整？

第 3 章 国际市场分析与评估

📋 **本章提要** 通过本章的学习,了解并掌握国际市场预测的定量和定性方法,以及国际环境的分析要素和国际市场的主要类型及特点。

引 例

2017 年,西雅图 Uber 司机西恩-希利(Sean Healy)在开车的时候,碰到一名主动为他提供工作的乘客。这位乘客是一家名为 ofo 公司的总经理,这人向希利介绍的是一份单车运输的工作。

ofo 公司的主要业务是无桩共享单车,即将在西雅图启动其美国市场业务。在如今日益拥挤的城市中,无桩共享单车只是解决城市交通问题的众多方案之一。包括按需叫车、拼车、按需租车、电动单车、踏板车,甚至是自动驾驶出租车都在竞相吸引消费者的关注,这些出行方式共同重塑了城市的出行方式,减少私家车的使用,改善交通环境,并减少汽车尾气排放。

但在美国主要大都市里,共享单车依然属于小众市场。目前,巴黎、伦敦和纽约都展开了有桩公共单车项目,配置了许多单车停车桩和站点,用户必须从指定位置取用或归还单车。尽管这些单车站点的造价仅仅相当于价值数十亿美元的传统交通站点的一小部分,但前者的后期安装和维护成本仍然很高,且固定位置大大限制了其对用户的吸引力。

应该说,无桩共享单车之所以有巨大吸引力,是因为除了单车本身外不需要任何基础设施。因此,城市可在一夜之间引入这一全新交通方式。共享单车项目会通过智能手机应用告诉用户单车停放在什么地方。在用户到达目的地之后,只需将单车锁在原地,等待下一个用户去使用即可。

目前,达拉斯、洛杉矶、华盛顿特区和佛罗里达州的几个小城市以及其他地方都接纳了一些小型无桩共享单车项目。

如今的西雅图已经成为蓬勃发展的科技产业中心,同时也是美国交通现状最糟糕的大城市之一。2017 年 7 月,该城市允许 ofo、LimeBike 和 Spin 三家公司在 6 个月的试用期内部署4000辆单车。同时，西雅图市政府将获得有关其客户和运营的详细数据。西雅图的城市规划者们希望借此详细了解这一系统是如何运作的，以及城市居民会如何使用它们。

和美国其他地区相比，西雅图人似乎已经完全接纳了共享单车这种新模式。比如，西雅图拥有的共享单车占到了全美近四分之一，其单车的使用率也是其他地区的三倍。根据当地运输部门调查显示，在计划实施的前5个月中，就有超过35万名用户使用了共享单车，骑行总里程超过100万英里，其中74%的用户表示认可这一出行方式。

希利在9月份开始他的新工作时，他的任务是带领一组工人在城市各处重新分发ofo小黄车，并将损坏的单车运到指定修理处。通常，这些单车可能会聚集在热门目的地，堵塞人行道，或滞留在城镇低流量地区。希利的工作是将单车放到最有可能使用的地方，并防止它们对城市居民造成不便。

起初，希利热爱自己的工作，他开始通过这一工作来养活全家。但几个月后，事情开始发生变化。

为了吸引更多用户，西雅图选中的三家公司正处于激烈的价格战时期。每家公司都有一个内部目标，即每辆单车每天要达到多少次骑行，这被公司视为用于吸引投资者并预测未来收益的重要指标。

因此这些公司在西雅图进行业务扩张时，都希望尽一切可能达到这一数字。为了吸引和留住用户，这些公司必须确保自己的单车在客户有需要时触手可及，所以像希利这样的团队保持运行对于该计划的成功至关重要。

希利随后注意到，ofo部署的单车越来越多。希利表示，这项工作非常艰苦，自己每天需要多次将重达19公斤的单车从货车上卸上、卸下。缺少防护手套的工人们通常在工作间隙坐在面包车后座上，身边堆放的单车则可能成为安全隐患。最终，公司出台了一项新规定："严重受损的单车将不再需要工作人员煞费苦心地拆零件回收利用，而是被直接丢弃。"

希利开始疑惑："我想知道，如果我们是在制造更多的垃圾，我们为什么还要努力用共享单车的方式来拯救地球？"

此外，成千上万辆遍布街头的单车不可避免地与当地居民发生冲突。西雅图交通部门收集的反馈意见显示，很多私家车主指责共享单车刮擦车辆，居民们对单车堵塞人行道、挤满公园感到愤怒。甚至，有破坏分子故意剪断单车的刹车线，一些社会活动家则试图推翻共享单车公司。

从政治层面来说，共享单车企业也面临着许多批评者。华盛顿州交通部门负责人道格·麦克唐纳（Doug McDonald）的工作是让自己负责的区域顺利通行。现在他已经退休并住在西雅图，他长期以来一直反对人们在城市人行道上骑单车，而共享单车的出现则让麦克唐纳更加愤慨："如果你仔细观察骑着黄色单车的人就会发现，他们往往没有太多骑行经验，经常在人流车流里窜来窜去。而且我相信，无论从公共权利中获得多少利润，西雅图市政府都不会得到一毛钱的好处，这就是我恼火的原因。"虽然麦克唐纳可能是共享单车最直言不讳的批评者，但他绝不是唯一一个。

西雅图公园是这座城市的自然宝藏，该市在公园和人均娱乐方面的开支是纽约市、华盛顿特区的三倍多。因此，共享单车引发的乱象也令公园捍卫者对其提出质疑。有人在2017年12月的投诉书中称："我看到所有三家公司的单车都随意停在公园里，挡住了小路、碾碎了地上的植物等等，我们的城市在做什么？能不能确保这些公司和他们的用户遵守城市规则？"

尽管西雅图市对停放共享单车的规定非常明确：单车不应停在角落里、车道或坡道上，也不能堵住建筑物的入口、妨碍公共长椅，不能占用公共汽车站或消防栓，并且应该始终留出 6 英尺（1 英尺=0.3048 米）的距离，方便行人在人行道上行走。共享单车公司有两个小时的时间移动那些错误停放的单车。但似乎没有什么能够阻止骑车人随心所欲地停放单车，城市也没有给出任何相应的处罚措施。

对此，麦克唐纳认为，盲目扩大单车规模只会让事情变得更糟。"我认为这将会是一场严重的事故，我们希望未来共享单车运营许可发放能够与禁止在人行道上骑行的新规定捆绑在一起，否则我接到的投诉只会越来越多。"

对于共享单车公司本身而言，它们为在西雅图获得更多客流也付出了巨大代价。与 ofo 相比，LimeBike 和 Spin 所拥有的投资资金要少得多，但即使是 ofo 拥有的数十亿美元资金也不足以支撑其进行长期价格战。

目前西雅图三家无桩共享单车公司针对每次骑行收费至少 1 美元，但他们的平均营业收入依旧接近于零。此外，这些公司为新用户提供免费骑行服务，ofo 直到最近才开始向用户收费。在新加坡，ofo 用户甚至可以在每次骑行时获得相应的数字货币奖励。

激烈的价格竞争给三家公司的街头团队带来了巨大压力，希利所带领的团队就是如此：他们一大早就开始工作，一直持续到深夜，在城市里来回移动单车。根据 ofo 文件显示，该公司每天需要对旗下 60%的单车进行重新调配。

然而，无论西雅图的无桩共享单车项目有效期最终是得到延长、修改还是被彻底否决，西雅图海湾和湖泊教授商业潜水员潜水教练迈克·海米恩（Mike Hemion）相信自己都会在接下来的几个月里忙得不可开交，海米恩最近几个月的最主要工作就是为上述三家共享单车企业打捞被扔到河里的单车。

现在的希利又干起了自己的老本行，开始为 Uber 开车了。

资料来源　《共享单车遭遇水土不服　乱象丛生令西雅图心力交瘁》，2018-06-19，腾讯科技，http://tech.qq.com/a/20180619/031238.htm。

国际市场的分析与评估是企业制定国际化战略的前提和基础。所谓"知己知彼，百战不殆"说的正是分析环境的重要性。引例中，ofo 小黄车在进入美国的西雅图市场时遭遇到水土不服。企业的国际化战略关系到一个企业的命运。国际化的成功将导致企业经历一番新的成长。相反，一旦失败，则企业不但要付出昂贵的资金成本，而且还可能付出更加宝贵的机会成本。

3.1 国际市场的测量与预测

企业的国际市场营销计划是以企业所提供的产品和服务的未来需要为基础而制定的。企业能否成功地预测市场将直接影响企业战略计划的质量。所以，企业对未来国际市场预测的准确性是企业成功制定国际市场营销战略计划必不可少的前提。通过预测，企业可以掌握市场潜力及市场占有率等相关预期销售量，为战略计划的制定提供第一手参考资料。

3.1.1 国际市场的测量与调研

1. 国际市场规模的测量

全球有 197 个国家。即便是大型的跨国公司，也很难在全球所有的国家进行市场开发，所以对于要实行国际化的公司来讲，需要通过对国际市场的调研来进行全盘评估和测量，而完成这些都需要通过对国际市场的调研。

市场规模又叫市场容量，是分析国际市场的基本要素，它主要指可以接受的商品及服务的总量，或者指消费者对产品的购买力。市场规模由多种因素决定，而不同产品的市场规模又有不同的决定因素。但是大多数产品的市场规模都与人口和收入有密切的关系，甚至很大程度上由人口和收入决定。

1) 人口因素

人口是测量国际市场的一个重要因素，它在以下方面表现出来的特征会对市场规模产生影响。

(1) 人口总量。人口是构成市场的主要因素之一，一个国家的市场规模与其人口的总数成正比，在其他条件相同的情况下，人口越多其潜在的市场就越大。

(2) 人口自然增长率。许多国际化公司的国际营销决策都是长期的，因而受人口增长率的影响会比较大，一方面人口增长意味着对商品需求的增大；另一方面，人口增长过快也会限制经济的发展，使人均收入降低，不利于公司产品的销售。

(3) 人口的年龄结构、性别结构、教育程度等。由于不同年龄和性别的消费者的消费习惯、行为方式，以及对产品的需求极不相同，同时受教育程度的高低也对消费者的消费结构产生影响，因而这些特点也会影响产品总的市场规模。

(4) 人口的地理分布和人口密度等。地理分布的不同，人口密度差别和生活方式的迥异，都直接影响他们对产品的消费。

2) 收入因素

收入是决定市场规模的另一个重要因素。人口是构成市场的自然基础，收入是构成市场的经济基础。有了收入消费者才能为满足自身的需求进行消费，企业才有可能实现真正的盈利。

用收入反映一个国家的市场规模主要采用以下几个指标：国民生产总值、国内生产总值、国民收入、可支配收入、家庭收入等。值得注意的是，虽然衡量市场的收入指标众多，可它们各有侧重，应根据实际情况选择合适的指标。例如，在测量消费品需求时，或在需要了解一个国家的市场规模时，宜采用国内生产总值或国民生产总值；在了解某种产品的可能需求时，最好采用个人收入和家庭收入指标。

2. 国际市场调研

任何企业在初次进行国际市场营销时都将面对一个完全陌生的环境，这就需要企业运用调研手段尽快掌握一些关键的市场信息，为营销战略的制定执行提供依据。

1) 国际市场调研的内容

国际市场调研的内容包括一切反映国际市场动态并有助于企业做出营销决策的信息，一般包括五个方面。

(1) 消费者调研。主要包括对消费者心理、消费者行为的特征进行调查分析，研究社会、经济、文化等因素对消费者购买决策的影响。

(2) 产品调研。主要包括用户对本企业产品质量和性能等方面的评价、意见和要求；产品处于生命周期的哪个阶段；产品的包装、商标是否适应消费者心理等。

(3) 销售调研。对企业销售活动进行全面审查，涉及销售量、销售范围、分销渠道等方面的调研，其中尤为重要的是对分销渠道的调研。

(4) 竞争者调研。包括竞争对手的数量及分布、市场营销能力、竞争产品的特性、市场占有率、覆盖率；竞争者的优势和劣势；竞争者的营销战略和目标。

(5) 促销调研。对企业在产品或服务的促销活动中采用的各种促销方法的有效性进行测试和评价，如广告媒体的影响力、广告涉及及效果的调研等。

2) 国际市场调研的方法

国际市场的调研方法主要是指确定调查对象和收集资料的方法。

(1) 确定调研对象。调查对象的代表性直接影响着调研的准确性，因此要根据企业所拥有的资源，适当地确定调查对象。具体地说，确定调查对象的方法有普查、典型调查和抽样调查。普查是对调查对象逐个进行调查，以取得全面、精确的资料，这种调查信息准确度高，但耗时长，且对各种资源的消耗比较大。典型调查是选择有代表性的样本进行调查，据以推论总体。如果样本代表性强，调查方法得当，典型调查可以收到事半功倍的效果。抽样调查是指当调查对象多，区域广而人力、财力、时间又不允许进行普查时，在所调研对象的全部单位中抽取一部分作为样本，根据调查分析结果来推论全体的方法。一般有随机抽样法、系统抽样法、非随机抽样法。

(2) 确定资料收集方法。确定了调查对象后，就要着手进行资料的收集，收集资料的方法主要有直接调查法和间接调查法两种。

直接调查法又称实地调查法，是指调查人员通过企业在各国的销售人员和聘用当地信息人员对中间商、消费者和用户的调研而得到市场信息的方法，这是使调查人员直接从市场上获得第一手资料的方法。通过实地调查可以及时准确地得到对企业最有价值的情报，其针对性强，是企业进行市场调查常用的方法。

直接调查法有询问调查法、观察调查法和实验调查法三种。

询问调查法就是通过询问的方式获取所需资料的一种调查方法，询问的对象一般是外国的客户、中间商及其他相关人员，具体包括电话调查、问卷调查和走访调查等。

观察调查法是指市场调研人员直接到现场对调查对象的行为与特点进行观察，以取得客观资料的方法，具体形式包括行为记录法、直接观察法等。

实验调查法是指从影响调查问题的若干因素中选择一两个因素，置于一定的条件下进行小规模试验，分析实验结果，了解发展趋势的一种方法。实验调查法是比较科学的调查方法，能够取得比较正确的资料。目前已成为市场调查中应用较广的方法，但是实验时间较长，取得资料的速度慢、费用高。

虽然实地调查法取得的资料及时、翔实、可靠，但在国际市场上收集一手资料并非易事，加上调查费用较高，不可能像国内那样展开大规模的调查，因而必须结合间接调查法来获取资料。国际市场的间接调查法是指调查人员通过各种方式从市场上获取第二手资料的方法。采用间接调查法，调查人员并不直接与调查对象接触，而是采取一定的方式收集那些别人已整理过的现成资料。间接调查方法因信息来源与存在方式不同而不同，主要有购买法、索取法、交流法和摘录法。

3.1.2 国际市场预测

国际市场预测是企业在掌握现有资料的情况下对未来的市场情况尽可能准确地进行预测的过程。国际化企业一般在完成国际市场调研后进行市场预测，这样可以保证预测的准确性。

1. 国际市场预测的内容

国际市场预测主要包括市场最小量预测、总市场潜量预测、企业销售预测和可达市场预测等。

1) 市场最小量预测

市场最小量，也称基本销量，是指在没有任何需求刺激，不开展任何市场营销活动的情况下产品的销售量。

2) 总市场潜量预测

总市场潜量，是指在一定期间内，一定水平的行业市场营销力量和在一定的环境条件下，一个行业中所有企业可能达到的最大销售量。

3) 企业销售预测

企业销售预测，是指根据企业确定的市场营销计划和假定的市场营销环境确定的企业销售额的估计水平。

4) 可达市场预测

可达市场(served market)是指企业产品可达并可吸引到的所有购买者。

2. 国际市场预测的特点

与国内市场预测相比，国际市场预测表现出一些不同的特点。

1) 国际市场预测更加复杂

与国内市场相比，企业对国际市场更加陌生，且对外部环境的反应更加敏感，这就要求企业对国际市场的预测尽可能准确，因此企业不得不通过多种渠道收集信息，并运用各种科学的数学模型进行市场预测。

2) 国际市场预测所需的信息来源更广泛

企业在对国际市场进行预测时需要一手资料和二手资料的支持，由于一手资料难以得到，企业不得不大量收集二手资料。一般来说，企业所需国际市场的二手资料来源包括联合国有关组织机构、国际性或区域性集团组织、外国政府、国外企业、咨询机构、银行、商会及国际电子数据库等。

3) 进行国际市场预测需要更多的时间

由于对国际市场不熟悉，企业在预测时会更加谨慎，因此就要求所收集的资料尽可能详尽，同时还会对已做出的预测进行多层次的审查。世界零售巨头沃尔玛在进军中国之前，就花了多年时间对中国零售市场的发展趋势进行预测，期间多次咨询过美国研究中国经济的专家、中国知名学者和政府部门。

4) 在进行国际市场预测时，企业更加重视政治环境对国际市场的影响

随着经济全球化的发展，各国之间的经济联系越发紧密，经常出现一荣俱荣、一损俱损的局面。因此，相对于经济安全来讲，政治安全表现出更加明显的国别性，这就使得企业在进行国际市场预测时更加重视政治环境的作用，这是国际市场预测与国内市场预测的一个显著差别。

3. 国际市场预测的方法

国际市场预测的方法主要有两种，即定性预测方法和定量预测方法。定性预测方法是指以人们的判断和意见为依据而进行预测的方法；定量预测方法是指以对历史资料的统计处理为依据进行预测的方法。企业在对未来市场进行预测时应该结合定性预测方法和定量预测方法，这样才能更准确地预测未来市场。

1) 定性预测方法

定性预测方法主要有意见综合预测法、商品经济寿命周期预测法和因素分析预测法等。

(1) 意见综合预测法。意见综合预测法是指对某一预测问题先由有关专业人员和专家分别做出预测，然后综合全体成员所提供的预测信息做出最终的预测结论。意见综合预测法可分为销售人员意见综合预测法、业务主管人员意见综合预测法和德尔菲法。

(2) 商品经济寿命周期预测法。商品经济寿命周期预测法是指结合商品经济寿命理论进行预测的方法。商品经济寿命周期是指商品的产生、发展和衰亡的全过程。该过程大体可分为试销期、成长期、成熟期和衰退期四个阶段(如图3-1所示)。

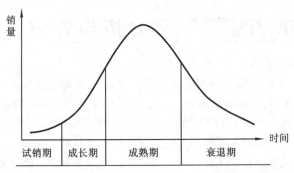

图 3-1　商品经济寿命周期

根据商品经济寿命周期理论，企业在进行市场预测时可以结合本企业产品所处的生命周期阶段对未来市场的方向有整体把握，为制定国际营销战略提供依据。商品经济生命周期预测方法主要有商品销售状况判断法、耐用消费品普及率判断法和对比类推法。

(3) 因素分析预测法。因素分析预测法凭借经济理论与实践经验，通过分析影响预测目标的各种因素的作用大小与方向，对预测目标未来的发展变化趋势做出判断。因素分析预测法主要有因素列举归纳法、相关因素推断法、因素分解推断法等。

2) 定量预测方法

定量预测方法是指运用数学模型预测未来的方法。当能够收集到足够可靠的数据资料时，定量预测是更可取的方法。常见的定量预测方法有时间序列分析预测法、回归分析预测法、经济计量模型预测法、投入产出预测法、替代效应模型预测法等。

(1) 时间序列分析预测法。时间序列分析预测法是一种较常用的定量分析方法，它是一种利用过去的资料推测事件未来发展结果的预测方法。这种方法的前提是：假定市场需求随着时间的推移呈现某种趋势，那么这种趋势可连续延伸到未来的发展趋势。通常可以将时间序列按照各种因素作用的效果不同分为长期趋势、季节变动、循环变动、随机波动四类变动形式。

(2) 回归分析预测法。回归分析预测法是指利用预测目标(因变量)与影响因素(自变量)之间的相关关系，通过建立回归模型，由影响因素的数值推算预测目标的数值。回归分析法是一种因果分析预测法，可分为因回归预测法和自回归预测法。因回归预测法是指利用因变量(y)与自变量(x)之间的相关关系(因相关)建立回归模型进行预测分析；自回归预测法是指利用因变量(y)的时间数列在不同时间的取值存在自身相关关系(自相关)建立回归模型进行预测分析。

(3) 经济计量模型预测法。经济计量模型预测法是指利用经济变量之间的相互依存关系，通过经济分析，找出其相互间的因果关系，并建立经济计量模型来描述经济关系，以模型进行预测分析的方法。它是在回归方程的基础上发展起来的一种将多个回归方程联立求解的分析方法。

其他的定量预测方法，如投入产出预测法、指数分析预测法、替代效应模型预测法等，由于篇幅限制不做详细的介绍。

3.2 国际市场营销环境分析与评估

作为社会的细胞，企业无法脱离社会环境而独立存在，它的各种经济行为都受到营销环境的影响和制约，能否适应复杂多变的市场营销环境关系到企业的生存与发展。分析国际市场营销环境是跨国企业制定战略、选定目标市场、采取营销策略等一系列活动的前提。国际市场营销的基本观念认为，国际市场与国内市场面临着完全不同的经济、政治、地理、社会和文化等环境因素，这些因素的差异性决定了各国的不同消费需求和竞争情况。因此，企业必须使自己的营销活动最大限度地适应外部环境的变化，因为企业同样面临着"适者生存"这个千古不变的定律。

案例　　　**TCL 的豪客互联在南美攻城略地**

2017 年，一家来自中国的移动互联网公司在海外动作连连，相继在南美两国三地举办三场产品推广活动，宣布旗下自拍新品"Candy Selfie Camera"在南美市场短时间内取得骄人业绩，并通过三地近 200 名"网红"代言发声，一时间当地社交媒体和主流媒体争相报道。记者调查发现，原来这家在南美连开三场发布会搅动南美相机市场的中国公司名为深圳豪客互联网有限公司(简称豪客互联)，是一家由国内知名家电企业集团 TCL 集团投资设立的子公司，成立于 2016 年 6 月，主要承担 TCL 移动互联网平台的经营管理之责。公司核心创始人、CEO 正是来自中国互联网搜索领域的老兵——孙良，目前还同时担任 TCL 集团股份有限公司副总裁和 TCL 通讯科技股份有限公司高级副总裁。

对于为什么选择把南美市场作为公司 Candy 相机产品的首发市场，孙良先生表示是综合各方数据信息的最终选择。"南美是整个拉美市场最为发达的区域，GSMA 数据表明，拉美地区是未来五年内全球移动用户渗透率增长量第二大的区域，仅次于亚太。同时，我们公司的大数据分析平台鹰眼分析也表明，无论是 TCL 旗下阿尔卡特手机全球销量中拉美市场的占比，还是豪客互联工具旗舰产品的用户区域来源分析，更重要的是 Candy 相机产品上线以来的拉美用户占比，拉美市场都体现出无可争议的重要性，其中尤以巴西、墨西哥、阿根廷等国家用户数占比最高。所以，我们最终决定选择巴西和阿根廷这两个相邻的重要市场开展推广活动，以发挥其在南美以及拉美的辐射效应。"

正如孙良先生所说，记者了解发现，南美洲共有 12 个国家，超过 3.71 亿人口，其中包括像巴西这样拉丁美洲最大的国家。相较于东南亚等市场，拉美的互联网覆盖率更高。根据 Hootsuite 和 WeAreSocial 联合发布的《2017 年数字报告》(Digital in 2017)显示，在 2016 年南美洲互联网渗透率达到 66%，远高于东亚(57%)、东南亚(53%)等区域。另从国家来看，南美洲的巴西、阿根廷互联网渗透率也均高于中国。同时，巴西、阿根廷等南美核心国家人均 GDP 也都保持在较高水平，比如巴西、阿根廷的人均收入分别达到 8650 美元和 12449 美元，同期印尼只有 3570 美元，印度则只有 1709 美元，相比之下，巴西、阿根廷的消费能力更强。这也不难理解，为何孙良要避开渐成竞争红海之势的印度、印尼等地，将目光直接锁定在南美。

从互联网用户规模和特征来看，巴西总人口 2.08 亿，互联网用户达 1.4 亿。根据《2017 年数字报告》：巴西用户手机端网络日平均使用时长 3.93 小时，位列世界第二；巴西用户在 Facebook、Instagram、Twitter 等社交媒体上的停留时长也居世界第二，阿根廷用户紧随其后；同时巴西也是 Facebook 世界上用户量第三大的市场，由此可见巴西、阿根廷等拉美地区是重度社交依赖市场。结合这些特征，豪客互联选择具有社交入口属性的相机产品 Candy Selfie Camera 切入拉美市场，也就不难理解了。

国家选定，接着是选择具体活动城市和活动形式。孙良带领团队分析后认为，"巴西、阿根廷为代表的拉美市场属于'金字塔'型传播市场，社交顶层人群的传播力极强，对广泛中下层用户的号召能力也更大，借助头部的 KOL 或'网红'强化传播是比较有效的传播形式。同时，还需要结合当地文化特性和 Candy 相机产品属性，因地制宜组织活动。"经过论证，孙良和团队最终选定三地作为活动城市，有"南美巴黎"之称的阿根廷布宜诺斯艾利斯，摩登气十足的"拉美第一名城"巴西圣保罗，以及充满热舞桑巴风情的巴西里约，并分别精心策划了艺术画廊鸡尾酒品鉴会、拉美第一观景酒吧 Sky Bar 媒体发布会和小型投资沙龙，以及海滩"网红"活动冠名 party 等形式，为自家相机产品在当地推广"打 call"。

资料来源　《豪客互联 CEO 孙良：Candy 发布会只是开始，更多好产品还将首发南美》，2017-12-12，豪客互联，微信公众号：白鲸出海。

3.2.1 国际市场经济环境

世界上有 197 个国家，而国家间的经济发展水平又各不相同，按照其经济发展水平大致可以将其分为两大类：发达国家和发展中国家。但是，即使是同一类国家，它们的经济水平也存在较大的差异，如同处于发达国家阵营的美国和英国的经济水平就存在很大差距。因此，企业在国际化的过程中要注意对不同国家经济水平进行分析。国际市场营销中对国际经济环境的分析主要包括对目标国经济制度和经济体制、经济发展水平、市场规模、储蓄信贷等方面的分析。

1. 经济制度与经济体制

考察经济制度，各国经济可分为公有制占主导的经济和私有制占主导的经济，当前各国经济制度的一个新特点是：公有制经济与私有制经济相互包容，相互补充，相互促进。

不同的经济体制主要是以经济调节手段为标准来划分的，世界上主要存在计划经济与市场经济两大体制。从现实的经济发展来看，单纯的市场经济和单纯的计划经济都是不存在的，当前世界范围内的一个新趋势是实行计划经济的国家开始接纳市场调节手段，并承认市场在调节资源配置方面的合理性；而实行市场经济的国家也颁布了许多法令来管制某些商业活动。各国经济体制的差异在于市场因素和计划因素在资源配置过程中所发挥作用的程度、范围和方式。因此，企业在制定国际市场营销战略时，首先必须把握目标国市场的经济体制特征，以保证营销战略的可行性。

2. 经济发展水平

在开拓国际市场时，首先要考虑的因素就是目标国市场的经济发展水平和经济增长速度。经济发展水平不但能从宏观上反映一国的经济气候，而且经济发展水平的高低通常意味着市场潜力的大小和消费特征的差异，这是国际营销人员开拓国际市场时必须分析的因素。

目标市场国可能处于不同的经济发展水平，经济发展水平的不同阶段有不同的特征，根据这些特征来划分不同的经济发展阶段主要有两种方法。通常的方法是把各国划分为发达国家和发展中国家。另一种方法是罗斯托于 1960 年提出的经济发展阶段的划分方法，他认为社会经济的发展一般要经历六个阶段：传统社会阶段、"起飞"前准备阶段、"起飞"阶段、成熟阶段、高度消费阶段、追求生活质量阶段，每个阶段都有各自不同的特征。大致说来，前三个阶段的国家可称为发展中国家，而后三个阶段的国家则被称为发达国家。国际营销人员可以根据上述两种划分方法对目标国的经济发展水平进行分类，考查其阶段特点，为国际营销战略计划的制定做好准备。

3. 市场规模

市场规模是国际企业决定是否进入某国市场首先要考虑的因素，不同的产品，决定市场规模的因素也不同，一般而言，市场规模主要由人口与收入所决定。

从人口方面来看，人口总数是最主要的指标，在其他条件相同的情况下，总人口数越大，表明市场规模越大。其他指标如人口增长率、人口年龄、人口性别等对不同的细分市场的规模起着决定作用。人口增长率高的国家或地区对婴儿用品、玩具的需求量大;年轻人居多的地区,对时装、娱乐的消费量就大;女性集中的区域,化妆品购买量会明显提高。

从收入方面来看,其衡量指标主要有国民生产总值、人均收入、家庭收入、收入分配等,每一个指标在描述经济环境时各有侧重。国民生产总值是衡量国家或地区总体经济实力与购买力的指标,对于评价工业品市场规模尤其重要;人均收入以及个人可支配收入是对消费品购买力评价时不可缺少的因素;家庭收入与以家庭为单位的消费品,如家用电器、厨房用品、家具、汽车的消费存在显著关系;收入分配分布是否均匀对营销有着重要的影响,许多国家存在着收入分配方面的两极分化现象,处于两极的人口具有不同的购买力和需求,代表着不同的市场,国际企业的营销必须区分不同的市场,采取不同的策略。如加纳对手机的需求量很大,但由于收入限制,100美元以下的手机成为他们比较喜欢的类型。

4. 储蓄信贷

对一国国内储蓄信贷的分析主要涉及两个方面,即居民的储蓄状况和消费者信贷状况。居民的储蓄状况直接影响现时的消费市场。如果居民的收入大都用于储蓄,那么在市场上流通的货币就会减少,市场购买力就会受到限制。相反,如果居民的收入大都及时地用来消费,那么这种市场就存在着极大的机遇。影响居民储蓄的因素主要包括家庭人口数量、收入水平、居民对未来经济形势的预期等,同时居民的个人习惯和民族文化对储蓄也有重要影响,如中国居民深受中国道德文化的影响,因此更倾向于储蓄而非消费。

3.2.2 国际市场政治法律环境

政治法律环境主要是指各国的国家政局变化和各国对外投资、对外贸易政策及其他相关政策、法令对市场营销的影响,这些影响因素有些源自跨国营销企业的母国,有些来自东道国,还有些则是国际性双边或多边协定等,在此主要讨论东道国的政治法律环境。

1. 政治环境

评估一个国家的政治环境主要包括:考虑该国的政府和政党体制、研究东道国的行政体制、考虑东道国的政治稳定性、评估政治风险、注意东道国的国际关系等方面。

1) 东道国的政府和政党体制

考虑东道国政府和政党体制就是要考虑一个国家或地区的社会性质和政治体制,如它是社会主义国家还是资本主义国家,是一党制还是多党制,是议会政府还是专制政府,这些方面的差异直接影响着国家的政治主张和经济政策。

2) 东道国的行政体制

研究东道国的行政体制,就是要了解其行政结构与效率,政府对经济的参与程度和政府对自身行为目标的界定。东道国政府对外国企业在本国经营是鼓励或是限制往往受其本身的行为目标的制约,如自我保护目标,即要求主权完整;安全目标,即要寻求生存机会,反对外来威胁;繁荣目标,旨在提高国力与公民生活水平;声誉目标,即维护和改善本国的国际形象；意识形态目标，即保护其意识形态，免受外来文化干扰。

3) 东道国的政治稳定性

考虑东道国的政治稳定性，包括考虑其政权更替的频率、东道国频发的政治事件以及宗教对立的情况。执政党的更替往往意味着政府经济政策的变更或调整，因此，如果政权更替过于频繁，外国企业在该国的经营活动就很难适应，这往往会给企业带来经营管理上的困难。而政治冲突通常会导致对国际企业员工的冲击与伤害、财产破坏与损害。此外，宗教对立也经常是政治动荡的根源。如在北爱尔兰，天主教与新教之间的争斗由来已久，这种宗教上的对立导致政治环境的不稳定是从事国际市场营销的一大障碍。

4) 东道国的政治风险

政治风险来自东道国未来政治变化的不确定性和东道国政府对外国企业未来利益损害的不确定性。政治风险一般包括四类：总体政局风险、所有权/控制风险、经营风险和转移风险，后三种风险又可统称为政治干预风险。总体政局风险产生于企业对东道国政治制度前景认识的不确定性；政治干预是指政府采取各种措施，迫使国外投资企业改变其经营性质、方式和政策的行为。其形式主要有没收、征用、国有化、本国化、外汇管制、进口限制、税收管制、价格管制以及对劳动力的限制等。东道国政府的没收、征用和国有化是跨国经营企业所面对的最严重的政治风险。

5) 东道国的国际关系

国际企业在东道国经营过程中，通常会与其他国家发生业务往来，因此东道国与其他国家的关系也必然影响国际企业的经营业务，其中最重要的是东道国与国际企业母国的关系。此外，东道国是否属于某个区域性政治或经济组织、是否参加某些国际组织，也影响东道国的政治、经济政策和对外贸易与外来投资的政策与态度。

2. **法律环境**

国际市场营销的法律环境是指国际化企业在跨国经营时所涉及的法律因素的集合，它是由政治环境衍生出来的，代表着一个国家书面的或正式的政治意愿。企业在开展国际营销活动时所面临的法律环境主要由国际法律环境、东道国法律环境、母国法律环境三部分组成。

1) 国际法律环境

国际法律环境主要研究就全球角度而言的跨国公司所遇到的法律因素，主要包括国际条约和国际惯例。目前，主要的国际条约有《关于建立世界贸易组织协定》《商标国际注册马德里协定》《联合国国际货物销售合同公约》等。国际惯例是在多年实践中被各国广泛承认的商业习惯，一般不能自动适用，但一旦当事人同意适用某项国际惯例，则该项惯例便对当事人具有法律效力。目前，国际上通行的国际惯例有《跟单信用证统一惯例》《国际贸易术语解释通则》等。

2) 东道国法律环境

对国际营销法律环境最重要的莫过于东道国的法律。首先企业必须了解东道国法律属于何种体系。世界上大多数国家的法律体系大致可分为英美法系和大陆法系。

英美法系又称为习惯法系，其最重要的特点是以传统为导向，重视习惯和案例，过去案例的判决理由对以后类似案件的判决有约束力。近几十年来，英美法系国家也制定了大量成文法以作为对习惯法的补充，但是合同法和侵权行为仍受习惯法管束。

大陆法系又称为成文法，其最重要的特点就是以法典为第一法律渊源，法典是各部门法典的系统的综合的首尾一贯的成文法汇编。

不同的法律制度对同一事物可能有不同的解释，如大陆法系国家认为商标所有权由最先注册者优先获得，而英美法系国家则是以最先使用该商标者为其所有者。所以国际企业在开展跨国营销活动时，必须了解东道国法律、法规性质与具体内容。东道国的法律中与贸易和营销相关的内容是国际营销者重点考察的对象，其中包括关税、反倾销法、进口许可证、投资管理等政策法规。这些规定都会对跨国企业的营销组合策略产生影响。

3) 母国法律环境

母国法律环境是指跨国公司所属国的法律体系的构成要素。其中有三个方面的法律规定对企业的国际经营产生影响，它们是出口控制、进口控制和外汇管理。许多国家为了保护国内市场、增加国内就业机会，以及更好地参与国际竞争，都会制定相关的本国企业海外经营的法律法规。母国法律在限制或鼓励企业产品的出口及涉外投资资本的流向、数额等方面产生重大影响。

3.2.3　国际市场营销的其他环境

国际营销是超越国界、跨越文化开展的，要与本土竞争对手共同接受市场的考验，竞争自然十分激烈。因此，了解东道国的文化、自然、科技、金融等方面的状况极为关键。

1. 社会文化环境

社会文化环境是指一个社会的民族特征、风俗习惯、语言、意识、道德观、价值观、教育水平、社会结构、家庭制度的总和。在国际营销中，文化之所以重要是因为社会文化环境会影响消费者的决策过程，使具有相似特性的消费者在不同的文化环境下对营销刺激的反应不同。在考查一个国家的文化环境时，可以从以下几个方面入手。

1) 宗教信仰

宗教是一种内在的、精神层面的文化因素，它对于人的信仰、价值观和生活方式的形成有深刻影响。宗教在国际营销中的重要作用首先表现为宗教节日往往是最好的消费品的销售季节，如圣诞节在欧美国家意味着购物节；其次，宗教禁忌制约着人们的消费选择，如印度人不吃牛肉，穆斯林和犹太人禁饮烈性酒等；最后，宗教组织也是不可忽视的消费力量，其本身是重要的团体购买者，同时也对其教徒的购买决策起着制导作用。在拉丁美洲的一些国家，个人、家庭乃至同一地区的全体居民都与教会密切相关，人们的衣、食、举止都受到宗教的影响。

2) 态度和价值观

价值观是人们对某一事物所具有的相对持久而稳定的信念、看法和道德判断。不同国家、民族和宗教信仰的人，在价值观上有明显的差异。在美国，新奇变化的东西往往备受欣赏，人们爱冒风险，愿意尝试新事物；而东方民族相对保守持重，中国和日本的许多年长者甚至认为购买外国货就是不爱国。在对待个性的态度方面，有些文化中的人喜欢突出自己，尽量使自己与众不同；而在另一种文化中的人则可能喜欢合群，尽量与众人一样。在时间观念上，发达国家往往较某些发展中国家更具有时间意识，"时间即金钱"，因此快餐食品、速溶饮料、半成品食品往往容易在发达国家受到欢迎。了解各国价值观的差异有利于企业国际营销的顺利进行，无视这些差异的企业必将在国际化道路上举步维艰。

3) 风俗习惯

一个社会、一个民族传统的风俗习惯对其消费嗜好、消费方式起着决定性作用。风俗习惯与国际市场营销的关系主要表现在以下几个方面：风俗习惯与一定地区的消费习惯密切相关，如中国北方人喜欢喝烈酒，南方人喜欢喝低度酒；风俗习惯可以体现在一些民间传统节日和喜庆活动中，影响消费者的消费，如中国的中秋节月饼市场火暴，端午节粽子成为热销产品；风俗习惯还体现在消费者对颜色和数字的喜好方面，如中国传统婚庆喜欢红色，而西方国家则喜欢白色，中国人喜欢数字 8，西方人不喜欢数字 13。凡此种种，皆是风俗习惯使然，国际营销企业只有充分尊重民族风俗习惯，才能立于不败之地。

4) 社会组织

社会组织是社会人相互发生关系的各种组织形式的统称，它是人们之间相互联系、沟通的方式。社会组织形式一般可分为亲属关系和社会群体两大类。亲属关系中最基本的单位是家庭。研究家庭形式是因为许多产品是以家庭为单位来购买的，如洗衣机、电冰箱、淋浴器、电话等。社会群体主要是指家庭以外的社会组织形式，包括年龄群体、性别群体和社会阶层。对社会群体的关注有利于企业细分市场，寻找真正属于自己的顾客。

2. 自然环境

自然环境一般是该国社会用以满足其生产、生活需要的最重要的决定因素，它能对市场营销活动产生直接或间接的影响。国际市场营销的自然环境主要包括自然条件和基础设施等环境因素。

1) 自然条件

世界上每个国家都有其独特的自然条件，主要表现在自然资源、地形地貌和气候等方面。

自然资源是一个国家经济与贸易发展不可或缺的因素，它是国家财富的一个重要组成部分，包括矿产资源、水力资源、森林资源等。

地形地貌是指一个国家领土的表面特征，由平原、山脉、江河、湖泊、森林、沙漠等构成。一个地区或国家的地貌特点一般会影响该地区的交通运输情况，同时地表的差异还可能为市场分割提供条件。

气候也是自然条件不容忽视的组成部分。气候的差异会影响不同的产品需求。例如，中国的羽绒服市场，由于中国领土南北跨度大，导致冬季南北气温差异悬殊，北方黑龙江省气温平均仅零下十几度，南方广东省平均气温则高达十度左右，这样的气候差异使得在北方销售火爆的羽绒服在广东却鲜有人问津。

2) 基础设施

基础设施是一国经济运行的基础条件，主要包括能源供应、交通运输、通信设施及各种商业服务设施等。

能源供应是指煤炭、石油、天然气等各种能源的可获得性及其成本。能源供应对于生产型企业的海外投资显得格外重要。

交通运输条件主要包括运输方式与运输工具。运输方式有公路、铁路、水路及航空等，运输工具有卡车、火车、轮船及飞机等。便利的交通运输为国际营销活动提供更多的选择机会和更低的营销费用。

通讯设施条件是指各种信息传递媒介的发达程度及其传递信息的质量。完善的通讯设施有助于跨国企业实现全球沟通，同时提高国际营销的便捷程度，降低交易成本，从而影响企业的国际竞争力。

商业服务设施条件是指支持商业活动正常进行的各种服务机构提供服务的便利情况。在发达国家，商业基础设施是比较完善的，效率也较高，如有较多的广告机构、较完备的金融机构和管理咨询机构等。

3. 金融外汇环境

企业国际营销离不开资本，从资金筹措、投资方式选择、赊账回收到利润汇回，都需要有良好的金融和外汇环境来保证。在资金来源方面，除企业自身的资金外，不可避免地要利用东道国和国际金融市场的资金，因此，必须对相关的金融制度和金融风险有一个全盘的把握，如东道国直接和间接的融资渠道、融资的相关政策和制度、融资的成本等。在金融风险方面也会经常碰到诸如利率、承兑与支付、通货膨胀等风险。企业在衡量这些风险时，主要是判断其对营销行为会带来怎样的影响，以及潜在的市场机会和收益能否抵消这些风险。

除了上述的风险外，企业在国际营销中还会遇到直接的、经常性的而又无法回避的风险，即由外汇汇兑或外汇汇率变动带来的风险。因此，必须对东道国的外汇储备和外汇管制状况及其未来的发展趋势有一个总体的把握。

3.3 国际市场结构与不同市场类型

3.3.1 国际市场结构概述

国际市场又称世界市场，是指世界范围内各国商品、劳务、资本、技术等交换的场所和机制。从狭义的角度理解，世界市场主要是指世界商品市场。就广义的概念而言，世界市场是由世界商品市场、世界劳务市场、世界金融市场、世界技术市场和世界信息市场等相结合而成的市场体系。

国际市场结构是指国际市场的组织特征，特别是指那些影响国际市场的竞争性质和价格形成的因素，包括买主的集中度、卖主的集中度及进入国际市场的各种障碍。以结构为标准，可以把世界市场划分为完全竞争市场、完全垄断市场、寡头垄断市场和垄断竞争市场四种类型。

1. 完全竞争市场

在完全竞争条件下，需求、边际收益和平均收益为同一条曲线，厂商在最低平均成本上生产。在完全竞争条件下，可以实现资源的最优配置。因为如果一个行业存在超额利润，它将吸引更多的生产要素的流入，从而导致产量增加，价格下降。实现资源最优配置的过程要求生产要素能够自由的流动。但对于国际市场而言，由于生产要素的自由流动存在一定的障碍，因此，在国际市场上实现资源最优配置的竞争机制是不完整的，但是，经济全球化进程有助于建立全球资源最优配置所需要的市场条件和竞争机制。

2. 完全垄断市场

完全垄断市场，是指一个厂商独家控制一种产品的生产与销售，市场上不存在丝毫竞争因素的市场结构。在完全垄断条件下，厂商按垄断价格出售商品来获得超额的垄断利润。在完全垄断市场上，由于没有新的厂商的进入，市场均衡既是长期的又是短期的，厂商的主要变动是调整生产规模。在国际市场上，如果跨国公司发明了一种全新的产品，且在短期内其他国家难以制造，在这种情况下，该公司便居于完全垄断地位。但是在当代，跨国企业往往在新产品的开发研制阶段就已展开激烈的竞争，产品投放市场的时间差很短，完全垄断几乎无法形成。

3. 寡头垄断市场

寡头垄断市场指极少数几家厂商控制整个市场的产品的生产和销售的一种市场结构。寡头垄断市场是处于完全竞争和完全垄断之间的一种市场结构。同垄断竞争市场一样，都是中间形态的市场，但偏向于完全垄断。同完全垄断市场相比，二者都有垄断的因素，但垄断程度小于完全垄断。相互依存是寡头垄断市场的基本特征。由于厂商数目少而且占据市场份额大，不管怎样，一个厂商的行为都会影响对手的行为，影响整个市场。所以，寡头在决定自己的策略和政策时，都非常重视对手对自己这一策略和政策的态度和反应。寡头垄断者是独立自主的经营单位，具有独立的特点，但是他们的行为又互相影响、互相依存。在国际市场上，不少高新技术产品是由少数几个国家生产的，这些产品市场就具有寡头垄断市场的特点。由于寡头垄断本身的不稳定性以及当代技术扩散速度的加快，寡头垄断的格局不会保持太久。

4. 垄断竞争市场

垄断竞争市场是指市场中有许多厂商，他们生产和销售的是同种产品，但这些产品又存在一定的差别。在这里，产品差别不仅指同一种产品在质量、构造、外观、销售服务条件等方面的差别，还包括商标、广告方面的差别和以消费者的想象为基础的虚构的差别。垄断竞争市场主要具有以下特点。第一，市场上厂商数量非常多，以至于每个厂商都认为自己的行为影响很小，不会引起竞争对手的注意和反应，因而自己也不会受到竞争对手的影响；第二，各厂商生产有差别的同种产品，这些产品彼此之间存在可替代性；第三，厂商的生产规模比较小，因此，企业的进入和退出都比较容易。在国际市场上，垄断竞争可能发生在不同国家生产者之间。由于本国生产者更了解本国消费者的需要，加之销售接近市场，比较容易对本国市场形成垄断而与外国生产者竞争。垄断竞争是当代世界市场的主要竞争机制。

3.3.2 国际市场类型

国际市场是一个广泛的概念,人们根据不同的标准,可以把它划分为不同的类型。如果以参加国的经济发展水平为标准,可以划分为发达国家市场和发展中国家市场。如果以参加国的地理分布为标准,则可以划分为北美市场、欧洲市场、亚洲市场、拉美市场、非洲市场等。如果按国别标准则可以划分为美国市场、中国市场、德国市场等。如果以是否有固定组织形式为标准,则可以划分为有固定组织形式的市场和无固定组织形式的市场。如果以产品的种类为标准,则可以划分为商品市场、技术市场和服务市场,等等。这里主要讨论按后面两种标准划分的国际市场。

1. 按是否有固定组织形式划分的国际市场类型

1) 有固定组织形式的市场

有固定组织形式的市场是指在特定地点按照一定规则进行交易的市场,这种市场主要有商品交易所、国际商品拍卖行、招标与投标及国际博览会与展览会等形式。

(1) 商品交易所。是指按照一定的规则,在规定的时间和地点通过特定的人员专门进行某种大宗商品买卖的场所。商品交易所由会员组成,只有正式的会员才有资格在交易所直接进行商品买卖。在商品交易所买卖的商品都是品种、规格比较单一并标准化的大宗商品,按交易的性质可分为现货交易和期货交易。

(2) 国际商品拍卖行。是指经过专门组织的、在一定地点定期举行交易的现货市场。专门从事拍卖的组织叫做拍卖行,进入拍卖行交易的商品都是那些品质不易标准化、易腐不易储存的或某些贵重商品,如首饰、古玩、艺术品等等。

(3) 招标和投标。是指有组织地按一定的交易条件在特定地点进行交易的市场。这种贸易方式是先由招标人公布招标项目和条件,投标人在规定的期限内应邀投标参与竞买,最后由招标人选择对其最有利者确定中标达成交易。国际招标和投标多用于政府机构或大企业营建工程项目购买成套设备和大宗商品买卖方面。

(4) 国际博览会与展览会。是指定期在某一地点举行的有众多国家、厂商参加的展览与销售相结合的市场,又称为国际集市。国际展览会不定期举行,其目的是展示一个国家或不同国家在生产、科技领域所取得的成就,并促成会后交易。国际博览会与展览会在世界市场的地位日趋重要,已成为买卖双方了解行情、达成交易的重要场所。

2) 无固定组织形式的市场

除了有固定组织形式的市场外,通过其他方式进行的国际商品交易都可以纳入无固定组织形式的市场范畴。一般有两大类别,即单纯的商品购销形式和双边或多边商品购销形式。

(1) 单纯的商品购销形式。是指买卖双方不通过固定市场而进行的商品买卖,其原则是买卖双方自由选择交易对象,并在相互同意的基础上签订合同成交。单纯的商品购销形式是最基本和最普遍的国际商品交换形式。

(2) 双边或多边商品购销形式。是指商品买卖与其他因素相结合的一种商品交易方式,如补偿贸易、加工贸易、租赁贸易、代理、包销和易货贸易等。

2. 按国际市场上交易的产品种类划分的国际市场类型

1) 国际商品市场

国际商品市场是国际市场最重要的组成部分，在国际市场上有形商品的买卖几乎都可以纳入国际商品市场的范畴。国际商品市场与国际贸易同时产生是现代国际市场得以形成的基础，了解国际商品市场的情况对跨国企业的国际营销尤为重要。

国际商品市场主要呈现以下特点。

第一，从整个国际贸易商品的结构来看，世界贸易中初级产品的比重在下降，制成品的比重在上升。这主要是因为：国际分工的加深使得中间产品增多，使制成品国际贸易发展迅速；初级产品的价格偏低，出口国有意减少初级产品的出口；科学技术的发展使得生产所消耗的初级产品减少，同时由于回收率的不断提高，使初级产品在国际贸易中的比重不断下降。

第二，新产品大量涌现，产品更新换代的速度越来越快。随着科学技术的迅猛发展，平均每 10 年产品的更新率就能达到 80%；同时生活水平的提高，使得人们对新产品的渴求达到前所未有的程度，进一步加速了新产品的出现。

第三，在制成品贸易中，机电产品、运输设备所占的比重上升。同时初级产品内部结构也发生了重大变化，石油所占的比重急剧上升，在整个初级产品中石油占了 55%~60%。

2) 国际技术市场

国际技术市场是进行国际技术贸易的舞台，掌握其特点，可以帮助国际营销企业充分了解当前国际技术市场的趋势、地位、困难和机遇，从中寻找正确的对策。归纳起来，可从以下几方面来表述当前国际技术市场的特点。

第一，技术贸易正在逐步成为世界经济的中心，在国际技术市场中跨国公司起主导作用。

第二，国际技术市场呈现多极化趋势。第二次世界大战后，美国一直是世界上最大的技术强国，技术输出占世界总额的 50%。但 20 世纪 70 年代以后，形势发生了重大的变化。一些西欧国家、日本、新加坡、韩国、俄罗斯与东欧各国亦利用自己的技术所长，成为国际技术市场出口源之一。

第三，政府对国际技术交易干预程度较深，高新技术的出口受到严格控制。政府对于高新技术出口的限制一般有两方面原因。一方面是政治目的，如西方国家在 1949 年成立的巴黎统筹委员会，长期对社会主义国家实行高科技的出口管制，试图通过这种管制来维持和拉开与社会主义国家的军事、经济实力的距离；另一方面出于经济目的，如日本政府规定只能向中国输出 10 年前的技术，在技术上同中国保持 15 至 20 年左右的距离，以便使自己在国际竞争中保持优势地位。

第四，国际技术市场上的消费者购买决策一般是高度理性化的系统决策。因为在国际技术市场进行交易的买卖双方大都是这个技术领域的专家或学者，他们对该技术有很深的了解，在他们进行购买决策时一般都会考虑技术所能为自己带来的全面影响。

第五，国际技术市场的高技术合作越来越频繁。新技术的研究开发需要投入巨额费用，同时还要承受巨大风险，这就为合作研制开发高新技术提供了必要性和可能性。例如，索尼爱立信手机是索尼技术和爱立信技术的结晶，这种世界超级企业之间的合作使索爱手机正以强劲的发展势头赶超昔日的竞争对手。

3) 国际服务市场

当代经济全球化的一个重要发展特征，是服务的出口和进口贸易呈现加速发展的势头。国际服务市场正在成为国际市场的一个重要组成部分。当代国际服务市场表现出以下特征。第一，服务业的跨国转移促进了服务贸易的快速发展。服务业跨国转移是当前经济全球化新的显著新特征。促进服务业跨国转移的动因主要有：一是生产的国际化带动了服务的国际化。跨国公司在全球范围内组织生产活动，也需要获得全球化的贸易、金融、通信、运输等服务，一些发达国家的生产性服务业也出现了向发展中国家转移的浪潮。二是以IT为主导的高新技术在世界服务业中的应用，取得重大突破，从而为服务业国际分工的全面深化打下基础。

第二，世界服务贸易结构调整加快，新兴服务贸易快速增长。20世纪80年代以来，世界服务贸易的结构发生了很大的变化，服务贸易结构日益向知识技术密集型方向转变。全球信息技术革命的不断发展，增强了服务活动及其过程的可贸易性，通信、计算机和信息服务、会计、咨询等新兴服务行业不断扩张。世界服务贸易将逐渐由以自然资源为基础或劳动密集型传统服务贸易，转向知识技术密集型的现代服务贸易。

第三，服务外包成为推动全球经济增长的重要力量。20世纪90年代以来，离岸服务外包得到快速发展，服务发包市场仍是传统的美国、欧洲和日本，但接包市场除了澳大利亚、加拿大、爱尔兰和印度等被视为发展最为成熟的离岸ITO(信息技术外包)与BPO(业务流程外包)接包市场之外，中国、菲律宾、墨西哥以及中东欧地区逐渐参与进来，成为强有力的竞争者。服务外包离岸外移及与其相伴的服务贸易全球化，已成为推动全球经济增长的重要力量之一，并将对全球经济版图产生深远的影响。

本章小结

本章介绍了国际市场规模的测量以及国际市场调研的内容和方法；国际市场预测的内容、特点；国际市场预测的方法，包括定量和定性两大类方法，对国际市场经济环境、政治法律环境、社会文化环境、自然环境及金融外汇环境进行分析评估；对国际市场结构与不同市场类型进行了介绍。

关键术语

市场规模	国际市场测量	国际市场调研	直接调查法
间接调查法	国际市场预测	市场最小量的预测	总市场潜量的预测
企业销售预测	可达市场预测	定性预测法	意见综合预测法
商品经济寿命周期预测法	因素分析预测法	定量预测法	时间序列分析预测法
回归分析预测法	经济计量模型预测法	国际市场结构	国际市场类型

思考题

1. 测量国际市场规模时考虑的主要因素有哪些?
2. 直接调查的方法主要有哪些?各自的适应条件是什么?
3. 可以借助哪些方法对国际市场进行预测?
4. 影响国际市场营销活动的环境因素有哪些?
5. 国际市场的主要类型有哪些?它们各自具有哪些特点?

参考文献

1. [美]苏比哈什·C 贾殷. 国际市场营销[M]. 6版. 吕一林,雷丽华,译. 北京:中国人民大学出版社,2004.
2. 甘碧群,曾伏娥. 国际市场营销学[M]. 3版. 北京:高等教育出版社,2014.
3. Jean-Claude Usunier, Ghislaine Cestre. Product Ethnicity: Revisiting the Match Between Products and Countries [J]. Journal of International Marketing, 2007, 15(3):32.
4. [美]凯文·莱恩·凯勒. 战略品牌管理[M]. 吴水龙,何云,译. 北京:中国人民大学出版社,2014.
5. A Ojala, Tyrväinen P. Market Entry and Priority of Small and Medium-Sized Enterprises in the Software Industry: An Empirical Analysis of Cultural Distance, Geographical Distance, and Market Size[J]. Journal of International Marketing, 2007, 15(3):123-149.
6. 薛求知,关涛. 跨国公司R&D投资国际化动机的理论研究[J]. 研究与发展管理, 2005, 17(2): 83-90.

案例研讨

贝塔斯曼折戟中国

它于1835年在德国创建,距今已有170多年的历史。目前它也是世界四大传媒巨头之一,它所在的集团拥有300多家下属公司,遍布于全球58个国家,业务内容涵盖信息、教育、娱乐等项。它旗下有欧洲最大的电视广播集团——RTL集团,全球最大的图书出版集团蓝登书屋(Random House),欧洲最大的杂志出版公司——古纳亚尔(Gruner Jahr),还有贝塔斯曼音乐娱乐集团(BMG)、贝塔斯曼斯普林格(Bertelsmann Springer)、阿瓦多集团(Arvato)、贝塔斯曼直接集团(Direct Group Bertelsmann)。它就是全球传媒巨人、跨国巨头——贝塔斯曼。

然而,"贝塔斯曼巨人"却折戟中国。

一、贝塔斯曼的中国行

贝塔斯曼集团1995年进入中国内地,走过了13年的发展道路,13年的时间里,它们让中国的读书人硬生生地记住了贝塔斯曼这个拗口的名字。其事业顶点是在2000年至2001年,当时公司在华年销售收入超过1亿元，贝塔斯曼书友会会员最多时拥有150万会员。

贝塔斯曼集团主要是靠发展书友会会员扩大业务，会员通过电话和网络、门店购买图书，可以享受一定折扣。在20世纪末，这种新颖的图书销售模式对当时仍然停留在依靠传统门店卖书的新华书店造成了极大的冲击，给人耳目一新的感觉。贝塔斯曼每月给会员寄送印刷精美的图书目录，进行主动的商品信息传播，使所有会员能够及时了解图书出版信息，有针对性地选购自己所需书籍，而且，八折左右的书价折扣动摇了原来铁板一块的图书价格市场，这使得贝塔斯曼当时占领了相当部分的图书市场份额。

但成功并未如期而至。2008年6月13日，全球著名的图书连锁巨头贝塔斯曼集团宣布停止中国范围内的36家贝塔斯曼书友会的连锁书店业务，在全国18个城市中的36家书店将陆续于7月31日之前关闭。这个1995年就进入中国的世界传媒巨头，曾一度成为国内诸多图书连锁商以及当当网等网络书店的学习榜样，其商业模式也曾经被神化。但是如今却不得不在中国面临败走麦城的尴尬。

二、中国经历

1995年，贝塔斯曼进入中国，成立书友会。

2001年，贝塔斯曼中国书友会成员达到150万。

2003年，北京贝塔斯曼21世纪图书连锁有限公司成立。

2003年、2004年，贝塔斯曼中国书友会的营业额已达到了巅峰状态，为1.5亿元人民币。

2005年，拿到第一张在中国经营图书批发业务的外资牌照。

2006年年中，贝塔斯曼以门店调整为由，接连关闭北京、杭州十多家连锁书店，转而以"店中店"的方式，与家乐福合作。

2008年6月13日，贝塔斯曼宣布，7月31日前关闭旗下在中国18个城市的36家零售门店。7月3日，这家全球第四大传媒集团不出意外地再发公告：曾在国内具有广泛影响力的贝塔斯曼中国书友会也将停止运营，明日起停止所有订单。至此，贝塔斯曼全面退出在华图书销售业务。目录邮寄、书友会和实体门店曾经是贝塔斯曼"三条腿走路"的特殊方式，如今三个业务支柱轰然倒塌。

来自德国的媒体巨头贝塔斯曼于1995年进入中国，13年来一直未能实现盈利。德国人停止已经彻底失败的图书销售业务并不令人意外，"贝塔斯曼再有钱，也无法忍受长期亏损，更何况门店零售和书友会在中国的彻底失败已令德国人蒙羞。"一位业内人士指出。但据说，贝塔斯曼近期的一系列举动只是其全球战略调整的一部分。

三、贝塔斯曼的书友会和实体书店

曾经辉煌的贝塔斯曼中国书友会，一度是德国媒体巨人发力进军中国市场的资本。在当当、卓越们尚未健硕之时，书友会几乎垄断了实体门店之外图书销售的渠道，虽然它从未给德国总部贡献利润。当你看到满大街、各校园内到处走动的"蓝色"入会推销员时，当你看到不少杂志整版刊登书友会广告时，当你不时收到印制精美的书友会会册时，德国人的自信和资本让中国读者在新华书店之外终于有了更多选择。彼时，也没有人能预计到几年内书友会就这样衰退、死亡了。

当实体书店在当当、卓越们近乎疯狂的低价冲击之下举步维艰时，贝塔斯曼所属实体店和书友会的衰落并不意外。特别是近两年，曾经慷慨的贝塔斯曼人早收紧了钱袋，书友会广告已经从杂志上撤下，书友会宣传册也不像以前那样高密度准时到了。"我已很久没有收到他们的宣传册了，不过反正好久没有通过书友会买书了，也无所谓。"从1997年起就是书友会会员的陈凤琴说，对她来说，曾经在高中阶段令同学羡慕的"会员"身份早已名存实亡。

在欧洲，典型的贝塔斯曼书友会会员是中年妇女和家庭主妇，但在中国，它开拓的顾客群却是年轻人。相对于主妇们对书友会的忠诚，最早的那批中国书友会会员从中学毕业、大学毕业、工作、娶妻生子，生活总是处于变动之中，更重要的是那一代人开始以网络替代社区，他们对书友会这样老古董的抛弃在情理之中。

全球图书销售不景气、网络书店特别是亚马逊模式的大行其道、网络电子阅读的快速增长，"老古董"贝塔斯曼书友会在全世界都在走下坡路，成为贝塔斯曼的一个包袱。包括书友会在内的中国图书业务止损抛弃，书友会在美国市场的前景也十分不妙，德国人正在物色买家低价甩包袱，就算在书友会模式最成功的欧洲大陆，德国、法国的书友会也明显遭受到网络的冲击，其老主顾仅局限于中老年读者。

"水土不服"，这是所有业内人士对贝塔斯曼图书销售遭遇中国滑铁卢的评价。书友会是170年历史的贝塔斯曼的骄傲，作为在欧洲的成功营销模式，它承载着贝塔斯曼在华图书业务的光荣与梦想。会员卡、印制精美的会员册、8折甚至更大的折扣、购书小礼品……这些都让1997年的中国读者感到新鲜和惊奇，邮购贝塔斯曼图书在20世纪90年代后期成了一种时髦，"贝塔斯曼"这家德国老牌公司在年青一代中国人心中深入人心。当然，让德国人有点哭笑不得的是，直至今日提起"贝塔斯曼"四个字，绝大多数年轻人的第一印象就是"卖书的"。当然，在那个物流还不怎么发达的年代，书友会会员有时候得忍受半个月甚至更长时间的图书到货周期，掉单而不了了之的事情也时有发生，而这些都为它彻底输给网络书店埋下伏笔。

另一方面，贝塔斯曼书友会一些不太"友好"的规则令中国读者"很生气"。比如，令读者最为诟病的协议，如果会员在一个季度内没有买书，贝塔斯曼就会向会员发出"警告"，然后贝塔斯曼还会向读者推荐一本书友会"精心挑选"的图书。会员坚持不消费，将会被取消会员身份。这样一种强制消费形式的协议，最终只会导致更多会员主动"消失"。这一霸王条款只在近年才被取消。当书友会折扣优势不在，物流体系明显滞后于当当、卓越之时，书友会的销售额从最高值缩水到几千万元的水平，所谓150万会员，大部分已经处于沉睡状态，仅30万会员购书超过10次。

2007年，当当网和卓越网的合计销售额约为8亿元，占到国内图书销售额的2%~4%，预计未来3~5年内，网络销售占全国图书销售份额将达到20%~25%。但当德国人明白网络的力量时已经晚了。"他们始终信心满满，以为将欧洲的经验复制过来就可以了。德国人坚持书友会模式在中国没有问题，所以并不想做出改变。直到当当、卓越做着BOL（网上书）的生意，冲击着传统图书销售之时，德国人依然行动迟缓地犹豫着是否加大线上投入，最终什么机会都没有了。"一位等待遣散的贝塔斯曼员工说。

贝塔斯曼的固执还来自对实体书店的巨额投入，据说这是来自法国的成功经验。2003年，贝塔斯曼获得民营企业北京21世纪图书连锁公司40%的股份，成立首家中外合资全国性连锁书店，以此突破中国限制外资从事图书零售的规定。当本土图书实体店生存都面临危机之时，舶来的贝塔斯曼也没有高妙之举，更何况位于上海福州路的贝塔斯曼21世纪书店所售书不过万余种，仅与小型书店持平。2008年6月，贝塔斯曼宣布关闭实体店，而从2006年起门店调整就已开始。

在关闭了十多家连锁书店之后，在出版业务方面，贝塔斯曼也遭遇挫折。拥有兰登书屋的贝塔斯曼一直等待着中国政府开放出版市场，但德国人的耐心已经忍受到了极点。出版巨头贝塔斯曼自己也不知道什么时候才能在中国成为一家真正的出版公司，而不是"上海贝塔斯曼文化实业有限公司"，或者没有什么发言权的合资公司。从销售、物流到出版，贝塔斯曼以各种方式渗透进图书产业各个环节，但始终受制于政策。李寻欢和他的团队不久前离开贝塔斯曼旗下的贝榕出版公司；持有与辽宁出版集团合作成立的辽宁贝塔斯曼图书发行有限公司49%股权的贝塔斯曼，也不再过问公司业务。

书友会解散，书店关门，出版业务几乎停顿，这也意味着贝塔斯曼旗下的"直接集团的中国分公司"已遭到德国总部的彻底剪裁。至此，贝塔斯曼在投入十多年后，在图书业务方面最终只是两手空空，收获了10余年的亏损。过时的营销模式、短视的战略方向、频繁的高层变动、强大竞争对手和一个沉沦在熊市中的市场，贝塔斯曼几乎遇到了一个跨国巨头在新兴市场里所能遇到的所有问题，这都注定了德国巨人在华图书业务的大失所望。

四、贝塔斯曼中国失败原因何在

又一个跨国巨头折戟中国，这一次是图书大鳄贝塔斯曼，尽管贝塔斯曼在来中国之前做足了功课，但它还是小看了中西方文化的隔膜。

"贝塔斯曼是全球最大的出版企业之一，拥有3500万名会员的贝塔斯曼书友会也是世界最大的书友会。并不能简单地把国外成功的模式搬到中国，了解中国的图书市场和中国的读书人是最重要的。"

曾任贝塔斯曼亚洲出版公司总编辑、贝塔斯曼书友会总编辑3年，于2004年离职的上海九久读书人文化实业有限公司董事长黄育海这样评价贝塔斯曼。

贝塔斯曼在中国失败的原因有很多：本土化经营事务，竞争对手增多，会员条款苛刻，书的价格比竞争对手贵得多，机构臃肿，费用太多；等等。

贝塔斯曼的失败更主要的原因还是对于中国本土市场环境的了解不够，这也同样说明，国外成熟的商业模式在中国必须进行改良，深入洞察中国本土消费心理和消费文化，并在此基础上修订适合中国本土的商业模式，才是类似贝塔斯曼这样的全球行业领先公司在中国的明智的经营之道。

管理学理论指出，企业要经常评估自身所处的环境因素，例如，政治法律环境、经济环境、文化环境、自然环境。在分析企业所面临的环境因素时，管理学理论提供给我们一个为"PEST"的分析框架，即企业要认清自身所处的政治(political)、经济(economic)、社会(social)、技术(technological)四方面对企业发展的影响，并且要及时根据这四方面的变化趋势来调整自己的经营战略，以确保企业在激烈的市场竞争中赢得优势。

"并非书友会不适合中国国情，也并非中国人不喜欢书友会，关键是要针对中国市场，找到自己的盈利模式。贝塔斯曼进入中国十几年一直水土不服，说明不能简单拷贝德国的书友会形式，研究中国本土市场的需求至关重要。"

这番话同样出自黄育海。

资料来源

1. 王雨佳：《贝塔斯曼：欧美模式无法在中国复制》，载《新财经》，2009(3)。
2. 欧小军：《贝塔斯曼的中国之殇》，载《青年记者》，2008(11)。

3. 苏勇：《贝塔斯曼停业给中国企业的思考》，载《现代企业研究》，2008(11 上)。
4. 梁若韫：《贝塔斯曼退出中国给服装行业的启示》，载《中国服饰报》，2008(7)。
5. 肖明超：《贝塔斯曼为何败走中国》，载《现代企业文化》，2008(10)。
6. 周拉弟：《论贝塔斯曼图书销售业务在中国的失败》，载《新闻界》，2009(1)。

案例思考题

1. 你是否同意"贝塔斯曼全面退出在华图书销售业务是其全球战略调整"的说法？为什么？
2. 你如何评价书友会在中国的运作？
3. 你认为贝塔斯曼在中国失败的原因是什么？

第4章 国际目标市场选择

本章提要 通过本章的学习,理解国际市场细分的概念、层次及其意义,了解国际市场细分的标准,掌握国际市场细分的标准和国际目标市场的选择方法,了解国际目标市场的评估方法及程序。

引 例

2004年4月5日,瑞典媒体报道了一条惊人的财经新闻——雄霸世界富豪榜榜首10年的比尔·盖茨已经被一个瑞典人超过了,这个瑞典人就是家具制造商宜家公司创始人英瓦尔·坎普拉德。

诞生于瑞典的宜家公司是一家世界知名的家具设计、生产及销售公司,至2017年,全球共有355家这样的宜家连锁商店,分布在29个国家和地区,是全球最大的家居商品零售商。1998年是中国实行改革开放的第20年,在这20年中,中国在创造巨额财富的同时也让更多的西方国家了解了这个东方的神秘国度。经过详细的调查了解,宜家发现,由于中国浓重的"家"核心文化以及日益增加的人民收入,使得中国家居市场积蓄了相当可观的消费力,加上中国家居市场处于刚刚起步阶段,市场上还没有出现较有影响力的厂家和品牌,中国家居市场机会显著,这些都坚定了宜家进军中国的决心。经过一系列前期充分的准备工作,宜家于1998年正式登陆中国,在享有中国窗口城市之称的上海开设了第一家营业面积达8000平方米的经营店,至2018年底,宜家在中国的门店数达到26家。

由于中国地域广阔,地区经济发展不平衡,因此,各地区接受新事物的能力表现出极大的差异,所以选择适当的城市登陆中国将是关键所在。上海作为中国人公认的先锋城市,代表着中国潮流的发展趋势,选择上海作为宜家进军中国的滩头阵地不但可以最大限度地减少"水土不服"的情况发生,同时还可以利用上海的潮流领先作用使宜家的品牌在中国得到更快、更好的传播。从近几年宜家在中国的发展轨迹可以看出,它始终坚持这种品牌先行的战略,继上海之后,它已陆续登陆北京、深圳、成都等地。

在冷兵器时代，欧洲军队在交战时经常采用经典的方阵队形，因为这种队形具有可攻可守、攻守兼备的特点。而今，宜家在中国再次沿用了这种经典的进攻阵形，所不同的是它的武器变成了营销学上经典的4Ps。

在产品策略方面，宜家一贯坚持自主设计，不断进行产品创新。宜家有一支非常强大的产品设计队伍，仅在中国市场每年都保证15%以上的产品更新率。在产品质量管理方面，宜家只和具有较强实力的家具生产商合作，并为这些合作者设计了近乎苛刻的质量标准，一旦厂家达不到标准，就立即终止合作关系。此外，宜家还在全球范围内寻找合适的原材料供应商，从源头上保证产品质量。

在价格策略方面，宜家公司在中国市场主要走大众路线，它的目标顾客主要锁定家庭月平均收入在3350元以上的工薪客户群体。此外，宜家采取的价格策略非常稳健，先进行精品、高档的形象铺垫，然后进行循序渐进的价格滑落，这使顾客始终感觉宜家产品的价格不太高，又不让顾客觉得是便宜货，保持着"有价值的低价格"的策略。

在渠道策略方面，宜家始终坚持走连锁经营道路。由于宜家强大的经济实力和完善的物流配送，加上显著的规模经济等特点，宜家决定在中国继续沿用它在全球范围内的连锁经营模式。这种经营模式使得宜家对渠道有很强的控制能力，为它执行在中国市场的营销策略打下基础。

在促销策略方面，宜家采用与中国其他家居零售商完全不同的策略。首先，在宜家卖场内没有促销人员，只有"服务人员"，这些"服务人员"不会主动向顾客推销产品，他们只有在顾客需要咨询时进行回答；其次，宜家欢迎顾客对产品进行试用，亲身感受产品，这与国内众多卖场中的"请勿触碰"等条件形成鲜明对比；最后，宜家不提供免费送货，但可以提供收费送货，进一步保证自己的价格优势。

掐指一算，宜家进军中国已20年有余，虽然这20年宜家都在稳步发展，但其也表现出外来公司水土不服的一些症状。由于中国市场的特殊性和复杂性，要想在中国彻底站稳，宜家还有一段很长的路要走。

宜家为什么会进入引例中所说的29个国家和地区？其选择时考虑的因素是什么？宜家又为什么要进入中国市场？是不是与进入中国市场之前的分析相关：中国浓重的"家"核心文化以及日益增加的人民收入，使得中国家居市场积蓄了相当可观的消费力，加上中国家居市场处于刚刚起步阶段，市场上还没有出现较有影响力的厂家和品牌，中国家居市场机会显著。跨国企业进入国际市场，对目标市场国的选择是最重要的战略决策之一。

4.1 国际市场细分

在世界范围内，不同的国家在经济、文化和政治各方面存在很大差异，这些差异意味着消费群体的需要存在差异。受到企业资源的限制，一个企业很少能在国际市场的所有层次上经营，它们必须明白满足何种顾客的何种需要是有利可图的。为了更有效率地实现企业的经营目标，一个关键的步骤是对国际市场进行细分。

4.1.1 国际市场细分的概念和类型

国际市场细分(segmenting),是指企业按照一定的细分标准,把原有的国际市场分割为两个或两个以上的子市场并以此确定目标市场的过程。其中,每个子市场都具有相同或相似的需求特征;不同细分市场之间的需求差别比较明显;在同一个细分市场内部,这种差别显得比较细微。自20世纪50年代中期温德尔·斯密斯提出市场细分概念以来,企业纷纷跳出旧市场观念的束缚,把注意力集中于消费需求的多样性上。特别是随着"卖方市场"逐步转为"买方市场",对营销活动的针对性提出了更高要求。

国际市场细分包括宏观和微观两个层面。宏观国际市场细分探讨的是,在众多的国家中,企业选择哪个或者哪些国家作为目标市场是能获得回报的。这时候用到的多是涉及宏观因素的细分变量。微观国际市场细分类似于经典的市场细分概念,指的是在企业已经进入某些国家后,对于这些国家的消费群体所进行的进一步细分。微观国际市场细分是宏观国际市场细分的进一步拓展。如宜家,在亚洲市场选择中国市场作为目标国市场,此为宏观细分后的目标市场选择;在中国市场,它的目标顾客主要锁定家庭月平均收入在3350元以上的工薪客户群体,此为微观细分后的目标市场选择。

4.1.2 国际市场细分标准

细分国际市场可以采用的变量众多。在实践中,一个企业可以用单个变量进行细分,也可以选用多个变量加以组合进行细分。无疑,后者能更加细致地反映真实的市场结构,但是变量数量的增加也带来了研究费用及难度的上升。企业应根据其国际化经营的成熟程度及所处行业等多种因素,综合考虑选择合适的变量进行国际市场细分。

下面对几种常见的细分标准予以介绍。

1. 宏观层面的细分标准

1) 经济状况细分

因为市场的本质是具有购买力的人群,所以宏观经济因素是进行国际市场细分最为直观的依据。经济学中常用指数 GNP 来反映一国居民的收入水平。世界银行依据 GNP 将世界划分成四个类别。其中,人均 GNP 低于 1036 美元的国家,被归为"低收入国家";人均 GNP 在 1036 美元到 4045 美元之间的,归为"中等偏低收入国家";人均 GNP 在 4046 美元,到 12535 美元之间的,被归为"中等偏上收入国家";人均 GNP 超过 12535 美元的国家,就被认为是"高收入国家"。

上述细分方法能迅速将世界市场加以划分,但也很粗糙,往往不宜单独使用。很明显,对于一个贫富悬殊的国家,用这种方法进行简单归类会得出错误的结论。GNP 的计算与汇率关系密切,用来解释两个相似国家的购买力时,可能得出不一致的结果。另外,这种细分方法的本质是基于购买力决定消费的假设。事实上,消费行为是多种因素作用的结果,如文化因素。拿黄金来说,世界上消费黄金最多的国家并非美国和欧洲那些富有的发达国家,而是印度。印度的经济水平并不属于世界前列,却消费了最多的贵金属,这与印度的文化习俗是密切相关的。印度的女子在出嫁时会购买大量的黄金首饰,以至于国际黄金市场价格会因为每年印度结婚旺季的到来而发生波动。

2) 地理细分

一般说来，地理上毗邻地区的文化背景和消费行为存在着较多相似性，很多时候可以视为一个同质市场。另一方面，区域经济合作的发展使得这种同质的程度有上升的趋势。更重要的是，这种细分方法考虑到了管理上的便利性。设想如果把中国、南非和冰岛归在一起，由于信息和运输的障碍，将会给营销管理造成巨大的不便和低效率。

但这种按地理因素的细分也并不总是合理的。如菲律宾和新加坡同处东南亚地区，但是两国的市场情况常常截然不同。新加坡公民和永久居民为355.4万，华人占76.7%，马来人占13.9%，印度人占7.9%，其他种族1.5%。经济属于外贸驱动型，以电子、石油化工、金融、航运、服务业为主，高度依赖美国、日本、欧洲和周边国家市场，外贸总额是GDP的四倍。经济以商业、制造业、建筑业、金融业、交通和通讯业五大部门为主。服务业为经济增长的龙头产业。菲律宾人口约为8520万，是一个多民族国家，马来族占全国人口的85%以上，另外还包括他加禄人、伊洛戈人、邦班牙人、比萨亚人和比科尔人等；少数民族和外国后裔有华人、印尼人、阿拉伯人、印度人、西班牙人和美国人，还有为数不多的原住民。国民约84%信奉天主教，4.9%信奉伊斯兰教，少数人信奉独立教和基督教新教，华人多信奉佛教，原住民多信奉原始宗教。菲律宾自然资源丰富，实行出口导向型经济模式，服务业、工业和农业产值分别占国内生产总值的47%、33%和20%。由此，新加坡和菲律宾的差异可见一斑。所以地理上的临近不一定就必然会为国际营销活动提供同样的市场机会。

 案例　　　麦当劳的国际宏观市场细分

麦当劳作为一家国际餐饮巨头，始创于20世纪50年代的美国。由于当时创始人及时抓住高速发展的美国经济下的工薪阶层需要方便快捷的饮食的良机，并且瞄准细分市场需求特征，对产品进行准确定位而一举成功。当今麦当劳已经成为世界上最大的餐饮集团，在109个国家开设2.5万家连锁店，年营业额超过34亿美元。回顾麦当劳的发展历程，麦当劳一直非常重视市场细分的重要性，而正是这一点让其取得令人惊羡的巨大成就。在宏观市场细分上，麦当劳有国内和国际市场，而不管是在国内还是国外，都有各自不同的饮食习惯和文化背景。麦当劳进行地理细分，主要是分析各区域的差异，如美国东西部的人喝咖啡口味是不一样的。通过把市场细分为不同的地理单位进行经营活动，从而做到因地制宜。每年，麦当劳都要花费大量的资金进行认真、严格的市场调研，研究各地的人群组合、文化习俗等，再书写详细的细分报告，以使针对每个国家甚至每个地区的麦当劳都有一种适合当地生活方式的策略。例如，麦当劳刚进入中国市场时大量传播美国文化和生活理念，并以美式产品牛肉汉堡来征服中国人。但中国人爱吃鸡，与其他洋快餐相比，鸡肉产品也更符合中国人的口味，更加容易被中国人接受。针对这一情况，麦当劳改变了原来的策略，推出了鸡肉产品。在全世界从来只卖牛肉产品的麦当劳也开始卖鸡了。这一改变正是针对地理要素所做的，加快了麦当劳在中国市场的发展步伐。

3) 文化细分

国际营销实践中常用的假设是,对于具有相似文化背景的国家可以采用相似的市场营销策略。消费行为是生活方式的一部分,而生活方式受到文化的巨大影响。对于文化这个比较抽象的概念如何用于区分和衡量,霍夫斯塔德(Geert Hofstede)的研究提供了帮助,他把文化因素归结为五个维度,即权力距离、对不确定性的规避、个人主义、男权主义和长期导向,从而为文化的分类提供了一些依据。

权力距离(power distance index,PDI)指组织或机构(比如家庭)中处于权力劣势的成员对权力的不平等分配的接受程度和预期。对这个维度的定义是自下而上的,也就是说这种不公平的水平是被全部成员而不仅仅是领导者所承认的。在一些社会中如果决策的权力集中于少数人手中,而其他成员仅仅执行这些决策,则被称为具有较大的权力距离。

对不确定性的规避(uncertainty avoidance index,UAI)指的是一个社会对于不确定性和模糊性的容忍程度,其含义最终指向人们对真理的追求。这个维度暗示了特定文化背景下的成员在何种程度上对于非结构化的情形感到不自在。非结构化的情形是指那些新的、未知的、惊异的、不同寻常的情形。不确定性规避的文化通过严格的法律、安全措施来使这些非结构化情形发生的可能性最小化。人们倾向于制定长期规划,建立变化的缓冲措施。与之对应的是,不确定性接受的文化反倒对不同的观点和情况持包容态度,因为人们的观念中对变革较为容易接受,而不会对未来的变化表现出过分不安。

个人主义(individualism,IDV)指个人在何种程度上参与到群体中。在个人主义盛行的社会中,每个人倾向于照顾本人和各自的家庭,人际关系较为松散。在集体主义盛行的社会中,个体从出生开始就卷入了强有力的群体之中,对于无条件的忠诚也较为接受。个人主义从本性上来说更加鼓励竞争性,而集体主义下的人们民主化决策的可能性更大,体现出更多的协作性。

男权主义(masculinity,MAS)针对不同性别之间的角色分配问题。男性价值观与女性价值观是不同的,前者强调果敢和竞争,而后者强调保守和关怀。男权主义社会强调以男性的价值为主流,而女权主义社会带有非常明显的女性价值观。

长期导向(long-term orientation,LTO)指的是,在一种文化中,与美德相比,对真理有更执着的追求。这种"规律"的影响是长期的和广泛的,如对于传统的尊重、追求社会目标的实现和维护个人的"面子"。这种长期导向在孔孟文化盛行的国家是非常明显的。

霍夫斯塔德提出的这五个维度可以作为细分国际市场的变量,但是这将把世界分为很多个群体,工作量较大。

4) 宗教细分

在大多数国家中,宗教对人们的饮食、着装和消费行为等生活方式有着重要的影响。市场营销活动必须适应目标消费群的生活方式,因而宗教也可以被用作国际市场细分的一个标准。

世界范围内有三大宗教,即基督教、伊斯兰教和佛教,另外还包括一些区域性的宗教,如印度教。基督教在全世界范围内都有信徒,并可以分为两大分支——天主教和新教。尽管两个分支间存在很大差异,但是基本的价值观是一致的。伊斯兰教的信徒主要分布在中东、北非和南亚地区。该教义对信徒规定了一套较为完整的生活方式、法规和处理人与人之间关系的法则。对于穆斯林(伊斯兰教的信徒),宗教对其生活方式的影响非常深刻。法国的香奈儿(Chanel)服装公司曾经因为不具备足够的宗教知识而冒犯了这些伊斯兰教的信徒。穆斯林组织认为香奈儿在某年发布的一款夏季裙装上印有《古兰经》的诗句是对其的一种亵渎。而香奈儿的一些顾客本身就是伊斯兰教信徒，因而只能把这些裙装连同设计图片一并销毁来平息穆斯林们的怒火。佛教衍生自印度教，信徒主要分布在亚洲东部。

当然，决定是否以宗教作为细分标准还要看营销活动受宗教影响的程度大小。即便是信奉同一种宗教的国家，很多时候也难称得上是同质的市场，如法国和菲律宾都是信奉天主教的国家，而其市场特点却相差甚远。因而在实践中，宗教往往不能作为单一的细分标准。

迷信虽不属于宗教，但是其对消费行为的影响也较大。如道教中风水的概念对于房地产市场有很大影响，迷信风水的人一般对房屋的建筑结构和方位有着特殊的要求。还有一些长期以来的认识，包括中国和日本等国家往往把数字4看做不祥的代表，因为4与"死"发音相近。老上海人在探望病人时很忌讳送苹果，因为其读音在上海方言里面与"病故"相近。

案例　　　　　麦当劳的国际微观市场细分

1. 根据人口要素细分市场

麦当劳的微观市场细分也做得相当到位。通常人口细分市场主要根据年龄、性别、家庭人口、生命周期、收入、职业、教育、国籍等相关变量，把市场分割成若干整体。而麦当劳主要是根据年龄及生命周期阶段对人口市场进行细分。其中，将不到开车年龄的划定为少年市场，将20~40岁的界定为青年市场，还划定了老年市场。人口市场划定以后，要分析不同市场的特征与定位。例如，麦当劳以孩子为中心，把孩子作为主要消费者，十分注重培养他们的消费忠诚度。在餐厅用餐的小朋友，经常会意外获得印有麦当劳标志的气球、折纸等小礼物。在中国，还有麦当劳叔叔俱乐部，参加者为3-12岁的小朋友，定期开展活动，让小朋友更加喜爱麦当劳。这便是相当成功的人口细分，抓住了该市场的特征与定位。

2. 根据心理要素细分市场

根据人们生活方式划分，快餐业通常有两个潜在的细分市场：方便型和休闲型。在这两个方面，麦当劳都做得很好。例如，针对方便型市场，麦当劳提出"59秒快速服务"，即从顾客开始点餐后到拿着食品离开柜台标准时间为59秒，不得超过1分钟。针对休闲型市场，麦当劳对餐厅店堂布置非常讲究，尽量做到让顾客觉得舒适自由。麦当劳努力使顾客把麦当劳作为一个具有独特文化的休闲好去处，以吸引休闲型市场的消费群。

案例总结：

麦当劳对地理、人口、心理要素的市场细分是相当成功的，不仅在这方面积累了丰富的经验，还注入了许多自己的创新，从而继续保持着餐饮霸王的地位。当然，在三要素上如果继续深耕细作，更可以在未来市场上保持住自己的核心竞争力。

第一，在地理要素的市场细分上，要提高将研究出来的市场策略应用到实际中的效率。麦当劳其实每年都有针对具体地理单位所做的市场研究，但应用效率却由于各种各样的原因不尽如人意。如麦当劳在中国市场的表现，竟然输给全球市场占有方面远不如它的肯德基，这本身就是一个大问题。麦当劳其实是输给了本土化的肯德基。这应该在开拓市场之初便研究过，但是麦当劳一上来还是主推牛肉汉堡，根本就没重视市场研究出来的细分报告，等到后来才被动改变策略，推出鸡肉产品，这是一种消极对策，严重影响了自身的发展步伐。所以，针对地理细分市场，一定要首先做好市场研究，并根据细分报告开拓市场，注意扬长避短是极其重要的。

第二，在人口细分市场上，麦当劳应该扩大划分标准。不应仅仅局限于普通的年龄及生命周期阶段。可以加大对其他相关变量的研究，拓宽消费群的多元构成，配合地理细分市场，进行行之有效的经营。例如，麦当劳可以针对家庭人口考虑举行家庭聚会，营造全家一起用餐的欢乐气氛，公司聚会等也是可以考虑的市场。

第三，对于心理细分市场，有一个突出的问题，便是健康型细分市场浮出水面。这对麦当劳是一个巨大的考验。如果固守已有的原料和配方，继续制作高热和高脂类食物，对于关注健康的消费者来说是不可容忍的。首先，应该仍以方便型和休闲型市场为主，积极服务好这两个类型的消费群。同时，针对健康型消费者，开发新的健康绿色食品。一定要快速准确。总之，不放过任何一个类型的消费群。其次，在方便型、休闲型以及健康型消费群外，还存在体验型消费群。麦当劳可以服务为舞台，以商品为道具，环绕着消费者创造出值得消费者回忆的感受。如在餐厅室内设计上注重感官体验、情感体验或者模拟体验等。深入挖掘体验型消费群，这应该是未来的一个方向。

2. 微观层面的细分标准

微观层面的国际市场细分可以理解为对目标国内部所进行的一般意义上的市场细分，因而可以应用营销学中传统的细分标准。一般认为，微观层面包括消费者市场和企业市场两种类型，所适用的细分变量有所不同。

1) 消费者市场的细分标准

(1) 地理细分。在微观层面再次提到地理细分，是基于国家内部不同地域间的需求偏好和习惯上的差异性，这一点对于幅员辽阔的国家尤为重要。如美国市场，其东北部和西南部的需求往往体现出一定差异。东北部是老工业基地和商业、金融较为发达的地区，生活节奏较快；而西南部是"阳光地带"，是休闲度假和旅游业较为发达的地区，居民的生活方式比较乡村化，生活节奏较慢。

(2) 人文细分。人文细分是区分消费者群体最常用的手段之一，其原因在于消费者的需求、偏好和使用产品的方式常常与人文变量密切相关。相比其他变量，人文变量的测度也较为方便。人文变量包括年龄、性别、家庭人数、家庭生命周期、社会阶层、收入、职业、教育、宗教、种族等。如对于一个服装厂商，既可以为具有一定消费能力的中年妇女设计端庄大方的时装，也可以为对价格敏感和爱好时髦的年轻女孩设计生产前卫和价格适中的服装。

(3) 心理细分。心理细分是通过发掘购买者的心理因素将其划分为不同的群体。可以使用的变量包括生活方式、个性和价值观等。著名的 VALS(Values and Lifestyle Survey) 量表是由美国加利福尼亚的 SRI 国际公司于 20 世纪 70 年代末对美国消费者进行研究开发出来的。后来 SRI 又开发出了 VALS2，并将美国成年人划分为 8 个消费群体，即现代者(actualizers)、实现者(fulfilleds)、成就者(achievers)、享乐者(experiencers)、信任者(believers)、奋斗者(strivers)、休闲者(makers)、挣扎者(strugglers)。可以根据这种划分选择目标顾客群。

(4) 行为细分。在行为细分中,营销者根据购买者对产品的了解程度、态度和使用状况将其划分为不同群体。常用变量包括购买时机、利益、使用者状况、使用率、忠诚状况、购买者准备阶段和态度等。如企业可以把目标顾客按照忠诚度分为坚定忠诚者、中度忠诚者、转移型忠诚者和经常转换者四个组。对于忠诚顾客,产品的质量和特色比较有吸引力;对于忠诚度不高的顾客,价格则是强有力的杠杆。

2) 企业市场的细分标准

多数细分消费者市场的变量可以直接用于细分企业市场。Thomas V. Bonoma 和 Benson P. Shapiro 在 1983 年提出企业市场的细分变量包括人文变量、经营变量、采购方法、情境因素和个性特征五类。

(1) 人文变量。企业市场的人文变量包括行业、公司规模和公司地理位置三个方面。行业属性指的是顾客组织属于哪一个行业。公司规模是指顾客组织的规模大小,是大型组织还是地方性组织。公司地理位置指顾客组织位于哪些地区。

(2) 经营变量。包括技术要求、使用者/非使用者状况和顾客能力三个方面。技术要求指的是企业要关注顾客所需要的技术,从而确定自身是否有能力来满足这种需要。使用者/非使用者状况指的是顾客组织对于供应品的消费量的大小。顾客能力指的是顾客组织需要何种服务水平。

(3) 采购方法。采购方法主要考虑企业的采购职能组织、权力结构、现有关系的性质、总采购政策和购买标准几个方面。采购职能组织指的是顾客组织中担任采购任务的部门是集中的还是分散的。权力结构指的是顾客组织的采购活动中何种组织功能具有决定性的权力。总采购政策指的是顾客组织所采用的采购操作方式。购买标准是指顾客组织在采购中重视的是质量、服务还是价格,其选择卖方标准是怎样的。

(4) 情境因素。情境因素主要考虑企业需求的迫切程度和订货量的不同情况。迫切程度是指采购方对于交货时间有无特殊要求。

(5) 个性特征。企业市场细分中的个性特征的内涵包括购销双方的相似点、对待风险的态度和忠诚度三个方面。相似点是指买卖双方的价值观是否一致。不可否认的是,与那些"性格相似"的企业发生业务往来会有更高的默契程度,相互之间发生摩擦的可能性也大大降低。

4.1.3　国际市场细分方法

1. 组合法

组合法以战略计划为划分基础,从国家潜力、竞争力和风险三个方面分析世界各国市场。

1) 国家潜力

国家潜力指的是企业的产品或服务在某国市场上的销售潜力,其基础是人口数量及分布、经济增长率、人均国民收入等因素,通过对这些因素的分析来评估国际市场。

2) 竞争力

竞争力包括内、外部两方面,内部因素是指企业在该国市场所占份额、企业自身的资源条件在该国市场所表现出来的优势与劣势;外部因素包括同行业竞争对手的竞争能力、来自替代产品行业的潜在竞争及国内外行业结构的竞争影响。

3) 风险

风险是指企业在该国所面临的政治风险、财务风险以及由消费需求偏好转移而引起的业务风险，包括各种影响利润、资金流动和其他经营成果的因素。把风险单独列为一个维度，是更加贴近实际情形的做法。企业需要通过客观评价风险对收益的抵消效果来认识特定市场的吸引力。

组合法是一种三维方法，考虑了至少三大类因素，这些因素的每个方面又是一个独立的体系。因此该方法对实际情形具有较好的拟合，但采用此法要求企业充分掌握内外部的信息。该方法对于信息的收集提出了较高要求，因为很多信息难以全面获得。

2. 市场环境指数法

所谓市场环境指数法是指采用预先选定的某些指标来反映市场的整体环境，然后再根据自身的特点，选定拟将进入的细分市场。例如，首先确定以下11种指标：①平均国民收入；②投资与国民生产总值的比率；③市场货币供应量；④平均电力生产；⑤平均钢铁消耗；⑥总人口；⑦入学率；⑧每万人受过高等教育的人数；⑨每千人拥有的电话机数；⑩每千人拥有的电视机数；⑪每千人拥有的汽车数。然后，将各国各指标的绝对数值按其在各国中高低的位置转换成相对数值，再将每一指标所得的相对数值相加，即得各国相对数值的总和。该总和称为市场环境指数，其高低能反映出一个国家的发展水平。如高指数国家因其国民教育程度高，故对产品的质量、设计、保养、花色等要求较高，挑选性较强，促销活动宜采用现代化媒介进行。反之，对于低指数国家，产品设计以简单为宜，广告设计以图解说明为佳。

 案例　　　　**联合利华的印度攻略**

印度人口占世界人口总数的16%，印度的妇女常常拥有一头乌黑浓密的长发。不是每个人都知道，很多印度的妇女终身不剪头发。印度妇女对自己的头发很爱护，经常梳理保养。这种情况看起来对诸如联合利华这样的日化洗涤品公司非常有利。可事实上，当联合利华进入该市场时，发现要把产品顺顺利利地卖给印度妇女并不如想象中那么容易。

印度农村的妇女并不习惯使用洗发水，很多妇女从母亲那里继承了一块肥皂既用来洗衣又用来洗澡、洗头的传统。对于洗发水，一方面印度的农村妇女们觉得价格很高；另一方面，她们不喜欢用洗发水洗过之后的那种感觉。

看起来很难理解的文化传统，给联合利华的工作开展设置了不小的障碍，似乎这就是一个不可能完成的任务。联合利华究竟还是没有放弃，做了如下几个方面的努力。第一，研发了一种Breeze香皂，它价格便宜，同时迎合了消费者的习惯。因为联合利华知道，消费者的习惯是最难改变的，要想在市场上站稳脚跟，先要适应这个市场的特点。第二，在推广廉价的Breeze香皂的同时，联合利华积极宣传洗发水的优点，即向消费者展示使用洗发水如何能更好地清洁和保护头发。第三，采用了创新的促销和销售方式。联合利华在印度农村雇用了一批普通的农家妇女向她们周围的人推广产品，这一点是借鉴了直销模式的思路，能够加快消费者对新产品的接受。这一系列举措不仅使得联合利华的廉价香皂销量节节攀升，同时带动了其他更高端的产品的销售。

联合利华在印度的实践促使营销人思考：当前的市场观察和细分方法是不是流于表面？在学习本节的内容时，别忘记数据只是现象，而任何现象都不应该遮挡住营销人深入洞察的眼光。

4.2 国际目标市场选择

4.2.1 国际目标市场选择的基础问题

国际市场细分是企业选择国际目标市场的前提和基础，在完成了细分的工作后，一个企业就需要从细分市场中挑选一个或若干个作为国际目标市场。这中间存在一个权衡，即目标细分市场的机会和企业能力之间的权衡。恰当的目标市场应该满足这样一个基本原则：市场细分能为企业带来持续稳定的回报，该细分市场的需求是企业有能力满足的。具体来说有如下几个评价标准。

1. 细分市场吸引力

企业选择细分市场作为目标市场时，首先会考虑哪些细分市场具有吸引力。吸引力表现在市场规模的大小、成长前景、盈利率、规模经济和风险等因素上。这些条件能够保证企业在该细分市场中经营是有回报的，能取得较好的经济效益。同样这些条件也是维持企业在细分市场中运营的基本保障。很多时候，企业会把过于单个细小的细分市场与更多的细分市场进行合并，形成一个超级细分市场来获得规模效益。1929年成立的联合利华，现在已是世界巨型日用消费品企业之一。该公司已拥有超过1600个独特的品牌，其中包括一些国际知名品牌，如立顿茶品、Calvin Klein 香氛以及多芬个人护理产品等，但也有一些和强大竞争对手相比不太出名的品牌。1999年，一项名为"成长之路"的计划提出：力争在2003年时将品牌数量缩减3/4。联合利华的副主席 Antony Burgmans 描述了削减品牌组合的方法："一些品牌将被整合成为更强大的品牌……另外一种方式是任其自行衰退，其他一些将可能被抛弃。"

2. 竞争环境

竞争本身是对过高利润的一种自动的平衡过程。竞争激烈的细分市场往往不是企业的首选目标市场。如果将这样的市场作为目标市场，一方面会引来细分市场中在位经营者的猛烈反击；另一方面，企业的营销努力会被竞争很快消耗掉。一个极端的情况是细分市场本身是垄断的，也许根本没有进入的可能，这样的市场显然不能作为企业的目标市场。例如，中医药是中国传统文化的精粹，对中国人民维持健康起到了很重要的作用。但是中医药行业要想进入美国市场，其难度是非常大的。一个很重要的原因，就是医药市场本身不是完全竞争的。美国市面上能见到的药物必须得到FDA(食品药品管理局)的许可，而这个机构是建立在西医的理论基础上的监管机构。中医药无论是从治疗原理上还是临床试验上都很难得到FDA的有效支持。

3. 企业的目标与能力

细分市场的选择必须与企业的目标与能力相匹配。特定的细分市场或许具有很大的吸引力，但它若不符合企业的发展目标也需要割舍；同样，如果企业没有满足该细分市场的需求的能力，同样也不能将该细分市场选择为目标市场。

4. 目标市场的可衡量性与易反应性

可衡量性是指企业通过市场调查研究和预测方法能够对于细分市场的当前盈利状况和未来趋势加以确认。不具备可衡量性的细分市场对于企业意味着不确定性和风险，不能轻易将其作为国际目标市场。易反应性是指企业是否能在特定的国际细分市场中制定国际营销计划、战略和策略并能有效地实施，同时能以足够的反馈使企业能够及时调整营销计划和活动。不具备易反应性的市场同样是有风险的，例如，巨大的危机可能隐藏至深，在某时点无先兆地爆发，这对于企业是致命的打击。

5. 法律及道德考虑

细分市场所在国可能会有与企业所在国截然不同的法律制度，这些制度可能在事实上封锁了某些具有吸引力的细分市场。另外，在道德上某些做法是不被鼓励的。如对于没有辨别能力的孩子，某些营销推广活动事实上起了诱导其不健康消费的作用。在欧美，麦当劳和肯德基的广告常被公众视为对孩子施加了"不健康的影响"，健康教育机构常告诫父母：这些快餐提供的食物对孩子健康有负面影响。

4.2.2 国际目标市场的选择方法

市场目标化(targeting)的过程始于企业确定了国际市场细分之后，内容就是评价各个细分市场并决定为多少细分市场服务。一般说来，企业可以选择全面覆盖市场或是仅服务于部分细分市场。全面覆盖市场的战略选择，一般适用于像IBM、通用汽车或是可口可乐这样有实力满足所有细分市场需要的大企业。

国际目标市场战略选择可以分为无差异目标市场战略、差异化目标市场战略和专门化目标市场战略三种。

1. 无差异目标市场战略

所谓无差异目标市场战略，是指把整个国际市场作为一个大目标，针对共同的顾客需要，制定统一的营销计划来拓展市场。这种战略奉行的营销哲学是以生产为导向的，在某些需要被发掘的市场初期具有现实意义。无差异营销是"制造业中标准化生产和大批量生产在营销方面的化身"。企业凭借这种战略形成低成本从而转化为低价格。这种战略对于价格敏感的市场尤为适用。但是，一种产品能长期被消费者接受的情形是很少的。可口可乐在这方面曾经是一个典型的例子。一个经典的秘密配方，全世界的可口可乐几乎就是一个味道。这个味道成功地得到了不同族裔的人群的认可是比较少见的现象。

2. 差异化目标市场战略

在差异化目标市场战略下，企业同时经营多个细分市场，并为每个细分市场开发不同的产品。这种战略考虑到了顾客需要的差异性，并生产了有针对性的市场供应品，制定了合理的营销计划，通过不断满足多样化的需要来扩大经营规模。这同样体现了以市场和顾客为导向的营销理念。当然,差异化是要付出成本代价的。科特勒认为,采取差异化目标市场战略可能增加的成本包括产品开发成本、生产成本、管理成本、存货成本和促销成本。成本的增加意味着对盈利率的预测更为困难,所以差异化本身要把握一个度,过分细分不仅会让顾客购买变得烦琐,而且会限制市场规模的成长前景。

3. 专门化目标市场战略

专门化目标市场战略是指有选择地服务于一个或几个细分市场而不是追求整体市场的份额。实施这种战略的企业常常把目标设定在一个或几个较小的细分市场上,从中取得较大的市场份额甚至处于支配地位。对于中小型企业,这无疑是一种较为实际的做法。实施这种战略可以避免把力量分散在整个市场上,从而积聚力量在某个细分市场,获得竞争优势地位。

专门化目标市场战略结合差异化营销和无差异营销的优点于一身。一方面,专门化的前提是顾客需要存在差异性。在这种差异中选取一个自己最有能力满足的消费群体,可以有效地塑造企业的形象、获得目标顾客的偏爱和信任,从而得到更好的回报。另一方面,专门化集中了力量,在目标市场上能够形成规模效应,从而有效降低经营成本。

专门化目标市场战略可以分为以下几个类型。

1) 密集单一市场

企业将在一个细分市场上经营。此时,企业的优势体现在更了解该细分市场的需要并有可能建立巩固的市场地位。通过专业化的价值网络,企业能够获得较高的报酬,尤其在该细分市场是一种市场上的有效补缺(niche)时。

当然,"把鸡蛋放在一个篮子里"终归是一种风险较大的做法。特定的细分市场可能因为某些原因出现不景气的状况,或是出现有力的竞争者进入的情况。此时利润和市场份额的下滑对于企业来说是致命的打击,企业囿于其中难有回旋的余地。

2) 有选择的专门化

企业将选择几个最有吸引力的且符合企业目标的细分市场经营。各个细分市场之间可以没有什么联系,可以同时盈利。这样,相比密集单一市场,企业能够有效地分散风险。如奥林巴斯既为消费品市场生产照相机,又为医疗器械市场生产显微镜和内窥镜。

3) 产品专门化

企业将集中开发一种市场供应品,并向多个细分市场销售这种产品。这样做的好处就是企业能够树立专业的形象并成为这个产品方面的权威。这种战略的缺点在于如果这种产品被新的更好的技术所替代,将会发生危机。

4) 市场专门化

企业将服务于某个细分市场,并致力于满足该细分市场的各种需要。比如,星级酒店为有一定消费能力的顾客群体提供全套的住宿、餐饮、休闲和娱乐设施。

4.2.3　国际目标市场评估

图 4-1 所示为国际目标市场评估的步骤示意图。对国际目标市场进行评估是国际目标市场选择的基本程序,包括以下几个步骤。

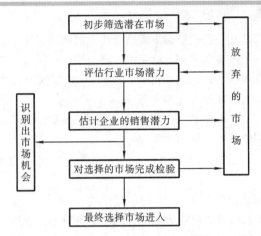

图 4-1　国际目标市场评估的步骤示意图

1．对所有市场的初步筛选

这一步要做的工作就是对各个国家进行初步选择，以便缩小范围方便进一步的深入研究，同时可以降低评估研究成本。企业要注意避免犯两类错误，即"过"和"不及"。"过"是指企业对一个本没有潜力的市场投入了过多的精力进行研究；"不及"是指企业因为研究上的不够仔细，放过了本来具有良好前景的市场。要预防这两类错误，第一步初筛起到了有力的保证。

初筛用到的数据来源可以是一手的，但多数情况下是定量的经济和社会统计数据，这些数据大多数是各个国家或者机构提供的二手资料，可以用来进行客观的比较。这些经济和社会统计指标涵盖了诸如各国的 GDP、GNP 和人均可支配收入等。

企业可以从下面三个方面找到适合于初步筛选的标准。

1) 市场的物理和地理特征

(1) 各个市场距离母国的物理距离；

(2) 各个市场的气候；

(3) 人均收入、私人消费以及其他类似指标。

2) 包括总体人口数字在内的人口统计数据

(1) 人口的地理聚集程度以及年龄分布；

(2) 男性和女性的人口数字；

(3) 文化程度；

(4) 利用人口资料展示市场的质量、集中性和目前的响应性，以及其未来的成长潜力。

3) 当地经济条件

(1) 如果人均收入极低，巨大的人口数量代表的可能只是很小的发展潜力；

(2) 需要其他一些测量国外市场财富和购买力的指标，比如，每个家庭拥有的汽车数量、可以上网的家庭数量；

(3) 国家的金融状况和汇率变动的风险。

2. 行业市场潜力评估

在经过初步筛选后，企业便确定大致会进入哪些国家市场经营。下一步要做的就是对该国市场进行更为细致的考察。行业市场潜力的评估是最为常用的手段，用以判断企业在该国市场将进入或不进入哪些行业。进行行业市场潜力评估包括两个维度的衡量标准：行业现有市场规模和行业市场前景。

在考虑行业现有市场规模时，可以用下面两组数据作为代表：①该产品类别的进口量；②该产品类别的消费量或者销售量。

在考虑行业市场前景时，可以用下面两组数据作为代表：①该产品类别的销售预测；②市场规模的年增长率。

这一步骤需要注意的问题包括以下两个方面。

第一，数据的及时性。企业应该意识到二手资料的时效性并不强，用陈旧的数据来反映快速变化的市场本身是对市场现实的一种扭曲。如果有能力，企业应该亲自搜集所需要的数据，对这些数据的时效性和适用性提供最大限度的保证。

第二，市场吸引力与企业能力的权衡。最有吸引力的市场并不一定是最合适的市场，一部分原因是企业可能不具备满足该市场需要的能力。最适合的市场应该是那些既有较高吸引力，又贴合企业的目标和能力的市场。

3. 企业销售潜力评估

所谓销售潜力是指在一个战略计划期内该企业产品在某个指定国家内能够获取的最大可能的销售量。简单地说也就是企业能够获取的最大市场份额。在考察企业销售潜力时，企业需要综合考虑以下几个方面。

1) 当地进口法规

由于目标市场与企业所在国家的法律制度可能存在较大差异，企业必须在评估企业销售潜力时考虑法律的制度性因素，多数时候表现出的是一种限制。例如，一国可能设置高关税或者配额制度来限制进口数量。在全球经济一体化的今天，各种变形的贸易壁垒仍屡见不鲜。这些法律制度限制了一个企业的销售潜力，降低了该市场的吸引力。

2) 拟进入市场的竞争

企业竞争往往削减了利润，对企业经营提出了更高要求。这时企业必须做好准备以赢得竞争，不断积聚实力、培养能力，以形成自身的核心竞争力，从而在市场上站稳脚跟乃至盈利。如果在战略规划期内企业不具备这样的考虑和可能性，企业就必须认真权衡是否值得进入该市场。

3) 分销渠道结构

不同国际市场的分销渠道的差异往往比较大。最为著名的就是日本的分销渠道较为封闭和复杂，这让很多试图进入日本市场的外国厂商煞费脑筋。日本主要农产品营销渠道复杂，渠道环节多，流通成本高。日本农产品一般要通过两级或两级以上批发渠道后，才能把农产品转移到零售商手中。日本《批发市场法》规定：禁止中间商从事批发业务。这使极少数批发商(如株式会社等)能从产地市场进货，而绝大多数农产品要经过多级批发市场的交易，因而提高了流通成本。另一方面，日本农产品利润分配不均。日本较早制定了《零售法》，对从事零售的组织给予利益保证。批发商收取 4% 的管理费，中间批发商的利润率为 10.9%，零售商的利润率为 43%，农协等的利润率为 43.6%，生产者的利润率仅占 28.5%，零售商为保证 43% 的利润率往往把终端价格抬得较高，因此，日本农产品市场零售价格是世界农产品市场最高的。

4) 语言和文化差异

不同语言之间的沟通障碍差异较大，处理不当很容易引发纠纷，损坏企业声誉。在文化差别过大的国际市场中经营，无形中增加了企业的沟通成本，降低了管理效率。如果没有长远的计划，也许会做出不明智的选择。如有的市场过分狭小，企业却要付出很高的适应性成本，这在收支平衡的考虑上是不划算的。

4.3 国际市场定位

4.3.1 国际市场定位的含义

被称为 20 世纪营销界最具影响力的概念——定位的提出使营销者们开始意识到竞争优势可以来源于顾客的心理认知，并且这种无形优势比其他有形的优势更持久、更稳定。美国学者阿尔·里斯(Al Ries)和杰克·特劳特(Jack Trout)认为，定位并不是要对产品本身做什么改动，而是使产品在潜在顾客的脑海里确定一个有利的位置，这个位置使潜在顾客充分认识到产品与竞争对手产品的不同，最后用品牌来明确地表达这种差异性。目标营销的理念由此得到广泛认同。国际市场定位所要做的是把这种已有的定位在国际市场上进行传播。

4.3.2 国际市场定位的方法

定位是创造性的活动。如果把顾客的心理看做战场的话，定位的目标就是要去占据一个地形有利的高地。常见的国际市场定位方法和国内市场定位方法并无大异。

1) 强化现有定位

产品在未走出国门之前已经形成了强大的积极形象，这时国际市场营销活动所需要做的就是把这种形象在国际市场上推广开来，并通过一系列具体的活动来强化顾客头脑中的这种形象。这种方法一般适合行业的领先者。如华为在全球各地通过不同的营销活动，取得领先于行业的运营效率。

2) 对抗性定位

如果行业内已经有了强大的竞争对手，作为追随者或是排名紧跟其后的产品需要设定与领先者完全不同的形象。例如，百事可乐一直都把自己的形象塑造成年轻的和有活力的，与可口可乐经典的形象拉开距离。值得注意的是，在不同的国家和地区，竞争对手也可能发生变化，采用对抗性定位的企业，需要根据比附的对象不同而进行一定调整；但总的说来，企业需要维持产品在全球范围内的定位一致。

3) 补缺性定位

企业往往可以通过占领顾客心理的空白区域而获得格外强势的影响力。海尔冰箱在美国获得一定市场份额，最初是来源于"酒吧"冰箱的产品。当时市场上家电业强大的竞争对手都集中精力在传统冰箱领域，对于后来的海尔并不有利。通过发掘市场中对于饮酒用制冷设备的潜在需求，海尔成功地在这类特殊用途家电领域获得了一定影响力。

本章小结

本章论述了国际市场细分的概念，辨析了国际市场宏观细分和国际市场微观细分两个层面，并从宏观和微观两个层面论述了国际市场细分的依据。

本章还介绍了有效进行国际市场细分的标准以及细分的组合法和市场环境指数法等方法；国际目标市场选择的无差异、差异和专门化战略；国际目标市场的评估方法及程序以及国际市场定位的含义和方法。

关键术语

国际市场细分	宏观国际市场细分	微观国际市场细分	国际目标市场
权利距离	对不确定性的规避	个人主义	男权主义
长期导向	国家潜力	竞争力	风险
组合法	市场环境指数法	国际目标市场评估	国际市场定位

思考题

1. 国际市场细分的标准有哪些？
2. 如何选择合适的国际目标市场？
3. 国际目标市场战略有哪几种？各具有什么样的适应性？
4. 国际市场定位的基本思路是怎样的？

参考文献

1. [美]苏比哈什·C 贾殷. 国际市场营销[M]. 6版. 吕一林，雷丽华，译. 北京：中国人民大学出版社，2004.
2. [美]菲利普·R 凯特奥拉，[美]玛丽·C 吉利，[美]约翰·L 格雷厄姆. 国际市场营销学[M]. 15版. 赵银德，沈辉，张华，译. 北京：机械工业出版社，2012.
3. 甘碧群. 国际市场营销学[M]. 北京：高等教育出版社，2001.
4. 万后芬，汤定娜，杨智. 市场营销教程[M]. 北京：高等教育出版社，2003.
5. 闫国庆. 国际市场营销学[M]. 北京：清华大学出版社，2004.
6. [美]詹姆斯·H 麦尔斯. 市场细分与定位[M]. 燕清，等，译. 北京:电子工业出版社，2005.

7. 王涛生，黄志红，霍林. 国际市场营销学[M]. 北京：国防科技大学出版社，2005.
8. 李永平. 国际市场营销管理[M]. 北京：中国人民大学出版社，2004.
9. [美]菲利普.科特勒，[美]阿姆斯特朗. 市场营销原理[M]. 郭国庆，等，译. 北京：清华大学出版社，2007.

案例研讨

一汽海外战略的"走出去""走进去""嵌进去"

中国第一汽车集团有限公司简称中国一汽或者一汽，前身是1953年成立的中国第一汽车制造厂。总部位于吉林省长春市，旗下拥有红旗品牌乘用车、奔腾乘用车、解放商用车等汽车品牌。中国一汽拥有职能部门26个，分公司6个，全资子公司9个，控股子公司5个，参股子公司24个。2018年实现整车销售341万辆，同比增长2.0%；营业收入5920亿元，同比增长26%；利润431亿元，同比增长2.4%；整车出口2.6万辆，同比增长20%；进出口额286亿元人民币，同比增长24%，位于中国汽车企业前列。中国一汽始终坚持自主开发与开放合作的发展之路。其"红旗""解放""奔腾"等自主品牌轿车和乘用车在国内具有一定的市场地位。同时，在开放合作方面先后与德国大众、奥迪、日本丰田、马自达等国际知名企业合资合作，生产销售国际品牌汽车。中国一汽还积极进行海外市场的开发，与多个国家不断深化国际产能合作内涵，深入探索海外业务多元化发展途径，持续推动"走出去"的模式转型升级。目前，中国一汽海外业务已遍布东南亚、非洲、中东、拉美等五大片区，覆盖49个国家，在南非、巴基斯坦、越南等14个国家建成投产了16个国际产能合作项目，超过60%的出口产品实现了本地化组装作为老牌的国有企业，在汽车产业日益国际化的今天，一汽是如何进行自身定位，并进行海外市场的选择和开发的呢？

一、大竞争格局下寻找市场切入点

一汽在国际化选择上对当前国际市场格局进行了分析。当前国际汽车市场是国际汽车巨头瓜分的市场，据市场调研机构Focus2Move统计，2018年全球汽车集团销量大众汽车以1083万辆的成绩夺得冠军，丰田汽车以累计销量1052万辆屈居第二。雷诺日产联盟累计销量1036万辆，排名第三位。第四到第十位依次是通用汽车、现代起亚、福特集团、本田汽车、FCA、PSA和铃木。在汽车制造技术方面与国际集团还存在差距的一汽，在进行国际化市场的进入方面，采取了避免与国际巨头直接竞争的方式，寻找到竞争不是非常激烈，更多关注产品的实用性、价格等的中东、非洲、拉美等市场进行了分析和切入。

二、国家政策支持下寻求深入合作

2013年，国家提出了"一带一路"的倡议，对沿线国家进行支援与合作。在这期间，一汽与东南亚、中东、非洲、拉美等地带国家进行出口及生产本土化等合作，推进了其海外市场开发的进度。首先巴基斯坦及非洲地区是一汽的传统优势市场，一汽多以援助建设的方式进行汽车市场的开发，如巴基斯坦的生产基地、南非的库哈工厂等。东南亚国家因经济发展水平和地理位置等因素，具备快速进入的条件，是一汽近期关注较多的市场。中东地区市场容量大，进入难度低，汽车工业配套完善，也成为一汽在西线的重要战略市场。在东欧，鉴于俄罗斯的市场需求量大，国家工业多方面具备历史合作的基础，同时一汽的乘用车具备一定竞争优势，也被选为重点进入市场。现在一汽已经形成了以"一带一路"路径为基础的东、南、西、北四条海外生产布局。"东线"是海上丝绸之路的越南、菲律宾、泰国、印尼等市场;"南线"包括巴基斯坦,以南非基地为核心的非洲市场,以坦桑尼亚、肯尼亚为基础的东南非基地群;"西线"以中东为核心;"北线"以俄罗斯为核心推行乘用车本地化项目。

三、以需求为导向,以竞争产品为对比进行产品和市场定位

传统的海外市场如巴基斯坦、非洲等,因基础建设的需要对卡车有较高的需求。随着"一带一路"的推进,基础工程建设也必然会增加。早期一汽以中重型卡车的出口为主,后来逐步深化合作模式,在当期设立工厂,将产品供应进行本土化,适应了当时的建设需求,也实现了销量的迅速增长。2014年,中国一汽联合中非基金建成一汽南非库哈工厂。这是中国一汽首座自营海外工厂,也是当时非洲规模最大、设备最先进、管理最规范的中重卡组装工厂。通过产品地产化,并积极采取配套措施,一汽实现了中重卡在南非市场销量的持续增长,并始终保持着中国行业中重卡出口第一的排名,占比超过60%。在俄罗斯市场,汽车需求量增长较快,而且俄罗斯地广人稀,二三线城市及农村对汽车的通过性有较高要求,所以SUV车型的需求增长较快。2018年,俄罗斯汽车市场总销量为1800591辆,同比增长204854辆,涨幅为12.84%。其中SUV的占比超过40%。一汽在产品的选择上,主要对比了国内的竞争产品。目前在俄罗斯销售的中国自主品牌主要有力帆、吉利、奇瑞、长城、一汽等10多个品牌。2017年,中国车企在俄罗斯销售总量为3.09万辆,力帆位居第一,销量16964辆,奇瑞和吉利位列第二和第三,分别销售5905辆和2234辆。对比力帆、吉利、长城等主力SUV汽车,一汽先期选取了其主销车型奔腾X80进入俄罗斯。由于进入时间较晚,目前销量有限。

四、从产品提供到管理、技术、标准、服务一体化的输出

早期,一汽以产品的整车出口为主;后来为降低成本,一汽多采取散件组装(KD组装)的方式进行整车生产,不但能够降低成本费用,还为当地提供了一定就业机会。为了提高产品适应性,一汽逐渐采取与当地进行合作的方式,在本土化生产的同时对产品进行适应性的改进。除了早期的南非工厂,2017年中国一汽在巴基斯坦建立了集轿车、微车、中重卡产品生产于一体的生产基地。截至2017年底,已累计完成217个零部件地产化工作,并为当地专门开发了一套多车型共用的低成本电泳线。中国一汽在中东地区也实现了乘用车、商用车两大类产品的大规模本地化生产。J6和虎V产品地产化率已分别达到30%和28%。2018年中国一汽与缅甸交通和通信部、钻石星集团、越南长江公司签署战略合作协议。从前期的KD组装生产到后期逐步的本土化生产,一汽逐步实现了从产品出口,到产品、技术、标准、管理和服务一体化输出的转变。

五、着眼长远品牌建设的营销推进

一汽的愿景是打造具有国际竞争力的世界一流企业,企业有五个追求:始终追求品牌、追求创新、追求质量、追求效益、追求国际化。所以在品牌建设上,一汽设定了自己的品牌目标,即做最好的"中国乘用车品牌",知名度进入中国品牌TOP 3,服务满意度中国品牌NO 1。

除了选择适应的产品并进行使用习惯调整,如中东的重卡、俄罗斯的SUV等,一汽还采取了差异化的组合营销手段来进行当地市场开发。在经销商网络上,一般选取当地有实力的汽车厂商来合作,进行销售网点的铺设。如在伊朗与巴赫曼集团合作,在俄罗斯与AVTOTOR公司合作。产品导入期会进行相应的媒体广告宣传,以扩大产品及品牌知名度。后期,又会提供服务及使用方面的技术支持与指导,实现从产品设计、到产品销售、到服务维系的全价值链介入。这对品牌的打造具有深远影响。通过聚焦营销资源、加快产品导入、全价值链降成本等举

措，打造了一定的热销产品。2017年，奔腾B30于伊朗当地投产后，4个月热销超过5000辆。2018年初，又成为当时中国产品中唯一获得当地权威机构ISQI 4星质量评级的产品。未来，中国一汽海外体系将以"三个转变"为总体发展思路，努力实现出海地区从拼抢机会市场向深耕"一带一路"沿线重点市场转变；出海形式从产品出口向产品、技术、标准、管理和服务一体化输出转变；出海理念从"走出去"向"走进去""嵌进去"全价值链融合转变，为做强、做优、做大中国一汽海外事业提供坚实支撑。在此基础上，围绕塑造品牌、打造产品、深耕市场、落实服务、建强体系、合作共赢等六大核心任务，努力提升出口产品的市场竞争力和体系支撑力，实现海外事业发展模式不断转型升级。

资料来源

1. 魏琼妹：《中国一汽集团的国际化发展战略，2018-01-05，百度文库，https://wenku.baidu.com/view/5ed663ead5d8d15abe23482fb4daa58da1111c6e.html?from=search。

2. 童年：《经济全球化背景下中国汽车如何走出去》，载《经营管理者》，2016(6)。

3. 张恒梅，秦军：《中国汽车制造业海外营销的困境与策略》，载《市场营销》，2016(14)。

4. 刘艳，沈庆：《俄罗斯汽车产业和市场现状及发展建议》，载《汽车与配件》，2018(24)。

5. 德勤：《2016年中国汽车行业对外投资报告》，2016-08-30，http://www.199it.com/archives/512078.html。

6. 金运涛：《中国汽车制造业海外营销的困境与策略》，载《中国国际财经(中英文)》，2017(6)。

7. 赵英建：《中国一汽深耕"一带一路"》，2018-09-14，http://www.faw.com.cn/2t_fawcn/ggkf402n49/40ncj/2042440/index.html。

案例思考题

1. 一汽为什么选择中东、非洲的地区和国家作为首要目标市场？
2. 国家政策对中国汽车的国际化有何影响？
3. 如果你是一汽海外战略的决策者，如何在当今世界汽车竞争格局中获得足够的生存空间和长远发展？

第5章 国际市场进入方式选择

📔 **本章提要** 通过本章的学习,了解进入国际市场的各种方式,重点掌握出口进入方式、合同进入方式以及直接投资进入方式的内容及其优缺点,了解影响国际市场进入方式的因素和国际市场进入的选择策略。

引 例

媒体报道:2017年3月16日,中国中车集团有限公司在芝加哥举行建厂动工仪式。中国地铁不仅出口东南亚、非洲、南美、大洋洲,而且已经阔步进入美国、欧洲市场,实现了由中低端产品向高端产品,由欠发达市场向发达市场,由产品输出向资本、产业、技术全要素输出的三大转变。

据德国权威机构 SCI Verkehr 公司统计,美国是世界上仅次于中国的第二大铁路市场,也是世界上城市轨道交通历史最为悠久、线路最为密集的国家之一,是国际巨头竞逐的轨道交通市场。中国地铁车辆是凭何叩开美国市场大门的呢?

实际上,中国自2010年起就开始跟踪波士顿地铁招标,在技术、标准、规范、法律等诸方面充分研究用户的要求,充分评估和规避商务风险。中国地铁之所以能在美国频频中标,关键源于中国制造的高性价比。在投标芝加哥地铁项目时,中车提交的报价为13.09亿美元,比庞巴迪出价低2.26亿美元,可谓险胜一筹。

拿下订单仅仅只是第一步,产品的技术保障与服务运营才是留住顾客、吸引更多客源的关键。比如,美国地铁车厢的技术标准堪称世界最严,欧洲、日本对于车体压缩强度的要求在几十吨,而美国对地铁车厢的压缩强度要求是340吨。此外,按美国标准,即使车体底盘着火,45分钟内也不允许车厢变形。又比如,芝加哥地处北纬41.8度,气候寒冷。为此,中车专门把兰新高铁耐高寒动车组的相关技术应用于芝加哥地铁车辆,以确保地铁的安全运行和乘客的乘坐体验。

中国地铁车辆要想在美国扎根立足,光靠这些还不够。为了深耕美国市场,中国地铁不仅向美国输送地铁列车产品,更开启了输送技术和生产方案的共同发展模式。2015年9月,在签下波士顿地铁车辆订单后,中车开始在美国马萨诸塞州的春田市建立制造基地,这也是中国轨道交通设备制造商首次在美国建厂。此后不久,中车又在芝加哥兴建了在美国的第二个制造基地。其中,春田工厂在2017年建成,波士顿地铁项目的订单列车将全部在此生产。芝加哥工厂正式投产后,每年产能将不低于168辆地铁列车,至少为当地创造169个就业机会。

在洛杉矶,中车还引入了中国广州、深圳等地多家轨道交通装备配件企业的产品,带动了中国轨道交通产业链的整体出口。这些企业为美国各地轨道交通整车制造提供牵引、照明、加热、空调、通风等配件。

此外,中国中车还与美国伊利诺伊大学香槟分校合作建设"中美轨道交通研究院",与密歇根大学共同设立"焊接结构研发中心",这将进一步促进双方轨道交通设备技术共同发展。

资料来源 易亭:《中国地铁出口全球六大洲》,紫荆网,http://hk.zijing.org/2017/0531/735732.shtml。

5.1 进入国际市场的方式

中国中车初次进入国际市场时采用的是出口方式。为什么中国企业大多数都采取这种方式进入国际市场?这种方式的好处在哪里?中国中车后来从产品输出转向资本、产业、技术全要素输出,这对企业的国际市场发展来说又会有什么不同?这些问题是每个走向国际市场的企业都会面对的重要决策问题。

所谓进入国际市场的方式,是指企业将自身所拥有的资源如产品、技术、技能、管理诀窍或者其他资源等,通过不同的投资方式转移到目标国家市场,主要包括出口进入、合同进入和直接投资进入等方式,见图5-1。

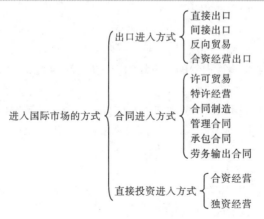

图5-1 进入国际市场的方式

5.1.1 出口进入方式

出口进入方式,是指生产企业根据国外市场的需求在国内组织生产,然后把产品输往目标国家市场的一种方式。这种方式被普遍认为是风险最小、资源等投入最少、进入目标国家市场最快的方式之一，是企业在进入高风险以及目标国家市场存在较多不确定因素时的有效方式。出口可分为间接出口、直接出口、反向贸易和合资经营出口四种方式。从1978年至2017年40年间，我国进出口总额从355亿元提升至27.8万亿元，贸易规模扩大782倍，且年均增速达18.6%（高于同期中国GDP的增速）。中国的对外进出口贸易额也从1978年的排不进全球前20名，到现在稳居全球第一名，实现了跨越式发展。按照中国海关公开的初步数据，2018年中国对外货物贸易进出口总额30.51万亿元人民币，折合4.62万亿美元，与上年相比增长12.6%。其中，中国对外出口的商品总额约为2.48万亿美元，与上年相比增长9.9%。采用出口方式进入国际市场是必不可少的一种方式。

1. 间接出口

间接出口是指企业利用母国的代理商将自身的产品销往国外市场。间接出口不是企业的一种长期战略行为，当企业缺乏国际市场营销知识和经验时，为避免进入风险，这种方式是一种比较好的选择。而且企业可以借助这种方式逐步积累经验，为以后采用其他的国际市场进入方式奠定基础。

1) 间接出口的具体形式

(1) 利用国内出口商。出口商一般不从事生产制造，仅仅向生产制造企业购买产品，然后再以自己的名义将产品销往国外市场。这类出口商能够处理有关出口的所有事项，但是无法控制海外市场且销售量有限。

(2) 利用国内出口代理商。这类代理商负责帮助企业在国外市场寻找客户，并负责与客户商谈有关交易的一切事宜，其主要通过赚取佣金来获得收入。国内出口代理商主要包括国内的采购代理、经纪人和厂商出口代理三种类型。

(3) 利用国际贸易公司。这种公司兼营国内外贸易，承担外汇风险和各种信贷风险，从事管理咨询并参与生产制造。

(4) 合作出口。合作出口指两家或多家企业在出口方面合作，往往是一家生产企业利用自己的出口力量和国外渠道为另一家或多家企业出口产品。前者称"携带企业"，后者称"伴随企业"。在合作出口形式中，企业之间的关系可以是买卖关系，也可以是代理、委托关系。

(5) 通过国外公司、机构驻本国的采购处、分公司等转售。一些外国的批发商、零售商和国际贸易公司，往往在其他国家设立采购处，生产企业可以将产品卖给这些采购处，由其负责将产品出口到国际市场。

2) 间接出口的优点

(1) 企业可以利用原有的生产能力和生产组织方式，不必增加新的投资，也不要求特殊的管理知识，启动成本低，简便易行。

(2) 企业可以用较少的投入迅速将产品打入国际市场。一方面，投入资金少，节省了国际市场调研、建立营销渠道等许多营销费用；另一方面，可以利用中间商在国际市场的渠道、营销经验及情报信息，使产品更快地进入国际市场。

(3) 经营风险相对较小。企业可以将买方的信用风险、汇率波动风险、需求变动风险等风险转嫁到中间商身上。

(4) 程序简单。企业可以不必自己处理出口单证、运输和保险业务，节约程序性费用。

(5) 具有一定的灵活性。企业可以根据国际和国内的市场环境及自身内部因素的变化迅速调整营销策略。

(6) 企业可以集中精力生产，不必为外销渠道分心。企业可以利用中间商现有的海外渠道进入海外市场。

3) 间接出口的缺点

(1) 企业只负责生产，不能直接掌握国际市场信息，无法对剧烈变化的国际市场做出迅速的反应，产品难以及时适应国际市场的变化。

(2) 出口企业很难在出口营销中自主选择海外目标市场。

(3) 限制了企业的出口批量，难以实现出口生产规模。

(4) 企业对国际市场的控制程度低或者根本不能控制。如果某一环节失控，会对企业或企业的产品进入国际市场造成不利的影响。

(5) 企业不直接进行或参与国际市场营销活动，无法积累相关的技术和经验。由于利用的是中间商的专业人才，因而不利于企业培养自己的国际营销人才，也不容易在国际市场上建立自己的形象和扩大自己的影响力。

总之，间接出口只是国内营销活动在国际市场的简单延续，并非直接参与国际营销，比较适用于中小企业或者刚涉足国际市场的大企业。一般而言，大多数企业只是将间接出口看做企业涉足国际市场的一种过渡方式。企业一旦具备了直接参与国际市场的能力，便会选择对企业更为有利的进入方式进入国际市场。

2. 直接出口

直接出口是指企业绕过国内中间商，直接将国内生产的产品销售给国外的中间商和最终消费者，或者委托国外中间商在国际市场上代为销售。采用此种方式的企业必须首先具有自营出口权，有相当规模的产品出口量，并且对国际市场需求和出口具体业务相当熟悉，同时还要有充足的资金保障。只有具备上述条件的企业，才可以考虑采取直接出口方式。

1) 直接出口的具体形式

(1) 直接通过国外经销商或代理商将产品转售给消费者。国外经销商是通过向出口企业购买产品并拥有所有权，然后通过自己的分销渠道将产品销售出去的一种中间商。国外的代理商虽然代表企业在当地市场销售产品，但他们仅仅代表企业在当地市场争取订单和销售产品，而对产品本身不具有所有权，不承担销售风险。代理商又可分为佣金代理商、存货代理商、提供零部件和售后服务代理商。

(2) 派遣出口销售代表。出口企业在目标市场没有经销商和代理商的情况下，定期向目标市场派出销售人员，使其直接与客户打交道，以取得一定数量的出口订单。

(3) 设立国际业务部。国际业务部的主要任务是负责经营企业的出口业务，当具有一定规模时将承担起市场调研、商务谈判等具体业务工作，并负责企业在国际市场开拓业务。

(4) 建立专卖店。企业可以直接在海外市场建立产品专卖店，其职员既可以从本国派出，也可以雇佣当地人员。开设专卖店有利于提升品牌价值，也可以直接把握当地市场的发展动态。但企业需要投入大量的资源，企业面临较大的考验。如奥康公司在国际化的阶段中，起初主要采用的是专卖店形式，最后以失败而告终，其主要原因在于奥康集团的海外专卖店主要依靠自己的力量来经营而对当地的情况不熟悉，且自我经营的成本太高及缺乏创新的国际化方式。

(5) 设立国外办事处或子公司。设立国外办事处实际上是企业的组织结构向另一国家的延伸，其主要职能是搜集市场情报、推销产品、负责实体分销，以及提供服务、维修、零部件等。设立驻外办事处可以更直接地接触市场，掌握需求动态，提高服务水平。而国外子公司是作为当地一个独立公司建立的，具有独立的法人地位，并使企业可以更深入地介入国际市场营销活动。

2003年，奥康公司王振滔及时撤回专卖店，采用了一种创新的"双向借道"的中外合作的第三类模式。奥康借助GEOX公司销售渠道的力量设立国外分公司，这种方式既节约了公司的部分人力、财力和物力等，也借助了GEOX庞大的销售渠道，直接与国外市场发生联系，使企业更加深入地了解国际市场动态，为进一步选择高级的市场进入方式奠定了基础。

(6) 直接将产品销售给最终用户。这是直接出口中最为直接的方式。它不经过任何中间商和部门机构，直接把产品卖给最终用户。该种方式所设计的产品一般价格极高或技术性极强，如飞机、轮船、高技术产品、大型机械设备等；或者该方式的最终用户是国外政府、地方当局及其他官方机构。

(7) 根据国外客户要求定制产品，然后出口。

(8) 参与国际投标活动，中标之后出口成套设备或者其他产品。

2) 直接出口的优点

(1) 企业对国外目标市场的控制程度比较高，可以直接、迅速地取得市场信息。一方面，通过直接出口，企业可根据国际市场的情况和变化自由选择国外市场，具有较高的控制度；另一方面，没有国内中间商这一环节，生产企业可以直接从国外中间商那里获取市场信息，或者通过在目标国设立分销机构，更迅速地掌握和反馈市场信息，及时地调整国际营销策略，增强产品在国际市场的竞争能力。

(2) 有利于企业获取更多的利润和积累国际营销经验。企业通过直接出口，能够避免中间商的盘剥和控制，缩短产品的流通过程，降低流通费用，可比间接出口获取更多的利润，而且能够摆脱对中间商的依赖而独立地选择目标市场，可以培养自己的国际营销队伍，建立自己的国际营销网络，积累丰富的国际营销经验。

(3) 有利于企业在国际市场树立自己的品牌形象，扩大企业的知名度，以更好地保护企业的商标、专利、信誉以及其他无形资产。

(4) 直接出口可以免除企业在东道国建造生产设施的高额成本。通过在一个地点集中生产产品并把产品出口到其他国家，可以节省费用。

(5) 当目标市场的政治、经济等状况恶化时，可以较低的成本终止业务。

3) 直接出口的缺点

(1) 与间接出口相比，费用较高。企业一般需要建立产品出口的专门机构，如果企业独立与国外客户签订合同，费用无法分摊，出口业务也容易为国外中间商所控制；如果在国外建立销售机构，则需要聘用专门的国际营销人才，因而成本也随之提高。

(2) 企业独立完成出口营销，工作量比较大，如合同洽谈、单证处理、出口运输和保险等。若单个企业的出口业务量小而分散，无法达到一定规模，还必须独立承担产品从本国到达国外这一流通过程中的全部风险，如外汇风险、信贷风险等。

(3) 容易遇到目标市场国的各种关税和非关税壁垒，也不容易取得国外消费者的认同。

(4) 使用面比较窄。企业直接出口的产品必须具有竞争优势，如性能独特、质量上乘、价格低廉等。

3. 反向贸易

反向贸易即对销贸易，又称互抵贸易、对等贸易，也有人把它笼统地称为易货或大易货。第二次世界大战以后，由于贸易保护主义盛行，某些国家国际收支平衡恶化，进口苦于无外汇，出口渠道又少，不得不求助于进口与出口相结合的对等贸易，因此反向贸易在全世界被广泛采用并得到迅速发展。

反向贸易是指货物或劳务(包括工业产权和专有技术等无形财产)的进口和出口相结合并互为条件的贸易方式。这种方式是建立在以货币交换商品或劳务基础上的贸易的一种替代。反向贸易的交易双方各有进出，并在一宗交易中各自求得收支平衡或基本平衡，以进出结合、出口抵补进口为特征。

1) 具体形式

反向贸易的基本形式有易货贸易、记账贸易、互换贸易、产品回购、补偿贸易、转手贸易、抵消贸易等多种贸易方式，其中，常见的主要有易货贸易、补偿贸易和互换贸易三种。

(1) 易货贸易，指买卖双方各以等值的货物进行交换，不涉及货币的支付，也没有第三者介入。交易双方的进出口可以同时进行，也可以先后进行。在国际贸易中，使用较多的是通过对开信用证的方式进行易货，即由交易双方签订易货合同，规定各自的出口商品均按约定价格以信用证方式付款。易货贸易可分为简单易货贸易、封闭易货贸易和清算账户易货贸易。

(2) 补偿贸易，指进口方在出口方提供信贷的基础上，从其他国家引进技术或设备，对原有生产规模进行改建、扩建或建立新厂，在项目建成投产后，用其生产的产品或其他产品与劳务，一次或分期偿付其全部或部分货款。

当前我国开展的补偿贸易中，按照用来偿付的标的的不同，大体上可分为以下三种。

第一种是直接补偿贸易，又称回购贸易，是指进口方完全用向出口方所购进的技术与设备生产的产品作价分期偿还出口方的货款。它可以减少进口方产品销售的风险，但对于出口方的好处较少。

第二种是间接补偿贸易，实质上是产品换购，是指进口方在协议规定的时间内用其他产品或劳务支付出口方所提供技术与设备的货款。

第三种是混合补偿贸易，是一种用该技术设备所生产的产品和其他产品或劳务、现金混合支付引进技术与设备的货款的方式。它的支付形式有三种：第一种形式是进口方用出口方提供的技术与设备所生产的产品偿付出口方部分货款，其余用其他产品或劳务抵偿；第二种形式是进口方用现金支付部分出口方货款，其余用出口方提供的技术与设备所生产的产品支付；第三种形式是进口方用现金、其他产品或劳务及该技术设备生产的产品各一部分来支付出口方的技术与设备货款。

另外，按照补偿贸易的数量来分，又可分为全额补偿贸易和部分补偿贸易。企业在运用补偿贸易方式进入国际市场时，一方面要认真选择补偿的方式，另一方面要仔细研究补偿贸易中双方产品的价格。

(3) 互换贸易，又称平行贸易或回购，是指由进口方和出口方通过洽谈签订两个各自独立的合同并据此分别履行的一种贸易方式。它有别于其他以现金支付的任何贸易方式，先出口的一方必须做出购买对方货物的承诺，使两笔或等值或不等值的现汇交易相结合。

互换贸易涉及使用两个既独立而又相互联系的合同：交易双方先签订一个合同，约定由先进口国(往往是发展中国家)用现汇购买对方的货物(如机器、设备等)，并由出口国(通常是发达国家)在此合同中承诺在一定时期内买回头货；之后，双方还需签订一个合同，具体约定由出口国用所得货款的一部分或全部从先进口国购买商定的回头货。互换贸易不是单纯的以货换货，而是现汇交易，而且不要求等值交换。

2) 反向贸易的优点

(1) 它是一种可以不动用外汇或少动用外汇就可以发展一国对外贸易的有力手段。

(2) 由于当代贸易保护主义盛行，通过反向贸易，有助于打破西方国家的贸易壁垒，为本国产品打开市场。

(3) 有些方式，除了具有一般反向贸易所具有的平衡国际收支的作用外，还具有融通资金和吸收外国资本流入的功能，如补偿贸易。

(4) 由于反向贸易是交易双方私下进行的，增加了决定价格时的灵活性和隐蔽性，而不易被他人所察觉，从而起到补贴出口而不遭报复的作用。

(5) 从发达国家的角度来看，通过反向贸易，承诺一定的回购，提供信贷或投资，不仅可以增强其市场竞争能力，而且有助于推销一些用现汇难以销售的产品、技术，争取到一些廉价的原材料或零部件供应。

3) 反向贸易的缺点

(1) 反向贸易带有浓厚的双边性和封闭性，这其实是以限制性的措施来反对贸易保护主义，其结果反而增加了贸易保护主义的气氛。

(2) 在反向贸易的模式下，决定交易的主要因素已不是商品的价格和质量，而是取决于回购的承诺，这样就削弱了市场机制的作用。

4. 合资经营出口

合资经营出口是指由国外企业与本国企业共同投资，在本国开办新的企业，共同经营，共负盈亏。这类企业生产的产品除了满足本国国民的需要和替代进口之外，还必须把产品的全部或部分输出国外。

1) 合资经营出口的优点

(1) 可以吸收国外企业的资金、技术、设备等资源用于企业自身的发展，扩大企业的经营规模，缩短企业技术与国外先进技术的差距，以提高企业自身产品在国际市场上的竞争力。

(2) 可以绕过国外的贸易保护主义，扩大产品出口量和获得更多的利润。

2) 合资经营出口的缺点

(1) 合资双方之间可能会在生产、营销、产品出口等方面产生矛盾。

(2) 本国企业在参与外销的具体业务和管理等方面具有较少的话语权。

5.1.2 合同进入方式

合同进入方式是指企业与目标国法人签订非股权性质的合同,将自己的无形资产使用权授予目标国法人,允许其制造、销售经营本企业产品(服务),或提供服务、设备、技术支持等,以获得报酬并进入国际市场。可授予使用的无形资产包括各种工业产权(如专利、商标、专有技术、管理和营销技能等)和著作权。

这种进入方式是企业与目标国企业之间建立的一种长期的非股权关系,通过前者向后者转让技术或技能来实现产品或服务进入国际市场的目的。当企业想进入国际市场并想绕过目标市场国政府的各种关税和非关税壁垒时,合同进入方式是一种理想的选择。虽然合同进入方式也涉及企业资产的转让,但它与直接投资是有区别的。合同进入方式下企业东道国的受转让企业并不拥有股权,企业的目的是通过合同进入方式进入目标国市场并获得报酬。

20 世纪 70 年代以来,由于国际贸易保护主义盛行,出口进入方式受到很大的阻碍,一些企业被迫转向合同进入方式,向国外目标市场输出技术和服务,从而带动产品出口,这是近几十年以来国际技术贸易迅速发展的主要原因。另外,技术转让方缺乏技术市场化的经济和组织能力,或者具备这种能力但不具备内部化的优势,或者目标国市场的容量有限,采取直接投资的方式得不偿失,或者为了延长产品的生命周期,减少汇率波动带来的损失等,也是促使企业采用合同进入方式的重要原因。随着国际营销实践的不断发展,合同进入方式日趋丰富,比较成熟的有以下几种。

1. 许可证贸易

许可证贸易是指企业(许可方)与目标国法人(被许可方)签订合同,允许其在一定时期内使用许可方的无形资产,如专利、商标、产品配方、公司名称或其他有价值的无形资产等,以此来获得被许可方支付的报酬。许可证贸易的核心是无形资产使用权的转移,尽管许可方也有可能在目标国制造产品,但并不投入资金。当企业为了确保无形资产在目标国不受到损失,或是企业与合作方建立利益联盟,或是产品的生命周期在本国处于衰退期而在目标国仍在成长阶段时,企业则选择这种进入方式。

为了避免企业这一特有的优势分散化,企业必须运用很好的技巧来进行合同协商。表 5-1 列出了一些相关的典型许可合同的要素。

表 5-1 一个许可合同中的要素

技 术 包	支付报酬方式
定义/描述许可的工业产权 (专利、商标、专有技术)	支付货币
要提供的专有技术及其转让方法	当地税收支付的责任
原材料、设备和中间产品的供应	特许权使用费
适用条件	连续的使用费
许可技术的使用领域	最小使用费

续表

技 术 包	支付报酬方式
制造和销售的地区权利	一次支付的使用费
分许可权利	技术援助费
保守商业秘密	向被许可人的销售或购买
对专利和商标的防卫/侵害行为的责任	附加新产品的费用
竞争产品的排除	被许可人实现的产品改进的回授
竞争技术的排除	其他报酬
产品标准的保持	其他条款
外观要求	要遵守的合同法律
受许可人对新产品和技术的权利	合同有效期和续约
报告要求	取消/终止条款
许可人的审计/检查权利	争端解决的程序
受许可人的报告要求	对政府同意该许可合同的责任

资料来源 R.Duane Hall：《国际商业运营》，Jersey City，NJ：Unz&Co.，1983年，第67-68页。

1) 许可证贸易的类型

根据不同的划分标准，许可证贸易可以分为多种类型。根据被许可方取得的权限大小，可分为以下几种。

(1) 独占许可。被许可方在合同规定的区域、时间内独占使用许可证的标的生产、销售产品的权利，许可方或其他厂商在同时同地无权使用许可证的标的生产、销售产品，双方都不能向第三者转让许可证的标的。采用独占许可方式时，许可方把技术的所有相关权利都转让给了被许可方，待合同期满后才能恢复这些权利。由于这种方式限制了使用企业的户数，因此这种方式的授权程度最高，转让的费用也最高，贸易双方应从中权衡利弊做出是否采用独占许可的决策。

(2) 排他许可。许可方和被许可方在合同规定的区域、时间内，有权使用许可证的标的生产、销售相关产品，但不能把许可证的标的再转让给第三者。排他许可实际上是排斥第三者，使用技术的权利由贸易双方共同分享。该方式的技术使用费要比独占许可低。

(3) 普通许可。许可方和被许可方在合同规定的区域、时间内，有权使用许可证的标的生产、销售相关产品，也可以把许可证的标的再转让给第三者。普通许可转让的技术多为成熟期的、标准化的技术，便于发展中国家的老企业改造、产品的更新换代和质量的提高。该方式由于扩大了转让面，因而技术使用费用比独占许可和排他许可低。

(4) 交叉许可。许可证合同双方互为许可方与被许可方，在平等互惠的基础上，双方均可取得对方的技术的使用权。交叉许可或是为了交换技术，或是为了技术互补。双方的技术费用相等时无须支付费用，出现费用差额则按差额计算费用。

(5) 从属许可。许可方和被许可方在合同规定的范围内有权使用许可证的标的生产、销售相关产品；被许可方还有权把许可证的标的转让给相关的第三者。"相关的第三者"是指许可方的从属企业。这一方式多为跨国公司采用,它使技术的转让始终在跨国公司内部进行,从而使技术的控制权也始终掌握在跨国公司手上。

在上述五种许可证贸易类型中,合同双方所享受的权利和所承担的义务是不同的,因此企业在进行相关决策时要区别对待。另外,除了上述划分之外,还可以根据合同对象的不同划分为专利许可、高档许可、专有技术许可等类型。根据被许可方是否拥有技术的再转让权可分为可转让许可、不可转让许可等类型。还有一些特殊类型,如一揽子许可等类型。

2) 许可证贸易的内容

许可证贸易涉及工业产权和技术,主要包括专利、商标、技术诀窍或专门知识等。

(1) 专利。专利是一种受国家法律保护的工业产权,它是各国政府在一定时期内授予技术发明人的独家制造、使用或出售专利证书中所描述的发明的一种法定权益。在法律保护的地区和时间内,专利所有权之外的任何人或企业要使用该项专利必须事先征得专利权所有人的许可,并付给一定报酬,否则将构成专利侵权行为,会受到法律的制裁。与普通的实体产品和专有技术相比,专利具有独占性、时间性和区域性。

世界各国专利制度对专利的新颖性、保护期限、可获得专利性、先进性、实施要求、税收及其他方面的规定存在着较大的差别,因此进行专利许可证贸易的企业必须注意,企业只有在目标国家获得工业产权的法律保护才能运用许可合同进入模式进入国际目标市场。在本国注册的专利,不能得到外国政府的保护,而在全球范围内提供工业产权保护的单一国际权威机构并不存在,所以企业应制定正确的国际专利战略和周密的计划,对容易被外人模仿的技术诀窍或秘密,或在海外申请专利能赚取较高的提成费用,或缺乏专利就不能许可某种产品,在这些情况下应分别在特定国家提出申请以便得到专利保护。

(2) 商标。商标是生产者和销售者用来标明其产品与其他产品相区别的显著标记,通常由名称、图案或标记所组成。商标标志着企业信誉和产品质量,可以转让和出售。在绝大多数国家,第一个登记商标的人被认为是它的法定所有者。商标必须在企业可能要进入的所有国家注册登记,才能得到法律保护并进行商标许可证贸易。因此,企业应在将要进入的目标国注册自己的商标。例如,安琪酵母公司从1989年6月公司开出第一张销售发票至今,"安琪"、安琪标志以及字母"ANGEL"商标已有30年的历史。为了使商标得到全面有效的保护,安琪公司对商标的注册采取了主动的保护措施。公司根据企业发展规划,在与主营产品相关的类别上,实行跨类别申请,为企业在相关领域发展做好准备。对与安琪商标同音、同形、同义的商标进行防御注册,以加大商标近似侵权、影射侵权的难度。公司还对即将进入的境外市场或潜在市场进行国际注册,先后在100多个国家和地区注册了中、英、俄、阿拉伯文等文字及不同字体、与"安琪"字形近似的商标40多个。

(3) 技术诀窍或专门知识。技术诀窍国际上通用的名词是"Know-how",也可意译为专有技术、技术秘密、专门知识等。联合国世界知识产权组织在1997年制定的《发展中国家保护发明示范法》中,将技术诀窍或专门知识定义为:"有关使用和运用工业技术的制造方法和技术。"保护工业产权国际协会的定义是:"为实际应用一项技术而取得的,并能使一个企业在工业、商业、管理和财务等方面运用于经营的知识和经验。"

技术诀窍或专门知识包括各种涉及资料、图样、工艺流程、加工工艺、材料配方或经营管理等技术资料以及技术人员掌握的又无法用语言、文字等形式表达的各种经验、知识和技巧，有时还包括有关管理、商业、财务等方面的内容。技术诀窍具有风险性、抽象性、秘密性、无限性、动态性和关键性等特性，是一种未经专利程序的非法定权利，不享有特定法律保护，只能由协议或合同来保护。技术诀窍一旦泄密，任何人均可自由使用。

3) 许可证贸易的优点

许可证贸易之所以能够成为进入国际市场的重要方式，主要是因为它具有以下显著的优点。

(1) 有利于进入目标国家的市场，为开拓目标国市场奠定基础，提高许可方在目标国市场的知名度，容易博得目标国的好感，以利于进一步扩大经营。尤其便于服务性质的企业和中小型制造业进入国际市场。

(2) 不用承担目标市场国货币贬值、产品竞争的风险和其他政治风险，能够避开进口国的贸易壁垒和投资限制，降低国际营销中的投资风险和政治风险，并且不需要投入大量的资金和人力。当出现出口由于关税的上升而不再赢利、配额制限制出口数量、目标国家货币长期贬值等情况时，制造商可利用许可证贸易。

(3) 有利于被许可人迅速取得生产技术、著名产品或商标。通过这种方式，被转让方可以获得新的技术或管理经验，避免自己花大成本研究和承担失败的风险，且可较快地掌握这些技术和管理经验。

(4) 通过无形资产使用权的转让在目标国市场进行生产和销售，可以避免支付昂贵的运输费用，节约经营成本，提高产品在当地的竞争力。

(5) 可能带动附属产品的出口。企业在向被许可方转让无形资产使用权时，往往被允许销售对方不能生产的零部件和中间产品，甚至还可以获得优惠政策。

4) 许可证贸易的缺点

(1) 对被许可方的控制力有限，特别是在产品质量、管理水平、营销能力、市场营销计划等方面。

(2) 许可证贸易限制了企业对国际目标市场容量的充分利用，当许可协议终止之后，被许可方可能会成为国际企业的潜在竞争对手。

(3) 被许可方在有效合同期间内，往往拥有独占权，许可方不能以任何方式进入被许可人独占的销售区域。

(4) 与出口和直接投资相比较，许可证贸易获得的收益一般比较低，在许可期满后也不能再获益。

5) 许可证贸易的适用条件

有一些具体的原因促使企业通过许可证贸易的方式进入目标国市场。表 5-2 列出了企业的、产业的和国家的因素。

表 5-2 使用许可证贸易作为市场进入战略的条件

	原　因	条　件
企业方面的原因	授方企业规模	授方企业受规模限制，不足以在海外市场进行直接投资
	研究优势	授方企业在研究与开发方面有明显优势，但其生产能力却有限

续表

原因		条件
企业方面的原因	竞争的需要	随着专利技术保护期限的临近，专利拥有者开始转让专利的使用权，以防止竞争对手在技术上领先
	产品多元化的企业	特别是大型企业集团，在产品的生产制造方面具有优势。技术许可是其向海外合资企业转让技术、达到渗透市场目的的重要方式
	使被许可方形成技术上的依赖	即使在许可证协议期限结束后，由许可产生的影响依然存在，如商标、设计、技术等
产业/产品方面的原因	产品周期	将要淘汰的产品；模仿的技术或产品转型换代
	技术周期	技术革新的飞速发展，大大缩短了技术周期
	交换技术	技术合作和战略联盟已经成为竞争的条件，为了得到其他企业的技术，把技术许可作为企业合作的方式
国家方面的原因	投资环境和对外国投资的政策性限制	国际对技术转让的鼓励性政策，直接投资的政治风险，市场的不确定性，市场规模性
	关税和非关税壁垒	交易成本高

资料来源 鲁桐：《中国企业跨国经营战略》，经济管理出版社，2003年，第230页。

6) 许可证贸易的工作步骤

(1) 寻找被许可人，比较分析许可经营的获利能力；

(2) 选择被许可人；

(3) 进行许可证贸易谈判；

(4) 制定并签订许可证贸易合同；

(5) 与被许可人建立合作伙伴关系，对许可合同的执行情况进行监督。

2. 特许经营

特许经营是指企业将专利、商标、包装、产品配方、公司名称、技术诀窍和服务管理方法等无形资产特别许可给独立的企业或个人使用，被特许方必须全面遵循特许方制定的经营方针和程序，并向特许方支付初始费用和定期按销售额的一定比例支付使用费。特许经营是以经营权的转让为核心的连锁经营，特许方与被特许方之间既非隶属关系、控股公司和子公司关系，也非代理关系、合伙关系，而是一种法律和商业的关系。

特许方通常预先提供计划指导来帮助潜在的投资者，主要是进行核心要素分析，如位置的选择(交通布局、来自类似产品的竞争和协同效率、办公室与私人寓所的位置)、市场区域积极的和消极的吸引因素分析(混居人口、收入水平、年龄、家庭组成)，店面的构造建议(尺寸、布局、装饰材料)等。

特许经营是许可证贸易的一种特殊方式,两者的相似之处在于都要输出工业产权和技术，并取得许可使用权费。所不同的是，特许经营中特许方授权被特许方使用的不仅有商标、公司名称、专利、专有技术等，还包括特定的经营方法、操作程序或管理模式，是整个经营体系的转移适用（主要适用于资金投入和技术要求相对较低的商业、零售业、餐饮业、旅馆及其他一些服务性行业，对于那些资本密集型和技术密集型行业则难以适用）；而许可证贸易转让的只是个别经营资源的使用权，一般主要为生产型企业所采用。

因此，被特许方必须遵守特许方的经营方法和管理模式，并受特许方的监督，否则特许方有权终止特许合同；特许方则有义务向被特许方提供支持和帮助，如设备、标志、原辅材料、技术、财务、销售、融资、广告、宣传、公关等。如麦当劳、肯德基、希尔顿饭店等就是通过特许经营发展起来的。表 5-3 所示为特许经营与许可证协议的比较。

表 5-3 特许经营与许可证协议的比较

许可证协议	特许经营
支付形式通常使用"提成费"	通常以"管理费"的形式支付
产品甚至是唯一的产品作为许可内容	被特许的内容涉及整个经营过程，包括技巧、知识产权、商标、声誉等
许可证协议一般由有长期经营业务的企业承担	业务刚发展的企业更青睐特许经营
许可证协议一般为 16~20 年，特别是涉及版权、商标和商业秘密等内容的许可证协议，一般协议期限与专利的期限一致	特许经营协议一般为 5 年，有时会延至 10 年，通常是可以续签的
被许可方处于较为主动的地位，通常是有长期经营业务的企业，并证明有实力承担技术许可	被特许方通常是由特许方挑选的，被特许方的更换权也掌握在特许方手里
一般仅限于现有的产品，不需将技术的发展转让给被许可方	作为特许经营协议的组成部分，特许方通常要把最新的技术发展传递给被特许方
不会影响企业的商誉	虽然特许方将保留主要的商誉，但被特许方会将部分企业商誉地方化
许可方在价格谈判方面有一定的主动权	特许经营费有行业标准，偏离行业标准的做法比较少见

资料来源 Perkins J S.:《How Licensing, Franchising Differ》，载《Les Nourelles》，1987，22，(4):157 页。

1) 特许经营的优点

(1) 特许经营使被特许方用有限的资本从特许方的商业经验中受益，从特许方的形象广告和著名商标声誉中受益，也可以使特许方以标准化的经营方式最大限度地扩大企业的影响力。

(2) 被特许方在经营中遇到问题时，能够得到特许方免费或收费低廉的指导和建议，因此特许经营通常比独自运作的生意更容易成功。

(3) 通过特许经营，可以化激烈的竞争关系为利益分享的伙伴关系，特许方可以绕过东道国的各种贸易壁垒，减少独自打开外国市场的成本和风险，而被特许方可以尽快地实现盈利。因此，服务性企业可以迅速地以低成本和低风险进入国际市场，还可以在更大的市场范围内适用标准化的促销方式。

(4) 特许经营能有效地减少管理层次，缩短信息流通的距离，从而避免了在传统企业中常见的机构臃肿、官僚作风严重、效率低下等弊端，从制度上保障了组织扁平化和分权化，避免了过度的集权。

2) 特许经营的缺点

(1) 需要谨慎而又长期地对质量进行控制。特许经营的基础在于企业的品牌向消费者传达关于这种产品质量的信息。但是，国外被特许方有可能不像特许方所期望的那样关心质量，随之所产生的质量问题不仅使国外企业的销售额受损，而且会使该企业的全球声誉下降。由于企业与其国外被许可方相距甚远，质量问题就不容易为特许方发现，而且被特许方的数目庞大以致使质量控制变得较为困难。

(2) 特许方对业务运作各方面的支配能力也许会过度干预被特许方，这在某些市场上并不是很有效。被特许方肯定了解更多的本地市场的情况，但由于受许可协议的约束，而不能对业务运作的某些方面进行调整。

(3) 过高的一次性特许经营费和连续的专利权税，使被特许方背上了沉重的负担，为了收回投资加倍工作，这明显要比一个典型的独立经营者花更多的钱。

(4) 特许经营方式要求特许人的商号、商标及其产品、服务必须具有较大的吸引力，而被特许方在其进入一个特许经营联盟并且按照严格的标准经营时，不得不放弃大部分的控制权。

(5) 有可能把被特许人培养成自己未来的竞争对手。

3) 被特许方的选择

当企业决定采用特许经营方式进入目标市场时，首先要选择被特许方。在目标市场选择被许可方的过程可分为：

(1) 确定企业的被特许方特征；
(2) 寻找潜在的被特许方；
(3) 评价和比较潜在的被特许方；
(4) 选择最适合的被特许方；
(5) 制定并签订特许合同。

3. 合同制造

合同制造是指企业与国外厂家订立合同，一方面向其提供技术援助或机器设备，另一方面要求对方按合同规定的质量、数量、时间生产本企业所需要的产品或零部件，并由企业自身负责市场销售的一种市场进入方式。合同制造超越了国内生产、国外销售的阶段，而是把生产转移到了东道国，当地生产，当地销售。为了得到符合标准要求的产品，企业一般要向当地制造厂商提供援助或转让技术。这种方式既适合于具有特定营销优势的企业，也适用于容量有限且潜力不大的国别市场，同时也适用于不宜投资、出口受到限制或成本过大的情况。

1) 合同制造进入方式的类型

(1) 由企业提供图样和技术指导，由国外厂家生产整个产品。

(2) 合作双方分别生产不同的部件，再由一方或双方装配成完整的产品在一方或双方所在国销售。

(3) 由企业提供关键零部件，而国外厂家只负责次要零部件的生产和组装，或者由企业自己负责组装，并在所在国或其他国市场销售。

(4) 一方提供技术或生产设备，双方按专业分工共同生产某种零件、部件或某种产品，然后在一方或双方所在国市场销售。

2) 合同制造的优点

(1) 母国企业的资源优势可能在于技术、工艺和营销，而不在于制造，通过合同制造方式可以充分利用当地的生产能力和资源优势，能够迅速地组织生产，无须投入生产所需的资源即可迅速进入国外市场。

(2) 产品仍由母国企业负责营销，对市场的控制权仍掌握在母国企业手中；产品在当地生产、当地销售，避免了东道国的各种进入障碍，也有利于搞好与东道国的公共关系。

(3) 企业将生产转移给合同对方，可以降低资本及管理成本、运输成本等，比较迅速地进入制造方的市场，而且没有直接投资所具有的风险，还可以保持对产品销售及售后服务的控制。

(4) 实行合同制造的企业不仅可以输出技术或商标等无形资产，而且还可以输出劳务和管理等生产要素以及部分资本，因而可以比许可证模式和特许经营模式更全面地发挥国际营销企业的要素优势。

(5) 风险较小。

3) 合同制造的缺点

(1) 在国外市场上要找到合适的生产厂家比较困难，即使找到合适的生产厂家，也难以保证其产品质量符合要求，对质量的控制和管理很困难。

(2) 产品的生产利润归国外生产厂家所得，企业得到的仅是营销利润。

(3) 由于合同制造涉及零部件或生产设备的进出口，有可能受到贸易壁垒的影响。

(4) 有可能因为对方的延期交货导致本企业的营销活动无法按计划进行。

(5) 当合同约定生产期限届满之后，国外厂家已经掌握了产品的生产技术，从而可能成为企业在当地市场的竞争对手。

4. 管理合同

管理合同是指那些管理资源比较丰富的企业，通过签订合同承担某一国外企业的部分或全部管理任务，以提取管理费、利润或以某一特定价格购买该公司的股票作为报酬的经营参与方式。其中管理方仅拥有接受方的经营管理权，而没有所有权，收取费用的方式有一次性付清总费用、按利润额或销售额的一定比例提取费用及按具体服务项目支付费用等。这种方式可以保证企业在被管理企业中的经营控制权，而且这种经营管理权不涉及改变或决定新的投资、长期债务、所有权安排、红利的分配及基本的政策等，而只局限于日常经营。

1) 管理合同的适用条件及基本形式

管理合同方式多用于以下几种情况。

一是企业在向东道国企业提供管理技术的同时，作为附加条件，要求该企业购买自己的设备和产品。

二是东道国企业的经营状况较差，想通过委托具有先进管理技术和经验的国外企业改善管理，提高经营业绩。

三是企业直接向东道国出口产品遇到阻碍，而直接投资的方式风险又太大，企业选择输出管理技术的方式获取一定的报酬。

管理合同多应用于服务业，如旅游、国际旅店、交通运输、电力、电信、医药、港口管理和金融服务等，同时广泛应用于农业，如牲畜养殖、灌溉、种植业等。

20 世纪 90 年代，管理合同的一种新形式——战略外包在跨国公司中悄然兴起。外包是指通过委托-代理契约将企业内部的某项职能或某项任务外包给其他企业或组织来完成，以最大限度地发挥本企业的核心优势，最快地对外界环境做出反应。比较常见的外包形式有两种。

第一，OEM(original equipment manufacturing，原始设备生产商)是指供货商依据买主所提供的产品及与产品生产相关的技术协助，提供劳务为其生产所指定产品的供应方式。这是一种"代工生产"方式，买主享有产品的知识产权，供货商不得为第三方提供采用该设计的产品。

第二，ODM(own designing manufacturing，自行设计制造商)是指结合供货商本身的产品开发技术，开展产品设计工作，并依买主对产品的需求，使用买主所指定的品牌交货的供应方式。这种方式也被称为"贴牌"，从设计到生产都由供货商自行完成，在产品成型后由买方买走。供货商是否能向第三者提供同样的产品要取决于买方是否买断该设计方案。格兰仕在20世纪90年代初进入国际市场时，走的就是贴牌路线。为了实现"做世界上最大的微波炉生产基地"的目标，格兰仕与世界上知名的企业进行分工合作，将很多大企业如GE、松下等公司的生产线搬到格兰仕，由格兰仕为它们生产产品，赚取加工费。贴牌策略使格兰仕的产品占有率在国外市场上取得了巨大突破，已先后与全球200多家跨国公司建立了合作关系，产品遍及欧洲、南美洲、北美洲、大洋洲、亚洲、非洲等地的100多个国家和地区，占据全球微波炉市场约50%的份额。

2) 管理合同的优点

(1) 企业仅投入管理资源，无须投入其他资源，且不发生现金流动，风险较小。

(2) 可以通过在管理活动中取得的成效扩大自身的影响，通过与目标市场国的企业和政府发生接触，对东道国经营环境和市场需求情况有更细致的了解，为未来的营销活动提供机会和进一步扩展业务奠定基础。

(3) 作为提供管理技术的附加条件，管理方可以出口有关产品或设备，获得一定程度的补偿。

(4) 对东道国企业来说，在不丧失所有权的情况下，可以引进国外先进的管理技术和手段，改善企业的经营状况。

3) 管理合同的缺点

(1) 占用大量优秀的管理和技术人才，却有可能培植今后的竞争对手。

(2) 具有阶段性，即一旦合同中约定的任务完成，企业就必须离开东道国，除非又有新的管理合同签订。

(3) 从进入国际市场的角度来看，管理合同不能使国际企业在国外目标市场为自己的产品确立长期性的市场位置。

(4) 虽然这一方式的进入风险很低，但仅收取一定的管理费，获利较少，也不能永久性地获得在输入方市场中的有利地位，一般要与其他方式一起使用。

(5) 要求企业具备公认的先进的管理技术和手段，而且不容易找到合作伙伴。即使找到了合作伙伴，企业的责任也很重大，一个企业经营状况的好坏除了与管理有关外，还与生产技术、科研水平等有关，如果企业无法提高被管理方的经营业绩，反而可能会影响自身的形象。

5．承包合同

承包合同是指出口企业以承包商的身份到国外市场上，通过投标谈判承诺为东道国承包加工制造、建筑施工、成套设备的供应、安装调试等项目，并以此获得收益，试行成功后再将整个体系移交当地经营管理使用。2016 年，我国对外承包工程业务完成营业额 1.06 万亿元人民币（折合 1594 亿美元），同比增长 3.5%；新签合同额 1.6 万亿元人民币（折合 2440 亿美元），同比增长 16.2%。其特点表现为：一是对外承包工程以大型项目为主。合同额在 5000 万美元以上的项目 815 个（比上年同期增加 91 个），合计 2067 亿美元，占新签合同总额的 84.7%；5000 万美元以上的大项目，平均单个合同金额 2.5 亿美元，约合人民币 17.5 亿元。2016 年，亚吉铁路、中巴经济走廊等一批国际产能合作和基础设施互联互通项目成功实施，我国建筑企业不断刷新着海外项目纪录，项目越来越高端，综合性越来越强，合同金额越来越大，模式越来越新。二是"一带一路"相关国家是我国对外工程承包的半壁江山。2016 年我国企业在"一带一路"沿线国家对外承包工程新签合同额 1260 亿美元，占同期我国对外承包工程新签合同额的 51.6%。2016 年在"一带一路"区域的对外工程承包，不管是新签合同额还是占比，都较 2015 年增长明显，1260 亿美元的新签合同额比 2015 年的 926 亿美元增长了 36%；"一带一路"新签合同占比从 2015 年的 44%增长到 2016 年的 51.6%。2016 年我国企业在"一带一路"沿线国家对外承包工程完成营业额 760 亿美元，占同期总额的 47.7%。三是大型央企海外拓展之势迅猛。截至 2017 年 1 月 17 日，据各上市公司公布的数据，2016 年，除中国铁建的海外项目新签合同出现了前 3 个季度的负增长（−28%）、葛洲坝年度新签合同额基本与 2015 年持平（+1.5%）之外，其他 5 家大型央企（中建、中交、中铁、中电建、中冶）的海外合同额都实现了大幅度增长。

1) 国际承包合同的类型

(1) 分项工程承包合同，即只承包国外总工程中的部分项目。

(2) "交钥匙"工程承包合同，即出口企业与外国政府或厂商签订技术、设备、建筑等成套的一揽子工程合同，由出口企业承担全部工程的项目设计、建筑施工、成套设备的供应、安装、调试、人员培训、技术转让等，直到整个工程试运转和试生产合格后，再移交给国外政府或厂商。如果在交钥匙合同工程项目完成之后，受方还要求供方(或承包人)提供进一步的服务，即还需签订"交钥匙加成合同"。这种合同有两种方式：一是承担销售协议，即承包人需承担一部分产品销售业务；二是产品经营协议，即承包人有义务协助委托人学会独立地管理新工程项目，并培训人员，使当地人完全掌握新项目的运营。

(3) "半交钥匙"工程承包合同，即不负责试生产的"交钥匙"合同。

(4) "产品到手"工程承包合同，即不仅负责"交钥匙"工程承包合同所包括的所有项目，而且负责工程投入使用后一定时间内的技术服务，如技术指导、设备维修、技术培训等，产品质量稳定后，再移交给工程业主。

2) BOT 方式

目前在国际工程承包领域里颇为流行的是 BOT 方式，它是许多发达国家的企业进入发展中国际市场的重要方式。BOT 是"build-operate-transfer"的缩写，即"建设—经营—转让"。BOT 实质上是基础设施投资、建设和经营的一种方式，以政府和私人机构之间达成协议为前提，由政府向私人机构颁布特许，允许其在一定时期内筹集资金建设某一基础设施并管理和经营该设施及其相应的产品与服务。政府对该机构提供的公共产品或服务的数量和价格可以有所限制，但保证私人资本具有获取利润的机会。整个过程中的风险由政府和私人机构分担。但特许期限结束时，私人机构按约定将该设施移交给政府部门，转由政府指定部门经营和管理。

BOT工程承包方式在工程建设方面与上述"交钥匙"工程承包基本相同，所不同的是：①BOT是一种带资承包，即承包者需要负责工程项目的筹资；②BOT是一种经营承包，即承包者在完成工程后要负责经营一段时间，待所付投资和应得利润收回后，再转让给工程业主。一般而言，BOT项目的参与人有政府、BOT项目公司、投资人、银行或财团，以及承担设计、建设和经营的有关公司，需经过立项、招标、投标、谈判、履约五个阶段。政府是BOT项目的控制主体。BOT对发展中国家的吸引力主要在于：①由工程承包方负责筹资，既完成了基础设施或公益性项目的建设，又不必增加政府的财政负担；②合同期满后，东道国政府拥有该项目的所有权或部分所有权；③在项目实施过程中，东道国可以学习国外先进的技术和经营管理经验。

3) 承包合同的优点

(1) 承包进入模式是劳动力、技术、管理甚至是资金等生产要素的全面进入和配套进入，这样有利于发挥工程承包者的整体优势。

(2) 工程承包进入模式所签订的合同往往是大型的长期项目，利润颇丰。

(3) 扩大了企业在国外市场上的影响力，提高了企业在国际市场的知名度。

4) 承包合同的缺点

(1) 由于承包合同的长期性使得这类项目的不确定性因素增加，如遭遇政治风险、市场风险、技术风险、融资风险和不可抵抗的外力风险等。

(2) 对企业来说，该合同的完工时间长，并多由东道国政府出面签订，因此预测外国政府的变化对项目结果的影响往往是很困难的，给企业带来较大的风险。

(3) 对承担工程的企业要求比较高，企业必须拥有先进的生产技术和管理经验，否则无法承担合同项目。

(4) 该类合同的投资额较大，而且涉及的内容较多，因此谈判相当复杂。

6. 劳务输出合同

劳务输出合同是指劳务输出国公司或政府为劳务输入国特定项目提供技术和劳动服务的合同。按照输出人员从事的具体工作可以分为三种：一是从事体力劳动，即到外国企业靠出卖力气赚钱，报酬较低；二是从事技术工作，即到外国企业当工程师或技术人员；三是从事管理工作，即到外国企业从事日常的经营管理。

劳务输出可以扩大劳动者的就业范围，增加外汇收入；也可以提高母国在目标国市场的地位，与目标国消费者之间建立良好的关系。但是劳务输出对劳力的要求比较高，一般要拥有专门的能力、技术或者受过专门训练的人才能胜任。

5.1.3 直接投资进入方式

直接投资进入方式是指企业将自己拥有的各种资源直接投资转移到国外目标市场，在当地建立企业进行生产和销售的一种市场进入方式。直接投资进入方式是国际市场进入方式的高级阶段，转移的资源不仅包括专利、商标或专有技术等无形资产，还包括资金、人员、物资等有形的生产要素。

与出口、合同进入方式相比，直接投资方式可以充分利用东道国的原材料、能源、先进技术以及劳动力等资源优势，便于了解当地市场的信息，以便及时调整营销策略，更好地满足消费者的需求，还可以有效地突破贸易屏障，有助于扩大商品出口，减少运输费用，降低生产和销售成本。因此，它适合于目标市场规模较大、具有资源优势、运输成本及关税较高的国际市场。但直接投资方式要求企业投入的资源很多，承担的风险也较大，对于初涉国际市场的企业来说，应先选择出口或合同方式进入国际市场，待积累一定经验之后，再选择直接投资的方式。

1. 直接投资的类型

根据企业的股权不同划分，可以把直接投资方式分为合资经营与独资经营两种类型。

1）合资经营

合资是指企业与目标国家的企业联合投资、共同经营、共同分享股权、共同参与经营管理、共担风险以及共负盈亏的一种市场进入方式。联合投资方式可以是外国公司收购当地公司的部分股权，或当地公司购买外国公司在当地的部分股权，也可以是双方共同建立一个新的企业，共享资源，按比例分配利润。一般来说，东道国一方主要以厂房、设备、人员作为投资，外方则主要以商标、技术、资金作为投资，各种投资统一折算为现金来决定各方在合资企业中的股权。最典型的合资企业经营是合资双方各拥有 50%的所有权，并且各自向合资企业派出管理队伍，实现共同经营。中国改革开放后吸引外资最先引进的就是合资经营形式。1980 年，北京航空食品有限公司收到了"外资审字〔1980〕第一号"批复通知，上面盖有"中华人民共和国外国投资管理委员会"的红章。通知里写道，合营双方于 1980 年 3 月 8 日签订的合资经营合同、公司章程等，"一致通过，现予批准施行"。北京航空食品有限公司成为中国改革开放后被批准的第一家中外合资企业。投资双方分别为中国民用航空北京管理局、香港中国航空食品有限公司。前者出资 300 万元，占股 51%；后者出资 288 万元，占股 49%。

合资经营的股权比例受到许多因素的影响，如企业的经营战略、所属行业、东道国竞争状况、产品生命周期阶段及企业自身状况等，其中最为关键的是东道国政府的法律。各国政府为了维护本国的经济利益，一般都对合资企业中外方的投资比例进行限制。如我国在《中外合资经营企业法》中明确规定，外国合资经营者的投资比例不得低于 25%。另外，股权比例问题还受到东道国有关外汇管理、税收、财产转让等法律法规的影响。

合资经营的优点有如下几点。

(1) 由于有东道国企业的参与，合资企业可以避开东道国政府的限制，也可以降低没收、征用、经营限制等政治风险发生的概率，在当地遇到的心理障碍和政治障碍要比独资进入方式小，更容易得到东道国政府和消费者的认可，而且还可能享受东道国政府对当地合作伙伴的优惠政策。

(2) 由于合资企业中有东道国企业的参与，东道国既可得到资金，又可学习国外先进的技术和管理经验，因此可以减小投资风险，也有利于企业开拓国际市场和获得当地的市场信息。

(3) 可以充分利用东道国企业熟悉当地文化、语言、政治、法律、商业惯例、文化习俗的优势和东道国企业在当地良好的社会关系及销售网络，迅速占领目标市场，提高企业经营效益。

(4) 与独资相比较，合资经营投入的资金和其他资源相对较少，企业可以以工业产权、专有技术、管理知识作为资本投资。

(5) 东道国政府还会部署向合资企业优先供应各种原材料和零部件，以带动设备、半成品、原材料等实物的出口。

合资经营的缺点如下。

(1) 由于合资双方文化背景、管理理念、利益动机等方面的差异以及股权和管理权的分散，可能导致双方在经营目标、战略规划、管理方法、利润分配、市场营销和财务控制等方面存在分歧和矛盾，这不利于进行跨国经营的公司执行全球统一的战略，而且控制和协调的成本也很高。

(2) 对于跨国投资方来说，自己的技术秘密和商务秘密被东道国投资方所了解，这些商业秘密的泄露可能无偿地流失到合作伙伴手中，将其培养成未来的竞争对手；而对于东道国投资方来说，由于在技术和管理上的落后，容易受到跨国投资方的控制。

(3) 跨国公司与当地合作企业的营销目标容易发生背离。一般而言，跨国公司是以全球为基础实现最优化经营的，而合作企业仅考虑本国市场，从本国利益出发，阻碍跨国公司在全球范围内实施市场营销策略。

2) 独资经营

独资是指企业在目标市场国单独投资办企业、独立经营、自担风险、自负盈亏的一种市场进入方式。独资经营的标准并不在于拥有100%的公司所有权，而是要拥有对国外子公司完全的管理权和控制权，一般只需要拥有90%左右的产权即可。对于东道国来说，独资企业是一家完全由外商投资经营的企业，商业活动体现的是国外跨国公司的利益，而不一定符合本国经营发展情况。因此，东道国政府为了避免独资企业给国内经济带来的消极影响，往往对独资企业采取严格的政策。独资经营方式的业务可以是单纯的装配，也可以是复杂的产品制造；组建方式可以是并购当地的企业或者是直接投资新建。独资企业的三大特征是高投入、高控制能力、高风险。

独资经营的优点有以下几点。

(1) 投资者对独资企业拥有完全的决定权和控制权，可以对独资企业实施有效的控制，降低对技术失去控制的风险，使之更好地服务于总公司的全球战略和整体利益。

(2) 独资经营有利于企业直接全面地积累国际营销方面的经验，有利于搜集国际市场信息，掌握国际市场行情，也有利于保证产品的质量和树立良好的企业形象，以及保护自己的技术及财务等商业秘密。

(3) 企业的经营利润可以完全归自己支配，内部的矛盾和冲突比较小，从而可以避免合资进入所面临的一些问题。

(4) 独资经营容易避免贸易保护主义的限制，使企业的产品迅速进入国际市场。

(5) 独资经营的大部分产品就地销售，不需要缴纳进出口关税，减少了产品的运输成本，从而可以降低产品成本，提高产品在国际市场上的竞争力。

独资经营的缺点如下。

(1) 独资经营需要投入大量的资金和资源，而且面临较大的经济和政治风险，不易得到东道国政府和消费者的认可。

(2) 与当地市场沟通的难度较大，不易得到当地合作伙伴的协助，而且缺乏改变经营方式的灵活性。

2.直接投资的方式

1) 企业新建

企业新建是指投资者(合资或独资)通过购买厂房设备、设立组织机构、招聘人员等工作在东道国建立新公司或新工厂，形成新的经营实体的投资形式。2007年10月24日，"青岛啤酒"发布董事会决议公告称，董事会已通过公司在泰国参股设立年产啤酒8000万升生产基地项目的可行性议案。该项目一期工程计划投资29400万元人民币，其中，成立项目公司的注册资本金为10000万元，"青岛啤酒"按40%的持股比例需投入资本金4000万元，计划一期年产能4000万升。这年"青岛啤酒"第一次将扩张的触角伸向国外，而第一站即选择了泰国，由简单的出口贸易到在泰国实现当地生产。此次"青岛啤酒"在泰国建厂，完全实现了"泰国产"，一方面可以规避高额关税、酒税的贸易壁垒，大幅降低成本，缩短运输链条，提高产品的新鲜度，提高在当地啤酒市场的竞争力；另一方面标志着"青岛啤酒"向"东盟产"迈近了一步，在东盟贸易区内可以较低的进口税进入区内国家，打开整个东南亚市场。而且，泰国优越的地理位置对于"青岛啤酒"今后进入欧洲、大洋洲市场也都具有非常重要的战略意义。另外，还可以有效地提高品牌知名度和产品国际市场覆盖率，建立起全球化企业形象。

新建方式的优点有以下几点。

(1) 企业可根据自己的国际化经营战略来决定投资规模、地点和业务，确定新企业的组织架构及规章制度，有利于跨国公司加强对新企业的控制，提高新企业的运行效率。

(2) 新建企业所需的一切资产都可以从自由市场上购买，价值评估比较准确，便于控制预算。

(3) 有利于提高运行效率，避免并购方式中难以处理的原企业遗留的"历史问题"，如原企业与客户签订的长期合同，与职工签订的工资协议以及其他契约、非契约关系等等。

新建企业的缺点如下。

(1) 需要大量的筹建工作，投入大量的人力、物力、财力等，建设周期长，速度慢，灵活性差。

(2) 对企业的要求较高，企业需要具备丰富的跨国经验并对东道国非常了解。

(3) 企业需完全依靠自己的力量经营管理，独立开拓市场，因此整体投资风险较大。

2) 企业并购

企业并购是指投资者(合资或独资)通过在资本市场上购买东道国现有企业的股票或在产业市场上购买股权，从而进入目标市场的投资形式。目前，并购已成为跨国公司对外投资的主要形式。2016年1月12日，万达集团宣布以不超过35亿美元现金（约合人民币230亿元）的价格，收购美国传奇影业公司100%股权，成为迄今中国企业在海外最大的文化产业并购案，也一举让万达影视成为全球收入最高的电影企业。

并购的优点有以下几点。

(1) 可以充分利用被并购企业的现有设备、人员、销售渠道，迅速抢占市场，节约投资时间和成本。

(2) 可以与被并购企业实现资源互补，如被并购企业的专利、商标、专有技术、品牌知名度等等，能够学习到国外的先进技术和管理经验，利用被并购企业原有的某些优势增强竞争力。

(3) 可以节省资金和减少风险。被并购企业一般处于经营困难期，急需资金投入，因而可以压低并购价格到实际价值以下，减少投资成本。同时，用收购的办法减少了竞争对手，增加了控制市场的能力，因而风险较小。

(4) 可以减少竞争。同行业并购，可以化敌为友，结成战略联盟共同对付其他竞争者；跨行业并购，可以获得被并购企业现有的市场份额，迅速实现多元化经营，绕开行业进入壁垒。

(5) 可以绕过目标市场国的贸易进入壁垒，规避技术障碍和目标市场国的产业政策限制等。

(6) 可以获得国外某些特有的资产，也可以使企业经营多样化。

并购的缺点如下。

(1) 寻求和评估被收购企业比较困难。在一些国家，较难找到合适的并购对象，即使找到合适的并购对象，但由于各个国家的会计制度不同，对被并购企业的资产尤其是无形资产和财务状况难以正确评估。

(2) 并购一家企业后，由于企业重组等原因，与被并购企业的原职工、客户和供应商的关系难以处理，而且由于民族感情等原因往往容易遭到东道国政府的限制和当地民众的反对。

(3) 由于文化上的差异，跨国公司的管理模式不易得到当地员工的认同，被收购企业与母公司的融合也需要较长的时间。

 案例　　全球化中独特的"奥康步法"

2017年2月3日，奥康公司对外发布"全球化"战略规划部署，与比利时鞋服巨头Cortina以及印度知名户外品牌Woodland正式签署战略合作协议，共同探索全球鞋服行业发展新态势。

资料显示，Cortina、Woodland两家公司均是鞋服行业里的国际巨头。其中，Cortina集团成立于1950年，总部位于比利时，是欧洲最大、组织最健全的鞋类公司之一，服务于70个以上的国家。Woodland则是印度领先户外服装及鞋类主流品牌之一，产品远销北美、北欧及俄罗斯等国家和地区，全球拥有超600家独家零售连锁店。

根据协议，奥康拥有Cortina集团及旗下所有品牌在中国大陆地区的市场、渠道开发及产品销售的权利，并为Cortina提供采买规划，包括品牌定位、开发方向、品类规划、数量、价格标准、时间节点等服务与要求；Cortina在接受采买规划后须组建专业、专属团队制定设计规划，经双方同意后进行产品设计开发。

奥康与Woodland合作则属于"双向借道"，双方达成品牌共享、渠道共享，并同意双方互相成为其产品投放营销渠道的独家经销商，共同通过传统多品牌零售店、专卖店和线上电子商务等渠道销售双方公司的产品，共拓市场。

"奥康+Cortina，将让我们的商企战略大有作为；奥康+Woodland，将让我们的渠道战略更进一步。我们，也借此希望通过与外国同行的战略合作，打开国际市场，利于奥康拓展现有业务范围及渠道延伸，符合公司长远规划及发展需求。"在奥康投资控股有限康拓展现有业务范围及渠道延伸,符合公司长远规划及发展需求。"在奥康投资控股有限公司董事长王振滔看来,未来几年里,奥康有更多机会向全世界展示其独特的"奥康步法",在创造世界名牌的道路上步步为"赢"。

资料来源 朱文俊,王振滔:《借力"一带一路"打造国际奥康》,浙江新闻网,2017-12-14,https://zj.zjol.com.cn/news/828213.html。

5.1.4 其他进入方式

随着世界经济一体化趋势的不断发展和信息技术的不断进步,除了上述几种传统的国际市场进入方式之外,又出现了新的国际营销方式。

1. 国际战略联盟

战略联盟一词最早是由美国 DEC 公司总裁简·霍普兰德(J. Hopland)和管理学家罗杰·奈格尔(R. Nigel)提出的。根据 DEC 的定义,战略联盟包括从短期契约式的合同协定到合资公司的一系列合作形式,其核心是双方通过共享技术、技能等资源以提高双方竞争战略的效率而形成的合作关系。

国际战略联盟,是指两个或者两个以上不同国籍的企业,为了实现共同的战略目标,在保持各自独立性的基础上,通过组建合资企业或者达成长期合作协定而建立的一种合作关系。国际战略联盟是弥补劣势、增强竞争优势的重要方法,可以迅速开拓新市场,获得新技术,提高生产效率,降低营销成本,谋求战略性竞争策略,寻求额外的资金来源。

1) 国际战略联盟的类型

由于产品的特点、行业的性质、竞争的程度、企业的目标和自身的优势等因素各不相同,国际企业间所形成的战略联盟形式也呈现出多样性,既可以是正式的合资经营,也可以是几方为了一个特定问题而合作所形成的短期合同协议。一般来说,战略联盟的类型有如下几种。

(1) 研发联盟,是指具有充分独立性的两个或多个国际企业,共同开发新技术和共同研制某种新产品,共同提供、共同分享开发所需资源,共担风险,共享研制所产生的利益,但不组成经营实体。研发联盟在形成规模经济的同时也加速了研究开发的进程。

(2) 制造联盟,是指国际企业间通过相互提供用作生产投入品的零部件及相关技术而进行合作的一种形式。在生产制造战略联盟中,常见的是产品品牌的联盟。它与贴牌生产的不同之处在于贴牌生产仅仅是销售无品牌的部件给另一个制造商,而制造联盟包括已有生产零件能力的制造商双方的品牌。合作双方充分利用了从未使用过的能力,并且由于不需要投资于新的工厂和设备,从而节约了资金和时间。例如在日本,三菱同意生产 IBM 的个人电脑,利用了其过剩的能力。但这种联盟需要销售组织和掌管产品的两个负责人打交道,听取消费者的反馈比较困难,而且可能限制进一步的发展。

(3) 分销联盟,是指国际战略联盟合作领域进入下游,国际企业间达成相互销售对方产品的协议。这种联盟的资产是互补的,合作双方能够集中于自己最擅长的业务,如日产同意在日本销售大众的汽车,克莱斯勒和三菱之间的密切合作等。但这种战略联盟可能会限制合作者的发展,也会阻碍其学习更多有关该市场信息以及如何在国外市场上营销该产品的知识，会产生进一步扩张的障碍。

(4) 合资经营，即由两家或两家以上的国际企业将各自不同的资产组合在一起，共同出资、共担风险和共享利润而建立的独立企业，这种形式的联盟被普遍采用。目前，这种形式多发生在发达国家与发展中国家之间。发达国家投资者的目的大多是为了进入发展中国家的市场，而发展中国家的企业多是为了利用发达国家企业的技术、品牌、管理等资源优势，提高自身的市场竞争力。

2) 国际战略联盟形成的条件

(1) 企业双方具有比较优势。结成战略联盟的各方企业要在某一个方面具有比较优势，能够弥补另一方企业的不足，使得双方能够互相利用。

(2) 相近的战略目标。联盟各方都有各自的发展战略，合作则是为了长久占领某个市场并保持核心竞争优势，为了实现各自与联合体的战略目标。

(3) 独立的法人资格。联盟各方的经营行为只受所订协议、契约的制约，除此之外都具有独立平等的法人资格，可以按自己的发展需要运营。

(4) 长期的合作伙伴。企业之间形成战略联盟是在双方或多方之间具有相似的战略目标的前提下，围绕共同的战略目标建立取长补短、优势叠加以及长期稳固的合作伙伴关系，而不是短时间低层次的合作或是为了应对经营环境的变化而做出的瞬间反应。

(5) 联盟的协同效应。企业之间为了共同的战略目标而联盟，形成资源共享、优势互补，从而获得联盟的协同效应，以便得到预期的经济效益。

(6) 面向全球的市场导向。国际战略联盟所确立的经营活动跨越了特定的国家边界，它要求加入联盟的企业能从更高的层次上参与世界经济活动，并以世界市场为导向，满足更多消费者的需求。

3) 国际战略联盟的优点

(1) 提升企业的竞争力。国际战略联盟使得企业各方的资源共享、优势相长。与其他战略相比较，国际战略联盟具有更活跃的创新机制和更经济的创新成本，有利于开辟新市场和进入新领域，从而不断增强国际企业的市场竞争力。

(2) 扩张市场。国际企业的首要目标是向国外市场渗透，建立战略联盟是扩张国际市场的一种有效方法，它是克服市场进入壁垒、扩张市场的有力武器。

(3) 分担风险并获得规模和范围经济。企业通过建立国际战略联盟，共同支付技术开发费用，共同承担开发风险，最后共同享有技术开发成果，而且可以扩大信息传递渠道的力度与速度，避免单个企业在研究开发中的盲目性，并避免全社会范围的重复建设和资源浪费，也是实现大规模经营并产生经济效益的重要途径。

(4) 防止竞争过度。传统的企业竞争就是用尽手段击败竞争对手，将其驱逐出市场。这就造成了企业之间的过分竞争，不仅加大了成本，造成两败俱伤，而且还可能失去现有的市场。因此，为了防止未来竞争地位的丧失，企业之间通过建立国际战略联盟、共同理顺市场、维护竞争秩序来防止过度竞争，与竞争对手合作，为竞争而合作，靠合作来竞争。

(5) 挑战"大企业病"。"大企业病"现象是指由于企业规模的扩大导致管理层增加、协调成本上升，使得一些企业出现了官僚式的低效率，致使决策缓慢，难以对瞬息万变的市场做出敏锐的反应。战略联盟可在不扩大企业规模的前提下使联盟各方资源共享、提升竞争力，成为突破这一弊端的重要途径。

4) 国际战略联盟的缺点

(1) 联盟各方合作难度大。联盟通常是建立在各方不同的经营特色和技术力量基础之上的，甚至是在有着明显的管理方式冲突的企业之间进行的，这就容易导致消息迟滞和管理失控。

(2) 利益平衡很难达到。在国际战略联盟合作中，为保证合作长期获得成功，必须取得利益与风险的平衡，一旦合作一方感到被利用了，战略联盟就将面临瓦解的危险。

(3) 合作开发的技术被滥用。某些成员公司有可能不顾及联盟协议滥用合作开发的专利知识和敏感技术。

2. 网络营销

所谓网络营销，是指企业或营销者借助计算机网络、电脑通信和数字交换式媒体的功能来实现营销目标的一种营销方式。它是由企业在网络上开设自己的主页，且在主页上开设"虚拟商店"，用以陈列宣传其商品，顾客则可足不出户通过任何一部网络计算机进入其中，从浏览、挑选、下订单到支付货款都在网上完成，之后就等待送货上门的营销方式。从实质上来说，网络营销与传统的市场营销并没有根本的区别，它们都要实现其营销的目标，即将潜在的交换转化为现实的交换，而网络快速发展的主要原因是它能给个体和组织增加价值。

1) 网络营销的特性

(1) 网络营销不受时间和空间的限制，快速便捷，可以进行跨越时空的营销活动。

(2) 企业借助互联网把企业以及企业产品的特性、规格、性能等存储在网络中，可以节省费用。

(3) 网络营销便于企业和消费者搜集、传递和反馈信息，消费者化被动为主动，不再像传统营销那样被动地接受企业发布的信息，而是主动寻找信息。

(4) 网络营销可以促使企业与消费者之间进行互动式营销。企业在网络上发布产品或服务信息，消费者在任何地方都可以咨询有关信息和发出购买信息，从而实现交互式销售交易，与消费者建立良好的关系。

(5) 企业可以利用互联网一对一地向顾客提供独特的、个性化的产品或服务，让消费者感受到"专有的服务享受"。互联网上的促销是一对一的、理性的、消费者主导的、非强迫性的、循序渐进式的，而且是一种低成本与人性化的促销，因此符合分级与直销的发展趋势。

(6) 互联网的使用者数量快速增长并遍及全球，使用者多属于中产阶级，具有年轻、教育水准高等特点，因此，网络营销是一个极具开发潜力的市场渠道。网络营销可由商品信息至收款、售后服务一气呵成，因此也是一种全程的营销渠道。

2) 网络营销的竞争策略

网络营销的竞争优势在于能够将产品说明、促销、顾客意见调查、广告、公共关系、顾客服务等各种营销活动整合在一起，进行一对一的沟通，真正达成营销组合所追求的综合效益。因此，企业要好好利用这一优势，制定良好的竞争策略，以便扩大主要顾客与潜在顾客的购买规模，主要可以采用以下几种竞争策略。

(1) 产品策略。企业不必将产品局限在主要产品上，可以根据企业拥有的市场和消费者的资料，主动了解和分析消费者的需求与偏好，进而开发出满足不同类型消费者需求的产品,从而扩大消费者的购买规模。

(2) 定价策略。企业可以根据消费者的心理和购买动机,在顾客习惯接受的基本价格上去掉或者增添一个小数值。对于一些时尚产品,企业可以在不同的流行周期推出不同的折扣,以原价和现价对比来吸引消费者。

(3) 渠道策略。将传统营销渠道与网络等新形态渠道进行紧密的结合,可与顾客广泛接触,同时创造出更多意想不到的新需求。

(4) 促销策略。通过对顾客资料的详细分析,可以更准确地定位目标市场,因此也就可以进行有效的市场促销。然后再利用多彩多姿的网络多媒体功能给新进互联网的顾客或潜在顾客留下深刻的印象,进而扩大市场顾客的规模,增加网络营销的效益。

(5) 强化顾客关系。借助互联网,企业可以在网络上实现与消费者直接沟通和交流,用户可以通过互联网查找到当前产品的价格、规格等信息;企业可以及时了解消费者的需求信息和具体要求,甚至对常见的问题做出回答,设法了解更多的顾客特性,进而为消费者提供更好的服务。

3. 混合进入方式

由于国际市场的复杂性、风险性,以及企业自身战略、产品特性等因素的影响,很多企业在进入国际市场的时候不再采取单一的进入方式,而是采取两种或两种以上的进入方式,于是衍生出了混合进入方式。

1) 混合进入方式的优点

(1) 单一进入方式风险很大,而采取混合进入方式能够降低风险。采取单一出口进入方式,当目标国加大关税及各种非关税壁垒时,会对企业的海外销售业务造成冲击。完全采取单一的投资进入模式,一旦目标国的政治、经济等环境发生波动,这些投资就将面临巨大的风险。如果将这两种方式结合在一起使用,就会大大降低企业的经营风险。

(2) 出于自身经营战略和产品特性的要求,选择混合进入方式比单一方式进入获利更多。如在快餐业,企业就可以将建立全资子公司同许可经营相结合。因为这种混合进入模式使得许可经营者分摊开拓国外市场的成本,同时能够保证许可经营者拥有的分支机构提供高质量的服务产品。

2) 混合进入方式的缺点

(1) 通过不同进入方式进入目标国市场的产品之间可能产生不必要的竞争,从而削弱单一进入方式带来的效果。

(2) 如果对混合进入方式没有进行有效的管理,势必会造成企业资源的浪费。

5.2 进入国际市场方式的选择

5.2.1 影响国际市场进入方式选择的因素

国际化经营的企业选择进入方式时,必须从中长期和动态的角度综合考虑目标市场国的投资环境和企业自身的竞争优势,以便企业做出正确的进入方式决策。

国际化经营的企业在进入国际市场时受到许多因素的影响,包括内部因素和外部因素。其中内部因素包括企业产品因素、企业实力与投入愿望和战略因素,外部因素包括目标国市场因素、目标国环境因素、目标国生产因素和国内环境因素(如图 5-2 所示)。

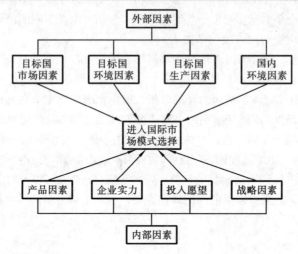

图 5-2　影响进入国际市场模式的因素

1. 企业内部因素

影响国际市场进入方式的企业内部因素主要来源于企业的产品、实力、投入愿望和战略四个方面。

1) 产品因素

(1) 产品要素的密集程度。劳动密集型和资源密集型产品一般以具有丰富的廉价劳动力和自然资源的国家或地区为生产基地，如果本国具备这些生产条件，那么应选择出口进入方式；如果本国不具备这些生产条件，那么就应选择直接投资进入方式选择那些具备这些条件的国家。资本密集型和技术密集型产品则应选择许可贸易或直接投资的进入方式。

(2) 产品的相对地位。产品的相对地位是指产品对企业的重要性。一般而言，企业的主线产品、对企业发展至关重要的产品或者核心技术在进入目标国市场时，大多采取控制程度较高的直接投资进入方式，且以独资为主；而非主线产品、非重点发展产品或者边缘技术则可能采取出口、许可贸易等控制程度较低的市场进入方式。美国学者戴维森(William H. Davidson)对美国跨国公司的调查研究表明，产品的相对地位与市场进入方式存在一定的关系，其研究结果如表 5-4 所示。

表 5-4　产品的相对地位与市场进入方式的关系

市场进入方式		重点发展产品	非重点发展产品
许可贸易		9.2%	19.7%
合资经营	少数股权	10.7%	10.8%
	同等股权	7.2%	5.8%
	多数股权	8.6%	7.4%
独资经营		64.3%	56.3%

资料来源　William H. Davidson：《Experience Effects in International Investment and Technology Transfer》，Ann Arbor University of Michigan Press，1980。

(3) 产品的技术含量与生命周期。如果企业的产品技术含量高、价值高且处于生命周期前期阶段，而且当地的技术能够达到标准和配套的生产要求，则可采取直接投资甚至独资的市场进入方式；如果当地的技术不能够达到标准和配套的生产要求，则以采取出口方式为宜；当产品到了生命周期的成熟阶段时，可采取许可贸易、特许经营等方式。美国学者戴维森和麦克弗崔奇(Donald G. McFetridge)对美国 57 家企业调查后发现，产品生命周期、技术含量与直接投资存在一定的关系。其调查结果如表 5-5 所示。

表 5-5 产品生命周期、技术含量与直接投资的关系

产品年龄	R&D/销售额	直接投资比率	产品年龄	R&D/销售额	直接投资比率
1	2%	74%	1	5%	82%
5	2%	68%	5	5%	78%
10	2%	65%	10	5%	76%
15	2%	63%	15	5%	74%

资料来源 William H. Davidson, Donald G. McFetridge：《International Technology Transactions and the Theory of the Firm》，1982。

(4) 产品的适应性。如果产品的适应性差，为了适应国外的销售市场而要进行大量改变，那么较宜采取合同或直接投资进入方式；反之则可以选择本国生产、出口销售的进入方式。

(5) 产品的服务性。如果用户对产品的售前和售后服务要求比较高，则应采取设分支机构或子公司的出口方式、合同方式或直接投资进入方式。

(6) 产品的差别性。差别产品往往在技术性能、造型设计等方面不易被模仿，即使负担高额的运输成本和高额进口关税，仍能保持较高的竞争优势，因此可以选择出口进入方式；否则则采用直接投资进入方式。当直接投资时，差别较大的产品偏向于独资，差别较小的产品偏向于合资。

2) 企业实力因素

企业实力包括企业资源和能力两个方面。

(1) 企业资源。企业拥有的资源越丰富，在进入方式上的选择余地就越大，一般会选择直接投资等高投入的市场进入方式；反之企业只能选择出口等低资源投入的市场进入方式。如果企业的资金比较充裕、技术比较先进和从事国际营销的经验丰富，则宜采取直接投资方式进入，反之则以出口方式或合同方式进入。

(2) 企业能力。企业能力是指企业利用自己的资源所形成的生产能力、管理能力、营销能力等。如果企业各方面能力都很强，可以在国内生产，出口销售，且更主要的是采取直接投资的方式；如果企业各方面能力都很弱，则只能采取间接出口的方式。

3) 投入愿望因素

企业市场进入方式还会受到管理者投入愿望的限制。如果企业的管理者具有较强烈地开拓国际市场的愿望，则宜采取直接进入方式；如果管理者对开拓国外市场的愿望不大，则宜选择低投入、低风险的进入方式。

4) 战略因素

在进入国际市场时，企业必须确定是采取"多国经营战略"还是采取"全球经营战略"。实行多国战略时企业应充分考虑各国市场的差别性，根据所处的竞争环境采取不

同的竞争战略，一般采取控制程度较低的进入方式，如许可证贸易等；实行全球经营战略时，企业通过集中生产经营标准化产品占领国际市场，一般采取控制程度较高的进入方式，如直接投资方式。

2. 企业外部因素

1) 目标国市场因素

(1) 目标国的市场容量。对市场容量小且发展潜力不大的国家宜选择出口或合同进入方式；对于目标国市场容量较大的商品，采用出口方式很难满足市场需求，因此宜选择直接投资进入方式。

(2) 目标国的市场竞争结构。各国的市场竞争结构因各国的情况不同而有所不同，大致可分为三种类型，即完全竞争、不完全竞争和垄断。如果目标国市场是完全竞争市场，则选择出口方式进入；如果目标国市场是不完全竞争或垄断竞争，则宜选择合同或直接投资进入方式。

(3) 目标国的营销基础设施。对于营销基础设施较好的目标市场国家，宜选择出口进入方式；反之则考虑采取合同或直接投资进入方式。

2) 目标国生产因素

生产因素是指企业组织生产所必需的各种生产要素(如原材料、劳动力、资金、基础设施等)的可获得性和价格。基础设施的状况对生产进度和货物流转速度有显著的影响，并进而影响生产成本。原材料、劳动力、能源等生产要素的供应状况也影响生产成本。如果目标国的生产要素容易获得且价格较低，则应选择合同或直接投资进入方式；反之则应选择出口进入方式。

3) 目标国环境因素

(1) 政治法律环境。如果目标国的政治稳定、法制健全，贸易与投资政策较为宽松，则可以考虑直接投资进入方式；反之则考虑出口或合同进入方式。对于限制进口的产品来说，只能采用直接投资的方式。

(2) 经济环境。目标国的经济模式、个人收入水平、税收、外汇管理等都对企业的进入方式产生影响。如果目标国的国民生产总值和人均国民收入较高，国际收支保持平衡，汇率稳定，则宜采用直接投资方式进入；反之则宜采取出口或合同进入方式。

(3) 社会文化环境。这种因素决定着目标国消费者对外国企业和产品的接受程度。如果公司母国的社会文化与目标国的社会文化存在较小的差异，则可以选择各种方式进入目标国市场；反之则只能采取出口和合同进入方式。

(4) 自然地理环境。这种因素主要影响运输费用。如果目标国和公司母国的距离较近，因运输成本较低，应采取出口进入方式；反之则采取合同或直接投资进入方式。

4) 国内环境因素

(1) 国内市场规模。如果国内市场规模较小，限制了企业的发展，应选择出口方式进入国际市场；反之则宜采取直接投资进入方式。

(2) 国内市场竞争结构。如果本国市场竞争结构是属于垄断竞争或寡头垄断的，企业宜采取合同或直接投资进入方式；如果本国市场竞争属于自由竞争，企业宜采取出口进入方式。

(3) 国内生产要素。如果本国生产要素价格便宜且容易获得，宜采取出口进入方式；

反之则宜采取合同或直接投资的进入方式。

(4) 国内政策。如果本国政府对出口采取鼓励和扶持的政策,或者对对外投资有严格的限制,应采取出口方式进入;反之则宜采取合同或直接投资进入方式。

根据美国宾夕法尼亚大学沃顿管理学院茹特教授的观点,内部因素和外部因素对具体进入方式的影响可以归纳为表 5-6。

表 5-6　内部因素和外部因素与进入方式的选择

因素		进入方式的一般性选择				
		一般出口	许可贸易	分支机构及子公司出口	当地生产与销售	服务合同
外部因素(国外)	低销售能力	√	√			
	高销售能力			√	√	
	自由竞争市场	√		√		
	买方垄断性市场				√	
	市场基础结构差			√		
	市场基础结构好	√				
	生产成本低					
	生产成本高	√		√		
	进口限制		√		√	√
	自由进口	√				
	投资限制	√	√	√		√
	投资自由				√	
	地理位置近	√				
	地理位置远		√		√	√
	经济动荡				√	
	经济稳定	√	√		√	√
	外汇管制	√				√
	外汇自由				√	
	货币贬值				√	
	货币升值	√		√		
	文化差异小			√	√	
	文化差异大		√			√
	政治风险小			√	√	
	政治风险大	√	√			√
外部因素(国内)	市场规模大				√	
	市场规模小	√		√		
	自由竞争市场	√				
	卖方垄断竞争				√	
	生产成本低	√		√		
	生产成本高		√			√
	鼓励出口	√		√		
	限制海外投资	√	√			√

续表

因素		进入方式的一般性选择				
		一般出口	许可贸易	分支机构及子公司出口	当地生产与销售	服务合同
企业内部因素	高优势产品	✓				
	一般产品				✓	
	服务密集型产品			✓	✓	
	服务型产品		✓		✓	✓
	技术密集型产品		✓			
	产品适应性差	✓				
	产品适应性好		✓	✓		
	资源有限	✓				
	资源丰富			✓	✓	
	低投入	✓				✓
	高投入			✓	✓	

注：符号"✓"表示该环境条件下可供选择的具体进入方式。
资料来源　富兰克林·阿·茹特：《进入国际市场的战略》，李冀凯、蒋黔贵译，北京：中国经济出版社，1992年。

5.2.2　国际市场进入方式选择策略

如果企业实力不足、抗风险能力小、资金少，且国际管理经验不足，则需要选择渐进式策略进入国际市场；如果企业具有竞争优势并有较大的承担风险的能力，则可以选择跳跃式策略进入国际市场。跨国公司发展的经验表明，早期开展跨国经营的企业通常采取一步到位的全部进入策略，而后期开展跨国经营的企业通常较多地采取渐进式逐步渗透策略来实现国际化。

企业在进入国际市场时，要充分考虑企业的内、外部因素，选择最合适的进入通道。茹特认为，企业在进行海外投资之前，应对所有的进入方式进行系统的评价（如图 5-3 所示）。

1. 渐进式进入策略

在国际市场进入的各种方式中，最简单易行且投资要求最少的是间接出口，对各方面要求最复杂且需要较大投资量、风险最大的就是直接投资。有关调查表明，绝大多数企业在选择国际市场进入方式时，都采取"先易后难"的策略。例如，20 世纪 70 年代以前，日本企业对成功进入欧洲市场所采取的主要就是渐进式策略。渐进式策略进入过程大致可以分为以下几个阶段。

(1) 当企业的人力、物力、财力等不足时，企业可以用选定的产品向选定的目标市场国家出口，且尽可能采取直接出口方式。如果出口进入方式受到阻碍，企业也可以选择合同进入方式。在该阶段，企业要对产品在该目标国家的市场潜力和销售竞争力进行检验，为进一步的投资进入搜集必要的信息。

(2) 在产品出口或合同进入取得一定成功的基础上，宜在当地建立具有经营控制权或虽没有控制权但可影响其销售的子公司，由依靠当地的进口商转变为依靠自己的销售

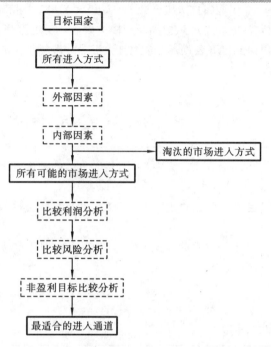

图 5-3 "市场进入战略"选择流程图

服务系统来实现产品分销。这实际上是直接投资进入的开始,只是投资的领域是销售服务环节。

(3) 在直接销售取得稳固市场且销售潜力依然很大的条件下,进一步投资建立产品装配及储运系统。这时企业生产系统的一部分将进入目标市场,企业将不再向目标国家市场出口制作完毕的最终产品,而是输送处于中间制品状态的零、部、组件,由设在当地的装配环节完成最后的生产工序,加工成适合当地市场需要的最终产品,并通过自己在当地的销售子系统完成向目标细分市场销售。

(4) 如果当地生产条件明显有利且产品市场潜力很大,则企业经过可行性研究将进一步扩大投资,把部分乃至全部中间半成品的生产环节建立在目标国。这时,企业绝大部分乃至全部经营活动及组织系统都将扩展到目标国。

2. 跳跃式进入策略

经济全球化使整个世界变成为"地球村",加快了国际贸易和投资的发展,加大了各国的经济开放程度,而且信息网络在商务领域的广泛应用,使得企业在国际化经营过程中可以充分借助于网络,使得国际经贸的各个环节走向信息化和网络化。跳跃式经营可以跨越其中的某一个或多个环节,可以缩短企业的国际化经营周期,使产品迅速进入国际市场,先发制胜,抢占国际市场,并进一步实现跨国经营。跳跃式国际化营销的产业往往是国内外需求偏好存在差异的产业,例如,温州打火机产业形成于20世纪90年代初,就跨过了纯国内经营阶段,以价格便宜(为日本和韩国的1/10左右)、差别产品等优势,很快进入国际市场,以迅雷不及掩耳的速度击败日本、韩国等国际竞争对手。当时我国消费者习惯使用一次性打火机(塑料外壳且价格低廉),对金属打火机的需求较小。温州金属打火机产业一开始就"瞄准"国际市场，初始阶段90%以上产品出口到世界各地，待产量提高及规模扩大后，反过来强化国内市场份额，目前70%～80%产品出口到世界各地，占金属打火机国际市场份额的70%，20%～30%的产品供应国内市场。

本章小结

本章论述了进入国际市场的方式，了解了每种进入方式的基本概念和种类，以及各种进入方式的优缺点。

进入国际市场的方式主要包括出口进入、合同进入和直接投资进入等，这些都是本章的重要内容。

本章还介绍了进入国际市场方式的选择，主要论述了影响国际市场进入方式选择的因素和国际市场进入方式的选择策略。

关键术语

直接出口	间接出口	反向贸易	合资经营出口
许可贸易	特许经营	合同制造	管理合同
承包合同	劳务输出合同	合资经营	独资经营

思考题

1. 出口有哪些方式？各有什么优缺点？
2. 合同进入有哪些方式？各有什么优缺点？
3. 直接投资进入有哪些方式？各有什么优缺点？
4. 影响国际市场进入方式选择的因素有哪些？
5. 对国际市场的几种进入方式进行比较。

参考文献

1. 甘碧群. 国际市场营销学[M]. 北京：高等教育出版社，2001.
2. 梁能. 跨国经营概论[M]. 上海：上海人民出版社，1995.
3. 鲁桐. 中国企业跨国经营战略[M]. 北京：经济管理出版社，2003.
4. 王涛生，黄志红，瞿林. 国际市场营销学[M]. 长沙：国防科技大学出版社，2005.
5. 韩创飞. 闯荡国际[M]. 北京：中国纺织出版社，2004.
6. 赵放. 国际营销学[M]. 北京：机械工业出版社，2004.

7. 李健. 国际市场营销理论与实务[M]. 大连：东北财经出版社，2006.
8. 陈启杰. 现代国际市场营销学[M]. 上海：上海财经大学出版社，2000.
9. 李永平. 国际市场营销管理[M]. 北京：中国人民大学出版社，2004.
10. 逯宇铎，常士正. 国际市场营销学[M]. 北京：机械工业出版社，2004.
11. 徐剑明. 国际营销实务与案例[M]. 北京：机械工业出版社，2004.
12. [美]Warren J Keegan. 全球营销管理[M]. 7版. 段志蓉，钱珺，译. 北京：清华大学出版社，2004.
13. 闫国庆. 国际市场营销学[M]. 北京：清华大学出版社，2004.
14. [美]Johny K Johansson. 全球营销[M]. 江林，译. 北京：中国财政经济出版社，2004.
15. 许晖. 加速国际化——拓展国际市场战略[M]. 天津：天津大学出版社，2003.
16. 王英辉，李文陆. 国际市场分析与营销策略[M]. 北京：中国物价出版社，2002.
17. 万成林. 国际营销管理[M]. 天津：天津大学出版社，2004.
18. 胡正明，张喜民. 国际市场营销学[M]. 济南：山东人民出版社，2002.
19. 企业进入国际市场模式的选择[OL]. (2005-05-23). http://finance.sina.com.cn/roll/20050523/103975781.shtml.
20. 国际市场进入模式的研究：一种网络的观点[OL]. (2007-08-13). 丹东经济信息网，http://www.ddcei.gov.cn/html/20070813152718l6454.html.

案例研讨

美的集团海外市场的"三步走"

总体来看，我国家电企业走向国际市场是一个渐进式和差异式的过程，基本都经过了间接出口到直接出口再到海外生产的过程，国际市场的进入方式主要选择的是贸易式进入方式和投资式进入方式。贸易式进入方式，可以说是我国家电企业进入国际市场的一种初级方式。家电企业通过扩大产品生产，将产品通过进出口的方式开展国际贸易，进入国际市场。这种进入方式可以有效利用外资、加大市场和品牌的开拓力度，往往也可以为企业进入国际市场积累经验，作为一种缓冲的方式为家电企业进一步进入国际市场打开道路。但不可避免的是，贸易式进入方式也会面对来自进入国家贸易壁垒、反倾销等因素的制约。

投资式进入方式是一种以所有权为基础的进入方式，企业通过建立分公司或子公司，将技术、人力、销售、财务以及管理经验等技能转移到目标国家。投资式进入方式的具体表现形式主要有新建和并购。近年来，随着国内市场逐渐饱和，一些具有国际市场经验的家电企业开始通过这种方式在海外开拓具有潜力的国家和地区的市场，如美的、格力、海尔、TCL、海信等大型家电企业。海外建厂进入国际市场的方式可以绕开技术、关税和贸易壁垒，可以带动建厂地的就业和经济发展从而得到建厂当地的支持，可以进一步了解进入国的市场状况和消费者需求，一定程度上可以减少资金投入和降低经营风险。但这种方式要花费更多的时间和精力去研究市场及投资效益，且由于民族文化等行为习惯的不同，也增加了市场的复杂程度和管理上的困难。并购式进入国际市场的方式可以方便获得现成的生产能力、技术、管理、信息等，为进一步整合全球研发资源奠定基础，可以获得品牌价值，从而避开发达国家的反倾销政策，可以有效获得国际化经营的经验和人才，从而提升我国家电企业的国际竞争力和管理能力。但并购式进入方式也存在一定的制约因素，比如对并购公司的评估本身就是一个复杂而又要求极高的过程，且即使并购之后，由于各方面的条件限制，使得人员、管理、渠道、文化等企业各个方面的整合难度加大。此外，由于这种方式对资本、经验、能力、战略等要求都很高，因此其风险性也特别高，需要家电企业做好充分的准备和拥有应对风险的强大能力。美的集团与中国其他家电企业一样，在国际化的道路上不断摸索，不断前行。美的集团选择的是国际市场"三步走"的战略。

美的集团成立于20世纪70年代，是一家规模较大的综合性现代化企业。集团主要业务为家电产业，另外也涉足房地产和物流运输等领域。因为其旗下同时拥有三家上市公司和四大产业集团，所以美的集团又是中国名列前茅的白色家电生产基地之一和出口基地之一。包括有知名品牌数十个，比如美的、小天鹅、正力精工、华凌、安得等等。美的空调与格力空调一直保持高市场占有率。

美的集团在中国拥有16个生产基地，产业链覆盖华东、西南、华南、华北、中原五大市场。另外在国际市场上也占有相当大的份额，分别在欧洲、亚洲和南美洲等地的6个国家开设了生产基地。集团开设海外分支机构60多家，在近200个国家和地区销售该品牌产品。20世纪末，美的集团的品牌价值年均增长率已经突破了30%，增长幅度始终保持着健康、合理、迅速的步伐。

作为我国家电行业的龙头企业，美的集团的国际市场进入方式一直备受关注。从美的集团成立之初发展至今，回顾其整个进入国际市场的历程，不难看出，美的集团一直在走一条稳健、保险的国际化道路。具体来看，美的集团在不同的时期、不同的阶段，根据自身实际情况和国际市场的风云变化，采用了不同的国际市场进入方式，即分"三步走"的进入方式：一是把自己作为世界工厂，进行贴牌生产，即OEM输出产品；二是进行合资，参股或者控股国外一些不大著名的家电品牌；三是在国外建厂，成为自己的品牌运营商。尽管没有明确的、具体的时间节点作为明显的标记，但我们可以看出三种方式相互补充，相互支持，不断根据实际情况做出调整，展示了美的集团在国际市场进入方式上的优势。

1. 做世界工厂，贴牌生产

美的集团跨出国门，真正迈向国际市场的第一步，采用的便是贴牌生产的市场进入方式。

20世纪80年代后期，随着改革开放的不断深入，美的集团在国家政策和市场经济不断发展的大背景下，自身规模和市场占有率不断得到提高，且由于国内家电市场竞争日益激烈，再加上经济全球化的趋势已成定局，许多企业纷纷开始走出国门，抢占国际市场。在此风潮之下，美的集团并没有跟风，以激进的方式开拓国际市场，而是选择了贴牌生产，进而出口产品，同时以品牌进一步拓展国内市场，为后期更深层次的进入国际市场打通道路。在这一阶段，包括美的、海尔、格力、TCL等大型家电企业在内的国内众多家电企业都基本处于产品科研的初级阶段，所生产的家电产品技术含量不高，整个行业创新意识不强，科技水平难以达到国际标准的要求。另外，由于当时国内生产成本无论是人力成本还是原材料成本都较低，这就使得企业生产的家电产品往往供大于求，生产与销售之间矛盾突出。美的集团充分认识到了这些现实和自身优势，因而避开自身短处，利用劳动力成本低、营销能力强等优势，以贴牌生产方式进入国际市场。

从美的与OEM厂合作的方式来看，美的集团选择OEM方式，可以有效减少投入，降低投资风险；可以快速进入新的行业和产业；可以快速学习行业内先进的工艺和技术。此外，OEM合作方式可以发挥美的在市场拓展、成本低廉、规模效应等方面的优势，同时能提供提升管理和技术水平、提高生产效率等方面的机会。而美的集团自身又具有对大宗原材料的采购优势、一定的资本支持优势、强大的分销能力优势以及在国内良好的品牌形象优势等，两者的需求刚好得到匹配。对于美的集团来讲，OEM是有效进入国际市场稳健又可行的进入方式。

选择贴牌生产方式进入国际市场，主要体现在美的集团的空调生产方面。美的集团以广东顺德和越南的制造基地作为进入国际市场贴牌生产的"后备军"，这样一方面可以充分利用国内廉价的资源和劳动力优势，另一方面可以有效规避贸易壁垒，优化产能布局，全面进入国际市场。此外，美的集团还将在国际市场具有一定价格优势的微波炉和小家电等产品作为这一阶段的主打产品，以为今后其他产品的出口拓展营销道路。另外，美的集团还对自己的品牌形象进行了一定的保留，为将来树立更好的国际品牌形象打下铺垫。

贴牌生产方式使得美的集团的销售额以每年40%的规模迅速增长，并获得了环球资源设立的中国出口成就奖中的管理创新奖。同时，美的集团也为18家全球零售集团和世界十大知名品牌做贴牌生产，兼顾了创造国际知名品牌的中长期战略。美的集团利用这一方式，成功地开拓了国际市场。

但是，与许多国际知名家电企业比起来，美的集团的差距还是十分明显，主要体现在产品的技术含量和经营管理水平不足。要改变这一现状，美的集团就得注重技术和管理，而与在这方面领先的企业进行合作便是美的集团的选择。

2. 行合资合作，参股控股

有了前期通过贴牌生产铺设营销渠道及其资本和经验的积累以及一定的知名度之后，第二阶段，美的逐步开始实行通过参股或控股进行合资经营的国际市场进入方式。

从当时的国内家电市场来看，随着市场化程度的进一步加深、消费者需求变化、原材料价格上涨等，国内家电市场的竞争更加趋于白热化，家电企业纷纷以"价格战"勉强立于市场，更出现了许多中小型家电企业倒闭、被收购的现象。此外，美的集团的主要竞争对手如海尔、TCL、格力等大型家电企业均已经在国内市场上站稳脚跟，且在国际市场上也取得了一定的成绩。从国际家电市场来看，竞争状况也不容乐观，各家电企业巨头凭借先进的生产技术和高科技水平，纷纷加强国际市场的拓展，进入一些具有潜力的国际市场。

根据这一形势，美的集团及时调整国际市场进入方式，加强国际渠道和技术方面的合作。在国际营销渠道建设上，美的集团积极采用与目标企业高合作的方式，例如在进入埃及的空调市场时，美的集团就收购了埃及Miraco公司32.5%的股份，因此而获得Miraco公司的产品、品牌及市场机会，继而为美的开拓非洲市场提供了良好的平台，也为继续与国际知名家电企业开展更深层次的合作打下了坚实基础。在技术和管理经验的获取方式上，美的集团也充分利用合资合作的方式，例如与东芝、三洋和德州仪器(Texas Instruments)等全球知名企业展开了全面的技术合作，就是想通过合资，获得这些企业采购管理、品质管理、制造管理和技术权限等方面的核心价值，以弥补自己在这些方面的不足。另外，2011年美的集团与美国开利公司合资成立美的开利拉美合资公司，共同进军拉美市场。这一合资方式，不仅降低了风险，减少了进入拉美市场的阻力，还获取了最先进的家用空调生产线，一跃成为拉美地区最大的家用空调制造商。2012年3月21日，美的集团与印尼商用空调公司组建了美的印尼商用空调合资公司，向印尼的空调市场展开攻势，此外，美的集团还与当地最具实力的经销商进行强强联合，进一步打开印尼市场，开创美的在印尼的创收时代。继成功收购德国库卡机器人后，美的又在智能制造产业加码布局。2017年2月9日晚，美的集团股份有限公司对外宣布与Servotronix——一家专注于开发和销售运动控制及自动化解决方案的以色列高新企业达成战略合作。通过与国际上优秀家电企业的合资合作和参股控股，美的集团逐步吸收了国外优秀家电企业的先进技术和管理经验，建立起了自己的核心竞争能力。美的集团并不是立刻完全退出贴牌生产市场，而是在进入国际市场方式的重心上有所偏离。

3. 建生产工厂，运营品牌

美的集团的贴牌生产和合资合作方式，为其更深层次地进入国际市场奠定了经验、技术、营销渠道等方面的基础。与此同时，美的集团做自己品牌运营商的战略目标逐渐提上日程。在此阶段，美的集团一直在为成为品牌运营商而做好各方面的铺垫工作。美的越南平阳基地已建成投产，并在美国、德国、加拿大、英国、法国、意大利、西班牙、迪拜、日本、韩国、印度、菲律宾、新加坡、泰国、俄罗斯、巴拿马、马来西亚、越南等地设有21个海外机构。

这种布点开发并形成区域战略布局的做法，充分保证了美的集团品牌运营的顺利实现。专业的品牌运营需要专业的国际化人才，美的集团在收购国外先进家电企业获取先进技术和管理经验的基础上，广泛开展人才战略，吸引专业化的国际人才，为品牌运营提供了充实的人力保障。通过与领先的国际家电业巨头进行资本、品牌、市场、产品等要素的合作与合资，美的进一步推动了品牌的国际化，同时有效提升自己对品牌的国际化管理水平。

实行品牌运营的国际市场进入方式，主要得益于前期的充分准备。美的集团起初主要以自己的优势业务——空调产品作为品牌宣传的基础。由于不管是在先进技术、国际标准，还是在品牌管理和销售渠道上，美的集团都具有了坚实的基础，使得空调这一业务成功进行品牌运营之后，可以有效地带动其他业务进入国际市场，实现品牌运营。2013年美的集团整体上市，成为集"研发、采购、分销、物流等全共享平台"等诸多核心竞争优势于一体的国际化家电企业集团。

在"智慧家居+智能制造"的"双智战略"驱动下，美的集团已经从传统的家电企业蜕变为一家全球领先的消费电器、暖通空调、机器人及工业自动化系统、智能供应链（物流）的全球化科技集团，并在2016年跻身世界500强。

资料来源

1. 郭铁民：《中国企业跨国经营》，中国发展出版社，2002年。
2. 巫成功：《中国企业国际化管理》，中国商业出版社，2004年。
3. 黄瀚文：《我国家用空调国际竞争力研究》，广东外语外贸大学，2014年。
4. 黄文静：《美的集团国际市场进入方式》，暨南大学，2014年。
5. 皇甫远枝：《美的集团职业化传承模式选择与影响探究》，浙江工商大学，2017年。
6. 美的集团股份有限公司 2017 年年度、2018年半年度报告。
7. 马利娜，畅平，刘少荣：《美的集团跨国市场进入战略研究》，载《中国管理信息化》，2017(4)。
8. 王文龙：《美的洗衣机中东市场营销策略研究》，南京大学，2015年。
9. 美的官网，http://www.midea.com/cn/。
10. 产业在线，http://www.chinaiol.com/。

案例思考题

1. 家电企业的国际市场进入方式有什么特点？
2. 美的集团国际市场进入方式成功之处和弊端各是什么？
3. 有没有与美的集团进入国际市场进入方式有很大差异的家电企业？差异表现在哪里？
4. 美的集团在国际市场上面临挑战，如果你是美的集团国际营销的决策者，下一步应如何做？

第 6 章　国际市场产品策略

本章提要　通过本章的学习，把握产品生命周期理论及相应的营销策略，理解产品的概念和层次，重点辨析国际市场产品标准化策略和差异化策略及其选择标准，掌握国际市场中的出口产品改变策略，熟悉国际市场的品牌策略和包装策略，了解产品的质量保证和服务策略。

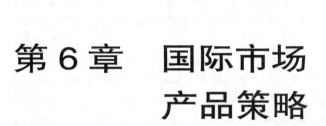
引　例

　　2007 年 1 月 9 月，在 Macworld 上，史蒂夫·乔布斯（Steve Jobs）第一次向全世界展示了初代 iPhone。171 天后，2007 年 6 月 29 日，初代 iPhone 正式开售。

　　在这之后的 10 年里，苹果共发布了 15 款 iPhone，包括初代 iPhone、iPhone 3G、iPhone 3GS、iPhone 4、iPhone 4s、iPhone 5、iPhone 5s、iPhone 5c、iPhone 6、iPhone 6 Plus、iPhone 6s、iPhone 6s Plus、iPhone SE、iPhone 7、iPhone 7 Plus。

　　虽然在当时来看，初代 iPhone 是一款充满了"硬伤"的产品，比如电池续航差得令人发指（远比不上同时期的塞班、黑莓智能手机）、价格极为昂贵（4GB、8GB 容量的合约价高达 499 美元和 599 美元，注意是合约价）、仅支持 AT&T 的 2G 网络，摄像头不支持录像、没有内置 GPS 模块等等，但突破性的设计、革命性的多点触控交互让这些缺点都变得无足轻重。发售当天，无数人在 Apple Store 零售店外排队等候，而"排队买 iPhone"也成了新款 iPhone 发售时的保留节目。

　　虽然前三代 iPhone 都取得了不错的销售数据，但真正让 iPhone 从"小众手机"变成"大众情人"，帮助苹果在智能手机市场无往不利的是 2010 年 6 月发布的 iPhone 4。

　　凭借着分辨率高达 960×640 的 Retina 屏幕，现在来看依然可以用精致来形容的"双面玻璃+不锈钢中框"设计以及 9.3 毫米的厚度（当时最薄的智能手机），从产品上看，iPhone 4 可以用"革命性"来形容。发布会上，乔布斯也自信地表示，iPhone 4 是"the biggest leap since the original iPhone"（初代 iPhone 后最大的飞跃）。

　　有了这样一款产品，iPhone 销量的暴涨就显得"合情合理"了。2009 年第四财季，也就是 iPhone 3GS 上市后第一个完整的财务季度，iPhone 的销量为 740 万，一年之后，这个数据变成了 1410 万，要知道，这个数据还是 iPhone 4 在全球范围内严重缺货的情况下取得的。

对于很多中国的消费者来说，iPhone 4 也是很多人对 iPhone 的第一印象。虽然联通在 2009 年底就将 iPhone 3G 和 iPhone 3GS 引入了中国市场，但"阉割"Wi-Fi 让 iPhone 的使用体验大打折扣，不过 2010 年 9 月 25 日上市的行货 iPhone 4 成功保留了 Wi-Fi 功能。凭借着在产品层面上相比同期 Android 手机的巨大优势，以及中国联通的巨额补贴，iPhone 4 在中国地区上市几个月后依然"一机难求"。

乔布斯生前曾多次表示，"3.5 英寸屏幕是智能手机的最佳尺寸"。不过时过境迁，Android 阵营的三星、HTC 等品牌，正在通过屏幕更大的产品来抢夺 iPhone 的市场，特别是三星在 2011 年发布的第一代 Galaxy Note，更是成功开创了"平板手机"（tabletphone）这一全新的产品门类。最终，在 2014 年 9 月发布的 iPhone 6 和 iPhone 6 Plus 上，苹果终于放弃了矜持，彻底拥抱大屏，把屏幕尺寸大幅提升到了 4.7 英寸和 5.5 英寸。在终于加入了大屏这个卖点后，iPhone 的销量又迎来了一次"爆发"。2015 年第一财季，也就是 iPhone 6 和 iPhone 6 Plus 上市后第一个完整季度，iPhone 的销量达到了创纪录的 7446.8 万部，比去年同期（也就是 iPhone 5s 和 iPhone 5c 上市后的那个财季）的 5102.5 万增长了 46%。

回顾过去 10 年，iPhone 作为现代智能手机的开创者，在最开始取得成功后，苹果公司并没有停止在产品研发、销售渠道上的探索，从而在现在这个优秀智能手机井喷的时代，依旧可以在高端市场份额、行业利润上保持近乎垄断性的优势。

在 2016 年 9 月 iPhone 7 和 iPhone 7 Plus 的发布会上，苹果公司宣布 iPhone 的累计销量已经超过了 10 亿部，而根据第三方机构的统计数据，iPhone 6/6 Plus 和 iPhone 6s/6s Plus 这两代产品的累计销量已经达到了 2 亿部左右。

6.1 国际产品生命周期

所谓产品的生命周期，是指产品从投入市场到最终退出市场的整个过程。因此，可以看出，任何产品的生命都是有限的。引例中苹果公司在 10 年中就发布了 15 款手机产品。当将国内市场扩展到国际市场时，由于各国经济发展水平和科技进步等差异，导致国际产品生命周期的表现形式和内容与国内产品生命周期不同。

6.1.1 产品生命周期理论和企业营销策略

1. 产品生命周期理论

在国内市场上，产品生命周期一般被分为介绍期、成长期、成熟期和衰退期四个阶段。在产品生命周期的不同阶段，产品特性、市场状况和消费者特征分别具有不同的特点，企业需要制定不同的营销、财务、制造、购买和人力资源战略。图 6-1 显示了大多数典型产品的钟形生命曲线。

图 6-1 表明，在产品进入市场的不同阶段，产品的销售水平和企业的利润水平都会有不同的变化趋势。在产品的不同生命周期阶段，产品的设计开发、企业生产规模、利润水平、市场竞争状况和消费者特征等各方面都会有不同特点，具体如表 6-1 所示。

第 6 章 国际市场产品策略

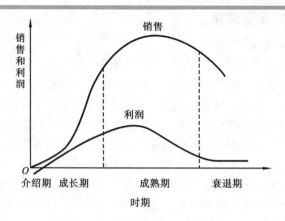

图 6-1 产品生命周期图

表 6-1 产品生命周期表

		介 绍 期	成 长 期	成 熟 期	衰 退 期
生产和产品	结构	基本型	第二代,提供产品的扩展品、服务和担保	细分化的、复杂的,产品品牌和式样多样	逐步淘汰疲软产品
	质量	粗劣的	好的	优质的	有缺陷的
	生产能力	过剩	不足	理想的	过剩
营销和竞争	营销目标	创造产品知名度和试用	最大限度占有市场份额	保卫市场份额并获取最大利润	对该产品削减开支,挤取收益
	客户	创新的、高收入的	高收入的、大众市场	大众市场	落伍者、特殊顾客
	分销渠道	建立选择性分销	建立密集广泛的分销	建立更密集广泛的分销	进行选择,逐步淘汰无利的分销网点
	促销	大力加强销售促进以吸引试用	充分利用有大量消费者需求的有利条件,适当减少促销	增加对品牌转换的鼓励	减少到最低水平
	竞争者	很少	逐渐增加	数量稳定开始减少	数量衰减
价格和成本	价格	高,采取成本加成	较低,市场渗透价格	最低,竞争性的价格	削价
	毛利润	高	较低	最低	低
	成本降低	很少	很多	较慢	无
	刺激	渠道	渠道、消费者	消费者、渠道	渠道

资料来源 乔尼·约翰逊:《全球营销(第三版)》,中国财政经济出版社,2004 年,336-337。

2. 不同阶段企业的营销策略

1) 介绍期的营销策略

新产品首次导入市场，刚刚进入经销商渠道，其销售增长是比较缓慢的，产品的促销费用高，公司往往亏本或利润很低。企业营销的目的在于：告诉潜在消费者新的和他们所不知道的产品，并引导他们试用该产品；建立和完善分销渠道，稳定产品质量。企业销售的主要目标是那些最为迫切的、革新型的消费者，通常为高收入阶层。如果他们试用过该产品并感觉满意，革新型消费者就会偏好该产品的品牌，同时通过他们的示范效应可以使得产品加快推向大众市场，大大缩短产品的市场导入时间。

在产品介绍期，由价格和促销两个变量形成四种企业营销策略，如图 6-2 所示。

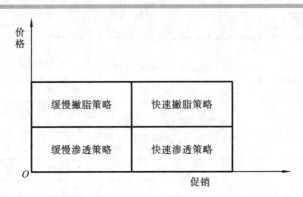

图 6-2 价格和促销两个变量形成的企业营销策略

(1) 快速撇脂策略，指以高价格和高促销水平的方式推出新产品。这一种策略适用于以下几种情形：潜在市场的大部分人还没有意识到该产品；消费者对产品的价格并不敏感；企业的营销目标要求建立自己的高端品牌形象，而不仅仅是收回成本；有潜在竞争者进入。但是高价策略带来的利润吸引势必会引来竞争者的加入。因此，企业应迅速使消费者建立对自己品牌的偏好。

(2) 缓慢撇脂策略，指以高价格和低促销水平的方式推出新产品。这一种策略适用于以下几种情形：市场规模有限；大多数消费者已经熟悉该产品且认为产品价格物有所值；潜在的竞争压力并不大。

(3) 快速渗透策略，指以低价格和高促销水平的方式推出新产品。这一种策略适用于以下几种情形：潜在市场规模大，但市场上大部分人还没有意识到该产品或对该产品的认知水平不高；消费者对价格比较敏感；企业面临很强的潜在竞争。使用这一策略有利于新产品迅速打开市场，提高市场占有率，同时低价策略还有利于提高竞争者的进入壁垒。但是低价策略容易使消费者产生对产品的廉价、劣质等负面联想，这种低端市场的心理定位不利于以后产品向高端市场的延伸。

(4) 缓慢渗透战略，指以低价格和低促销水平的方式推出新产品。这一种策略适用于以下几种情形：市场潜力大，企业已具有一定知名度且在消费者心目中建立了一定的品牌偏好，消费者对产品价格比较敏感，企业面临潜在的竞争威胁。

2) 成长期的营销策略

在这一阶段，随着消费者新的消费模式的形成和竞争者的不断进入，企业的营销目的不再是建立产品知名度，而是转移到在消费者心目中建立产品的品牌偏好，以尽可能地维持市场增长。具体的措施包括：改进产品质量，增加新产品的特色和式样以满足消费者的差异化需求；开发侧翼产品，全面覆盖市场；进入新的细分市场或建立新的分销渠道；企业广告宣传转移到产品的品牌偏好上，建立产品的品牌形象，培养顾客忠诚；在适当的时候还可降低价格，以吸引那些对价格敏感的消费者。

3) 成熟期的营销策略

这一阶段的持续期一般长于前两个阶段。成熟期企业的营销目的在于进一步强化产品品牌赋予消费者的独特利益，稳定和进一步扩大忠诚顾客，提高顾客的转换成本。企业要千方百计地延长产品的成熟期，可以通过市场改进、产品改进和营销组合改进等三种策略实现。

(1) 市场改进策略。市场改进从扩大市场的角度出发，从产品消费者数量和使用频率中寻找成熟品牌的市场发展潜力。扩大消费者数量的措施包括：转变非使用者为消费者，进入新的细分市场，争取竞争对手的顾客；提高产品的使用频率可以从增加产品的使用次数、增加产品每次的使用量等方面着手。如宝洁在销售旗下洗发水产品系列时，会附加"重复使用，效果更好"的说明，以达到扩大销售量的目的。

(2) 产品改进策略。除外部市场改进外，企业还应努力改进产品特性以刺激销售，包括质量改进、特点改进和式样改进。质量改进的目标是增加产品的功能特性，通过及时向消费者传递产品"更好""更大""更快"等理念以拉开与竞争对手的差距；特点改进的目标是通过改变产品的材料、尺寸等设计参数来增加产品的新特点，扩大产品的多功能性、安全性或便利性；式样改进突出了产品的美学诉求，满足了消费者微妙的心理需求，通过产品颜色和结构的变化及包装式样的更新，使产品获得独特的市场个性。

(3) 营销组合改进策略。企业可以通过改进营销组合的其他要素来刺激销售，如降低价格、完善分销渠道、增加广告投入、加快产品交货周期、提供差异化服务等。

4) 衰退期的营销策略

在衰退期，企业的主要营销目的在于处理好已老化的产品，并准备开发新产品。企业有以下策略可以选择：维持策略，指沿用以往的分销、价格、促销策略，直到该产品完全退出市场；收缩策略，指将企业的资源集中于少数几个尚有利可图的细分市场，放弃其他无利或微利市场；转移策略，指将注意力转向该产品尚处于成熟期或成长期的国外市场，而这一策略恰好利用了国际市场产品生命周期特点；放弃策略，指在该产品已无利可图时，当机立断停止生产和经营该产品。

尽管有很多人运用产品生命周期理论来解释产品和市场的动态性，但这一理论并非万能，仍存在一些缺陷，具体表现在以下方面。①"产品生命周期理论"是一个以产品为导向的图像。而市场上产品种类日益丰富、不计其数，产品生命周期理论里各阶段的固定顺序和固定长度不可能涵盖所有产品。②对于营销者来说，这一理论可以作为计划和控制工具，而不宜作为预测工具。③产品生命周期是一个由企业自身营销活动决定的因变量，即企业的营销活动是因，产品生命周期是果。即使产品处于衰退期，如果企业可以成功重塑或使成熟产品年轻化，增加衰退期产品的附加价值，同样可以使产品重新焕发青春活力。

6.1.2 国际产品生命周期理论及企业营销策略

1. 国际产品生命周期理论

当把国内市场扩展到国际市场时，由于各国在科技进步和经济发展水平等方面的差异而形成同一产品在各国的开发、生产、销售到消费上的时间差异，所以，同一产品生命周期各个阶段在不同国家的市场上出现的时间是不一致的，这被称为国际产品生命周期。

1) 国际产品生命周期的意义

美国哈佛大学商学院教授雷蒙德·弗农(Raymond Vernon)以产品生命周期理论为基础，对世界贸易和投资方式提出了新的理论，即"国际产品生命周期理论"，他将产品生命周期划分为三个阶段：产品介绍期，产品成长和成熟初期，产品成熟和标准化期。由于发达国家、较发达国家和发展中国家的经济、科技发展水平不同，因此产品进入这三个阶段的时间先后不一样。图6-3所示为国际产品生命周期图。

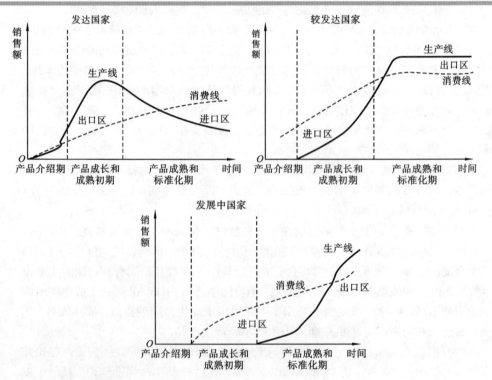

图6-3 国际产品生命周期图

2) 国际产品生命周期的不同阶段

由图6-3可以看出，国际产品的生命周期一般呈现以下运行规律。

(1) 产品介绍期。发达国家由于具备先进的技术优势，往往率先研制开发出某种新产品，并掌握这种新产品的生产技术。由于商业原则决定了要在最靠近需求的市场经营，只有这样企业才能攫取最大利润；而且新产品在投入市场初期，竞争对手少，竞争不激烈，所以产品主要在发达国家内部生产和销售，一般以满足本国消费者需求为主。在这一阶段，发达国家是唯一能够供应该产品的国家，因而通常占据着垄断地位。但海外市场的顾客也会出于满足需求的考虑而进口发达国家产品，于是发达国家开始酝酿和实施少量出口的产品计划。

(2) 产品成长和成熟初期。随着产品变得越来越流行，其他较发达国家的企业开始尝试生产同样的产品。较发展中国家而言，一些较发达国家更容易掌握新产品的生产技术，因而他们在此基础上开始仿制、开发该产品。此时，产品生产中所涉及的技术已经非常标准化了，由此也打破了发达国家生产这种产品的技术垄断地位。因此，由于较低的劳动力成本和运输费用，在这些较发达国家生产出的产品，其销量开始超过发达国家的出口量，这直接导致了发达国家出口市场的萎缩，较发达国家能够与发达国家展开有力竞争的阶段来临。竞争者增加，市场竞争激烈，替代产品增多，产品的附加值不断走低，企业越来越重视产品成本的下降，较低的成本开始处于越来越重要的地位，较发达国家逐步替代发达国家成为产品生产的主力军。为进一步降低成本，提高经济效益，抑制国内外竞争者，企业纷纷到发展中国家投资建厂，逐步放弃国内生产。此时，考虑到丧失了产品的技术优势及遭遇到较发达国家产品的成本压力，发达国家开始逐步萎缩该产品的生产，并开始转向其他新产品的研制开发。

(3) 产品成熟和标准化期。当产品进入成熟期后，产品不断完善，并已形成标准化大生产。这时，技术已经不成问题，原来新产品企业的垄断技术优势已经消失，而成本、价格因素成为企业在市场上成败与否的决定性因素，这时发展中国家的成本因素优势就日益显现出来。发展中国家的劳动力成本更为低廉，可以更低的成本成功生产出标准化产品并投入市场，使原先出口国的产品失去竞争优势，从而使得发展中国家由最初的进口国转为出口国；而发达和较发达国家开始逐步放弃市场上趋于饱和的产品，转向发展更新的产品和更新的技术。而国内对那些技术成熟标准化产品仍存在需求，因此这些国家开始从发展中国家进口产品，或是为了进一步降低生产成本，开始大量在发展中国家投资建厂，再将产品远销至第三国市场。

该理论很好地解释了国际贸易和国际营销产生的根源与背景。在发展新产品上，各国由于经济实力、技术发展水平等决定的各市场需求存在着时差，从而决定了同一种产品在不同国家存在着生命周期发展的不同阶段，而不同阶段中国与国之间在产量、成本、利润上的不同，便导致国际贸易及国际市场营销的产生和发展。国际产品生命周期理论应用于世界贸易，指出了发达国家在产品和技术开发中扮演着创新的角色，然后其他较发达国家开始掌握其产品技术，生产地也由发达国家逐渐转移到较为发达国家，在这些国家生产的产品不仅满足本国消费者需求，还大量出口到发达国家，由此较发达国家逐渐取代了由开拓者所把持的市场地位，而发达国家由最初的出口国转变成进口国；接着，这些较发达国家经历了同样的过程，把它们的市场地位让给了发展中国家。换句话说，最开始由发达国家生产的产品，随着技术进步和推广、成本降低的可能性，到最后可能只能在发展中国家生产了。而发达和较发达国家要想消费这种产品，则可能要从发展中国家进口。这一理论印证了许多产品的发展历史，尤其像纺织品、鞋、自行车、收音机、电视机、工业紧固件，以及用于不同目的的标准化元件。这些产品最初只在美国、西欧和日本才有,而现在则要从韩国、中国、巴西、印度等发展中的新兴国家进口了。

2. 国际产品生命周期对企业营销活动的意义

在发展新产品上,各国由于经济实力、技术发展水平等决定了各市场需求和市场结构存在着时差;由于引进产品渠道、方式,产品在国际市场上的先进性、本国的自然资源,以及该产品生命周期的阶段不同,决定了所引进产品在国际产品生命周期的同一阶段成长和成熟的速度也存在差异。因此不管是对发达国家、较发达国家还是对发展中国家,国际产品生命周期理论都具有很好的指导意义,只有企业能够充分把握各个国家的不同发展水平,认识到产品在各个国家生命发展的不同阶段,采取相应的营销策略,才可能实现利益最大化。

对发达和较发达国家而言,它们大多是新产品开发的策源地。企业可以利用产品在不同国家市场所处的不同生命周期不断调整市场结构,及时转移目标市场,延长产品生命周期。这样,在各个不同国家市场可以获得多个比较完整的产品生命周期和较大的市场容量,尽快扩大市场规模和增加销量,减轻由于本国产品生命周期缩短给企业带来的不利影响,并且缓解产品生命周期后期企业在本国市场上面临的激烈竞争压力。Hatfield 是美国的一家图像处理公司,其主要业务包括计算机控制绘图系统、裁剪系统和交互式设计及数据管理系统。在计算机控制绘图领域,Hatfield 是美国市场最大的供应商,同时也是西欧市场主要的供应商之一。但是在其他领域,它的地位就不那么显著了,Hatfield 与很多家企业存在着激烈竞争,大约有 12 家公司提供交互式图像设计系统。Hatfield 决定开拓中国和东欧市场,因为这可为 Hatfield 提供一条延长产品市场生命周期的途径。公司的高层认为:"许多国家不像美国的科技进步那么快,以此标准,一些认为已经过时的产品在国外还是可以很盛行的。"另外,还可以利用国际产品生命周期理论来不断调整产品结构,及时推出新产品,淘汰没有前途的产品,加速出口产品的更新换代。

对发展中国家而言,可以利用国际产品生命周期理论引进发达国家的新产品,依靠本国的自然资源和劳动力优势,以较低成本研制生产,将产品出口到原产国,从而不仅改变本国的出口产品结构,也促使本国产品结构不断改善。首先,发展中国家的企业可以从发达国家和较发达国家的先行产品生命周期曲线中,窥得本国产品生命周期的先机,前瞻性地在本国引入新产品,获得本地市场的先发优势,并依靠本国自然资源和劳动力优势,以较低的成本研制生产,将产品出口到原产国。其次,企业可以充分利用发达国家已有的新产品、新技术,通过消化、改进,迅速推出自己的产品,去抢占国际市场,且可以低成本优势向产品的原产国出口。最后,企业还可根据国际市场的需求状况,将在本国已处于衰退期的产品或技术出口到欠发达的国家和地区,以延长产品的市场生命周期。中国的彩色电视机就是这样走出国门的。我国是全球最大的电视机生产和销售市场,有调查显示,21 世纪初全国大中城市居民家庭的电视机普及率为 98.1%,全国电视机的总量已达 4 亿多台,其中 71.8%的家庭拥有 1 台,23.5%的家庭拥有 2 台,2.1%的家庭拥有 3 台,0.7%的家庭拥有 4 台以上。我国彩电行业看似有庞大的国内需求,却在 2000 年首次出现了全行业亏损的现象。从 1996 年长虹率先发起价格竞争对彩电行业重新洗牌,到 2001 年牵动整个家电产品的降价潮，我国彩电行业在2000年以后就进入了生产能力过剩的阶段，数年的累计库存达到几百万台。这种亏损不仅给企业带来财务危机，巨大的库存和越来越多的应收账款正在侵蚀着企业；而且更会给企业造成创新危机，没有持续的资金投入研发，就更没有机会分享高新技术带来的利润。有实力的彩电制造商开始将目光投向了海外市场，到海外市场去寻找产品新一轮的发展潜力。TCL王牌彩电在越南和印度与当地厂商合资办厂，销量分别占到当地市场份额的5%和8%；创维在墨西哥、土耳其设立生产基地；四川长虹在俄罗斯、墨西哥及印尼合资设厂，它看中的正是这3个国家人口众多、劳动力成本相对低廉、市场潜力大且关税壁垒较低的优势。如此这般的生产和营销国际化，通过在海外市场的生产和销售，有效地延长了产品在国际市场的生命周期，很好地缓解了企业在本土的销售压力。

国际产品生命周期理论很好地揭示了产品在走向成熟的过程中，逐步从发达国家向不发达国家转移的过程，也提供了产业发展的前瞻性眼光和思维。但是，很多事实也表明，不能将该理论简单地作为一种机械教条来看待，并盲目地套用。事实上，产品成熟程度的衡量要比想象中的情况复杂得多，此外，产品生产的跨国家流动不仅受到经济方面因素的影响，还要受到政治、法律等其他因素的制约。由于存在上述诸多因素，生产地就不一定会向低工资不发达国家转移。汽车行业为此提供了一个很好的范例。经过多年的发展，汽车似乎已经成为一项非常成熟的产品，然而，这并不意味着汽车产品已经完全标准化了。事实上，汽车是一种差异化程度很高、非常复杂且日趋尖端化的高附加值产品，汽车的设计和制造方法也处于不断的改进和发展之中。因此，汽车仍主要在高收入、发达国家设计、生产并装配。

 案例　　　"点点互动"的出海

近期，App Annie公布了"2018年4月中国App发行商游戏'出海'收入榜"。世纪华通旗下点点互动(FunPlus)首次夺得收入榜冠军，IGG、网易分列二、三位。

点点互动这家"出海"游戏公司身世颇具传奇色彩。2014年，FunPlus曾以9.6亿美元将旗下最大子公司点点互动出售给中技控股，虽因故被叫停，仍成为当年中国游戏公司最大并购案。2018年2月，世纪华通最终以69亿元人民币高价成功完成100%股权交割。一个如此低调的点点互动，如何频频吸引国内各大公司的垂青？又是如何一步步成为中国出海收入榜单的"头号玩家"？从点点互动的几款主打产品的市场反响中可以看出一二。

2011年，由点点互动自主研发的休闲社交游戏《家庭农场》(Family Farm)在Facebook上线。发布之初，《家庭农场》就确定了主攻美国市场的策略，并专注在"社交与模拟经营"品类之中深耕迭代。借由Facebook的平台优势，《家庭农场》在海外市场中表现优异，用户数量不断攀升，目前《家庭农场》全球用户总量已超过1亿。上线7年，依然在海外保持千万元人民币的月营收。同2011年开拓社交游戏市场一样，逐渐崛起的移动游戏市场成为点点互动的下一个方向。2012年，点点互动再次瞄准移动游戏市场的红利，顺势推出《家庭农场》的手机版——《海滨农场》(Family Farm Seaside)，发行后跃升为全球87个市场App Store畅销榜TOP10，可谓"每7个荷兰人就有1个在《海滨农场》

里种过菜"。在手游行业全速发展的 2015 年,《海滨农场》的用户总数超过 2000 万人,月流水在 300 万美元以上,成绩相当可观。《海滨农场》手游火爆的同时也带动了《家庭农场》的知名度,使页游的用户数得到又一次增长。

2015 年,是点点互动从欧美市场向全球扩张的重要一年。随着东南亚国家智能手机占有率的提升,开拓东南亚市场的最佳时机已经到来。考虑到东南亚市场的用户群体与中国手游属性的匹配度,经过严谨的分析,点点互动开始代理游戏《刀塔传奇》,把这款蕴含中国特色的产品带给了东南亚玩家。随即《刀塔传奇》的用户数得到了爆发性增长,达到 270 万人;这一数字,占据了当年东南亚智能手机用户总人数的 4.5%。

随着《家庭农场》《刀塔传奇》等游戏的成功起步,点点互动又陆续推出了包括《Royal Story》以及《Happy Acres》在内的模拟游戏,还成功代理了《Valiant Force》《League of Immortals》等产品,在多个平台上都获得了令人满意的成绩。点点互动在海外代理发行了策略游戏《阿瓦隆之王》,这款游戏一经推出,如飓风般横扫了 67 个国家的 App Store 畅销榜,更是两次登顶美国畅销榜,2017 年一举拿下当年中国游戏十强"十大最受海外欢迎游戏"奖。2017 年 9 月,点点互动乘胜追击推出了另一款大型策略类游戏《火枪纪元》。短短 3 个月突破全球 500 万下载量,至 2018 年 2 月初,《火枪纪元》海外营收已突破 1500 万美元;在 4 月中国手游收入排行榜中,《火枪纪元》跻身前三。

资料来源 左远良:《点点互动加入世纪华通:全球化战略"新名片"》,媒体训练营,2018-06-05,http://baijiahao.baidu.com/s?id=1602399430418955232&wfr=spider&for=pc。

6.2 国际市场产品策略

当市场从国内扩展到国外时,要考虑不同国家的经济发展水平、文化、政治局势、法律政策等各因素,因此,制定国际产品策略就更为复杂。

6.2.1 国际产品的概念和类型

1. 产品的概念和层次

产品是能够提供给市场以满足需要和欲望的任何东西。产品在市场上包括实体商品、服务、体验、事件、人物、地点、财产、组织、信息和创意等。它是一系列物理特性、心理特性、服务特性和象征特性的集合,能够给购买者或者用户带来益处,以及满足一定的需要。

获得和留住消费者的最好方法是持续地计算怎样使他们失去较少而获得更多。图 6-4 显示了产品的五层次模型,在向市场提供产品时,企业的营销者需要考虑产品的五个层次,每一个层次都增加了更多的顾客价值,它们构成了顾客价值层级。最基本的层级是核心利益,即顾客真正购买的基本服务和利益。例如消费者购买钻头并不是购买钻头本身,而是要买"孔"。第二层次,营销者必须将核心利益转化为基础产品,即产品的基本形式。如旅客留宿在旅馆,旅馆房间需相应提供床、浴室、毛巾等。第三层次,营销者应为顾客准备期望产品,所谓期望产品,即购买者在购买产品时通常希望和默认的一组属性和条件。如消费者在餐馆里消费时,不仅要吃到饭菜,还希望

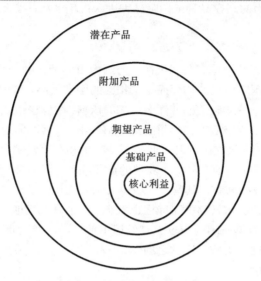

图 6-4 产品的五层次模型

饭菜可口、卫生、分量足,甚至希望餐馆环境安静优雅,灯光要柔和。第四层次,营销者还需提供附加产品,即产品本身还包括增加的服务和利益。产品的附加部分可以有很大的余地以实行差异化及建立自己的特征。如 Winnebago 工业公司是一家出口房车的龙头企业,其生产的美国式休闲房车比其对手有更多的特色,能给予消费者更多选择,因而保证了其在欧洲的利润不断稳步上升。从本质上说,今天的竞争发生在附加产品层次上。附加产品层次使得营销人员必须正视购买者的整体消费系统:用户在获得、使用、修理和处理产品上的行为方法。企业不仅要关注产品如何能够销售出去,更要关注消费者对产品的售后使用和废弃物处理情况,以及产品的售后服务等问题,而这也成为如今企业竞争的焦点。成功的企业不仅是在销售产品过程中,更在产品的使用过程中增加了额外的利益,超出了顾客的期望,使得产品不仅让顾客满意,而且使他们感到惊喜和愉悦。第五层次,营销者应为顾客准备潜在产品,所谓潜在产品,即产品最终可能会实现的全部附加部分和将来会转换的部分,它反映了产品未来的发展趋势。

2. 国际市场产品的概念和类型

不管是国内产品还是国际产品,都是一系列物理特性、心理特性、服务特性和象征特性的集合,能够给购买者或者用户带来益处,以及满足一定的需要;不管是产品的五层次模型,还是产品的构成模式,都同样适用于国际产品。按照产品参与跨地区和跨国家竞争的程度,可以把产品分为以下四个类别。

1) 当地产品

当地产品是指仅在某一部分国内市场上某一地区销售的产品。由于经济发展不均衡,再加上存在地方保护主义,在一些省份或地区广泛存在一些地方品牌。这些地方品牌往往依托当地的行政保护在地区占据垄断地位,但实际上这些当地产品创新能力不足、竞争实力弱,如烟酒行业,均有过地方割据的局面。一旦取消市场进入壁垒和行政割据，有实力的国家品牌或国际品牌进入市场之后，很多当地产品都会受到致命打击。

2) 国家产品

国家产品是指某一特定公司仅在单一国内市场销售的产品。有时全球公司也会为了迎合几个特殊国家市场的需要而推出相应的国家产品。例如，可口可乐公司为日本市场专门生产了一种非碳酸的西洋参风味的饮料，在秘鲁市场上推出了一种黄色的名为"Pasturina"的碳酸饮料。虽然国家产品盈利性很强，但也有可能对企业造成巨大的机会成本。因为，仅在国内开展业务无法产生和利用营销、研发和生产领域的总部全球杠杆效应；仅从当地产品身上获得的市场经验无法复制、转移并运用到另一个市场上，一旦市场发生转移，其营销环境也会跟着变化；不仅是市场经验，单一产品领域所获得的管理技能可转移的可能性也太小，一个只在当地销售产品的管理人员，尚且可以在该产品的单一国内市场上有效运用他们的经验，而产品一旦扩展到国外市场，这些经验往往"英雄无用武之地"。

3) 国际产品

国际产品是指在区域性的多个国家市场上销售的产品，通常是对于一个特殊的贸易区域而言特有的产品。这里所说的区域性国家市场往往是指这些国家的市场经济发展水平、消费者行为模式或文化等方面是相似的，因此可以通过标准化协调来尽可能地节约成本。这也为营销者开拓国际市场提供了便利，其在国内市场销售产品的经验可以适当拿到区域性国家市场上运用。很典型的例子就是欧洲产品，在欧盟制度下其产品基本形成了自由流通的局面，虽然这些产品遍及欧洲但却不涉及世界上的其他地区。

4) 全球产品

全球产品是指通过一些共同的特征在所有国家均被标准化的产品。全球产品的市场是全球市场，一个真正的全球产品生产企业，产品可销售到世界上任何一个地区，任何一种发展程度的国家。当一个行业走向全球化的时候，该行业的公司就会处于开发全球产品的压力之下。产品全球化的主要推动力是产品的研发成本。随着竞争的加剧，通过设计全球产品可以降低产品的研发成本。这些全球产品有的是根据全球市场的共同需求所设计的，有的是根据当地市场的特殊需求而设计的。不管这些产品如何设计，满足市场需求是企业营销者一贯遵循的宗旨。

6.2.2 国际市场产品的标准化策略和差异化策略

对市场行为而言，全球化的市场必然会涉及全球化的协调。这就意味着在任何一个国家采取一个全球化的营销运作战略，就会涉及营销标准化的程度问题：是否在各个国家市场上，产品、广告、分销和其他有关营销的基本要素要保持一致。换言之，跨国营销的企业必须做出一个决策：产品是标准化，还是差异化？

1. 产品标准化策略的概念及其利弊

产品标准化策略是指企业向不同国家和地区的全球所有市场提供相同的标准化产品。实施产品标准化策略的前提是市场全球化。这种策略很简单，只需将现有产品和服务提供给所有市场。可口可乐、Levi's牛仔裤都是采用统一产品和营销手段的典范。当然,绝对的标准化产品很少见到,通常一个产品的一些特性需要被改变,如包装上的文字须印刷当地语言。标准化通常以核心产品为基础,同时还意味着是一种模块设计。各种特征被预先保证成为组件,然后被聚集起来形成不同的组合以瞄准不同的市场,这种创造的灵活性表明一个企业可以在不同国家提供不同型号的产品,不仅适应了当地需求,同时也没有损失标准化的优势。

任何一种策略都不可能是完美的,标准化策略也不例外。产品标准化的优势是比较明显的,但仍存在不少弊端,其利弊具体如表6-2所示。

表6-2 产品标准化的利弊分析

优 势	弊 端
规模效益,降低成本	缺乏目标
改进质量	缺乏独特性
建立统一的全球产品形象	政府条例影响导致应对贸易壁垒脆弱
全球化顾客群的共同需求趋势	强大的本土竞争对手
全球营销的有效控制	

1) 标准化策略的优势

(1) 规模经济,降低成本。产品标准化形成的一个主要优势就是规模经济导致的成本降低。这种规模经济不仅体现在生产规模上,还包括产品研究和开发、销售的经济性等。由于全球市场的需求,产品成本被更多的销售额所分摊;集中采购会产生大宗的折扣和其他方面的节约;当把一个标准化产品推向各个国家市场时,将会节约大量媒体的广告宣传费用和销售费用;产品标准化可以避免因为要设计差异化的产品而增加研发费用。

(2) 改进质量。因为额外的资源被集中到产品的发展和设计上,标准化的产品和服务可能会得到更彻底的检验。企业往往会投资于最先进的生产流程以确保产品的标准化程度,这样会提高产品的耐久性和可靠性。

(3) 建立统一的全球产品形象。产品标准化可以使统一客户服务设计的做法成为可能,产品风格(特征、设计、品牌和包装)的一致有利于建立统一的全球产品形象,从而提高总体销售水平。标准化的广告信息和广告口号有效利用了营销沟通的影响。一个习惯购买和使用特定品牌的消费者,即使到了国外,只要能买得到该产品,他都会购买。在国际旅游日益频繁的影响下,以及大众媒体的宣传下,品牌得到了全球性的关注,这就要求通过标准化来实现产品的一致性。

(4) 全球化顾客群的共同需求趋势。在很多国家,顾客群的需求具有共通性。全球化的沟通和日益增长的世界旅游促使服装、电脑、巧克力等产品在世界范围内扩散。不同国家的消费者都需要同样的产品质量和服务。而标准化产品就具有适应他们需求的优点。

(5) 全球营销的有效控制。国际市场营销的地理范围比国内市场营销大,产品标准化一方面降低了营销管理的难度,另一方面集中了营销资源,企业可以在数量较少的产品上投入更多的资源,对营销活动的控制力更强了。

2) 标准化策略的劣势

虽然产品标准化策略优势明显，但是对它的质疑之声一直没有停止过，也有不少因实行标准化策略而失败的跨国公司。标准化策略的劣势表现在以下几方面。

(1) 缺乏目标。标准化的产品可能会忽视某一国家消费者偏好方面的具体目标。不同国家的消费者，无论是品味还是需求方面都有很多不同。另外，标准化还可能导致对市场细分不够准确，以至于很多全球化产品的最终定位可能是更大市场上的部分核心市场或是有特色市场。苏希尔·维可尼(Sushil Vachani)和小路易斯·T.韦尔斯(Luis T. Wells)在研究五家跨国公司印度子公司的产品决策后解释了产品标准化的不足，认为仍有很多细分消费品市场未被标准化产品填补，并指出这些公司没有按照当地人的需求特点制造产品。

(2) 缺乏独特性。在这个崇尚个性消费，市场越来越丰富的年代，独特性在很大程度上象征了消费者独有的观念和生活方式。而标准化恰好忽略了这一点，有脱离当地需求的风险。

(3) 政府条例影响导致应对贸易壁垒脆弱。各国政府都会利用相关条例建立贸易壁垒以保护本国行业的发展，为了获得标准化带来的利益，企业必须打开贸易制度的大门。其标准化产品全球性的输出必须在至少一个或两个国家实现，否则很难达到规模经济，而这也意味着产品必须符合当地条例规定。这对于实行标准化的产品来说，往往是十分困难的。

(4) 强大的本土竞争对手。本土竞争对手有能力制定一套强大的防御措施，通过提供差异化产品和特殊服务，以及与当地同行业成员密切合作，抵挡住跨国公司的攻击。而跨国公司如果一味坚持产品标准化，则很可能会失败。

因此，尽管采用标准化产品和营销组合具有明显优势，但在实际运作中需要对设计、生产、促销的规模经济以及本地化是否带来更大市场能力进行权衡，以取得最大的经济效益。

2. 产品差异化策略的概念及利弊

1) 产品差异化策略的概念

所谓国际市场产品的差异化策略，是指企业在世界范围内向不同的国家和地区的市场提供不同的产品，以适应和满足不同国家和地区市场的差异化需求。与产品标准化策略恰好相反的是，差异化策略就是为了满足不同国家和地区的消费者由于所处不同的地理、经济、政治、文化及法律等环境尤其是文化环境的差异而形成的对产品的千差万别的个性需求。

尽管人类存在一些共同需求，但在不同国家市场上，消费者需求的差异还是很大的，这些差异通常与文化、消费者的偏好高度相关，而且还与目标市场的经济条件相关。即使是一些生产标准化产品的跨国公司也在努力设计能符合地区性或世界性差异需求的全球产品。可口可乐公司专门针对香港市场开发出 Hi-C 豆奶。麦当劳虽然在海外销售的汉堡包、软饮料和其他食品与在美国的相同，连设在海外的餐厅外形也与美国的一样，但麦当劳也试图按照地方差别来调整产品。麦当劳的连锁餐厅在美国叫"Ronald McDonald"，到了日本则被称为"Donald McDonald"，这是因为这个名称对于日本人来说叫起来比较容易。麦当劳的菜单在不同国家也有所不同：在德国销售啤酒,在法国销售白葡萄酒,在印度销售羊肉汉堡包,而到了中国则提供鸡肉汉堡包。

跨国公司往往采取不同程度的差异化,最常见的有强制性和自愿性两种。强制性的产品差异化指制造商仅对产品设计做较少变更或修改,原因有:①进入特定国外市场时必须予以修改;②外部环境因素使然,这些因素包括国外市场的特定需求。简言之,强制性修改涉及安全规定、商品登记、质量标准和媒体标准等。多数强制性修改要求对产品进行物理性修改。自愿性的产品修改是企业的一种自愿行为,是为了打开和扩大国外市场,通过调整产品,使之更适合市场需求或符合当地市场需求的一种举措。铃木公司是一家主销发展中国家市场的汽车制造商,专门为低技术水平地区提供低端的车。在越南,铃木公司的工程师发现简陋的汽车穿梭在拥挤的市场上,于是就开发出一种介于小货车和大篷车之间的简陋小型车,名为"超载"(Supper Carry),汽车后部装有围栏,可容纳12个人,售价7000美元。铃木汽车节能、价廉,这对年人均收入仅以百美元计算,且汽油价格高达4美元/加仑的国家是十分具有吸引力的。

2) 产品差异化策略的利弊分析

产品差异化策略虽然能够避免由于标准化带来的诸多问题,但也存在一些弊端。具体如表6-3所示。

表6-3 产品差异化的利弊分析

优　　　势	弊　　　端
满足个性需求	高水平的调研能力难以满足
提高顾客满意度,培养忠诚顾客	高昂的企业成本费用难以满足
有利于提高销售业绩及增加利润	高水平的研发能力难以满足

企业根据不同的目标市场环境的特殊性和需求的差异性,生产和销售满足当地消费者需求的产品,很好地满足了消费者的个性需求,有利于提高顾客的满意度,培养忠诚顾客,提高消费者的转换成本,增加产品销量,提高企业利润。但产品差异化策略对企业也提出了更高的要求。首先,需要鉴别各个目标市场国家消费者的需求特征,这对企业的市场调研能力提出了很高的要求。调研不充分意味着消费者需求的相似或差异点不是被证明而是被假设出来的,这会使企业陷入陷阱。其次,企业生产、销售的产品种类增加,不能使生产、经营规模化,企业的研发成本、营销费用和管理力度都将大大提高。最后,由于开发设计不同的产品,要求企业具备足够的研发能力。总之,产品的差异化策略虽然能给企业带来不少好处,但也对企业提出了更高的要求,如何针对不同的市场需求开发和生产差异化的产品,采用差异化的营销手段,并尽量降低这种差异化带来的成本风险,是实行该策略的企业不得不认真思考的问题。

3. 产品标准化策略和差异化策略的选择标准

上述分析表明,产品标准化与产品差异化各有利弊。图6-5为企业营销人员进行产品决策提供了一些选择标准。

1) 宏观市场环境

宏观市场环境包括政府法规、非关税壁垒、消费者期望和偏好、购买方式、潜在用户的经济地位、经济发展状况、竞争对手、气候和地理条件等。政府法规可能是对产品调整影响最大的因素,政府往往通过法规强制性地保护本国产业发展,企业在这

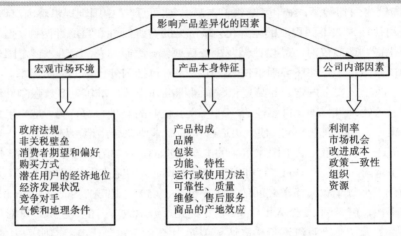

图 6-5　影响产品差异化的因素

种情况下往往需要按规定办事，或是通过直接或间接的游说对政府施加影响。非关税壁垒包括产品标准、检查或被认可的程序、地方产品补贴和官方文件等方面，通常是对产品核心以外部分的要求。为服从东道国法规，企业需要支付的成本往往很高，很多时候令一些中小公司望而却步。例如，"产品检测"和"合格产品入境许可证"两个要求，使得很多外国产品很难进入日本市场。消费者期望和偏好，其中还包括消费方式、心理特点和普遍的文化价值，尽管这些因素难以量化，却是产品决策中必须考虑的问题。可口可乐出品的 Diet Coke 到了日本就改名为 Coke Light，是因为日本人不喜欢"diet"字眼。经济发展状况也是营销者必须考虑的，因为它直接关系到国民的购买力问题，同时经济条件还会影响产品包装的大小和容量。在发展中国家，香烟经常是拆包销售的，以便经济能力有限的人能够购买。观察竞争对手的产品是制定产品决策的重要因素，在激烈的竞争态势下，一个公司想要保持自己的市场份额，实施差异化的产品策略常常成了关键。气候和地理条件也会影响产品设计的各方面。例如，在气候炎热的中东地区，空调设计要求增加某些功能特性以取得满意效果。欧洲的厨房一般比美国小，有限的空间要求电器的设计要小巧。

2) 产品本身特征

产品本身特征在一定程度上决定了产品能否标准化或差异化。非耐用消费品一般对各国消费者的偏好和习惯最为敏感，而对耐用消费品的需求就比较趋于同质化。营销人员需要确保产品构成不含有与目标市场法律、宗教或制度相抵触的成分。欧盟从 2005 年起开始规定所有进口电子电器设备都必须贴上 RoHS 标志，并且确保产品本身不包含汞、六价铬等六种有害物质。品牌代表了产品的形象，是产品最易标准化的因素之一，也有利于其他营销因素的标准化。品牌对消费者的心理作用是巨大的，往往能给企业带来巨大的溢价效应。品牌标准化在文化相似的国家用得最多，产品标准化和品牌标准化并不一定并行。包装的促销作用主要与标签和审美性有关。标签要考虑各个国家的法律规定，审美性主要涉及包装的颜色和形状。例如，发达国家较少使用白色包装，因为白色包装往往被消费者认为是次品。在国内市场供应的产品在国外市场上可能会遇到使用的问题。电器制造商面临的主要问题之一是各国电力系统的差别。例如,中国电器的额定电压为 220 伏,而日本额定电压为 110 伏,那么企业就需要了解各国电力系统差异以调整产品设计。产品的原产地效应对于消费者对产品质量的感知有着显著影响。在世界范围内,不同国家产品的声望是不一样的,不同国家的制造商在产品质量方面有着正面或负面的形象。例如,在发展中国家销售发达国家的产品,往往会被认为是优质品,在这种情况下,产品的标准化是比较合适的。而如果一种产品的原产地与低质量联系在一起,有两种方法可以解决:一种是将产品的原产地隐藏起来,对产品进行必要的修改,使用当地名称或知名品牌有助于产品获得"当地身份";另一种是继续产品的原产地身份,努力改变消费者对产品的态度,随着时间推移,当消费者对其高质量有所了解后,原来的偏见就会发生改变。

3) 公司内部因素

营销人员将产品投入国际市场时,不仅要考虑各种外界因素,还要考虑企业自身的能力问题。一般来说,因为制作技术和生产工艺已经建立和成熟,并且产品功能也已完善,标准化的产品不要求新的研发,因而可以节约成本,但是产品标准化涉及的最大成本就是机会成本,且难以量化。那么假设产品需要且值得差异化,公司就需要面临一系列内部问题,即是否具备各种能力,包括成本控制能力、正确评估市场潜力的能力和长期获利的能力,以保证产品的差异化所产生的收益可以消化其带来的成本。因此,制定产品差异化策略的一个重要基础就是必须全面地分析市场,必须保证有尽量精确的市场调研,包括收集第一手资料和进行市场测试。

需要明白的是,无论是标准化策略,还是差异化策略,都不能说一种策略一定优于另一种,两种策略并非完全对立、不可调和,这就需要企业适当地权衡,既可以通过全球化的营销使企业达到规模经济,同时又使产品适合当地要求,灵活运用这两种策略。许多产品的差异化、多样化主要体现在外形上,如产品的形式、包装等方面,而产品的核心部分往往是一样的。由此可见,产品的差异化和标准化是可以共存的,只是两者的表现程度不同而已,企业可以根据具体情况选择产品差异化与标准化的组合。

6.2.3　出口产品改变策略

美国学者沃伦·基根(Warren Keegan)提出,将适用于国际市场的产品设计和促销两要素结合起来(见表 6-4),有以下五种可供企业选择的策略形式。

表 6-4　国际营销中五种产品与促销战略

项目		产品		
		产品不改变	产品改变	开发新产品
促销	促销不改变	直接延伸	产品适应	产品创新
	促销改变	传播适应	双重适应	

1) 直接延伸策略

直接延伸策略是指产品和促销策略的标准化,即把产品直接推入国外市场,不加任何改动,并在国际市场上采用相同的促销方式。这是一种最简单的营销战略,可以大大降低企业的成本,其原因是采用规模经济和避免了重复的产品研发费用。对全球经营公司来说,相同的促销方式避免了为每个独立的市场进行广告宣传所付出的巨大成本。一些偶尔从事出口的企业和大型跨国公司都采用此策略,这帮助它树立了良好的统一产品形象。不过,因为其面临失败的风险性较大,能够适用这种策略的企业和产品很少。

2) 产品适应策略

产品适应策略是指改变产品的设计以适应当地的情况和消费者偏好,但向消费者传递的信息不变。当产品基本用途相似,只是使用条件、消费者使用和购买习惯存在差异时,可以采用此策略。如肥皂和去污剂制造商会根据当地的水质和洗涤设备对产品进行适当改变,但是其宣传策略基本没有变化。

3) 传播适应策略

传播适应策略是指企业向国际市场推出同一产品,但根据不同目标国市场消费者的不同需求,采用适宜于当地消费者需求特征的方式进行不同的宣传、促销的模式。虽然在形式上还是同一种产品,但会偏离最初的设计意图,以执行一种新的功能。这种策略主要适用于:产品本身具有多种功能和用途,而不同国家和地区的消费者倾向于不同的功能和用途,企业可以保持产品不变,只改变宣传信息;或者是由于各国语言文字和风俗习惯不同,为了让消费者接受,需要在促销方式上做必要的调整。这种策略的吸引力在于它的实施成本相对较低,由于产品没有改变,避免了生产线的调整,因而大大节约了由此导致的研发、工具使用、生产启动和存货管理成本。它唯一发生的成本在于确定产品的不同功能,并修改与之相适应的各种促销方式。

4) 双重适应策略

双重适应策略是指根据国际市场的需求特点对进入国际市场的产品和促销方式做相应的改变,既改变产品的某些方面又改变促销策略。有时营销人员会发现不仅环境条件或消费者偏好不同,而且产品所执行的功能或消费者对广告接受的程度也是不同的,在这种情况下企业就要采用产品和促销都改变的策略。如自行车在发达国家被作为运动、娱乐的工具,而在发展中国家则作为交通运输工具。当发展中国家向发达国家销售自行车时,就应对其款式、功能、色彩等方面进行改变,并制定相应的促销宣传策略。

5) 产品创新策略

产品创新策略是指企业针对目标国市场需求研究和开发新产品,并配以专门的广告宣传。虽然这是一种被动的改变,但一旦新产品开发成功,获利将会很大。在全球竞争中成为赢家的往往是那些能够开发并提供最大效益的产品的企业。产品创新策略通常意味着产品业绩的高水准和低价位,最终转化为巨大的顾客价值。但采用这种产品策略须谨慎,因为开发新产品的失败率很高(估计为67%~75%),而且影响新产品成功的可控和不可控因素更多,企业更难把握。因此,企业通常是在对现有产品进行改进仍不能满足目标国市场的需求,且目标国市场发展前景好,企业又有能力去开发新产品的前提下,才会考虑采取该策略。

6.3 国际市场品牌和包装策略

6.3.1 国际市场品牌策略

品牌是一个企业重要的无形资产,而一个成功的品牌对企业来说更是价值连城。当品牌进入国际市场并逐步发展成为一个强势品牌时,就意味着消费者无论身处何地,都能够对品牌形象及其背后所代表的企业形象和企业文化做出积极反应。因此,企业如何制定国际品牌策略、加强品牌管理显得尤为重要。

1. 品牌的概念

品牌是产品策略中的一个重要课题。区别专业营销者的其中一项就是看他们是否拥有对品牌的创造、维持、保护和扩散的能力。美国市场营销协会对品牌的定义如下:品牌是一种名称、术语、标记、符号或设计,或是它们的组合运用,其目的是借以辨认某个销售者或某群销售者的产品或服务,并使之同竞争对手的产品和服务区分开来。一个品牌往往可以传递出属性、利益、价值、文化、个性和使用者等六层意思。其本质就是营销者许诺向消费者持续传递特定的特性、利益和服务。

一项世界范围内的研究指出,品牌是影响消费者和企业购买决策的一个关键因素。在消费者的整个购买决策中,品牌的影响大约占 18%,强势品牌还可以有 19%的溢价。品牌也是消费者利益的主要来源之一,它可以简化日常选择,降低复杂型购买可能带来的风险,提供情感享受和社会归属感。除了品牌知晓度和忠诚度引起的增值以外,强势品牌还有助于企业开拓新市场或推出新产品。因此,品牌是公司的一项重要无形资产,甚至有专家指出,公司不久会在资产负债表上附上"价值评估表",将品牌等无形价值包括进去。随着经济全球化的发展,国家之间的竞争越来越表现为企业之间的竞争,而企业之间的竞争实质是品牌之间的竞争。

2. 国际品牌设计原则

国际产品品牌的设计除了要遵循产品品牌的一般性原则,如简单易懂、便于识别、有助记忆、构思独特新颖、引人注目、适应产品性质、便于宣传产品外,还应特别注意以下原则。

1) 符合各国消费者的传统文化和风俗习惯

出口商品的品牌设计应该注意与各国和地区的文化和风俗相适应。因此,国际营销者必须充分认识和理解各国消费者对颜色、数字、动物、花卉、语言等方面的喜好与禁忌。熊猫在中国被视为国宝,而在伊斯兰教国家却被视为讨厌的动物。因此,企业要根据不同国家的语言、风俗习惯等来设计品牌。

2) 符合国际法律规定

在国际上,要遵守保护工业产权的《巴黎公约》和关于商标国际注册的《马德里协定》《商标注册公约》等,这些国际公约对商标的国际注册、驰名商标的保护、商标的转让以及不能作为商标注册的内容等都做出了明确的规定。同时,国际营销者还要充分了解和遵守目标国相关法律法规,并向当地专利和商标管理部门申请注册,取得合法销售的地位，避免招致法律纠纷和损失。

3. 国际品牌策略

1) 品牌策略

营销者在进行品牌管理时要面临一系列决策，主要涉及以下五个方面的决策：品牌有无决策，即是否对产品赋予品牌的决策；品牌使用者决策，即应该由谁来使用品牌；品牌名称决策，即品牌应该取什么名称；品牌战略决策，即应该使用哪一种品牌战略；品牌重新定位决策，即品牌是否需要重新定位。图 6-6 所示为品牌策略选择图。

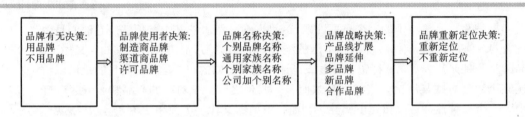

图 6-6　品牌策略选择图

(1) 品牌有无决策。品牌有无决策是指公司是否一定要给产品标上品牌名称。在自然短缺经济背景下，曾有很多产品不用品牌。但到了今天，品牌化的发展很迅速，以至于今日的产品很少有不使用品牌的。这是因为使用品牌能使销售者更方便地处理订单和解决贸易问题；品牌名称和商标保护能对产品独特性提供保护；品牌有利于培养顾客忠诚、有利于细分消费者市场，同时还有利于建立公司形象。

(2) 品牌使用者决策。在品牌使用者决策中，制造商有好几种选择使用品牌的方法，推出的产品可以用制造商品牌、渠道商品牌或许可品牌。目前在市场上，制造商品牌占统治支配地位。但是随着渠道商力量的崛起，渠道商品牌开始显著增长，并且对制造商品牌形成挑战。渠道商品牌就是渠道商拥有自己的产品品牌。尽管渠道商品牌的成功者很大程度上要受经济条件和渠道商对制造商的控制能力影响，后者想通过渠道商品牌来改善自己的财务状况，但是随着价格敏感型客户的增加和品牌忠诚度的降低，渠道商品牌在很多国家具有较强的渗透力。渠道商品牌的市场份额，在英国占30%，在德国占 23%，在瑞士占 23%，在法国占 20%。在美国过去的 20 年里，渠道商品牌的销售额平均占卖场销售额的 14%。很多渠道商相信，强势的渠道商品牌可以有效增加自己的网点特色，发展忠诚顾客并由此增加利润。渠道商品牌开始成为一个越来越可怕的竞争对手出现在制造商的面前。渠道商所生产的产品给渠道商带来高额利润，占据着有利货架，得到强有力的店内促销，更重要的是它们都是物廉价美的产品。与此相对比的是，制造商品牌通常定价过高，而且给渠道商提供的利润率比渠道商从自有品牌获得的要低。在这种情况下，制造商的营销人员要做出战略选择：是仍旧生产制造商品牌还是参与渠道商品牌的生产呢？战略参与的赞成者认为，既然渠道商品牌现象无法避免，那么最好的选择就是参与。虽然参与的结果会使制造商降低毛利，且不得不花费成本建立专门的渠道商品牌生产线和营销组织，但是制造商可以从生产渠道商品牌产品获得利润并由此推广自己的品牌，可以充分发挥多余的生产能力、产生规模经济和促进交易关系的改善。参与渠道商品牌产品的生产可能跟营销者的全球性品牌战略相矛盾，因此很多营销者根据营销条件和市场条件来确定参与的程度，采取一种混合策略。例如，美国的亨氏公司在本土没有为渠道商生产的渠道商品牌产品，但是到了英国，其生产的大部分产品都是属于渠道商品牌的。还有一种品牌，一些制造商或零售商通过"租用"对客户拥有吸引力的名称，诸如其他厂商创立的名称或商标、著名人物的姓名等，可以使产品得到一个家喻户晓的品牌名称，这就是所谓的"许可品牌"。

(3) 品牌名称决策。在品牌名称决策中，营销者需要对自己的产品选择品牌名称。有四种决策可供考虑：个别品牌名称、通用家族名称、个别家族名称、公司加个别名称。个别品牌名称，即不同的产品赋予不同的品牌名称，当其中一个产品受损时就不会牵连公司旗下的其他产品声誉，但是企业为每个产品建立消费者的品牌认知和偏好所付出的成本也是巨大的。通用家族名称，即所有的产品都使用一种品牌名称，使用这种名称的好处在于改进产品或新产品上市时可以节约市场推广费用，一旦一种产品受损，很可能会连累到其他产品的市场销售。个别家族名称，即只对同类产品赋予相同的品牌名称。公司加个别名称，即将公司的商号名称与单个产品名称相结合，这样做的好处在于公司名称可使产品正统化，而单个产品名称又能保持产品的个性化。在公司决定了品牌名称策略后，就要进行选择品牌名称的工作了，而品牌名称的选择可根据表 6-5 来进行。

表 6-5　品牌名称选择的策略建议

	特　　性	策　略　建　议
选择公司和品牌名称	表意文字	选择表达理想含义的品牌名称
	同形异义词	选择产生合理联想的名称
	多音	选择发生发音联系的名称
	艺术字体	用吸引人的书法书写名称
	多种书写形式	选用适合不同类别产品的书写形式
	幸运名称	选择与表达幸运数字和阴阳关联的名称
建立正确形象	声誉	创造美誉联想，提升公司形象
	神秘性	审查神秘性和风水
	美学	关注复杂性、平衡和自然主义
提升质量认知	集体主义	利用参照群体作为影响者
	公司的社会角色	参与社区项目
	个人服务	服务内容差异化
	服务方式	与运动、手势和仪式相协调

资料来源　苏比哈什・C.贾殷：《国际市场营销 (第六版)》，中国人民大学出版社，2004 年，317 页。

(4) 品牌战略决策。在品牌战略决策中，企业有以下五种战略可供选择：产品线扩展、品牌延伸、多品牌、新品牌、合作品牌。产品线扩展是指公司在同样的品牌名称下，在相同的产品种类中引进新的项目内容，如新口味、形式、颜色、增加成分、包装规格等。这种扩展有利于适应不同国家和消费者的个性需求，是企业建立一项新业务的好方法，但可能导致品牌名称丧失其特定的意义。品牌延伸即公司决定利用现有品牌名称来推出其他产品。它有利于新产品的市场推广，但是过度的延伸可能导致品牌内涵稀释，因此企业在引进新产品时必须考虑它与品牌名称定位的契合度问题。多品牌即公司在同类产品中引进其他品牌，宝洁公司就是实施这种战略的权威。多品牌战略有利于公司占领更多分销商货架，占据更多细分市场，有利于公司业务部门之间相互竞争。但要注意的是，实施这一战略要确保其带来的收益大于品牌间相互蚕食后的损失。新品牌即公司为新产品确定一个全新的品牌名称。合作品牌也称双重品牌，指两个或更多的品牌在一个产品上联合起来使用。合作品牌的形式有多种：中间商合作品牌、同一企业合作品牌以及合资合作品牌。无论是跟谁合作，各个品牌都希望它能接触到新的受众，因为它已经和其他品牌联合起来了。

(5) 品牌重新定位决策。企业需要定期审视品牌的优劣势。由于顾客偏好发生变化或新的竞争者出现，品牌可能面临着被重新定位。在对品牌进行重新定位的过程中，要注意在很多时候原品牌在消费者脑海中的认知已经根深蒂固，如何进行新的定位来扭转这种固定认知，并使消费者接受和认可品牌新的定位，是营销人员要思考的问题。

2) 品牌国际化策略

一直以来，一些知名的国际品牌从国际市场上获得了丰厚回报。这几年，我们也目睹了安利日用品、欧莱雅化妆品、星巴克咖啡等在全球范围内的成功推广。企业实施品牌国际化有诸多优势：品牌的国际化会增加产品的生产和销售，而经验曲线表明，随着产量的增加，企业的生产成本会显著降低；随着经济全球化的到来，品牌的国际化有助于企业在国际市场上形成强大的产品识别能力；企业在包装、广告和促销等沟通方面实施统一活动，会大大分散营销成本；国际化的品牌会培养出大量的忠诚顾客，拥有强大的市场基础。

Julian Ming-Sung Cheng 等人通过研究韩国和中国台湾企业品牌国际化的成功经验，结合企业成长阶段模型和企业国际化过程模型，将品牌国际化的过程划分成以下4个主要阶段(如图6-7所示)。

(1) 第一阶段。企业处于国际化前期，主要目标仍在国内市场。企业在这一阶段存在的问题如下：生产销售往往效率低下或还没有形成一个有效的生产体系；技术还不可行或是不成熟，尚未成为行业标准；企业内部还没有培养出足够资深的技术人员；生产人员经验也不足。企业的首要目标是生存，以在国内的竞争市场上求得一席之地。企业要想成为国内一流品牌的一员，必须从产品、研发、营销、管理等方面着手。在产品策略上应注重差异化，不仅体现在产品设计、功能、价格的差异化，还表现在与消费者沟通方式和服务的差异化。将本企业与其他竞争企业区别开来，是获得竞争优势、建立品牌形象的重要途径。在研发方面可以成立自己的研发团队或与同行业研发团队合作，明确研发方向，培养核心技术；通过提炼品牌的核心价值，借助营销手段，加强消费者对品牌的识别，加快国内市场的品牌建设；采取贴牌生产有利于企业加入国际知名品牌的价值链，使得企业能与国际知名品牌直接对接，减少中间环节，为未来进入国际市场提前热身。在管理方面可以外聘有经

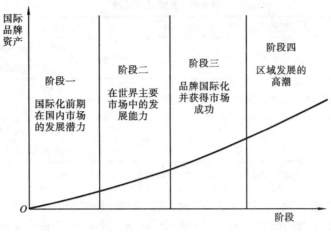

图 6-7 品牌国际化的主要阶段

资料来源 Julian Ming-Sung Cheng, Charles Blankson, Paul C S Wu, Sony S M Chen.A Stage Model of International Brand Development:The perspective of manufactures from two newly industrialized economies—South Korea and Taiwan.Industrial Marketing Management, 2005(34):508.

验的员工,提高企业生产效率,同时企业还要加强人才培训,重视企业文化的培养。

(2) 第二阶段。企业在国内市场储备足够实力以后,开始将目标瞄准国际市场,尤其是向发达国家输出产品和品牌。企业在这一阶段的主要目标是提升品牌在国际市场的知名度,扩大品牌的影响范围,推出在某一行业具备领导性的产品,但仍然存在企业对当地市场缺乏足够认识、消费者对产品和品牌认知度低、品牌形象弱、技术支持缺乏等问题。要改变这一局面,从产品方面来看,企业首先要明确自己在国际市场上的定位:是属于挑战者还是扩张者,要从已被瓜分的细分市场上寻找属于自己的定位。由于扩张者面临的全球化压力较低,可以避免在初期受到国际知名品牌竞争挤兑。当企业在国际市场发展成熟时可成为挑战者,虽然要面临更大的全球化压力,但企业可以通过提供能更好满足消费者需求的产品与同行业的知名品牌竞争,以此确立自己在行业中的地位。从技术方面说,企业至少要掌握一项具备竞争力的核心技术,同时可以考虑将企业的研发、技术部门逐步迁往发达国家,以跟踪最前沿的技术。从营销角度来看,企业可以通过广泛收集意见和建议、聘用专业人员进行市场分析、利用模型统计工具等方式来寻找和识别国际市场机会,同时采用加大广告宣传、参加公益活动和展览、提供赞助等方式强化品牌形象,提升品牌知名度。尤其是参加公益活动和提供赞助,有助于树立企业健康积极的形象,强化消费者的品牌联想。典型的例子就是韩国三星公司通过赞助奥运会,成功跻身国际一流品牌。从管理层面看,企业必须建立品牌管理机制,一方面制定相应的条例规章,一方面加强对员工培训,强化企业文化,同时还要制定完整的全球品牌规划,有可能的话还可以外聘有经验的管理者。

(3) 第三阶段。企业品牌在国际市场上获得足够认知以后,企业开始集中精力发展国际品牌。从产品策略来说,企业可以尝试品牌延伸,不断丰富品牌结构及产品线,具体的品牌延伸策略如表 6-6 所示。但前提是企业需要深入理解和挖掘细分市

表 6-6 品牌延伸策略

划 分 依 据	策 略 模 式
依据行业的不同	同行业延伸策略
	跨行业延伸策略
依据品牌延伸的方向不同	水平延伸
	垂直延伸
按品牌延伸前后内涵主成分是否有一定变化	内涵不变式延伸
	内涵渐变式延伸

资料来源 李业:《品牌管理》(第二版),广东高等教育出版社,2011年。

场,针对消费者的不同消费诉求,有的放矢地满足消费者,同时也需要企业研发部门配合,不断开发出新的地区适应性产品。从管理层面来说,企业要树立品牌危机意识,建立品牌危机管理体系,居安思危、未雨绸缪;建立专门的品牌管理机构和预警机制,设立免费热线电话,第一时间获取消费者信息;通过在国际市场上的积累,企业可以考虑转移公司总部来加快品牌国际化进程,最终赢得在发达国家市场的成功。

(4) 第四阶段。一般来说,企业能在发达国家积累足够的品牌效应,就可以开始向全球进行品牌扩张,在第三世界国家发展品牌。问题是第三世界国家往往是一些经济发展比较滞后、政治比较集权的发展中国家,企业在向这些国家输出产品和品牌时会面临国家官僚主义对组织效率低下的影响,以及本地员工的过大流动性对组织运作的影响。同时,在这些国家里,由于市场体系比较封闭,当地的消费者尚未对企业建立足够的品牌认知度,因此企业可以积极实施品牌本土化策略,如营销策略的本土化,开发更贴合当地消费者需求的产品,以当地形象、文字、活动为依托开展营销推广。可口可乐在中国传统的春节期间就运用了喜闻乐见、极富中国民俗文化的阿福娃娃形象进行广告推广。还可以通过与本土企业进行战略合作、更大程度地雇佣当地员工等,使品牌向本土化转型。另外,企业还可以考虑通过海外设厂、并购等方式加快其向海外扩张的进程。基于品牌的并购战略需要考虑以下因素:合并或收购对客户体验的影响;必须能全面考虑客户、员工、文化、方法和品牌价值等因素,以此制定组织整合和开发利用这些因素的战略;从被收购公司的某些优势中获取价值,诸如人才、产品和服务、预期收入等。当然企业还要考虑:如果收购一家知名公司,到底是采用自己的品牌还是被收购公司的品牌,这需要企业做好切实的市场调查。

3) 国际品牌战略

当营销者进入国际市场时,除考虑以上几个决策问题以外,还需根据品牌名称制定国际品牌战略,以下几种品牌战略方案可供全球营销者选择。

(1) 全球品牌,即全球单一品牌,是指当企业在全球推广产品时采用统一名称,并不针对当地市场做任何修改。当然只有当全球品牌名称与当地社会不发生文化冲突时,这一品牌战略才是有用的。如 IBM 公司以同样的品牌名称在全球销售产品。庞大的共同需求和全球消费者是促使全球品牌发展的一个重要因素。随着经济全球化的到来,媒体覆盖面也延伸到各个国家的不同市场,产品在一个国家的销售会导致其他国家需求的上升，人们通过新闻、杂志、网络等渠道迅速获得对某个产品和品牌的认知，而这个品牌也会逐渐变得容易识别和知名。换言之，这种战略有助于企业在国际市场上形成强大的产品识别能力，也有助于在全球范围内保持标志和包装及促销的一致性和协调性。显然，标志和包装的标准化有助于降低产品制造成本。至于促销费用，虽然制作一个全球性的电视广告费用远比一个区域性广告费用高得多，但由于覆盖面广，其制作费用被大量分摊，规模效益还是很明显的。这种战略还有助于将品牌与企业联系，形成质量优异、技术先进的形象，帮助消费者建立企业和产品的正面联想。另外，这种战略还有助于防止消费者将本公司产品与其他公司产品混淆，提升消费者对产品的熟悉度。

(2) 民族品牌，指在不同市场采用不同品牌。采用这一品牌战略的前提是：品牌名称不能翻译成当地语言；在当地制作、销售和消费的产品属于被收购企业的品牌，希望避免"国外"公司形象，而树立本土企业形象。虽然全球品牌有助于企业在全球拥有一个统一的形象，可以节约大量成本，提高运作效率，但并非这一战略就是最佳选择。除了可口可乐、IBM、Levi's 之类的产品全球使用同一品牌外，很多知名的跨国公司都是民族品牌战略的忠实拥护者，如雀巢、MARS、宝洁等，有一些品牌在全球销售，而其他品牌则是针对不同国家制定的。联合利华在美国和法国销售织物软化剂就采用不同品牌，在美国的品牌是 Snuggle，而在法国的品牌是 Cajoline。根据该公司提供的资料，这一决策的理由是 Snuggle 的含义无法用法语准确表达。因为这种品牌名称更适合当地语言环境，因而有利于消费者识别。值得注意的是，所谓的全球品牌战略和民族品牌战略并非截然对立。相反，不少跨国公司采取了两种战略的综合，既生产全球品牌，又针对不同国家生产民族品牌。仍以雀巢为例，虽然雀巢这一品牌名在全球推广，但在其品牌家族里，却有 7000 多个民族品牌。在某些市场上，如果没有地方品牌可以利用，雀巢就使用其全球品牌；而在某些市场上，则收购当地老牌的民族品牌，发挥这些民族品牌的优势。全球营销者还要注意的是，一些国家存在的民族主义可能影响消费者对品牌的认购。出于历史特殊原因，中国某些地区就存在消费者抵制日货的问题。如同产品一样，何时让品牌全球化，何时让品牌民族化，都要视市场的情况而定。

4. 品牌资源管理

管理品牌资源是一项长期性、战略性、团队性的工作。在建立强势品牌的过程中，文字、广告和其他力量都起了很大作用。消费者通过观察、使用、传言、网络联系、电话交谈等一系列接触点开始认识品牌，其结果可能是正面的，也可能是负面的。因此公司在管理品牌资源时，必须像制作广告那样对各个环节的质量给予足够的重视。

在品牌认知里，最有效的影响是消费者与公司内部员工交流的经历。员工的服务态度、情绪、知识水平等直接影响到消费者对产品和公司本身的认知。因此，公司必须培养员工以顾客为中心的思想，在员工心中建立起和产品与服务有关的自豪感，这样员工的热情就会感染顾客；公司还要进一步培养和鼓励渠道商，以通过渠道商更好地为顾客提供各种硬性或软性服务。

公司需要建立自己的品牌资源管理团队来维持和保护好自己的品牌权益。所谓品牌权益是指了解品牌的正面差异而导致顾客对该品牌的产品或服务采取的一种肯定态度。当两种产品基本相同时，品牌权益就会使顾客对其中一种产品更加偏好，并且愿意为它支付多余的溢价。品牌权益的维持和改善包括品牌知晓度、品牌认知质量和功能、积极的品牌联合等，这些都依赖于企业持续不断地研发投入、有技巧的广告、出色的交易和顾客服务等。

著名品牌在国外市场面临的一个长期问题就是仿造。这种侵权行为不仅给公司带来利润损失，而且还会破坏公司形象，企业要建立和维持一个全球化品牌资产，这样的情况是令人担忧的。专家估计，每年因为品牌侵权造成的损失超过200亿美元。导致品牌侵权的因素很多，其中有两个因素最为突出：一方面，一些著名品牌特别是那些历史悠久的品牌在发展中国家很受尊重，并且通常被视为奢侈品和地位的象征，但由于受国家自身产品短缺或国民收入限制，仿制品侵占这些进口品牌的市场；另一方面，制造仿制品的技术往往容易获取，因为国外通过直接投资方式把技术和制造工艺传到新的国家，这就为那些企图仿造的制造商提供了便利。侵权主要分模仿、伪造和占先三种形式。模仿指复制既有的品牌，如国内就存在大量的假冒耐克、阿迪达斯产品。伪造指在假冒产品上贴类似于著名品牌的标志或品牌名称，如在法国很多公司用"Levi's"品牌销售牛仔裤，而到了德国就改用"Levy's"品牌。占先是指以个人名义恶意注册著名品牌名称，然后卖给欲伪造产品的人或高价卖给该国际品牌的持有者。公司打击品牌侵权的最好方法就是回击：一方面，利用现有的国际公约和各国当地法律保护自己的品牌；另一方面，要及时做好品牌的注册工作，以免受到恶意的占先。

6.3.2 国际市场包装策略

1. 包装的含义及作用

包装是指设计并生产容器或包扎物的一系列活动。设计良好的包装能为消费者创造方便价值，为生产者创造促销价值。有多种因素对包装发生影响。①越来越多的产品在超市和商场里以自助形式出售。相关数据显示，一个消费者在浏览超市商品时，平均花在每个商品的时间不超过5秒。因此，一个产品能成功地吸引消费者的注意，包装起了很大的作用。包装就像瞬时的商业广告，在短时间内担当起迅速吸引顾客注意力、说明产品自身特色的作用。②随着支付能力的增强，消费者愿意为良好包装带来的方便、可靠性、声望多付钱。③包装可以体现公司和品牌形象，有助于消费者在众多产品中识别出自己偏好的公司和品牌。④包装的创新不仅给消费者带来更多便利，而且为企业带来更多额外利润。

2. 国际化包装决策的要求

国际化包装除了要求产品易于使用、外观赏心悦目、能够准确传递商品信息和与商品价格相适应等外，还需要考虑以下六个方面的要求。

1) 顾客要求

由于社会经济文化差异，消费者对包装的要求也会因国家不同而异，因此应认真研究消费者特点，制定合理的包装决策。首要考虑的是包装的美感，包装袋形状及印在包装上的商标、标志和图案,以及描述产品的词语和短句、色彩特征等都必须符合目标国的文化特点。在发展中国家,包装物在使用过后通常被当做容器留用,因此对包装的物理质量要求较高。

2) 气候要求

不同国家气候差异较大,需要考虑重新设计包装袋。如在气候炎热的中东地区,对包装的牢固性要求较高,因为一旦包装损坏可能意味着消费者买到的产品不新鲜,从而影响产品的品牌形象。

3) 承运者要求

在国际营销中,无论采取哪种运输方式,承运商主要关心的是如何将产品完好无损地运到目的地,同时又要使运输成本尽可能的低。实现这些目标的关键是包装和打包方法。正确设计国际货物运输包装涉及的主要问题有:货物运到哪?货物是否要堆放?运输时间多长?货物放在哪?货物处置有何要求?等等。

4) 分销商要求

分销商要求包括分销时间的长短、各国零售商的需要、销售条件等。不同国家的分销商要求的产品储存时间往往不一样,因而对产品的包装质量要求也不一样。

5) 政府要求

政府对包装的要求主要涉及标签和标志。标签主要用于零售包装,要求为消费者提供重要的产品信息,使消费者易于判定包装和产品符合市场强制性的规定。而标志一般仅涉及货运集装箱。如在很多普及双语的国家要求提供双语的标签。

6) 环保要求

环保问题日益成为全球共同关心的问题,包装的环境和安全问题也日益受到关注。很多包装物被废弃后成为垃圾,这些废弃的包装物成为处理固体废弃物的一大问题。因此,控制包装成分,考虑消费者对环境友好产品的需求成为越来越多企业对产品开发和销售的要求。产品使用后留下的包装物不应产生任何负面作用,如对人体有害或危害生态环境等;纸张、铝材等材料的短缺要求营销者减少包装。宝洁的国际营销活动值得其他公司借鉴。出于对德国越来越高环保要求的反应,宝洁公司推出了超浓缩的织物软化剂 Lenor,以可重装的塑料袋销售,从而节省了 85% 的包装材料,而这一举措使得该品牌销售量提高了 12%。

包装一经设计好后,必须进行一些相关测试,包括工程测试、视觉测试、经销商测试和消费者测试。工程测试的目的在于保证包装纸在正常情况下使用经得起磨损;视觉测试的目的在于保证字迹清晰、色彩协调;经销商测试的目的在于保证经销商发现包装具有吸引力并且便于处理;消费者测试的目的在于吸引消费者的注意。

3. 国际产品包装策略

面对激烈的国际市场竞争,企业产品要在众多产品中脱颖而出,包装成了必不可少的要素。企业可根据以下五种方式选择自己的包装策略。

1) 类似包装策略

类似包装策略是指企业所生产的各种不同产品在包装上采用相同的图案、类似的色彩、相同的包装材料和造型进行包装，以便于消费者能够迅速识别该产品。这种包装策略对于忠诚顾客是很有效的，因为他会尽可能简化自己的购买决策，选择自己熟悉并偏好的产品。企业也可以因此节约包装的设计制作成本。但是如果产品之间品种差异大、质量水平悬殊的话，这种包装策略反而会混淆消费者的判断标准，对产品和企业产生不利影响。

2) 配套包装策略

配套包装策略考虑到各国消费者的消费习惯，将有关联的多种产品配套包装在一个包装容器中，这样既方便了消费者的购买、携带和使用，也通过组件效应提高了企业的销售额。另外，这种策略还利于新产品的上市和推广，以节约企业的市场推广费用，缩短消费者的认知时间。如经常可以在国内市场上看到女性化妆品的配套销售。

3) 再使用包装策略

再使用包装策略指包装内的产品使用完后，包装物另有用途。这种包装策略不仅特别适用于环保人士，而且其重复使用的特性有利于赢得消费者的好感，节约消费者的交易成本，起到重复宣传的良好作用。对于企业来说，这种策略还可以有效节约制作成本。例如，目前国内流行的旧物改造，就是将用后的包装物经过一定修改，设计成新的家居装饰物，不仅美观实惠，而且有利于产品自身的品牌宣传，培养顾客忠诚度。

4) 附赠品包装策略

附赠品包装策略是在商品包装物内附加奖券、礼品或小包装赠品的策略，可通过给消费者带来额外的实惠以促进产品的销售。通过小包装赠品方式，也有利于新产品的推广，减少新产品上市失败的风险。例如，在购买家用电器电饭煲时，企业会赠送一系列量米杯、淘米碗等，这样既方便了消费者，使之不需再额外购买，又体现了企业的人性化服务和关怀。

5) 改变包装策略

改变包装策略即改变和放弃原有产品的包装，而改用新的包装。由于消费者偏好的变化、包装技术和工艺的提高及市场竞争的需要，企业有时需要改变现有包装，以弥补现有包装的不足，或是作为竞争的手段来抵御竞争者的攻击。企业在改变包装的同时，必须配合做好宣传工作，避免让消费者以为产品质量下降或产生其他的误解。例如，宝洁旗下的洗发水系列，不管是出于竞争需要还是促销需要，每隔一段时间都会对产品包装进行改变和升级，并且在广告宣传上突出其配方上新的改进。

6.4 国际市场质量保证和服务策略

1. 产品质量保证策略

产品质量保证是卖方向买方提供的对产品质量的承诺，即保证消费者对购买本企业产品的期望效用的实现，如果发现产品的功效达不到规定的要求，买方有权要求退换或要求卖方负责修理。

产品质量保证的内容会因企业、产品、市场的差异而有所不同，但通常应包括以下内容：产品的基本效用，对产品进行维修的方法和地点，对产品零部件的保证期限等。产品质量保证在两种场合下是最有效的。一是公司或产品不太知名。如某家公司开发出一种清洁剂，声称可以去掉地毯上最顽固的污渍。这时，一个"如不满意，即可退款"的保证可以给买主在购买此产品时增添信心。二是产品的质量远远优于竞争产品。由于公司知道竞争对手不能够提供相同的保障，因此可以确保获得最佳的绩效。

企业实施产品质量保证策略是出于以下原因。首先，产品质量保证是一种竞争手段，有助于实现产品差异化，提升消费者的信任度。其次，产品质量保证有助于企业获得其他业务。例如，如果提供产品定期服务，那么产品质量保证的效果会更好。消费者可能会与公司签订产品质量保证协议，以使产品质量保证易于操作。再次，产品质量保证可以减少购买者的潜在风险，从而促进销售。公司保证其产品和服务的质量是可靠可信的，可以使公司较没有提供类似保证的竞争对手要求更高的价格。最后，一份内容明确的产品质量保证明确了公司应尽的责任。

国际市场产品质量保证策略包括最低担保策略和附加担保策略。最低担保策略是对目标市场提供当地法律所要求的最低限度的产品担保。附加担保策略是指企业除提供最低担保以外，还额外提供更为苛刻的担保条件，让消费者的利益得到更大程度的保护。在竞争激烈的市场背景下，附加担保策略有助于实现产品的差异化、吸引更多的顾客、培养顾客忠诚度，但会相应增加成本。

国际市场产品质量保证策略也涉及标准化和差异化的问题。标准化质量保证策略是对全球市场提供统一的产品质量保证。差异化质量保证策略则对企业销售到不同国家和地区的产品提供不同的产品质量保证，以适应不同目标市场国的不同需求。而对于这一战略的选择可以基于以下因素。

(1) 市场特性。如果国际市场是一个统一市场，如欧盟的商品可以在欧盟国家市场内自由流动，那么提供统一的质量保证是比较合适的。

(2) 国际市场竞争。出于在国际市场上竞争的需要，企业有时不得不需要提供细致的产品质量保证，以拉开与竞争对手的差距。例如，福特汽车公司在美国以外的海外市场提供 2 年或 60000 公里行程的产品质量保证。

(3) 产品的使用环境。如果产品的使用环境发生剧烈变化，那么产品的质量保证也需要相应发生改变。在由气候等原因引起产品损耗过大的情况下，必须对产品质量保证提出更多限制。如在中东，由于天气炎热、沙尘大，空调等设备损耗要比在一般气候条件下要快得多，公司对这类产品的质量保证也更为严苛。

(4) 产品的特性。通常，特定产品的质量保证仅限于基本功能，在这种情况下，可以在全球市场提供统一的质量保证。如大众公司面向所有市场都提供统一的产品基本功能保证。

(5) 公司向受保证产品提供服务的能力。服务需要相应配套设施，如果不可能在所有市场上都设置这种服务设施，那么可以根据不同市场的具体情况，提供不同水平的产品质量保证。

2. 服务策略

服务是企业通过送货、安装、调试、维修、更换零部件、人员培训等方式来保证产品功能的正常发挥，使产品质量保证条款得以落实，从而实现对消费者的承诺的营销手段。大多数工业品和很多耐用消费品都有定期维护服务的需要。

在国际上提供服务有两种原因。一是根据产品的质量保证必须提供相应的产品服务。例如，如果一个设备的某部件或功能有一年保证期，那么公司就应该为此做出安排，提供合适的产品服务，确保正确履行产品质量保证条款。二是因为产品服务也是竞争手段，如果产品因为自身特性需要定期的售后服务，那么提供这一服务的公司将比不提供服务的竞争对手更胜一筹。

通常企业为消费者提供以下服务：向消费者提供产品和企业信息，帮助消费者了解和选购产品；为消费者提供业务技术咨询，帮助消费者了解产品的性能、正确的使用方法、产品的保养和维护等方面的知识；产品的安装、调试、维修与备品配件供应；及时处理用户的来信、来电及来访，及时处理各类问题；产品质量的保证服务，为顾客提供信用服务；还可根据用户的特殊要求提供特殊的服务。

制定服务策略需要综合考虑以下一系列因素。

(1) 产品的使用强度、气候条件和产品使用者的技能等。例如，在美国，由于劳动力成本较高，工业化机械工具的使用强度远远高于其他发展中国家；在气候极端恶劣的地区，产品需要更多的保养和较频繁的零部件更换；如果产品使用者缺乏必要的技能，产品故障率也会相应升高，从而需要更多的服务指导，这些都加重了产品服务的负担。

(2) 由谁实施产品服务。如果企业产品在国外市场拥有较高的市场占有率、销售量大、销售网点密集，企业可选择在国外设立自己的维修服务网，直接为当地消费者提供服务。对于一些高技术产品、成套设备、精密仪器等，可由企业与国外用户保持经常联系，定期上门检修。若企业产品的国际市场销售面广，企业不可能在每个市场都设立维修服务网时，可委托国外的经销商或代理商向顾客提供服务，也可由企业与经销商或代理商联合共同向顾客提供服务。

(3) 提供足量合适的零部件。提供服务的一个重要前提是充足的零部件供应。如果企业达不到要求，会在消费者心中留下不好的印象。由于很多零部件会根据产品型号的变化而变化，合适的零部件供应成为一个重要问题。另外，由于一些部件价格昂贵，服务队伍需要随时配备。企业可以根据过去的经验和精确的科学计算，列出需要的零部件清单，然后备足库存。

(4) 服务队伍的培训。培训通常包括在岗培训和教室授课指导形式。针对高科技产品的人员培训必须是长期连续的。很多公司都拥有专业的培训队伍，逐个在各个国家为当地员工更新关于新材料、新产品的工艺，以及相关产品、部件的知识。

本章小结

本章论述了国际市场产品的相关概念，产品生命周期和国际市场产品生命周期的理论及企业营销策略、产品的概念和层次、品牌的概念和国际品牌策略、包装策略及质量保证和服务策略。

本章首先阐述了国际市场产品生命周期理论。与一般产品生命周期理论相比，由于其市场背景的扩大，其生命周期特点也发生了相应变化。根据这些变化企业应该采取不同的营销策略。

本章还重点介绍了国际产品的概念和类型，以及企业可以采取的两种产品策略——标准化策略和差异化策略。不同策略的选取应该考虑宏观市场环境、产品自身特征以及公司内部因素等若干标准因素。

国际品牌策略也是本章的重点。因为品牌是企业重要的无形资产，一个成功的品牌对企业来说更是价值连城。当品牌进入国际市场并逐步发展成为一个强势品牌时，就意味着消费者无论身处何地，都能够对品牌形象及其背后所代表的的企业形象和文化意义做出积极反应。因此，本章就企业如何制定国际品牌策略、品牌的国际化进程以及加强品牌管理进行了详细论述。

最后，本章还介绍了国际市场的包装策略以及质量保证和服务策略。

关键术语

国际市场产品	生命周期	标准化策略
差异化策略	品牌策略	品牌国际化
品牌资源	国际产品包装	质量保证和服务策略

思考题

1. 产品生命周期和国际产品生命周期理论对中国企业有何指导意义？
2. 什么是产品的五层次模型？
3. 在进行企业产品标准化策略和产品差异化策略的选择时，应考虑哪些因素？
4. 在企业走向国际市场时，有哪些出口产品策略可供选择？
5. 品牌建设对企业国际化发展有何意义？
6. 品牌国际化分为几个阶段？在每个阶段企业应如何决策？

参考文献

1. [美]菲利浦·科特勒. 营销管理——分析、计划、执行与控制[M]. 12版. 梅汝和，梅清豪，译. 上海：上海人民出版社，2001.
2. [美]Johny K Johansson. 全球营销[M]. 江林，译. 北京：中国财政经济出版社，2004.
3. [美]苏比哈什·C 贾殷. 国际市场营销[M]. 6版. 吕一林，雷丽华，译. 北京：中国人民大学出版社，2004.
4. 甘碧群，曾伏娥. 国际市场营销学[M]. 3版. 北京：高等教育出版社，2014.

5. [美]迈克尔·钦科陶,伊卡·龙凯宁. 国际市场营销学[M]. 曾伏娥,池韵佳,译. 北京:电子工业出版社,2015.
6. [美]Warren J Keegan. 全球营销管理[M]. 7版. 段志蓉,钱珺,译. 北京:清华大学出版社,2007.
7. [美]菲利浦·R 凯特奥拉,[美]玛丽·C 吉利,[美]约翰·L 格雷厄姆. 国际市场营销学[M]. 15版. 赵银德,沈辉,张华,译. 北京:机械工业出版社,2012.
8. 李业. 品牌管理[M]. 2版. 广州:广东高等教育出版社,2011.
9. iPhone定义了过去的10年,未来10年要如何定义?[OL]. (2017-06-29). 网易科技,http://tech.163.com/17/0629/20/CO4IV7GV00097U7R.html.
10. 全球营销[OL]. (2018-10-11). 经理人分享百科,http://www.managershare.com/wiki/全球营销.

案例研讨

海尔:从单一品牌全球化到多品牌全球化

2017年IFA展(柏林国际电子消费品展览会)在德国开幕,当旅客走进法兰克福机场,很容易便被海尔的"新鲜"吸引,柠檬和西红柿的图案加上"Keep it fresher, longer, longer, longer"的标语十分醒目,这是海尔冰箱针对欧洲用户对于食材保鲜的高要求所做的创意展示。除德国机场之外,法国巴黎戴高乐机场、澳大利亚悉尼机场也即将出现海尔冰箱、空调、洗衣机的概念性展示。

在创世界名牌思想的指导下,通过产品经营、资本运营和国际化战略,海尔从一个濒临倒闭的集体小厂迅速成长为拥有白色家电、黑色家电和米色家电的企业。早在1998年,海尔就提出国际化战略:将产品卖到全球。2005年,海尔又提出全球化战略。根据此前规划,海尔走的是"自主品牌+本土化运营"的全球化道路,坚持打海尔品牌,并开发出国际化的知名品牌,创造本土化的名牌,即"创牌"。

在最初的"走出去"大潮中,很多企业认为全球化就是把产品卖到外国去,赚的都是最辛苦和最低微的利润。但海尔认为,全球化的本质不是到海外市场销售产品,而是要创造被世界认知和接受的中国品牌,并在中国企业中第一个树起了"出口创牌"的旗帜。

目前,海尔通过自身打造和并购,创建出了包括本土品牌海尔、高端品牌卡萨帝、线上品牌统帅、美国的品牌GE Appliances、新西兰的Fisher & Paykel、日本AQUA在内的六大品牌产品集群,基本实现了各个层面的产品品牌覆盖,这种多元化的品牌策略,是海尔国际化能够最终获得成功的重要因素。

从单一品牌全球化到多品牌全球化,海尔用品牌协同效应在全球占位的背后,还成了后家电时代全球化多品牌的标准体系。其示范效应远远超过品牌集群本身,成为中国家电业全球化品牌集群的样本。从海尔旗下6大品牌的影响来看,无论是全球知名品牌GE Appliances、新西兰的Fisher & Paykel,还是海尔及高端品牌卡萨帝,都已经牢牢确立了市场地位。在整合GE Appliances后,在美国每两户家庭中就有一个海尔家庭,Fisher & Paykel做到了新西兰的白电第一,AQUA的洗衣机则占到了日本75%的市场份额。在各大市场,尤其是在欧美发达国家的市场中都能够获得最挑剔用户的认可,可以看出海尔品牌已在全球化之路上开创了自己的时代。正因为如此，才有了海尔白电连续 9 年全球销量第一的"神话"。

海尔非常重视创新与新产品开发。无论是技术还是产品，坚持创新驱动机制是海尔持续引领的核心基因。"中国曾经以廉价劳动力闻名于世，现在它有了其他东西来贡献给世界——创新。"美国《华尔街日报》如此评价中国制造的角色转变。而海尔无疑正成为中国制造在全球创新的代名词。目前，海尔在全球建立了 10 大研发基地、24 个工业园、108 个制造中心、66 个营销中心和 143330 个销售网络，不仅布局完整，更实现了技术上的协同。各地的研究成果和产品突破都能够在平台上实现共享，而部分核心研发中心的成果和产品会供应全球市场的销售。例如，海尔澳大利亚研发中心研发的厨电产品、日本研发中心的空调和洗衣机及美国研发中心的大冰箱供应全球，真正做到了利用全球资源为全球用户创造最佳生活体验而服务。不论从技术还是标准方面，海尔在行业中都领先全国甚至全球，在智能时代甚至还主导着整个行业的技术创新和产品升级。这些优势为海尔品牌战略打下了基础，让中国制造不再是廉价的代名词，比如卡萨帝高端家电，就被引入德国、法国的核心家电卖场，产品售价大大超过当地最高端的产品，得到用户的认可和喜爱。

除此之外，"本土化"策略也是海尔能够保持全球领先的重要原因，比如在沙特这样的特殊气候地区，海尔研发出 GTM 风冷冰箱、"停电 100 小时不化冻的冷柜"、"热带空调"等独特的地区性产品；针对日本的宅男一族，研发出专门的单人洗衣机。以此为契机，海尔将打造引领行业的研发能力，竞争力一流的制造基地以及本土化市场营销架构，实现全流程的以创新为导向的市场运营能力。

与此同时，业内也不乏对于海尔的负面评价。比如，有人认为海尔的"自主品牌"目标并没有实现。欧睿国际（Euromonitor）发布的 2017 年数据显示，海尔以 10.5%的市场份额，位列全球第一，似乎达到了海尔"世界第一家电品牌集群"的目的，但这是通过海外收购达成，不算真正意义上的自建品牌，有违"创牌"的初衷。另外，从青岛海尔业务大本营——国内市场来看，挑战也不少。不论是总营收还是净利润，海尔都落后于其两大竞争对手格力和美的，并且这种差距越来越大。在家电卖场，即使是海尔的销售员，也不得不承认格力的"高科技"优势。而在著名的社区交流网站知乎平台上，更充斥着对于海尔空调的批评：产品泛而不精。

资料来源

1. 王冠雄:《走国际化,家电企业海尔与美的有何不同？》,2017-11-28,亿欧,https://www.iyiou.com/p/60969.html。

2. 苏文:《国际化之路上的海尔》,人民网,http://www.people.com.cn/GB/paper87/1370/214658.html。

3. 万能的大熊:《海尔全球化 2.0,重塑全球化品牌集群》,2017-09-06,百家号,http://baijiahao.baidu.com/s?id=1577789688544419145&wfr=spider&for=pc。

4. 王子辰:《从第一到第三 中年海尔的全球化背后》,2018-10-10,新浪财经,http://finance.sina.com.cn/stock/s/2018-10-10/doc-ifxeuwws2730463.shtml。

5. 王沛:《中国家电企业纷纷转型国际化 海尔已经亮出 6 大全球化成果》,2018-03-13,搜狐,http://www.sohu.com/a/225438903_188923。

6. 《从 2017 海尔"全球第一"看中国国际化之路还有多远？》,2018-01-18,百家号,https://baijiahao.baidu.com/s?id=1589888209441232519&wfr=spider&for=pc。

案例分析题

1. 海尔的品牌全球化战略有什么特点？
2. 海尔的品牌全球化战略为中国企业带来哪些启示？
3. 海尔的品牌全球化战略目前面临哪些挑战？
4. 对文中关于海尔品牌战略方面的负面评价，你的观点是什么？
5. 如果你是海尔国际市场营销决策者，品牌全球化战略的下一步应如何做？

第 7 章　国际市场渠道策略

本章提要　本章就国际市场渠道的内涵、模式、渠道设计方法、中间商的选择与控制、国际市场营销渠道的管理、国际物流以及国际市场网络渠道等问题进行探讨。在本章的学习过程中,应了解国际市场营销渠道的概念、模式,熟悉国际市场营销渠道的基本策略,掌握影响国际市场营销渠道选择的因素,掌握国际市场营销渠道管理的基本知识。

引　例

2018 年 6 月 9 日上午,在合肥刘园经典徽派园林建筑,哈雷·戴维森安徽授权经销商正式开业。这标志着哈雷·戴维森将世界顶级的摩托车休闲生活方式进一步引入到安徽。与普通的汽车 4S 店不同,哈雷·戴维森的展厅更像是一个"商店",里面不仅陈列着最新款哈雷机车,更多的是与哈雷相关的配件、服饰与饰品,让各位来店客户感受到最纯正的哈雷文化。

当天,这里聚集了来自全省各地的上百位哈雷车友,大家品鉴最新款车型,亲自驾车体验,试穿最经典的哈雷黑色短夹克皮衣,以及背包、手套、T 恤等。在剪彩之后还举行了骑行巡游、骑士狂欢活动,让车友们尽情享受哈雷·戴维森带来的激情和欢乐!刘园与哈雷·戴维森的结合,把上千年的东方徽派文化与西方上百年的哈雷机车文化相融合,演绎别样风情。在这里领略中国文化的同时更能近距离地感受西方机车文化,可谓一举两得!

哈雷·戴维森合肥授权经销商执行总经理张景顺介绍,在接下来的计划中,哈雷·戴维森合肥授权销售店将为客户及摩托车爱好者提供符合哈雷·戴维森全球统一标准的哈雷摩托车、部件与配件、摩托车服饰,以及多样化产品展示、销售及售后服务。在专访时,哈雷·戴维森合肥授权经销商执行总经理张景顺说:"哈雷·戴维森作为大排量摩托车的领导品牌,具有 115 年历史,在全球范围内拥有广大粉丝,我觉得它已经超越了摩托车的境界,而是一种代表了自由、独立、个性的生活方式,给用户一种与风、与大自然亲密接触的体验。"

"经过这一年的试运营,我们已经得到安徽区域以及周边省份的哈雷爱好者的认同,成为广大车友一个体验的平台,销售业绩也翻了两倍。目前,登记在册的车友已经达到 200 多人，我们每个周末，每个月，每年都有不同程度的大小机车活动，带领大家到户外体验，远离城市中乏味的生活。爱上哈雷，最重要的就是体验！车友们通过骑行活动去展示自己的个性、自己的文化、自己的生活、自己的经历，通过这种方式可以带动整个市场，进行推动。"

在问到如今很多城市限摩，这会不会影响哈雷的发展和车友的体验时，张景顺说："哈雷主张遵守国家法律法规，我们也在不断向车友灌输这种思想。比如二环以内禁止骑行，我们绝不会进入二环。我们组织的车友活动都是有组织、有纪律、有整套骑行方案的。只有这样，才能让哈雷市场健康有序地发展下去。"

资料来源 《百年哈雷，皖美相约！哈雷·戴维森合肥授权经销店正式开业！》，搜狐网 2018-06-11，https://www.sohu.com/a/235039639_455910。

7.1 国际市场营销渠道模式

像哈雷·戴维森这样的久负盛名的摩托车生产商是通过在海外寻找经销商和分销商，建立自己全球营销网络，扩大市场范围的，并通过组织全球各地的哈雷车友会，培育高端休闲的摩托车文化和生活方式，开拓新的市场。企业进军海外市场时，面对不同国家、不同的商业环境，采用合适的渠道模式在不同的国家建立自己的营销渠道十分必要，也是国际营销者所面临的最关键也是最富有挑战性的任务。

每个国家都有一张独特的营销网络，有着不同的渠道选择。有些市场营销网络层次错综复杂、低效、古怪，外来者很难渗透进入。有些市场除了主要的大城市外几乎就没有专业化的中间商。而在另外一些市场则是混杂着传统的和现代的营销网络，形成全球规模的营销系统。但是，每个市场都有些占主导地位的营销结构，营销者需要从各种渠道选择方案中选择最高效的渠道从而形成竞争的比较优势。

7.1.1 国际市场营销渠道的概念与模式

1. 国际市场营销渠道的定义

国际市场营销渠道(international marketing channels)是指产品从一个国家的生产者转移到国外最终消费者或用户的过程中所经过的各种通道和市场组织的总称。国际市场营销渠道的基本结构是由一系列中介机构组成的，这些中介机构执行着将产品及其所有权从生产者转移到最终消费者或用户的全部功能。国际市场营销渠道通常由出口国营销渠道、出口国进入进口国的营销渠道、进口国营销渠道这三个环节组成。

国际市场营销渠道承担着商品的两种转移：一是通过交换而发生的产品所有权在国际市场上的转移，我们称之为商流；伴随着商流，还有在适当的时间通过适当的运输工具和运输方式，将产品运送到适当的购买者手中的产品实体在空间的移动，称之为物流。商流与物流相结合，使产品从生产者最终到达消费者手中。

2. 国际市场营销渠道的结构模式

每个国家不论贫富，每个市场不论城市还是农村，所有的消费品和工业品都会经历营销过程。这种营销过程涉及货物装运、商品的经销和物权的转让，以及各种信息的传递和交易各方的谈判。

在每个国家的市场中，都会有营销机构把商品从生产者传送到用户手中。而这些营销机构都是由各种各样的中间商组成，这些中间商的功能、活动、服务则反映了现有的竞争态势、市场特点、销售传统和经济发展状况。渠道结构既有像许多新兴市场那样比较落后的营销基础设施，也有像日本那样高度复杂、多层次的体系。

大多数跨国企业进入国际市场通常是分两步走的，第一步，通过出口方式进入，第二步就是直接在目标国投资设厂。以出口方式进入的称为出口的渠道模式，而以在目标国投资设厂方式进入的称为国外目标国的渠道模式。

1) 出口的渠道模式

总结国际市场营销活动，通过出口方式进入国外市场的国际市场营销渠道一般包括以下七种结构模式(如图 7-1 所示)。

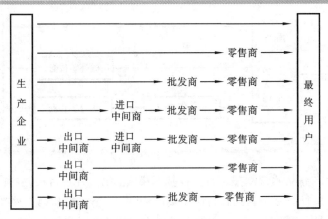

图 7-1　国际市场营销渠道模式

在上述模式中，前四种模式企业不经过国内中间商直接向国外出口，称为直接渠道；后三种模式是在国内中间商的帮助下向国外出口产品，称为间接渠道。

第一种模式为企业把产品直接卖给国外的最终用户，层次最少，销售渠道最短。此种模式在实务中多应用于工业类产品的销售，生产企业通过自己在国外设立的营销机构与用户联系，形成业务往来。或者应用现代的互联网技术在国际互联网上接触，交换信息，达成交易。

第二种模式是企业与国外的零售商直接接触，在其店内直接销售产品。这些零售店多为全球性大型零售商。例如，宝洁与沃尔玛合作，宝洁的许多产品直接通过沃尔玛销售到世界各地。

第三种模式与第四种模式有着几分相像，区别在于第三种模式中的企业比较熟悉目标国的情况或者具有国际销售的经验，可以不经过目标国的代理商或经销商直接与批发商合作，缩短了渠道的长度，节省了渠道费用。

第五种模式中，企业直接把出口的活动交与国内的中间商打理，与目标国的渠道成员没有直接联系。这种情况常见于刚刚从事国际市场营销活动的企业，由于其对国际市场营销业务不熟悉,为稳妥起见,先找到比较信任且熟悉国内情况的国际营销中间商为其经营。如雅戈尔服装通过伊藤忠贸易公司进入美国市场。

第六种、第七种与第五种模式类似,属于间接渠道,都是通过出口中间商进入目标国的国际市场营销渠道模式。企业使用这三种模式的原因,除了上述原因外,还可能是生产企业属于生产研发型企业,其一心一意从事产品的生产与研制,而把出口的业务交给出口中间商。

2) 国外目标国的渠道模式

从事国际贸易活动的企业在经历了出口模式后,积累了一定的国际市场营销知识与经验,这时,多数的国际企业会有在目标国直接投资建厂的战略考虑,使自己的产品更进一步接近消费者。

企业在海外建厂,渠道模式会与出口模式有很大的不同,最主要的不同是渠道自始至终都建立在企业母国范围之外(如图 7-2 所示)。

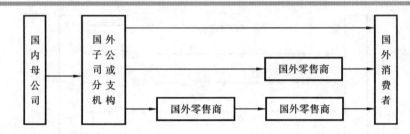

图 7-2 目标国营销渠道模式

国外生产商品的营销渠道有三种基本模式。第一种是直接销售,即海外销售机构或分公司直接把产品销售给目标国市场的消费者;第二种和第三种都是通过国外的中间商销售产品,与当地生产厂家的本国渠道类似。采用这种模式的企业应视为本土企业,以适应当地市场的中间商的运作模式和市场需要,提高渠道效率。

7.1.2 欧美和日本营销渠道模式比较

1. 美国的营销渠道模式

美国是市场经济高度发达的国家,基本上形成了有秩序的市场。进入美国的产品,一般要经过本国进口商,再转卖给批发商,有的还要经过代理商,由批发商或代理商转卖给零售商,再将产品卖给最终使用者。

2. 西欧的营销渠道模式

西欧国家进口商的业务通常限定一定的产品类别,代理商规模通常也比较小,但西欧国家的零售商主体,如百货公司、连锁商店、超级市场的规模都很大,而且经常从国外直接进口。大型零售商的销售网络遍布全国,我国企业若把产品销往西欧各国,可直接将产品出售给这些大型零售商,节省许多中间商费用,并利用他们的销售网络扩大市场占有率。

3. 日本的营销渠道模式

日本的营销渠道结构不同于欧美各国，其特点如下。

1) 批零企业特别多

有关资料显示，日本批发商约有 40 万家，零售商约为 170 万家，零售商与批发商之比约为 4:1，零售商与人口的比例约为 1:70，即平均每 70 人就拥有一家零售商店。

2) 小零售商的销售比例特别大

每个国家都拥有众多的小零售商，其中日本的小商店不但数量多，而且在零售业中起着举足轻重的作用，其零售额约占整个社会零售额的 90%。

3) 营销渠道特别长

日本市场上的中间商、零售商和批发商的密度是任何西方工业化国家所无法比拟的。日本传统的营销结构就是顾客频繁地在附近的便利店进行少量的购买。同样密度的批发商支持这种高密度的小商店、小库存。商品到达最终用户手中毫不奇怪地都会经历三到四个中间商的转手——生产商到初级批发商、次级批发商、地区批发商、当地批发商，最终到达零售商、消费者手中。

4) 进入日本市场特别难

日本的营销系统一直被看作是阻止外国商品进入日本市场的最有效的非关税壁垒。原因是：①结构中占主导地位的是许多小型中间商与小型零售商；②渠道被生产商控制着；③经营哲学受独特文化影响；④法律对这一结构体系的基础——小零售商的保护。

案例　　　　　　　**小米印度崛起之路**

小米于 2014 年 7 月进入印度市场，通过闪购销售模式(即限时抢购)一炮打响；到 2015 年其在印度市场的份额为 3%，2016 年第三季度增长为 6.4%，而到 2017 年第三季度其市场份额已经猛增到 23.5%，与三星电子公司并列第一。现在，印度已经成为小米在中国之后的第二大市场，小米现在已经是全球第五大智能手机制造商。

小米在进入印度市场时选择与知名电商 Flipkart 合作，借助饥饿营销策略销售其高性价比智能手机。有兴趣的客户首先需要注册，有限的供应通常会在数秒钟内销售一空。由于 Flipkart 和亚马逊等电商加大促销力度，2016 年 10 月，小米仅 18 天内就在印度销售了 100 万部智能手机。

鉴于线上渠道只占印度智能手机销量的三分之一，要维持市场份额，小米就必须打开线下渠道。从 2017 年初开始，小米就采用三管齐下的策略——在大型零售店中开设快闪店、小米优选合作伙伴商店和小米之家专卖店，开始积极地开拓线下业务。

2017 年早些时候，小米还在印度开设了第二家工厂，满足印度市场需求，确保在印度销售的 95% 的智能手机是在印度生产的。

在小米的全球化战略中，印度是一个极端重要的市场，小米计划在未来 3～5 年内成为印度第一大智能手机厂商。

资料来源　锐志编译：《"笑中带泪：回顾小米印度市场迅速崛起之路》，腾讯科技，2017-09-13，http://tech.qq.com/a/20170913/043549.htm。

7.2　国际市场营销渠道设计

国际市场营销渠道设计(marketing channel design)是指企业为了实现营销目标而对各种备选的渠道结构进行深入评估和选择，进而开发全新的营销渠道或对现有的营销渠道进行改进的过程(如图7-3所示)。

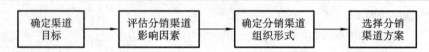

图 7-3　国际营销渠道设计流程

7.2.1　确定营销渠道目标

渠道目标是企业为了实现其营销目标与营销战略，希望通过渠道管理活动在一定时间内达到的结果。因此，渠道目标既要符合企业实际，也要符合企业营销目标的要求。在实际工作中，迫于竞争压力，企业常常以销售为中心确定业绩目标。从销售量、销售额和利润额等方面来衡量企业目标常被称为渠道任务目标。而市场渗透、市场覆盖、经销商发展和终端市场展示等往往被称为渠道建设目标。总的来说营销渠道基本目标包括经济目标、完成预期销售额、控制目标、完成预期市场覆盖率、适应目标、完成当地市场的本地化运作、声誉目标、完成品牌建设目标等。

7.2.2　评估营销渠道的影响因素

营销渠道的影响因素主要有市场、产品、企业自身、中间商和环境等五个方面。

1. 市场因素

(1) 目标市场范围：市场范围宽广，适用长、宽渠道；反之，适用短、窄渠道。

(2) 顾客的集中程度：顾客集中，适用短、窄渠道；顾客分散，适用长、宽渠道。

(3) 顾客的购买量、购买频率：购买量小，购买频率高，适用长、宽渠道；相反，购买量大，购买频率低，适用短、窄渠道。

(4) 消费的季节性：没有季节性的产品一般都均衡生产，多采用长渠道；反之，多采用短渠道。

(5) 竞争状况：除非竞争特别激烈，通常，同类产品应与竞争者采取相同或相似的销售渠道。

2. 产品因素

(1) 物理化学性质：体积大、较重、易腐烂、易损耗的产品适用短渠道或采用直接渠道、专用渠道；反之，适用长、宽渠道。

(2) 价格：一般来说，价格高的工业品、耐用消费品适用短、窄渠道；价格低的日用消费品适用长、宽渠道。

(3) 时尚性：时尚性程度高的产品适宜短渠道；款式不易变化的产品，适宜长渠道。

(4) 标准化程度：标准化程度高、通用性强的产品适宜长、宽渠道；非标准化产品适宜短、窄渠道。

(5) 技术复杂程度：产品技术复杂，售后服务要求高，适宜直接渠道或短渠道；反之，适用长、宽渠道。

3. 企业自身因素

(1) 财务能力：财力雄厚的企业有能力选择短渠道；财力薄弱的企业只能依赖中间商。

(2) 渠道的管理能力：渠道管理能力强，经验丰富，适宜短渠道；管理能力较低的企业适宜长渠道。

(3) 控制渠道的愿望：愿望强烈，往往选择短而窄的渠道；愿望不强烈，则选择长而宽的渠道。

4. 中间商因素

(1) 合作的可能性：如果中间商不愿意合作，只能选择短、窄渠道。

(2) 费用：利用中间商分销的费用很高，只能采用短、窄渠道。

(3) 服务：中间商提供的服务优质，企业采用长、宽渠道；反之，只有选择短、窄渠道。

5. 环境因素

(1) 经济形势：经济萧条、衰退时，企业往往采用短渠道；经济形势好，可以考虑长渠道。

(2) 有关法规：如专卖制度、进出口规定、反垄断法、税法等，也影响营销渠道的选择。

7.2.3　确定营销渠道组织形式

国际企业为了实现其既定的营销目标，必须建立一个高效率、高效益的营销网络系统。而不同的营销渠道中，企业与中间商之间的关系也不相同，也就决定了营销渠道在组织结构上的不同和管理方式上的不同。

1. 垂直营销系统(VMS)

传统的市场营销渠道是由若干个制造商、批发商和零售商组成的松散网络。渠道成员间都是作为独立的经济实体而进行经济交易活动，没有谁有足够实力能够驾驭整个渠道，渠道成员间关系也是比较松散的。垂直营销系统是在传统松散营销渠道基础上发展起来的由制造商、批发商和零售商联合组成的一个统一的、高效的一体化经营组织。渠道中的某个成员，要么是制造商，或者批发商、零售商，对其他成员具有驾驭或控制权。根据企业对渠道的治理形式和控制程度，垂直营销系统可分为公司型、契约型、管理型。

公司型垂直营销系统(corporate vertical marketing system)是指一家企业拥有或通过控股和参股其他渠道成员的方式实现对整个渠道上下游的有力控制。国际企业为了对营销系统的各个环节实施高度的控制，往往会通过购买股票以参股的方式取得部分所有权、支配权，从而最终控制营销过程每一个环节，使得渠道成员为实现公司的战略利益而尽力。

契约型垂直营销系统(contractual vertical marketing system)是以正式的合同为基础将不同层次的企业联合起来组成一个渠道联合体。这些企业通过分工与合作，共同发挥渠道功能。企业生产的产品在走向国际市场初期，对国外批发商或零售商等渠道发放特许证，以此来建立营销系统，进入国际市场。

管理型垂直营销系统(administered vertical marketing systems)指由处于不同层次的企业自愿参与而构成的、在一家核心企业的控制下运行的渠道组织形式。国际企业利用自身所具有的规模、信誉或自己的知名度来管理或协调其他渠道成员的行为。

管理型垂直营销系统与公司型垂直营销系统的最大区别是渠道合作者之间没有股权关系；与契约型垂直营销系统的区别是渠道合作者之间没有合同规定的依附关系，渠道合作者之间在法人地位上是平等的，一家之所以被认作"渠道领袖"是因为它承担和执行了更多的渠道功能，具有更大的渠道权力。

2. 水平营销系统(HMS)

除了垂直营销系统外，渠道治理结构还有水平渠道系统，水平渠道系统是处于同一层次的渠道成员为了争取新的销售市场，充分利用各自的优势与资源所进行的横向联合。这种联合可以是暂时性的，也可以是永久性的。在水平渠道系统中，合作各方利用各自的优势创造"1+1＞2"的协同效应，如利用对方的渠道扩大自己产品的市场覆盖面，减少彼此在渠道建设方面的重复投资，提高渠道运行的整体效益。水平渠道系统主要有制造商水平渠道系统、中间商水平渠道系统和促销联盟三种形式。

7.2.4 国际营销渠道选择策略

1. 国际市场营销渠道选择的影响因素

企业在开拓新的国际市场时必须对所需的人、财、物力的投入进行分析，确定渠道的控制程度、渠道的长度和渠道的所有权。在选择国际营销渠道时通常要考虑成本(cost)、资本(capital)、控制(control)、覆盖(coverage)、特性(character)和连续性(continuity)。

1) 渠道成本

主要有两种：一种是开发新渠道所需资本和投资，另外一种就是维系渠道持续运营所需要的成本，如给销售队伍的工资和提成，给中间商的佣金等。

2) 资本

这里是指建立渠道对资本的要求，企业建立自己的国际市场营销渠道，使用自己的销售队伍时，由于缺少中间商的支持，需要的投资通常较大。而借助于中间商，虽可减少现金投资，但仍然需要向中间商提供财力上的支持。这些都对国际市场营销渠道选择产生影响。一般来讲，除非企业正处于发展阶段，资本比较拮据，否则相对于其他几个因素，资本不是影响渠道选择的关键因素。

3) 控制

作为企业来讲，总是想更多地控制销售渠道，这就要求企业更多地参与到渠道的活动中去。自己投资建立国际市场营销渠道将最有利于渠道的控制，但增加了渠道成本。使用中间商，必然使得企业对渠道的控制相对减弱，而且会受各中间商愿意接受控制的程度的影响。渠道安排不同，控制也各不相同：渠道越长、越宽，企业对价格、促销、顾客服务等的控制就越弱。此外，渠道的可控性还与产品性质有一定的关系。对于工业品来说，由于使用它的客户相对比较少，渠道较短，中间商较依赖制造商对产品的服务，所以制造商对渠道进行控制的能力较强。而就消费品来说，由于消费者人数多，市场分散，营销渠道也较长、较宽，制造商对营销渠道的控制能力较弱。

4) 覆盖

这里是指渠道的市场覆盖面，即企业的销售渠道所能达到或影响的市场。渠道的覆盖面并不是以大小来评价的，营销者在考虑市场覆盖面时要注意三个要素：①渠道所覆盖的每个市场能否获取最大可能的销售额；②这一市场覆盖面能否确保合理的市场占有率；③这一市场覆盖面能否取得满意的市场渗透率。

5) 特性

特性是指所选择的渠道体系必须与企业自身及其从事经营的市场的特点相符。在进行国际市场营销渠道设计时，必须考虑自身的企业特征、产品特征，以及目标国的市场特征、环境特征等因素。

6) 连续性

企业的国际市场营销渠道的建立需要付出巨大的成本和努力，而且一个良好的营销渠道系统，不仅是企业重要的外部资源，而且关系到企业产品是否能持续占领国外市场，同时也是企业在国际市场中建立优势的基础。所以，维持渠道的连续性对于企业经营者是一个十分重要的任务。营销渠道的连续性会受到三个方面力量的冲击。一是中间商的终止，因为中间商本身有一定的寿命。二是激烈的市场竞争。当竞争激烈及商品销路不佳，或者利润较低时，原来的渠道成员可能会退出。三是随着现代技术尤其是信息技术的不断变革，以及营销上的不断创新，一些新的营销渠道模式可能会出现，而传统的模式因此而失去其竞争力。

2. 国际营销渠道选择策略

从事国际营销业务的企业在设计国际市场营销渠道时，需要根据不同的情况选择不同的策略。在中间商的选择上有直接渠道和间接渠道；根据企业在销售中使用中间商的多少，又可以分为宽渠道和窄渠道；根据商品销售过程中经历中间环节的多少，可以分为长渠道和短渠道。由于不同的渠道策略具有不同的特点和要求，企业应根据其自身条件选择适合自己的渠道策略。

1) 直接营销策略与间接营销策略

国际市场直接营销渠道是指产品在从生产者向国外消费者转移的过程中，不经过任何中间商,而是由自己的销售人员或销售部门把产品直接销售给消费者或终端用户的营销模式。这种营销方式主要表现为:厂商通过自己的销售部门直接销售,或通过展销会、订货会等与国外用户签订购销合同。厂商还可以通过邮购、电视、电话、网络购物等方式销售。直接营销渠道的优点是销售环节少,流通时间缩短,流通费用降低,便于售后服务等。缺点是厂商既要负责商品的生产,又要负责商品的销售和流通,不能充分利用中间商资源,市场风险比较大。

国际市场间接营销渠道是指产品经由国外中间商销售给国际市场最终消费者或用户的一种营销形式。典型的国际间接营销渠道是制造商→ 国内出口商→国外进口商→国外分销商→最终消费者。

2) 长渠道策略和短渠道策略

营销渠道的长短主要是指产品从制造商流向最终用户过程中所经历的中间商层次的多少。层次越多,营销渠道越长;层次越少,营销渠道就越短。采用长渠道策略的企业可把全部的销售工作交给中间商,自己集中力量搞好产品开发与生产;而中间商则可利用自己在资金、资源、经验等方面的优势,迅速扩大产品销售,为企业搜集多方面的信息,提供物流服务,促进产品销售。

采用短渠道策略可以减少流通环节,缩短再生产周期,使产品尽快到达消费者手中;可以减少商品在流通环节中的损坏程度;有利于开展销售服务工作,提高企业的信誉;此外,短渠道策略还有利于节省流通费用,从而降低商品价格。短渠道策略的缺点是生产企业承担的商业职能多,不利于集中精力搞好产品开发与生产。

3) 宽渠道策略与窄渠道策略

营销渠道的宽度主要是指渠道中各个层次中所使用的中间商的数量。制造商在同一层次选择较多的同类型中间商(如批发商或零售商)分销产品的策略称为宽渠道策略;反之,则称为窄渠道策略。企业在国际市场营销渠道的宽度布局上通常有三种选择策略。

(1) 广泛营销策略。

广泛营销又称为密集型或普遍性营销。指的是厂商使用尽可能多的中间商或零售商来销售产品,使渠道尽可能延伸到可触及的地方。广泛营销策略适用于购买频率高且每次购买量不大的日用消费品等。

(2) 选择性营销策略。

选择性营销是指企业有选择地精选几家中间商来分销本企业的产品。这种营销方式适用于大多数商品,尤其是消费品中的选购品、特殊品以及一些标准化程度较高的工业品。企业通过精选中间商,可提高效益,节省成本和费用,同时又能比较好地控制和督促中间商完成企业所赋予的营销职能。

(3) 独家营销策略。

独家营销是指企业在一定时期内在某一地区只选用一家中间商销售其产品。这种营销策略往往要求企业在同一地区不能再授权其他中间商,同时要求被授权的中间商不能经营其他企业同类竞争性产品。采用独家营销对于企业来说可以加强对渠道的控制,激励中间商为本企业服务。缺点是风险比较大,一旦中间商选择不当,就有可能"吊死在一棵树上",从而错失本地市场。

7.3 国际市场营销渠道管理

国际市场营销渠道的管理主要是对渠道成员的控制与管理,包括对中间商的寻找、选择、激励、评估与调整等过程。

7.3.1 寻找中间商

寻找中间商首先得从市场研究和确定评价中间商的标准开始。中间商不同及其与企业关系性质的不同,评价中间商的标准也各不相同。评价标准基本包括五个方面的内容:合作诚意、生产率或销售量、财力、管理的稳定性和能力、企业的性质和声誉。

寻找中间商的关键是如何找到有助于选择中间商的信息,也就是找到寻找中间商的渠道,从而发现能够经营本企业产品的中间商。寻找中间商的途径有很多,如外国政府机构、外国领事馆、国外的商社、目标国企业名录、其他生产类似产品但不生产竞争产品的制造商、贸易协会、咨询公司、运输商、互联网上的服务等。如 Unibex,这是一个国际商务中心,它为中小企业与较大的企业在彼此之间的商务合作提供了一个平台。

7.3.2 选择中间商

国际中间商的类型主要有出口中间商、进口中间商、批发商、零售商等。以是否拥有商品的所有权为标准,出口中间商又可以分为出口经销商和出口代理商两大类。出口经销商拥有商品的所有权;出口代理商没有商品的所有权,只是接受委托,以委托人的名义进行买卖货物,收取佣金。

进口中间商指从事进口业务的中间商和销售进口商品的中间商,主要有进口经销商和国外进口代理商两种。

批发商按商品经营范围划分为综合批发商、大类商品批发商和专业批发商等三种类型。零售商种类非常多,差别也很大,一般按照业态划分。常见的零售业态主要有便利店、专营店、专卖店、百货店、超级市场、仓储式零售店、外贸店、无店铺零售、网店,以及新技术下的无人零售店。

国际市场营销渠道成员(中间商)的选择主要参考的要素包括:①中间商的财务状况及管理水平;②中间商的专业知识和专业条件;③中间商的业务范围和市场覆盖面;④中间商的地理位置和规模;⑤中间商的信誉;⑥中间商合作态度以及预期合作程度。

选择国外中间商的信息来源:①通过国外企业官方网站主动联系建立关系;②通过国外商会、联合会、工商联合会介绍客户;③通过驻外使馆商务参赞了解;④通过国内外银行介绍客户;⑤通过参与国际贸易博览会、展览会、交易会等建立客户关系。

中间商一旦选定,企业就应加强对渠道成员的控制与管理,调动中间商经营企业产品的积极性。

7.3.3 中间商的控制

市场营销目标必须向公司内部成员和中间商尽可能明晰地解释清楚。如制定以下标准来衡量中间商的工作表现:销售量目标、市场份额、库存周转率、每个地区的客户数量、增长目标，以及促销、广告质量。总之，对中间商的控制是必不可少的，首先要从对渠道体系本身的控制开始，即对整个体系实行总体控制，确保产品是由企业最满意的中间商经手。在对中间商的控制上，企业应该了解并在一定程度上控制中间商有关销售量、市场覆盖率、提供的服务、价格、广告甚至利润等方面的活动，使中间商在一定程度上在企业的掌控之中，防止中间商偏离企业的渠道设计方向，影响企业的国际营销活动。

协调好营销渠道内各成员之间的关系。对企业来说，为了使整条渠道高效运行，应尽量使各渠道成员的矛盾和冲突降至最低限度。渠道内各中间商的矛盾主要有两类。一方面，在同一地区同时有几家中间商经营本企业产品，这些中间商在产品价格、促销、服务等方面可能会发生程度不同的竞争，如处理不当，就会影响企业产品销售、企业声誉，导致整个流通环节效率降低。如中间商为争夺市场份额竞相降价就会导致两败俱伤的后果。另一方面，同一渠道中不同层次的中间商，如批发商和零售商之间也可能因利益分配出现矛盾，从而影响合作关系和产品销售。为较好地解决上述两类矛盾，协调好营销渠道内各个成员之间的关系，企业应根据中间商的不同功能和业绩，合理确定让利水平，尽量避免不公平竞争，使中间商能共同为实现企业销售目标而努力。

7.3.4　中间商的激励

对渠道成员的激励不仅包括给予丰厚的报酬，还包括人员培训、信息沟通、感情交流、给中间商独家专营权、共同开展促销等。在很多情况下，企业只注重利益的刺激，如销售利润、折扣、奖赏、销售比赛等。如果这些未能发生作用，往往改用惩罚的办法，甚至中止双方的合作关系。有效激励渠道成员的关键是了解其角色功能，深入研究他们的需要、困难及其优劣点，以便对症下药。激励的目的是尽量减少企业与渠道成员的冲突，使他们能积极为企业产品营销服务。通过激励，可使渠道成员认识到："我之所以赚钱正是由于我与销售方站在同一立场。"具体对策如下。

(1) 坚持向渠道成员提供质量合格、适销对路的产品。特别是在企业产品销路看好、市场需求旺盛、产品供不应求、货源紧张时，企业不能轻易抛弃合作的渠道成员，而应坚持与老客户合作，如此方能显示出企业的合作诚意，这是对渠道成员的最大激励。

(2) 根据渠道成员的进货及付款情况，灵活运用各种定价技巧特别是数量折扣和现金折扣，以刺激渠道成员经常大量进货，并及时结算货款，减少企业资金占压，加速资金周转，降低资金风险。

(3) 为渠道成员培训推销人员和服务人员。这种措施一方面节省了人员培训开支，另一方面还会因人员素质的提高而促进销售，因此，对渠道成员有激励效果。

(4) 与渠道成员协作搞好产品的促销工作，包括出资、合作、发布广告等。

(5) 以延期付款或售后付款的方式给予渠道成员融资便利。

(6) 授予渠道成员独家经营权。独家经营权为渠道成员独占该企业产品在某市场的经营，不但独享在该市场经营该产品的好处，对经营名牌产品的渠道成员来说，还可借此树立企业形象。

企业应更多地保持与渠道成员的沟通与联系，努力与其建立长久的合作关系，共同发展，分享利益。

7.3.5 中间商的评估与调整

企业可以建立一些标准，定期对照衡量渠道成员，以保证渠道成员正常开展推销业务，同时也使中间商处于一个优胜劣汰的竞争状态之中。国际企业应经常性地对营销渠道成员加以考察和评估，评估的内容有销售额、利润、销售能力、合作态度、适应程度、顾客满意度、潜力等。

企业对国际营销渠道的调整方式主要有三种。一是增加或减少个别中间商。对于某些不能很好完成既定的销售计划、不积极合作、效率低下的国外中间商，应终止与其业务关系。二是增加或减少某一营销渠道。三是调整整个营销渠道系统，建立一个新的营销渠道系统。

7.4 国际市场物流管理

国际物流(international logistics，IL)是指不同国家之间的物流，其狭义的理解是当供应和需求分别处在不同的地区和国家时，为了克服供需时间上和空间上的矛盾而发生的商品物资实体在不同国家之间跨越国境的流动。

一个企业要正常地进入国际市场，必须有一套完善、畅通的物流系统。这个系统的中心是储存和运输管理，即商品实体的位移功能。国际市场营销渠道的物流的基本过程如图7-4所示。

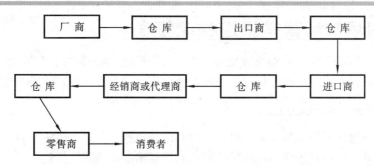

图7-4　国际市场营销渠道物流的基本流程

在国际市场激烈的竞争中，科学地实现物流管理，可缩短路途、节省费用、提高效率，不仅能使企业和中间商获益，而且消费者也能从中受益。而如果在物流管理的过程中出现了差错，则会给企业造成不可挽回的损失。

7.4.1 国际市场营销渠道物流管理的原则

1. 系统性原则

物流管理既不等同于企业的运输管理、储存管理、搬运管理等单项职能管理，也不是它们的简单机械相加，而是把分散的产品实体活动转变为协调有序的系统的实体流通活动。因此，企业的物流必须纳入企业营销总系统进行综合管理，即围绕目标市场需要，将其与企业产品开发、定价、促销和渠道选择等策略结合起来，与不断发展变化的客观环境相适应，与所有实体流通要素相协调，最大限度地发挥实体流通系统的功能，实现最佳的综合效果。

2. 经济性原则

物流管理是企业降低成本的重点。据西方营销学家估算，实体流通成本约占全部营销成本的50%，其降低潜力比其他任何市场营销环节都要大得多。因此，降低实体流通成本可视为企业"第三利润源泉"。实行经济性原则，就是要在进行实体分配决策时，全面考虑成本与效益之间的关系，尽量以最少的成本取得理想的经济效益。

3. 灵活性原则

物流系统处于动态的国际储运环境之中，不仅市场需求、竞争态势、交通运输技术等会发生变化，而且物流系统本身的因素也不可能一成不变。因此，一个有效的物流系统必须具有充分的弹性，既要适应企业产品、市场、营销渠道以及中间商的现状，又要对市场环境和产品的变化具有较强的应变能力。从战略上和企业长远利益考虑，物流系统对未来良好的应变能力，可以使企业更好地满足目标用户，获得竞争优势，因此，即使当前会提高成本也值得投入。

4. 安全性原则

企业应把按照正确的数量与质量，准确、及时、完整地将产品运送到指定的地点作为物流的目标。一般来说，安全性越高，服务水平越高，顾客的满意度也就越高。

7.4.2 国际市场营销渠道物流管理

国际市场营销渠道物流管理是一个复杂的系统，需要许多部门和企业配合才能很好地运行，其管理流程包括订单处理、仓储管理、存货管理、运输管理等四个环节。

1. 订单处理(order processing)

订单处理是指从接受订货到发运交货的全过程。主要包括订单的接受、审核，将联运单据送至各有关部门，按单配货，安排运输，收进货款等。

2. 仓储管理(warehousing)

每个从事国际市场营销的企业，在其货物等待销售时，都必须将其储存起来。储存的功能解决了国际市场上商品供应与需求在数量、时间、空间差距等方面的背离。仓储管理的重点是确定存储地点。储存的国家或地区越多，就越能及时地满足顾客需求，但储存成本会上升。因此，储存货物的地区或国家的数目、时间、储存量必须使满足顾客需求水平和分配成本之间达到平衡。这就要求企业在仓库的选择与建设上注意以下三点：用户的地理分布和要求的运输量、用户要求的服务水平、仓库位置与仓库数量的配合关系。

3. 存货管理(inventory management)

企业在决定存货量时总是难以决定，存得多了成本上升，存得少了又不能满足顾客需要。所以，企业在进行存货决策时，必须了解应在何时订货和订货数量的多少。

企业应确定科学的订货点。确定订货点一般应对库存不足和积压的成本风险两者加以权衡。实际订货量应高于订货点,以保证有一个安全的库存量。决定订货的数量时要考虑到随着订货数量的增加,每单位的订货费用会减少,但同时每单位的储存费用会增加(因为每单位的储存时间延长了),企业要权衡订货费用和储存费用,求得总费用最少的订货数量,达到经济合理的储存量。

4. 运输管理(transportation)

物流系统对运输的基本要求是使商品按照合理的流向,力求以最短的运输里程、最少的转运环节、最省的运输费用、安全完好地将产品从产地运送到销售地。然而,国与国之间的运输不仅耗时长,中间环节多,而且托运人会在相当长的时间内失去对自己货物的控制权。这就要求企业做到以下两点。

第一,要加强商品运输的计划性。搞好物流计划工作不仅是降低运费、加快商品运送速度、提高运输效率的需要,而且也是实现产、运、销整合的需要。要加强运输的计划工作,应处理好运输计划与生产计划和销售计划或销售合同之间的衔接。销售计划或销售合同是整个计划工作的起点,运输计划是完成销售计划的保证,而生产计划的完成又是保证计划发货的前提。

第二,要选择合适的运输工具。选择合适的运输工具就要了解常见的运输工具及其主要特征:铁路运输的主要特点是费用较低,运行速度快,运力大;公路运输的主要特点是速度快、灵活、能提供良好服务,但费用高;水路运输,包括远洋运输、沿海运输、内河运输三种形式,其主要特点是价格低、运力大,是铁路、公路的辅助形式;管道运输是气体、液体运输的主要形式,其主要特点是专用性强、运量大、安全、便捷、无污染;航空运输的主要特点是速度快、可靠,但其费用最高。在国与国之间的运输中,要根据运输的实际条件来选择运输工具。

7.5 国际市场网络渠道

7.5.1 国际市场网络渠道概述

随着互联网技术的发展、网民数量的激增,网络购物成为世界各国人民购物的一种主要方式。这种以国际互联网为基础,通过应用全球性的社会化媒体以及像亚马逊、E-bay、阿里巴巴等互联网电商平台实现国际化营销正成为一种新型国际营销方式。

互联网改变了甚至颠覆了原有的渠道模式。具体体现在两个方面:第一,互联网的应用克服了不同国家、地区和市场在时间、空间上的差异,形成了一个真正意义上的市场,各国经济之间相互依存、相互依赖的程度不断加深,全球已经变成一个不可分割的整体,国际贸易全方位提速,交易更加快捷、通畅;第二,基于互联网技术而衍生出的车联网、聚联网、物联网、手机移动互联网,从根本上改变了人们的生活方式和消费习惯,原有的一些实体渠道将消失,全新的商业理念和商业模式将诞生。在传统企业的渠道策略和传播策略发生革命性改变的同时,新兴行业、新兴企业层出不穷。

按照交易对象来划分,国际电子商务可以分为企业对消费者(B2C)、企业对企业(B2B)、企业对政府机构(B2G)、消费者对消费者(C2C)、线上对线下(O2O)等几种类型。

移动互联网是移动和互联网融合的产物,继承了移动随时、随地、随身与互联网分享、开放、互动的优势,是整合二者优势的"升级版本",即运营商提供无线接入,互联网企业提供各种成熟的应用。移动互联网广义上是指用户使用手机、上网本、笔记本、IPad 等移动终端,通过移动网络获取移动通信网络服务和互联网服务。由此划分出车联网和手机移动互联网。而狭义上的移动互联网则是指用户使用手机终端,通过移动网络浏览互联网网站和手机网站,获取多媒体、定制信息等其他数据服务和信息服务。

一个企业要想在互联网上开展营销活动,要想在国际市场取得成功,除了搞好本身产品和服务外,必须解决好一些电子商务本身所涉及的一些问题。这些问题包括以下一些。

1. 国际法律问题

例如搜索引擎 Google 等在中国和意大利等国受到严格审查和限制使用。还有一些跨国营销活动例如顾客询盘、订购等涉及语言的翻译问题。

2. 文化方面问题

网站和产品都必须在文化方面采取中性策略或适合独特市场的策略,否则会弄出大麻烦。例如,各国对颜色有不同反应,国际市场网站设计时选择颜色就有讲究,中国人喜欢红色,美国人认为红色代表着爱情,而西班牙人则把红色联想为社会主义。所以在设计网站的时候,文化是一个千万不能忽视的方面。

3. 适应性问题

网站页面翻译成目标市场语言非常重要,假如一家国际企业想在另一国家长期从事业务,它的网站就必须以目标市场来考虑,进行设计就必须符合当地的文化习惯和购物习惯。

4. 本地接触问题

致力于海外市场的企业往往通过设立海外虚拟办公室,在关键市场购买服务器空间和镜像网站、语音邮箱、传真等方便外国顾客接触和访问。毕竟每个国家顾客都习惯用本国语言来访问当地网站。

5. 支付问题

国际网络营销最大问题就是国际支付问题,顾客必须能够使用电子邮件、传真或电话来输入自己的信用卡号码。采用电子支付时会涉及交易风险、汇率转换等问题。

6. 交货问题

对于国际普通包裹业务,采用邮政寄送是一条比较便宜的方式,但是通常耗时比较长。而通过国际快递业务能够较为快速地进行货物的交付,像 FedEx、UPS 等快递公司能够在全球进行快递业务,但相应的费用也是非常昂贵的。

7. 国际促销问题

尽管网页就是一种促销方式,但是如果你从事的是国际电子商务营销的话,同样要为你的商品和服务进行广告。老的说法"如果你能比你的邻居制造出更好的捕鼠器,人们就会踏破你的门槛",对于电商来说并不起作用。你必须告诉你的目标市场"你的更好的捕鼠器在哪儿"。怎样才能把别的国家的顾客吸引到自己的网站来?方法就如同在本国一样,进行搜索引擎注册、新闻发布、本地新闻论坛、互动、网页广告以及其他一些传统广告方法,只是所用的语言不同。其实网站就像是一个零售店,唯一不同的就是顾客访问的是网页而不是用脚登门访问。

7.5.2 国际网络营销渠道所面临的风险问题

国际电子商务营销通常面临着三方面问题。

1. 支付问题

支付无疑是国际商家所面临的最大挑战,让国外的客户从境外购买自己的商品,选择符合境外顾客习惯的支付方式是十分关键的。

2. 监管问题

地方政府以及税务部门严格审查制度将会潜在地影响着国际电子商务营销业务。

3. 物流和逆向物流问题

国际物流非常重要,物流的快慢会影响国际顾客对业务的看法。持续的、快捷的、可预见的物流服务对于国际电子商务尤其重要。

未来几年跨境电商将快速发展,2017 年中国的跨境电商交易额占进出口贸易总额的 20%左右。到 2020 年跨境电商将会占到进出口贸易总额的 37.6%。未来随着跨境物流、支付等环节问题的进一步突破和跨境电商企业盈利能力的进一步提升,行业将迎来黄金发展期。技术进步、消费升级、工业基础和信用保障将会是国际网络营销增长的驱动力。另外,对于大数据技术和国际贸易政策的掌握也会让越来越多的从事国际贸易的商人对国际网络营销前景看好。

本章小结

对于一个从事国际贸易活动的企业来说,国际市场营销的渠道问题是一个需要慎重决策的重要问题,当准备开拓国外市场的时候,首先需要明确的是国际市场营销渠道的概念和模式以及国际市场营销渠道的组成成员。

企业把自己的产品通过某种途径或方式转移到目标国消费者手中的过程就构成了国际市场营销渠道。而国际市场营销渠道的模式则是在具体的操作过程中所用的不同方法。营销渠道是国际营销组合中不可缺少的要素,对它的选择至关重要。渠道选择得好,业务发展就顺利,就能提高企业产品的市场占有率,增加企业收益;反之,就可能坐失良机,使企业蒙受经济和信誉损失。

本章就国际市场营销渠道的模式、渠道设计、中间商的选择与控制、国际市场营销渠道的管理以及渠道的新兴形式——网络渠道等问题一一进行了探讨。

关键术语

渠道模式	渠道设计	渠道组织形式	渠道选择因素
渠道选择策略	渠道管理	物流管理	网络渠道

思考题

1. 国际市场营销渠道有哪些主要模式？
2. 国际市场营销渠道由哪些成员组成？他们各起到什么作用？
3. 国内国际市场营销渠道与国外国际市场营销渠道是完全相同的吗？可以说国际市场营销渠道就是国内市场营销渠道在国外的另一种形式吗？
4. 国际市场营销渠道的决策有哪些内容？
5. 影响企业选择国际市场营销渠道的因素是什么？
6. 简单阐述一下国际市场营销渠道实施的步骤。
7. 如何进行国际市场营销渠道的物流管理？
8. 国际市场营销的渠道冲突都有哪些表现形式？
9. 如何对国际市场营销渠道成员进行控制？
10. 网络营销对国际市场营销渠道造成了怎样的影响？

参考文献

1. 庄贵军. 营销渠道管理[M]. 北京：北京大学出版社，2012.
2. 汤定娜. 国际市场营销学[M]. 北京：高等教育出版社，2015.
3. 于丹，高俊云. 国际市场营销[M]. 北京：人民邮电出版社，2014.
4. [美]菲利浦·R 凯特奥拉，[美]玛丽·C 吉利，[美]约翰·L 格雷厄姆. 国际市场营销学[M]. 15 版. 赵银德，沈辉，张华，译. 北京：机械工业出版社，2012.
5. 朱玉童. 渠道冲突[M]. 北京：企业管理出版社，2014.
6. 甘碧群，曾伏娥. 国际市场营销学[M]. 北京：高等教育出版社，2014.
7. 朱金生，朱畅，邵李津. 国际市场营销学[M]. 南京：南京大学出版社，2016.
8. 李威，王大超. 国际市场营销学[M]. 北京：机械工业出版社，2015.

案例研讨

力帆汽车：俄罗斯市场的"深耕细作"

力帆实业(集团)有限公司成立于1992年，历经25年的发展，成为以汽车、摩托车的研发、生产、销售(包括出口)为主业，并投资于金融业的大型民营企业。力帆的企业理念是：国内赚钱，市场好汉；海外获利，民族英雄。力帆在国内汽车品牌里，无论是影响力还是销售都略显逊色，但是力帆在国外市场已经名声大噪，获得了很多国家的好评。

在国内市场合资品牌价格下探、市场竞争日趋白热化的情况下，力帆汽车在稳固国内三、四线城市及农村市场基础上，积极拓展海外市场，并将其作为公司发展的重要战略。纵观力帆在海外的发展历程，从2006年起，仅仅10年的时间，就成功进入了83个国家和地区，基本覆盖全球较大的汽车消费市场，并且在俄罗斯、伊朗、阿塞拜疆、巴西、伊拉克、埃塞俄比亚等国保持着较高的市场份额。截至2016年底，力帆已在海外10个国家投资建立了汽车、摩托车生产厂。力帆汽车在海外市场如此受欢迎，除了高性价比的产品外，更重要的是它所采用的战略以及高瞻远瞩的目光。

早在国家"一带一路"倡议刚提出时，力帆的掌门人尹明善就对外表示："东快西慢、海强陆弱、国企大民企小的不均衡态势需要加以调整。'一带一路'正是国内车企难得的机遇。而沿线国家逾44亿的人口、广阔的市场，正契合国内企业走出去的需求。"依托于"一带一路"，力帆集团不仅获得了更稳定和持续的出口，也进一步提升了其抵御风险的能力。

海外市场中，表现尤为突出的是俄罗斯市场。截至2016年7月，力帆在俄罗斯就拥有了90家经销商，132个销售和售后店面，遍布79个城市。在2015年中国汽车品牌在俄销量跌幅达两位数的情况下，力帆汽车仍连续六年蝉联中国品牌在俄销量榜首。2016年，力帆汽车被俄罗斯汽车协会授予"最知名中国品牌"的荣誉。

在开拓海外市场的过程中，力帆意识到俄罗斯是"一带一路"的北线重点国家，是市场规模和潜力最大的单一国家市场之一，也是"一带一路"沿线国家中与中国处于深度合作的国家之一，于是力帆更加重视在俄罗斯市场的"精耕细作"。

(一) 以本土化的战略为基石

力帆汽车在海外市场受欢迎，除了高性价比的产品外，更重要的是它成功实施了本土化战略，用时任力帆集团副总裁牟刚的话就是"成为当地的企业"。在俄罗斯，本地化战略是实施得比较成功的。俄罗斯幅员辽阔，气候严寒，俄罗斯人对汽车的使用率比较高。对普通俄罗斯民众来说，一款动力充沛、价格低廉的代步车比娇贵的名牌汽车更有吸引力。在俄罗斯国内经济持续走低的近些年，多数人都在捂着钱袋过日子，买车对他们来说更像是一种奢侈消费。针对这种情况，力帆近年在俄罗斯市场推出了力帆X60、X50和力帆620。这三款车的共同特点是动力充沛、价格低廉、质量可靠，因而在推出之后就迅速占领了俄罗斯普通家用车市场，还在普通民众中形成了一定的口碑。此外，力帆针对俄罗斯的冰雪天气对所售汽车的底盘进行了全面防腐处理，并按照俄罗斯人的体格特征增大了车内空间，以更好地符合俄罗斯人的使用习惯。通过选择正确的产品路线，力帆避开了与欧美日韩以及俄罗斯本土品牌的正面交锋，成功地在俄罗斯市场中找到了自己的立足之地。力帆汽车的本地化战略不仅体现在产品的设计和定价上，在公司120人的团队中，中方的管理者只有5名，不断强化本地化的战略，重用俄罗斯本地团队,实现了销售本地化、网络本地化、售后本地化多方面的强化,这些策略也是力帆在困难经济下保障销售增长的重要前提。

"世界上每个国家和地区,都有一定的消费习惯和自然特性,我们每款在海外销售的车,都要在俄罗斯进行极寒测试,在伊朗进行极热测试,在巴西进行标准化测试。"牟刚这样讲。力帆的每款车都要经过七八个国家的测试,并完成10万公里的路试测试,以考察不同地区路况、气候对车辆的影响,并征询当地商家和消费者意见,以便做出更加本土化的改进。

"走出去"是伴随着风险的,这要求力帆要足够灵活、足够敏锐地洞察到市场的变化,并根据市场不断做出调整,制定出更加适宜本地化的战略,比如俄罗斯、巴西的消费者喜欢力帆X60这款SUV;埃塞俄比亚的消费者更喜欢力帆530,这是由于其离地间隙170 mm的轿车底盘高度非常适合非洲复杂的路况;中东消费者则更青睐力帆的高端商务轿车820,这跟整个中东的用车品位是分不开的,所以力帆就在不同的市场中推出不同系列的产品。

(二)以良好的售后服务为保证

随着力帆汽车自主品牌产品在海外不断完善,品牌建设提上议程,但塑造品牌对于自主品牌车企来说是最难的事。自主品牌往往被贴上"价格便宜""售后服务差""毛病多"等标签,这场品牌的翻身仗,从根本上讲就是要做好售后服务。起初力帆在俄罗斯销量不佳的一个重要原因是售后服务质量差,导致很多俄罗斯人因为担心买中国车后无法得到售后保障而放弃了中国品牌。在意识到售后保障对稳定用户群的重要性之后,力帆逐步从当地中间人和代理商手中接过了售后维修及保障服务,并通过建立配件库、开设4S直营店等途径进一步提高售后服务的质量及水平,力帆俄罗斯旗舰体验店大厅也对其他品牌的汽车提供洗车、保养、维修、改装服务,这样虽然给其他品牌的汽车带来了便利,但是更多的是扩大了4S店的售后业务,吸引了有购买意愿的消费者,提高了品牌的影响力,增大了店面的销售收入和营业额,并借此提升力帆汽车在俄罗斯的口碑,打造了更稳固的品牌形象。力帆将不断发展经销商,逐步覆盖俄罗斯全境,通过网络调整,将售后服务的工作作为重中之重,给俄罗斯的消费群众带去更多的信心。

(三)以渠道变革与创新为动力

中国汽车在俄罗斯主要是通过当地汽车代理商进行代理销售的,不过代理经销商普遍存在出工不出力的情况。为了进一步提高销量,力帆率先在莫斯科开设了首家直营4S店,并逐步从当地经销商手中接过了销售经营权。除了上述举措,力帆还在销售渠道方面进行了大胆创新——2015年"双11"期间,力帆联手阿里巴巴旗下的全球速卖通,充分利用电商平台的优势,在官网旗舰店推出了与实体店相同的车型,灵活运用O2O模式,抢先占领了互联网平台,吸引了大批新生代消费者。

与此同时,力帆升级俄罗斯的经销商网络。俄罗斯在西方国家的制裁措施、国际油价下滑以及卢布贬值等多重因素影响下,经济仍持续低迷,不少出口车企受到重创开始撤离。大众旗下的西雅特、韩国双龙汽车公司停止向俄罗斯市场供货。通用汽车宣布让欧宝品牌完全退出俄罗斯,并停售大部分雪佛兰车型。而在中国自主品牌中,长城和江淮在俄罗斯的汽车销量为零,一汽已经从榜单上消失。然而,并不是所有自主品牌在俄罗斯市场都表现平平,以力帆为例,对俄出口量同比增长率超过20%。尽管2016年俄罗斯的政治经济形势不乐观,但力帆从未想过要退出俄罗斯市场。西退东进,正好可以让力帆更好地扎根在这个市场。

2016年后期,力帆升级了30个当地的经销商网络。一方面是由于很多西方品牌离开俄罗斯市场,这些经销商的网络模式被闲置,它们已有成熟的售后售前模式,力帆可以顺势把它们接管下来,实现对自身渠道的升级;另一方面力帆也在不断加强对当地经销商的培训和管理,按照优胜劣汰的原则，平均每年有15%的经销商网络会被淘汰。力帆一直在向世界一流的汽车品牌学习，包括产品谱系、营销手法、品牌溢价，力求提供给顾客更好的产品和服务。

对于未来，力帆打算加大产品、营销、网络、售后服务等方面的投入，夯实包括俄罗斯、伊朗等传统市场的基础，为未来的市场进一步回暖做好前期准备，同时加强对空白市场的开拓，比如，尝试打入欧美市场。另外，也会将一些新的车型带到海外，包括最近几年推出的多款7座车，比如迈威、X80、轩朗，以及全新改款的X60，这些款式的车都在宣传中获得了国内外消费者的高度好评。

资料来源

1. 《力帆汽车 墙内凋零 墙外飘香》，载《中国汽车界》，2017年第6期。
2. 陈秀娟：《力帆：俄罗斯"网红"》，载《汽车观察》，2017年第6期。
3. 田燕：《力帆汽车朝着汽车强国梦迈进》，载《全球商业经典》，2014年第5期。
4. 刘宝华：《难以捉摸的力帆汽车》，载《经营者(汽车商业评论)》，2017年第7期。
5. 《阿塞拜疆共和国：力帆吉利成榜样》，载《中国汽车界》，2017年第6期。
6. 张桂林：《力帆汽车驶向俄罗斯》，载《半月谈》，2015年第7期。

案例思考题

1. 力帆汽车是如何在海外市场取得成功的？你从中得到什么启示？
2. 你觉得中国企业走出去战略中应如何利用国外营销渠道来开拓当地的市场？
3. 如果你是力帆汽车的国际营销决策者，对于海外市场的开拓下一步应如何做？

第8章 国际市场促销策略

□ **本章提要**　通过本章的学习，了解国际市场促销的概念、类型及其组合策略，以及网络营销的层次和网上促销策略；掌握国际市场促销的主要方法即国际人员推销、广告、公共关系、会展、网络促销等的基本原理及适用条件和原则，并能够在实践中适当运用。

国际市场促销策略中几种基本的促销方法——国际人员推销、国际广告、国际公共关系、国际会展等的相关内容和适用原则，以及各种促销方法的组合策略的应用条件是本章学习的要点。

引　例

提起可口可乐，实在是一言难尽，它太富有传奇色彩了。调查显示，20世纪全球最流行的三个词分别是上帝(God)、她(her)和可口可乐(Coca Cola)。目前，全球每天有17亿人次的消费者在畅饮可口可乐公司的产品，大约每秒钟售出19400瓶饮料，2016年全球品牌价值排行榜中可口可乐公司排第三名。

可口可乐还是中国改革开放后第一个进入中国的外企，也是第一个在中国做广告的外企。可口可乐的广告策略在全世界也是首屈一指的。可口可乐公司的前老板伍德拉夫有一句名言："可口可乐99.61%是碳酸、糖浆和水。如果不进行广告宣传，那还有谁会喝它呢？"从历史上看，可口可乐公司即是以广告投入巨大而取胜的。如今可口可乐每年在全球的广告费超过6亿美元。中国市场也不例外，可口可乐每年在中国的广告投入高达几千万元。

起初，可口可乐是以国际化形象出现在中国消费者面前的，凭最典型化的美国风格和美国个性来打动消费者，所用广告也是美国亚特兰大版本。临近20世纪末时，可口可乐意识到，要当中国饮料市场的领导者，品牌融合中国文化才是长久之路。于是在1997年，可口可乐的广告营销策略发生了显著的变化，其在中国推出的电视广告，第一次选择在中国拍摄，第一次请中国广告公司设计，第一次邀请中国演员拍广告。可口可乐开始大踏步实施广告本土化的策略。

可口可乐广告本土化策略，首先体现在其广告与中国文化的结合。中国人喜欢热闹，尤其是春节这个合家团聚的日子，而可口可乐广告引人注目的手笔就是一系列的春节贺岁片了。可口可乐贺岁片选择了典型的中国情境拍摄，运用对联、木偶、剪纸等中国传统艺术，通过贴春联、放烟花等民俗活动，来表现中国浓厚的乡土味。可口可乐还就北京申奥成功、中国入世大打广告宣传牌，现在它又大力赞助中国足球队，声称喝可口可乐，"分享世界杯精彩"。可口可乐俨然成了中国本地产品，而这种乡土形象，确实达到了与中国消费者沟通的效果。

其次，可口可乐积极选择华人新生代偶像做形象代言人。可口可乐一贯采用无差异市场涵盖策略，目标客户显得比较广泛。近来，可口可乐广告策略把受众集中到年轻人身上，广告画面以活力充沛的健康青年形象为主体。1999年，先是起用张惠妹，这个女歌手泼辣、野性、"妹"力四射，赢得了一大批青少年的喜爱，然后由新生代偶像谢霆锋出任可口可乐数码精英总动员代言人。2001年又推出当红偶像张柏芝，作为可口可乐夏季市场推广活动的形象代言人，紧接着就是跳水明星、三届奥运冠军得主、中国跳水皇后伏明霞与可口可乐签约，成为新世纪"雪碧"品牌在中国的第一位广告代言人。近年来的代言人也都是本土人气明星，2014年为"都教授"金秀贤、2015年为张亮、2016年为谢霆锋。到了2017年，可口可乐全新代言人为国民"小鲜肉"鹿晗。据称，起用华人新生代偶像做宣传之后，可口可乐在中国的销量增长了24%。

可口可乐作为世界最知名的品牌，几乎所有人都知道，很多人甚至把可口可乐当作和水一样的饮品，每天都在喝，这样强大的品牌为何一年四季都在猛打广告、猛搞各种活动呢？

一是多看效应，让可口可乐永远不可替代。让你随时随地都能喝到和看到可口可乐，建立强大紧密的联系，天天见，天天喝，这就是可口可乐的最终目的，当你口渴的时候，第一反应就是喝可口可乐。笔者在超市和便利店观察过很多次，当消费者路过饮料货架，第一个被拿起的可乐饮料往往就是可口可乐，因为消费者与可口可乐已经建立了牢固的认知和神经链接。这就形成了刻板效应定型效应（偷懒造成），自然划到内心认知的框框里。可乐就是可口可乐，可口可乐就是可乐的代名词。多看效应就是保持高强度支持的品牌曝光度，能让可口可乐进一步占领消费者心智，获得更大的收益。

二是不断刺激，形成更多冲动购买。饮料销售，有时候必须刺激消费者产生购买的欲望。可口可乐经常在闹市区和商业区搞各种娱乐互动活动，尤其是节庆日，甚至将本来绿色的圣诞老人也变成了穿红色棉袄的圣诞老人形象，营造一种节日的欢快氛围，让更多的人喜欢上可口可乐，情绪好一开心，就会饮用更多的可口可乐。做品牌的最高阶段就是制造幻觉。美国有人做过测试，当把商标撕掉，让被试喝可口可乐与百事可乐，大多数人认为百事可乐好喝，当知道喝的是什么品牌的可乐时，大部分人认为可口可乐好喝。这说明可口可乐对人们的影响已经不仅仅建立在产品带来的感官刺激，更产生了精神上的愉悦，可口可乐品牌本身就能让人开心起来。

三是保持品牌鲜活的形象，始终领先竞争对手一步。从可乐喷泉到可乐鸡翅，再到可乐瓶上印有各种歌词、台词，可口可乐始终与时俱进，用时代最热门的事件和流行语，与自己的品牌传播相结合，这真是极好的！这样可以始终保持市场的热度和高关注度，遥遥领先于对手，成为饮料行业内不可撼动的霸主。当初当作咳嗽药水使用的可口可乐，后来成了二战美军的军需品，而可口可乐持续不断的品牌创新，让它成为最流行永不过气的时尚饮品。

"巴黎18岁的青年与纽约的同龄人之间比其父母辈有着更多的共通之处。他们购买相同的产品,看同样的电影,听同样的音乐,喝同样的可乐。全球广告正是在这样的前提下发挥作用的。"音乐电视欧洲区总监威廉·罗伊迪(William Roedy)说。

在引例之中,可口可乐在中国的成功有一个很重要的因素是选择了谢霆锋、鹿晗作为品牌代言人,直面目标市场,并且在广告中很好地融合了中国传统文化,起到了很好的宣传效果。广告是全球营销者利用的重要武器,在商品经济发达的工业化国家,国际广告几乎随处可见,成为消费者购买商品的主要信息来源。自2011年起,全球广告市场稳步发展,增速保持在4%~5%。与此同时,全球广告也发生着巨大的变化,数字广告飞速发展,逐渐赶超电视广告费用。在2016年,每新增1美元的广告花费,其中72美分将用在数字媒体上,21美分会用在电视上。而在2017年,这一比例将更向数字媒体倾斜:77美分(数字)vs 17美分(电视)。

8.1 国际市场促销组合

国际市场促销是企业与国际客户的一种信息沟通行为,是指企业通过各种形式将产品或服务的有关信息传播给消费者,帮助消费者认识商品或服务所能带来的利益,引起消费者注意从而诱发消费者的需求,激发他们的欲望,促使他们采取购买行动,以实现销售目标的一种活动。

国际市场竞争的激烈程度体现在以产品为中心的质量竞争、服务竞争、价格竞争等方面,同时,国际市场竞争也是一种信息传播的竞争,一种抢占消费者心智的竞争。在产品同质化越来越严重的时代,产品的性能、质量、价格和服务等方面都越来越相似,要想使产品在竞争中脱颖而出,加强信息的传播和沟通使消费者认识并忠诚于企业的产品就显得格外重要。索爱手机在国际市场上的促销活动涉及国际广告、赞助体育赛事、支持公益事业等国际公共关系策略,特殊的人员推销方式,利用互联网技术传送照片和电子邮件,以及与电影产业的合作等多种创新的促销策略及其组合,正是这些策略帮助"混血儿"索爱逆风飞扬。

8.1.1 国际市场促销的含义与类型

1. 国际市场促销含义

国际市场促销是企业与国际客户的一种信息沟通行为。国际市场的促销手段与国内市场营销中的促销手段基本相同,主要包括广告、人员推销、营业推广和公共关系等形式。但国际市场的环境更为复杂,与国内市场促销相比存在促销对象、促销环境、促销策略、促销效果等方面的差别,使国际企业的决策更加复杂,促销难度加大。

1) 国际市场促销与国内市场促销的不同

(1) 促销对象的差别。在国际市场上,企业面对的是来自不同社会文化背景的、具有不同价值取向及消费习惯的消费者,因此各种促销活动的内容和方式均应有所差别,才能取得相应的促销效果。

(2) 促销环境的差别。由于各国的政治、经济、文化等环境因素存在差异,企业开展促销活动的环境存在巨大的差异,在一个国家可以使用的促销手段,在另一个国家可能不被允许使用。

(3) 促销策略的差别。在国际市场营销活动中，由于促销策略的制约因素不同，导致促销策略面临着不同的选择。

(4) 促销效果的差别。地理、文化、风俗等多方面的差异，使在一个国家能取得良好促销效果的促销策略在另一个国家则可能无法实现其促销目标。

国际市场促销在密切产销关系、扩大企业产品销售等方面起着巨大的作用。

2) 国际市场促销的作用

(1) 传递信息，沟通产销。在现代市场上，企业和顾客之间客观上存在着信息分离，一方面，企业不知道顾客真正需要什么商品，何时、何地需要，愿意接受什么价格；另一方面，顾客也需要了解商品由谁供应，何时、何地供应，价格高低等。在国际市场上，这种时间与空间的矛盾更加突出。这就需要企业必须进行沟通与促销活动，采取各种方法，及时向用户、消费者、中间商传递商品信息，引起他们注意，密切生产者、中间商与用户之间的关系，从而发现潜在需求，扩大销量。

(2) 突出特点，强化竞争力。国际市场上同类商品一般品种繁多，各有不同的特点和优点，要在竞争中占有一定的市场份额，就必须通过适当的促销手段，宣传自己商品的优点和特点，使顾客在相互比较的前提下，选购本企业的产品，从而达到刺激需求、创造需求、提高本企业产品竞争力的目的。

(3) 诱导需求，促进销售。顾客的需求和购买行为是可以诱导的，企业通过宣传，不仅可以唤起需求，还可以创造需求、增加需求和恢复需求。

(4) 提高声誉，稳定销售。国际市场是优质名牌商品众多的市场，顾客对商品的声誉、品牌、商标越来越注重。因此，企业声誉已经成为企业的无形资产，企业声誉好，产品销路通畅；声誉不佳，则销路必然受阻。因此，通过促销宣传，可提高企业和产品的知名度，加深消费者对本企业和产品的印象，从而提高企业声誉，使企业能获得稳定的销量和稳定的市场占有率，稳定产品的市场地位。

2. 国际市场促销的类型

由于世界各国的经济、政治、文化等环境因素存在很大差异，使国际促销手段也存在较大差别，跨国企业的促销策略可以分为两种：直接推动策略和间接拉引策略。这两种促销策略各有优劣，在实际运用中，应当充分结合它们的优缺点采取单一促销策略或混合促销策略。

1) 直接推动策略

直接推动策略是企业通过销售渠道，将产品或服务由生产商销售给批发商、批发商再销售给零售商、零售商再销售给最终消费者来达到销售目的的一种促销策略。这种策略的主要方法有以下几种。

(1) 示范促销法。通过举办展览会、技术座谈会等形式向顾客做示范表演来进行实物推销，以适应人们的求实心理。

(2) 拜访促销法。销售人员携带样品或产品的目录走访顾客进行推销，通过面对面地介绍产品、洽谈、回答顾客提出的问题来排除消费障碍，从而达到促销的目的。

(3) 服务促销法。通过向用户提供周到的售前、售中以及售后服务来促进产品的销售。

(4) 网点销售法。立足于健全销售机构和销售网点，提高产品的铺货率，达到以方便顾客购买来扩大产品销售的目的。

直接推动策略能将产品直接推向中间商或者最终用户，减少了中间流通环节，缩短流通渠道；可以通过直接向消费者介绍产品的性质、特点、途径和使用方法来指导消费；能够深入了解顾客需求，迅速反馈信息，及时改进产品及营销策略，扩大产品的销售。但是，直接推动策略需要企业具有一大批高素质、业务能力较强的推销人员，这加大了企业的营销费用。

直接推动策略一般适合单位价值比较高、性能复杂、需要进行示范操作的产品，适合某些用户特点的产品，或者经过的流通环节少，可采取直接渠道销售的产品，以及市场比较集中的产品。

2) 间接拉引策略

间接拉引策略是通过树立良好的企业形象、品牌形象与产品形象，引发消费者对产品的兴趣和购买欲望，并向零售商购买，零售商向批发商购买，批发商向生产商订货，从而拉动整个渠道系统的策略。这种策略的主要方法有以下几种。

(1) 广告促销法。通过各种广告和信函、订单等向现有和潜在顾客发出信息，介绍产品性能、特点、价格，征求意见或说明订货方法，以扩大销售，这是间接拉引策略最主要的手段。

(2) 展会促销法。举办各种专业性或综合性的展销会、订货会，邀请目标市场的单位代表和个人前来参加选购，使顾客看到真实产品以吸引顾客购买，如各种国际博览会等。

(3) 公共关系法。通过良好的产品质量、周到的服务，增强用户对企业的信任，并且通过开展有效的公共关系活动，树立良好的企业形象和产品形象，以促进产品销售。公共关系对企业来说难以控制。

采用间接拉引策略，宣传面广，传播速度快，易于树立企业形象；但针对性不强，不易立即促成交易。

间接拉引策略一般适合单位价值比较低的日用消费品，操作简单、方便的产品，或者企业要求尽快地将信息传递给用户的产品，以及需经过多环节或长渠道流通的产品和市场范围比较大的产品。

8.1.2 国际市场促销组合策略

地理位置、各国风俗以及政策法规方面的巨大差异使得国际市场促销环境更为复杂和多变；此外，由于各种促销手段不仅各具特点，而且它们相互之间还存在着密切的联系，所以在国际营销活动中，企业不能仅仅使用单一促销手段，而需综合考虑多种因素，有针对性地选择几种促销方法，以发挥各种促销手段相互补充、相互替代的作用，达到最优的促销功能。

1. 产品特征与促销组合

在营销活动中，产品的概念不仅仅指产品本身，而是指产品整体概念。不同性质的产品及其产品组合，因其购买者和购买需求不同，应采用的促销组合策略也不同，而且企业使用各种促销手段向购买者传递信息的作用力度也不相同。

国际市场上，在每个国家、地区销售的产品在功能、外观、颜色、大小等方面或多或少地都存在一些差异，因此产品促销实施起来的难度有所增加。但一般来说，生活资料的技术结构简单，购买人数众多，买主地域分散，产品组合简单，在国际市场上比较适合广告促销。而对于复杂的产品组合，如结构和使用程序复杂的设备，短短十几秒或一定版面的广告难以描述产品或突出其优势，广告的作用是有限的。生产资料技术性强，购买者数量较少，地理分布集中，人员推销是主要的促销方式，这种方式可以方便地向用户做详细说明并解答疑问。如果用营业推广方式，则可以把整个产品组合陈列于营业场所之内，给消费者一个直观、形象的印象，再结合人员推销，效果可能会更好。公共关系和营业推广方式对于生活资料和生产资料来说都属于辅助性的促销方式。根据在国际市场上不同消费品组合关系的复杂程度不同，各种促销手段的作用程度如图8-1所示。

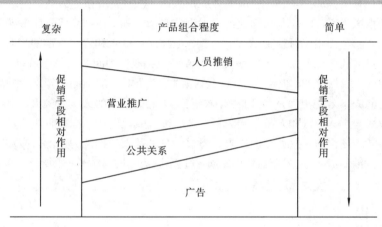

图8-1 各种促销手段作用程度图

2. 产品市场类型与促销组合

按照国际公认的划分标准，即产品市场的类型来划分，国际市场可以分为消费品市场和工业品市场，针对这两种市场的促销手段及其重要性是不同的。一般来说，与消费品购买相比，工业品的购买是一个较为复杂的过程。除了标准化产品的重复购买较为简单之外，工业品的购买决策过程复杂，对购买人员关于产品专业知识的要求较高。消费品，尤其是那些购买人数众多且分散、产品技术性不高而且价格便宜的快速消费品，广告的作用较为显著，营业推广次之，人员推销和公共关系则往往作为辅助手段；对于工业品而言，人员推销的作用较为明显，营业推广也有较强的适应性，广告和公共关系通常作为辅助手段。四种促销手段对消费品和工业品实现促销目标的作用程度是不同的，某一种促销手段适合某一类产品的情况不是绝对存在的。营销实践说明，专业广告在工业市场上的重要性同样也是不可忽视的，在工业品营销方面，广告和人员推销的结合使用比单独的人员推销效果要好得多；同样，在消费品的营销中，人员推销有时也能够发挥较大的作用。

3. 国际产品市场生命周期与促销组合

20世纪60年代，美国学者弗农以产品生命周期理论为基础，对世界贸易和投资方式提出了新的理论，即"国际市场产品生命周期理论"，将产品生命周期划分为三个阶段：新产品发明阶段、产品成长和成熟初期阶段、成熟期和产品标准化阶段。产品生命周期理论将制成品的生命周期分为介绍期、成长期、成熟期和衰退期四个阶段。如果将国内市场扩展到国际市场，同一产品生命周期各个阶段在不同国家的市场上出现的时间是不一致的，由于各国在经济发展水平和科技进步等方面的差别而形成的同一产品在各国的开发生产、销售和消费上的时间差异就称之为国际产品生命周期。

由于各国经济发展的不平衡，在发达或者较发达国家处于成熟期的产品在发展中国家可能处于新产品阶段或是产品的成长阶段。企业应当根据产品在目标市场国所处的生命周期阶段来制定合适的促销策略，产品在不同生命周期阶段的市场特征是不同的，消费者对不同促销手段的反应也有差异，促销成本效应也是不同的(见图 8-2)。当产品在目标市场国还处于新产品阶段时，采用辐射面较广的广告、公共关系策略对提高产品的知名度具有很强的推广作用，成本效应很大；其次是营业推广方式，促销手段应以广告和宣传报道为主，以使产品迅速为广大消费者所认知。在产品成长和成熟初期，产品的市场占有率呈现出一种快速增长的势头，应当保持广告和宣传报道的相对优势，在广告和宣传报道的内容和形式上以增强消费者兴趣和取得中间商信任为重点，并辅之以其他促销手段；成熟初期，促销的重点应该强调与竞争对手的产品差异，此时营业推广方式比广告的成本效应更大，广告的成本效应又比人员推销的成本效应大，所以应当以营业推广方式为主，广告和人员推销为辅。产品进入成熟期和标准化阶段后，营业推广方式的成本效应还会有所加强，但广告、公共关系以及人员推销的成本效应却在下降，尤其是人员推销的成本效应极低，因而应通过强化营业推广方式来维持日益衰退的销售量。

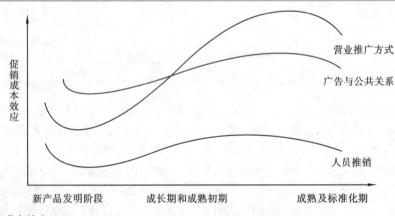

图 8-2 促销成本效应

8.2 国际市场广告策略

8.2.1 国际市场广告的概念、特点及作用

国际市场广告是国际企业以支付国际广告费用的形式，通过电视、广播、报纸、杂志、互联网等各种媒体，向国外消费者传播商品与劳务信息的一种常用的促销活动。国际市场广告是国际市场促销的重要手段之一，与其他促销方式相比，具有市场覆盖面广、

渗透性强等特点，是国际市场的主力促销方式。

国际市场广告与国内广告相比，也存在一些自身的特点。

1) 必须遵守目标国的广告法规

国际上各国均有对广告管理的法律法规和执法机构，这些关于广告实施的法规直接限制和影响着国际广告的进行。国际市场广告在制作和发布之前，一定要对目标国广告法规有全面系统的了解。

2) 必须尊重目标国的风俗习惯

风俗习惯是一个民族或国家在较长历史时期内形成的，短时间内难以改变的行为、倾向或社会风尚等。不同国家与地区有不同的风俗习惯、不同的文化传统，从而形成了各国不同的观念、感情和习俗，也就造成了对广告表现出的不同心理要求。

3) 必须尊重各国的宗教信仰

宗教信仰是一种强大的意识形态力量，不仅影响人们的思想、行为，而且影响人的消费习惯和观念。由于宗教信仰的不同，不同的国家对不同的广告表现和不同商品持有不同的态度。

4) 必须注意目标国的各种环境因素

国际市场广告要注意各国的自然环境、人民的收入水平以及国民的教育水平和各国的语言文字特点等。

国际市场广告在国际营销活动中的重要作用逐步为企业所认识。第一，在现代通信工具和新闻媒体已经相当普及的条件下，国际市场广告是一种十分有效的信息传播方式，可以通过多种多样的工具或媒体形式传播。第二，国际市场广告促销往往是海外消费者了解企业及其产品的主要途径。成功的国际市场广告将给消费者留下良好的企业及其产品形象，为企业进一步开拓国际市场打好基础。第三，国际市场广告费用支出通常是一笔巨额的资金投入。成功的国际市场广告将成为企业的优势资源与宝贵资产，而失败的国际市场广告不仅意味着企业资源的浪费，而且还可能危及企业形象与营销目标的实现。第四，国际市场广告是企业与海外潜在顾客信息沟通的有效手段。特别是随着电子商务时代的来临，电子国际广告的公众性与渗透力更加突出。第五，国际市场广告还是企业对国际营销活动实施控制的有力工具，国际市场广告的促销效果直接影响到企业国际营销的业绩。

8.2.2　国际市场广告的限制因素

尽管国际市场广告可以为国际营销铺平道路，是影响企业实现经营目标的主要因素之一，但是做国际市场广告要比做国内广告复杂得多，也困难得多。因为各国文化背景之间存在巨大的差异，而广告是营销组合诸因素中对文化差异最为敏感的一个。换言之，企业在做国际广告时面临着一系列的制约因素。

1. 国际广告语言

世界各国的消费者都使用本国的语言交流信息，这就产生了国际市场广告的语言差异。即使是使用同一语言的不同国家和地区，也会因存在各自的地方语言而不一致，从而导致有些言词因为地区性差异而含义相反的现象。这就要求企业在制作国际市场广告时首先要过语言关，选择符合当地习惯的语言和大家都懂的词汇，以达到良好的广告传播效果和促销效果。有时，在国际市场广告中会采用标准化的广告主题，但必须使用各国的语言，也就是说，广告信息可以是标准化的，但语言必须是地方化的。

2. 国际市场广告主题

不同国家的人民由于社会经济文化的差异形成的沟通障碍，对国际市场广告主题的理解也会形成巨大的反差。由于不同国家有不同的语言文字，国民的受教育水平也存在较大差距，文化习俗等方面的差异更是突出，因此，同一则国际市场广告可能会在不同国家和地区产生不同的影响。例如，德贝尔(DeBer)公司在全球许多国家都使用同一个广告版本：一对西方夫妇身着晚礼服，丈夫将钻石送给妻子，妻子微笑接受并亲吻丈夫。这则广告在西方国家播放时取得了巨大的成功，但在日本却收效甚微，因为在日本人看来这是不现实的。在日本，妇女在接受钻石时往往会落下几滴眼泪，假装对丈夫花费一大笔钱而感到羞怒。于是德贝尔公司对广告进行了修改，设计了新的场景：一位疲惫的工薪者和他努力工作的妻子待在他们的小屋里，在接受礼物时，妻子愤怒地对着奢侈浪费的丈夫大声咆哮。结果这则广告在日本取得了巨大的成功。

另外，同一种产品可以有不同的用途，因而也要采用不同的广告主题。如自行车广告在美国可以用娱乐做主题，但在一些发展中国家则应以实用安全为主题，因为美国人把自行车当做娱乐和锻炼身体的工具，发展中国家的人们则把自行车作为代步工具和运输工具。对于那些用途单一的产品，可采用单一的主题在所有的国家做统一的标准的广告。如美国埃克森公司的石油产品就是这样。

3. 国际市场广告内容

世界上许多国家对广告宣传的内容有严格的限制，大多数国家不允许香烟、药品、烈性酒、私密生活用品等产品在大众媒体上进行广告宣传。例如，国际商业广告从业准则规定："在发行国际广告国家法律规定内，不应鼓励或提倡滥用酒精饮料，亦不应以少年为国际广告对象"，"不应鼓励或提倡滥吸香烟及烟蒂，亦不应以少年为国际广告对象"；美国的国际广告法规定："用蒸馏法酿造而成的烈酒，其国际广告不得接受"，"香烟国际广告，禁止播映"，"暗含不良引诱用意的国际商品广告，应避免接受"，"国际广告措辞应高雅有礼，避免使人厌恶拒听"；英国国际广告法规定："禁止使用未经证实或无法证实的国际广告叙述"；在德国，禁止做与竞争者相比较的国际广告。不仅如此，各国文化差异决定了消费者对广告内容的接受程度不同，各国的习俗和禁忌又使各国广告的图案、色彩等各不相同。例如，在美国已经出现了整个画面上没有汽车的汽车广告，而在有些国家就必须展示产品。国际广告的图案、色彩不能触犯当地的禁忌，即使标准化的国际广告也未必适合当地的要求。对国际广告宣传方式的限制主要表现为对广告所运用的语言、场景等的限制。

4. 国际市场广告媒体

世界各国国际广告媒体的发展程度和管理方式等均存在一定差别，企业在刊播国际广告时必须对媒体进行选择。有些国家禁止通过大众传媒进行商业国际广告宣传。比利时、丹麦、瑞典等国家禁止在电视和广播中做广告。荷兰每天的电视广告不允许超过15分钟，法国不允许超过13分钟，瑞士不允许超过150分钟，德国不允许超过27分钟，西班牙不可以超过60分钟，美国较为宽松，平均每一频道每天播放广告的时间可达180分钟。另外，在有些国家，立国际广告牌也要经过政府审批。

近年来，随着智能手机和移动互联网的全球化普及，移动互联网广告市场经历了跨越式的增长。2018年，全球移动互联网广告市场规模1691亿美元，占互联网广告市场的74.72%，2014年至2018年，年均复合增长率41.32%，预计至2020年，全球移动互联网广告市场规模将达到2400亿美元，占互联网广告市场的81.47%。由此可见，互联网广告市场格局正发生变革，移动互联网广告将逐渐成为最为主流的广告模式。

Zenith发布的《全球智讯》(Global Intelligence)报告指出：纵观2018年全球广告行业，电视仍然是影响最大的媒介，2017年电视占消费者媒体时间达170分钟；移动互联网使用量增长快速，互联网使用量增长最快，占媒体时间的31%，预计到2020年将贡献700亿美元的新增广告支出；中国本土54%的互联网广告支出增长份额来自百度、阿里、腾讯，世界其他国家和地区，96%的互联网广告支出增长份额是谷歌和脸书。

5. 国际市场广告费用

目前世界上许多国家的公司广告开支越来越大，因此，政府便采取措施进行干涉和限制，以降低产品的流通费用，达到降低产品零售价格的目的。英国政府曾要求联合利华(Unilever)和宝洁公司减少在英国的广告费用。在全球广告市场，宝洁一直是大家默认花钱最多的"金主爸爸"。然而，从Ad Age统计的2017年全球广告主支出来看，三星电子集团以7亿美元优势，抢走了宝洁的头把椅。全球五大广告主依次为：三星电子公司112亿美元，宝洁105亿美元，欧莱雅86亿美元，联合利华85亿美元，雀巢72亿美元。

6. 国际市场广告代理商

各国广告代理商的可获得性也是限制国际市场广告的一个重要因素。有些国家广告业很发达，广告代理商数量多、规模大、服务质量高；而在另外一些国家中很难找到合格的广告代理商。一般来说，广告业的发达程度是与经济发展程度成正比的。表8-1列出了全球五大广告集团2016年的营收情况。WPP、宏盟、阳狮三家继续稳居营收榜单前三位。WPP集团的领先优势继续扩大，营收相当于1301亿元人民币，与排名老二的宏盟集团拉开了将近300亿元人民币的距离。与此同时，排名第四的埃培智和排名第五的电通公司之间差距已经很小了。

表8-1 世界五大广告集团

2016年排名	广告组织名称	下属主要公司	主要客户	2016年收入/亿元
1	WPP (WPP Group)	奥美广告、智威汤逊广告、D&Y扬雅广告、博雅公关、伟达公关	亨氏食品、诺基亚、福特汽车、雀巢、IBM、联合利华、摩托罗拉、宝马、柯达等	1301
2	宏盟集团 (Omnicom Group)	天联广告、恒美广告、李岱艾、浩腾媒体	百事、联邦快递、汉高、VISA、麦当劳、西门子、米其林等	1033

续表

2016年排名	广告组织名称	下属主要公司	主要客户	2016年收入/亿元
3	阳狮 (Publicis Group)	盛世长城广告、阳狮广告、李奥贝纳广告	光明乳业、南孚电池、上海家化、多普达手机等	690
4	埃培智(IPG，Interpublic Group of Cos.)	麦肯广告、博达大桥广告、灵狮广告、正北传播	联合利华等	526
5	电通公司 (Dentsu)	电通广告、电通传媒、电通公关、Beacon Communications	联想、科健、海尔、健力宝、厦新、联通等	494

资料来源 麦迪逊邦，www.madisonboom.com。

8.2.3 国际市场广告策略

广告策略是指企业在分析环境因素、广告目标、目标市场、产品特性、媒体可获得性、政府控制和成本收益关系等的基础上，对广告活动的开展方式、媒体选择和宣传劝告重点的总体原则。

制定国际市场广告策略，首先必须有一个具体的广告目标。总的来说，广告目标一是通过广告在公众中树立企业或产品的良好形象；二是引进和刺激公众对本企业产品的兴趣并导致购买，最终目标是为了盈利。

1. 国际市场广告的形式策略

1) 国际市场广告标准化策略和差异化策略

国际市场广告标准化和差异化选择是走向国际市场的企业都会遇到的抉择问题。国际市场广告的标准化是指企业在不同国家的目标市场上，使用主题相同、形式相似的广告宣传。国际市场广告的差异化则是指企业针对各目标国市场的特性，向其传送不同的广告主题和广告信息。美国万宝路香烟的宣传就属于标准化的国际广告，统一的美国西部风景、牛仔和奔马景象，旨在使不同国家的消费者看到这个画面或景象就联想到万宝路香烟。雀巢公司的咖啡广告宣传则采取国际市场广告差异化策略。其在世界各地雇用了150家广告代理商，为其在40多个国家的市场上做各种主题的咖啡广告。

(1) 国际市场广告标准化策略的优缺点。

国际市场广告标准化策略的优点主要表现在三个方面。首先，可以降低广告促销成本。当企业确定一个广告主题后，就可将其在各国市场不加改动或稍加改动后进行宣传，不需要再另做市场调查、广告设计、效果测试等，可节省成本费用。其次，可以充分发挥企业整体效益。可以集中企业内部各种广告人才的智慧，设计出一流新颖的广告主题，同时能够将企业的广告费用集中使用。最后，有利于统一整体形象。将统一的整体形象传递给目标市场国，能够形成一定声势，从而加深消费者对企业及产品的印象。

国际市场广告标准化的缺点也是显而易见的。一是没有考虑各国市场的特殊性，因而广告的针对性较差，广告效果也就不佳。二是缺乏相应的支撑条件，缺乏全球性广告机构，选择合适的媒体也比较困难。

(2) 国际市场广告差异化策略的优缺点。

国际市场广告差异化策略的主要优点如下。

首先是能够适应文化环境。如宝洁公司的洗衣粉广告都会强调其产品功能，由于巴西人较少穿白色衣服，因此在巴西推销汰渍洗衣粉时，其广告宣传中没有强调洗衣粉的"增白"功能。

其次是广告针对性较强。不同国家的消费者对同一种产品可能有相同的需求，但对这种产品的看法却不尽相同，因此广告宣传就要有不同的侧重点。

差异化策略的缺点也很明显。一方面成本费用相对较高，针对不同的国家需要做不同的广告；另一方面，企业对各国市场的广告宣传较难控制，甚至会出现相互矛盾而影响企业形象的情况。如西方某航空公司采用国际市场广告差异化策略后，在一国的广告中，宣传该公司机票的实惠，结果损害了公司的整体形象。

2) 形象广告策略与产品广告策略

(1) 形象广告策略。该策略的主要目的不是单纯地销售产品，而是塑造企业及其产品、商标的形象，并巩固和发展这一形象，使消费者对企业及其产品产生信赖和感情。形象广告的目的是为了获得长久和稳定的利润，而不是追求在商品利润上立竿见影的效果。形象广告的内容不是直接展示产品、介绍产品，而大多以情感动人，内容美妙，耐人寻味，通过显示拥有此产品的人将会具有的风格和风度，通过显示此产品的情调及此产品能够带给人们的联想等来塑造产品的形象，并借此进一步塑造商标形象和企业形象。

(2) 产品广告策略。产品广告的目标在于推销产品，其核心是要采用各种方式介绍、宣传产品的特点和优点，利用各种劝说内容和形式，诱导人们购买。产品广告的内容可能是不一样的，但主题却是一样的，即展示、介绍、宣传产品的种种特点和优点。

形象广告与产品广告实质上是相辅相成的。形象广告的最终目的仍然是促进销售，是通过树立和发展良好形象来引起消费者的购买兴趣，从而更多地销售产品；产品广告也必须考虑产品形象、企业形象的树立，如果与产品、企业的形象背道而驰，销售仍然会受到损失，而且可能是长期的严重的损失。

3) 基本需求策略和选择需求策略

这里的基本需求指的是对某类商品的一般需求，如对葡萄酒的基本需求，对牛奶的基本需求等。如果是新产品，特别是创新程度比较高的产品，一般选择满足基本需求策略，要求企业将更多的努力放在宣传产品的效用和消费者利益方面。

这里的选择需求指的是对某个企业生产的某个品牌产品的特定需求，由于是在众多品牌之中经过比较之后选择出来的，因此称为选择性需求。成熟产品或竞争激烈的产品一般选择满足消费者选择需求策略，要求企业的广告具有独特性。

2. 国际市场广告的内容策略

设计一则成功的国际市场广告要求广告设计者具有较高的创造力和想象力。国际市场广告内容策略包括以下几项决策。

1) 情感诉求式广告或理性诉求广告

情感诉求式广告以强调情感为主，理性诉求广告以强调理性为主，两者的主要区别是诉求的方式和重点不同。国际营销实践中，单纯采用一种策略的比较少，更多地采取情感和理性兼顾、以其中一种为主的策略。

2) 对比为主或陈述为主

陈述为主的广告以陈述事实的手法表明广告主题，是常见的广告内容形式，使用起来比较稳妥和平实。对比广告则将企业产品与其他同类产品进行对比分析，以凸显出本企业产品的独特之处。对比广告由于能取得较好的效果而很受企业青睐，较为流行。但是，由于对比广告是一种较为敏感的广告，很多国家都制定了有关对比广告的法律规定。因此，在运用对比广告时，要特别注意各目标市场国的法律规定。

3) 正面叙述为主或全面叙述为主

正面叙述在广告中只强调产品的优点，而全面叙述则既讲产品优点也讲产品缺点。一般来讲，如果广告受众处于成熟市场国家，文化水平高，则可采用全面叙述的方法，既告诉消费者产品的优点，又讲述其不足之处。对处于不成熟市场国家、文化水平较低的受众，则应强调产品的优点。

4) 广告主题长期不变或经常改变

从心理学角度看，广告主题的重复播送能强化受众对广告内容的印象，提高知名度和熟悉感。但是，某产品重复播送、广告次数的增加，会使受众产生厌烦心态，使印象逐渐变浅，而且容易造成产品老化的现象。因此，即使是一个十分成功的广告也须根据情况的变化及时调整广告主题。当然，有些经典广告就另当别论了。如雀巢公司的"味道好极了"广告语已经播放多年，当企业想更换内容而在各国消费者中做调查时发现，没有哪条广告能够取代这一条。

3. 国际市场广告代理商策略

国际市场广告代理商决策的核心就是国际市场广告代理商的聘用。我国企业在国际市场上的广告促销活动在大多情况下都依赖国内或国外的广告代理商，即使企业拥有自己的广告部或相应的广告职能机构，往往还得借助外部的广告代理商来进行全球性广告促销活动的策划。因为许多国家都实行国际广告代理，即国际市场广告必须通过国际广告代理商才能进入媒体对外发布。同时，多数厂商对东道国媒体不熟悉，且对国际市场广告的创意和制作缺乏专门的经验和技术，所以，也需要国际广告代理商提供相应的服务。

国际市场的广告代理商根据业务活动范围可以分为三类，且各有特点。

1) 国际性广告代理商

这类代理商分支机构遍布于世界各主要国家，易于协调企业全球广告促销活动。选择一个国际性广告代理商，可避免在多国市场选择多个广告代理商的困难与麻烦；国际性广告代理商经验丰富，而且通过知名的国际性广告代理商来宣传产品，可以提高产品声誉。但是国际性广告代理商与国际广告主和国际广告媒体可能存在沟通障碍，而且收费也会较高。

2) 东道国广告代理商

这类公司通常以承接国内业务为主，以承接国外企业业务为辅，虽然它们的营业规模不及国际性广告代理商那么大，但在国内拥有较为完整的分支机构网络，对当地社会文化环境更了解，更易于为当地消费者接受。但东道国广告代理商与国际广告主之间可能存在沟通障碍，在国际广告的策划中易出现偏差。

3) 本国有国际业务的广告公司

这类公司也是通常以承接国内业务为主，以承接国外企业业务为辅。它们与企业有很好的沟通，更能准确理解企业的意图和产品理念，有利于相互作用。但本国的广告公司在承接国际广告业务时可能对东道国市场了解有限，对东道国媒体不熟悉。

对于国际广告代理商的选择，主要根据国际广告代理商本身的特点和企业广告促销的要求这两方面来衡量。一方面，对国际广告代理商的选择，应当比较不同国际广告代理商的实力和信誉、市场覆盖范围和业务能力等。另一方面，还应根据企业广告促销的目标与策略、对广告促销活动控制的要求与能力以及企业国际营销活动的规模与方式等来选择国际广告代理商。

8.3 国际市场人员推销策略

人员推销是一种传统的促销方式，由于这种方式使推销人员能够与目标顾客进行面对面的交流，从而具有良好的沟通效果和显著的促销效果。国际市场环境的复杂多变性要求开展国际营销活动的企业寻找一种有效率、有效果的推销方式。营销实践表明，在工业品销售的各种促销手段中，人员推销最具效率。推销人员在与海外客户面对面地交流中将产品销售出去，也树立了企业在顾客心目中的良好形象。此外，通过直接的交流，推销人员可以发现顾客的潜在需求，从而可以对产品进行优化，甚至可以研发新产品来抢占市场先机。人员推销效率高，但对推销人员自身素质的要求也较高，要求推销人员具有迅速的反应能力、敏锐的市场嗅觉、较强的语言能力、良好的沟通技巧，以及对目标顾客、目标市场较高的熟悉程度，所以对国际市场推销人员的选择、培训、考核、激励也是开展跨国经营的一项重要内容。

8.3.1 销售人员的选择策略

国际市场人员推销是指企业派出推销人员或委托、聘用当地人员，向国外客户介绍商品，洽谈贸易，以达到传递产品信息、促进产品销售的目的的活动。推销人员与顾客联系、进行信息沟通的方法包括面对面、书信来往、邮件传真、电话等。人员推销的适应性、针对性强，可直接促成交易，也可兼做其他服务工作。索爱在推销其新产品T68i时，创新性地将人员推销变为拉引的人员展示策略，如让工作人员扮成夫妻或者情侣在大街上请路人拍照，并适时地向顾客介绍新产品，起到了很好的宣传和促进购买的作用。

1. 选择标准

一般来说，国际市场的推销人员除了要具备一般推销人员的基本素质之外，还应该具备以下的能力。

(1) 独立工作能力。国际市场推销人员远在海外，面临的风险与机遇通常比国内大，难以及时地得到国内领导的指导与帮助，往往需要独立做出决策处理各种问题。

(2) 推销产品能力。推销人员的基本任务就是向顾客推销产品、提供服务并收集信息等，所以，国际市场推销人员应当擅长处理顾客关系，说服顾客订购产品。

(3) 文化适应能力。国际市场推销人员要在陌生的社会环境中展开推销工作，应当易于适应不同民族的社会心理与文化特征，其中，对国际市场推销人员掌握语言的能力要求很高。

(4) 积极主动的工作态度。海外推销是项挑战性很强的工作，不喜欢推销工作或者不积极迎接挑战的人是难以获得成功的。

(5) 对推销事业的忠诚。海外推销工作独立性强，监督与管理难度大，工作努力与否在很大程度上取决于推销人员对事业的追求和对公司的忠诚。

2. 国际市场推销人员的来源

国际市场的推销人员主要来自三个方面。

(1) 企业派国内的业务人员到产品进口国去推销。自派业务员的优点是：他们了解公司和产品，能及时收集国外市场的信息，可以对用户进行技术服务等；缺点是成本太高，并存在文化障碍，很难找到足够的合格者。

(2) 使用进口国的人员。使用进口国人员的优点是：费用低，没有文化上的障碍，因而越来越多的企业开始使用当地人员；但由于这些国家与生产国在文化上的差异，对这些人员的管理要比对国内人员的管理困难得多。

(3) 使用第三国的人员。这类人员主要是营销方面的专家，有较高的推销艺术和能力，但费用较高。

3. 国际市场推销人员的培训

在国际市场上开展人员推销活动难度非常大，为了保证人员推销活动能够实现促销目标，推销人员在上岗之前往往要经过相应的业务培训，国际企业往往要对其选拔的推销人员进行全面的培训。

国际市场人员培训的重点，除了商品知识和专业推销技能外，还必须增加其他内容。当然，对于不同来源的推销人员，其培训的重点也应该有所不同。对于多国公司来说，往往由各子公司对国际市场人员进行培训、交流，并检查各子公司的培训效果。但有时培训工作也由总部统一组织。如当产品价格较高，或产品在各地市场上的差异较小的时候，可由总部统一进行培训。

4. 国际市场推销人员的考核

对国际市场推销人员的考核包括评价和激励两个方面。对国际市场推销人员的评价主要有以下几个标准：①每百万美元销售额所雇用的推销人员数；②推销费用在总营业额中所占的百分比；③每百次访问平均收到的订单数；④每次销售访问的平均费用；⑤每一时期新顾客的增加数；⑥每一时期失去的客户数；⑦每个推销员每天的平均销售访问次数。

对国际市场推销人员的激励应当综合运用不同的激励方法，以求达到最佳激励效果。因为国际市场的推销人员来自不同的国家或地区，具有不同的文化背景、行为规则和价值观念，同样的激励措施可能激起他们不同的反应，产生不同的激励效果。激励推销人员的方法很多，使用最多的是物质奖励方法，如更高的工资、更多的佣金或间接的奖金等，晋级提升、进修培训、特权或荣誉授予等非金钱奖励方法也常常能收到良好的激励效果。

8.3.2 国际市场人员推销策略

1. 国际市场人员推销的程序

1) 开拓顾客

开拓顾客就是寻找潜在顾客，寻找对本企业产品有需求、有购买力、有决策权的用户。寻找潜在顾客的方法很多，推销人员可通过现有顾客的介绍、查找工商企业名录、向知名人士了解、查找电话号码、个人观察、通过银行和驻外机构、利用编外推销人员串门走访等多种渠道寻找潜在顾客。

2) 接近前的准备

在进行推销之前，推销人员应当收集潜在顾客的信息，拟定接近方案，大体上来说，推销人员应当做下面三方面的准备：

(1) 产品情况——了解本企业产品的特点和用途等；

(2) 顾客情况——了解顾客的情况，如顾客姓名、年龄、职业、教育程度、兴趣等；

(3) 竞争者情况——了解竞争者的经营特点、竞争能力、竞争策略等。

3) 接近顾客

接近顾客就是与顾客面对面接触，是实际促销沟通过程的重要起点，也是很困难的工作。其主要目的是引起顾客的注意和购买兴趣。对待不同的顾客，推销人员可选择不同的接近方式。如恭维式，对顾客讲一系列客套话，以示赞美；自我介绍式，利用企业的声誉，做自我介绍引起对方的注意；产品式，依靠产品独特的性能来吸引顾客的注意和兴趣；利益式，将顾客的注意力引至顾客通过交易能得到的利益上去。

4) 面议洽谈

面议洽谈是整个推销过程的中心，即向顾客介绍和展示产品、告知产品或服务的利益和效用，说服其购买。其主要目的是使顾客建立信心，产生购买欲望。所以，推销人员应当完整、清楚地表达意思，以取得顾客的信任，可以通过照片、图纸、小册子、商品样本等形式详细介绍企业和商品，使用易懂的词汇，并协助顾客选购。

5) 化解异议

化解异议就是排除交易当中不断出现的障碍，推销人员要做好充分准备，随时应付对方的意见，解决对方的问题，消除对方的疑虑，坚定顾客购买的决心，认真磋商成交条件，促成交易。

6) 达成交易

达成交易即顾客做出了购买决策，推销人员售出了商品或者取得了订单。如果顾客还未做出购买决定，即交易机会不成熟，这时推销人员要进行解释，不断巧妙地劝说顾客做出购买决定，不能急于求成。

7) 追踪服务

当顾客做出购买决定后，推销人员还要通过各种途径向已经购买商品的顾客了解产品使用情况，提供各种售后服务，及时解决使用中出现的问题。这样有利于与顾客保持良好的关系，促其重复购买，而且可以增加新顾客。

2. 国际市场人员推销策略

企业在国际市场上进行人员推销活动时，往往面临着许多重大的战略选择。有关人员推销活动安排、方式方法等问题的决策也显得十分重要。正确合理地使用企业推销队伍的力量，确立正确的目标对企业国际人员推销活动的成败起着重要的作用。

1) 确定人员推销的目标

人员推销的目标决定着推销人员的工作重点、时间和精力的分配。企业一般面临两种选择：一是以保持和巩固与老顾客之间的联系为主，另一种是以吸引新顾客为主。在做出选择之前，企业需要对其产品所在行业的发展前景和行业内目前的竞争状况进行分析，确定推销活动所要达到的目的，采用适当的推销技巧和策略。

2) 充分发挥推销队伍的整体作用

人员推销的成本较高，因此，如何最大限度地提高推销人员的工作效率是当前企业营销部门面临的重要课题。利用新技术装备推销队伍，是国际市场人员推销的新特点，包括声像设备、计算机演示、计算机网络等。这些新技术的使用，提高了推销人员的效率，取得了良好的效果。

3) 寻找和确定买方组织中的关键人物

个人消费用品主要采用广告方式来拉动顾客购买，工业用品的购买者往往是企业、组织等团体顾客，推销人员必须研究客户团体采购的决策过程，在这种决策过程中，某些关键人物的作用很大。所以，推销人员的主要工作目标首先应该针对这些关键人物，必须预先制定较为周密的计划，在恰当的时候拜访适当的人，争取关键人物的支持，以促进交易的顺利达成。

4) 建立一支规模合理的销售队伍

企业在刚刚进入国际市场时一般不太可能、也没有必要立即建立起一支规模庞大的推销队伍。推销队伍的规模取决于企业在某一市场的业务量，在建立或扩大销售队伍时，通常可以采取以下几个步骤：将顾客按照购买数量或金额划分成不同的群体；决定在某一特定时间内对每个群体成员的促销访问次数；计算出对每一群体的年访问数和对所有群体的访问总数；确定一名推销员一年中能够访问客户的平均数；计算出完成全部促销访问工作所需要的推销人员数。这样既能保证人员推销的效果，又能控制推销成本。

3. 国际市场推销技巧

1) 设问——回答策略

这种策略主要是对顾客提出的"为什么""有什么好处""有什么证明"等问题做出令顾客满意的回答。推销人员在向顾客介绍产品时，顾客总会不可避免地产生各种各样的疑问，例如"为什么访问我""你的产品对我有什么好处""怎么证明"等，针对这些问题，推销人员应该给出恰当的回答，既不能过分夸大，也不能缩小，而且应通过一定的语言技巧，完成推销的任务。

2) 配方——成交策略

推销人员事先研究准备好几套推销方案，根据当时的情况有针对性地、积极主动地进行推销，以引起顾客购买的兴趣，投其所好，尽力促成交易。这种策略是在推销人员已经基本掌握了顾客的需求情况及购买意图的情况下常用的一种策略。

3) 刺激—反应策略

推销人员通过一系列刺激和试探来了解顾客的需求，并及时根据顾客的反应进行宣传和推销，激发顾客的购买欲望，诱发购买行为。这种策略又叫做试探性策略，主要在推销人员对顾客的需求不是很了解的情况下使用，比较适用于简单地购买产品或接收订单，而不适应复杂的市场环境。

4) 诱发—满足策略

通过推销人员的诱导，引起顾客的某种需要，然后说明自己的产品能够较好地满足这一需要。这种策略又称做创造性推销策略，运用的关键在于推销人员必须具有较高的促销艺术，善于抓住时机、因势利导，站在顾客的角度进行诱导。

8.3.3　国际洽谈技巧

国际洽谈的很多特点与国内洽谈不同。首先，也是最重要的，洽谈双方的文化背景不同，这会妨碍双方的相互理解。其次，政治因素也会使国际业务洽谈复杂化，并延误洽谈。最后，多数情况下东道国政府的参与使谈判难以达成一致。国际洽谈可能涉及的事项包括产品特性、服务、价格、交货期、付款方式、买方人员培训和融资等。

1. 洽谈过程

洽谈的目的是达成双方互利的协议，洽谈的过程从争议开始，即洽谈各方都有自己的打算，洽谈的最后达成各方互利的协议。谈判一般有以下几个阶段：

(1) 澄清和理解阶段，更好地了解对方在有关问题上的立场；

(2) 相信和信任阶段，在理解对方要求及其理由的基础上形成态度；

(3) 让步和妥协阶段，要求各方经过互惠互利的协商，对有关未解决的事项达成妥协；

(4) 达成一致，谈判结束。

谈判达成协议的结果取决于双方讨价还价的能力，而这种能力由各自对对方的重要性决定。例如，如果谈判的产品涉及卖方的大量业务及今后销售增长的潜力，买方可能有很强的讨价还价能力。相反，如果买方无法从其他渠道买到产品的话，那么卖方处于有利的地位。

除了双方的讨价还价能力外，参与谈判的人员的谈判能力也会对谈判有重大的影响。对谈判结果有影响的重大事件包括如何看待对方、相互如何反应、如何改变谈判气氛、如何建立相互信任及双方如何相互要挟。这些事项，以及谈判双方的经济、政治和文化背景不同，并可能讲不同的语言的事实，都会使国际谈判更复杂。国际谈判是一门艺术。

2. 谈判的原则

在"哈佛谈判项目"的研究中，罗杰·费希尔(Roger Fisher)和威廉·尤里(William Ury)总结出了"有原则谈判的四个要素"。

(1) 将人与问题分开。在理解对方的观点的同时，设法体会对方提出这一观点的感情程度，但集中在各方的利益，而非他们个人的差异上，主动地听取对方的发言，并且有所反应，相互沟通对问题的看法并改善，从而得到一个满意解决的机会。

(2) 集中在利益上而不是在立场上。利益与立场的区别类似于利害问题与是非问题的区别。集中在利益上而不是在立场上，可使谈判各方更容易找到取得共同利益的共同点。

(3) 创造双方都有利的交易条件。设法找到一个更大的馅饼，而不是争论切开的馅饼每一块有多大。寻求对双方都有利的选择方案，帮助双方找到共同利益之所在。

(4) 坚持客观的标准。坚持协议中必须体现不受哪一方立场左右的公正客观标准，这个方法避免了一方赢得另一方的局面，从而使双方都在能接受的临界点获得公平的解决。

8.4 国际公共关系策略

20世纪60年代之后，随着跨国经营活动的发展，国际公共关系也迅速发展起来，其含义和内容都有了新的发展。国际公共关系指企业通过一系列活动与国际市场上的公众进行信息沟通，使企业与公众相互了解，消除公众与企业之间的隔阂，并在公众中树立良好的企业及产品形象，除此之外，国际公共关系还强调要与整个价值链当中的每个利益相关者都建立长期稳定的关系，为每个利益相关者创造价值，从而达到"双赢"甚至"多赢"的局面。

8.4.1 国际公共关系的对象

国际公共关系是企业为了搞好与国外社会公众关系、在国外树立良好的形象而开展的一系列活动。由于是面向国际市场的公共关系，比国内公共关系要复杂得多。企业在国际市场的公共关系的对象包括股东、顾客、供应商、国外进口商、国内出口商、经销商、代理商、竞争者、金融界、保险公司、信息公司、咨询公司、消费者组织、新闻界、当地政府、企业职工等。企业在开展国际公共关系活动时，必须明确公共关系活动的对象，针对不同的对象开展不同的公共关系活动。例如，在政治风险较高的国家，企业应努力改善与当地政府的关系；在排外情绪较浓厚的国家，应重点保持与公众的良好关系，努力塑造企业形象；在工会和消费者保护组织等社会团体势力强大的国家处理纠纷和冲突时，企业应该在某些方面做出让步。

在中国，每年都有一大批跨国公司定期发布企业社会责任报告、企业公民报告、可持续发展报告或公益项目报告等。韩国三星集团不但在中国开展了建设希望小学、企业与农村结对帮扶"一心一村"支农公益活动、导盲犬训练基地等社会公益活动，还与中国残疾人联合会、中国残疾人福利基金会等机构共同开展了针对贫困白内障患者的免费复明手术、脑瘫患者康复中心等公益项目，这些公共关系活动在社会公众的心目中树立了良好的形象。

8.4.2 国际公共关系的内容

1. 加强与传播媒介的关系

大众传播媒介承担着传播信息与引导舆论和提供娱乐的社会职能。由于企业必须充分利用宣传媒介来为其服务，因此需要与传媒的编辑、记者保持经常的接触，主动提供信息，尽量做到有求必应，建立可靠的信誉和相互合作的关系。

同时，企业的公共关系部门要制造具有新闻性的事件，让事件具有新闻价值，具有可信性，符合媒体的性质要求，让媒体主动来报道。

2. 改善与消费者关系

消费者关系是国际化经营企业的生命线，世界上任何一家享有信誉的公司几乎都把改善与消费者的关系列为头等重要的大事来处理。企业运用公共关系同社会沟通思想，增进了解，使消费者对企业形象和它的产品产生良好的印象。消费者对企业怎么想、怎么看，以及他们所持的态度是衡量公共关系效果的一个要点。企业应积极收集和听取目标市场国的公众对本公司政策、产品等方面的意见和态度，及时处理，消除公众的抱怨情绪。同时，提出改进本公司政策和产品的方案，以消除抱怨情绪产生的根源。企业还可以开展市场教育，以各种方式向顾客介绍产品的用途和性能，帮助顾客迅速掌握产品的使用办法，并对来访、来电、来函热情接待和对待，及时答复。

3. 加强与政府关系

与国内经营的企业不同，国际企业面临来自各国政府不同的要求和压力。所以，国际企业一方面必须调整自己的营销策略以适应各国政府政策的变化；另一方面，要协调可能发生的冲突与矛盾。公共关系部门应当加强与东道国政府官员的联系，了解东道国的法律，争取相互之间的谅解，以求得企业的生存与发展。企业要通过公共关系加强与东道国政府部门的联系，了解有关法律、法规和政策导向。国际企业处于不同的成长阶段，其公共关系任务也不一样。进入东道国初始阶段，工作的重点是争取被东道国的政府及国民接纳；进入运营阶段，要关注东道国政局与政策动向以及公司利润汇回母国的风险问题；在撤除阶段，也要注意与东道国保持良好的关系以维护其他方面的利益。

8.4.3 国际公共关系的途径和策略

1. 国际公共关系的途径

国际公共关系活动的开展，需要借助一定的工具和手段，采用一定的途径。

1) 新闻和记者招待会

国际公共关系人员的一个重要任务便是发现和制造对企业及其产品或人员有利的新闻事件。新闻故事往往存在于企业、人员及其活动当中。国际公共关系人员应挖掘和发现能够对企业产生良好效应的新闻，并争取宣传媒体录用此类新闻稿。企业应当配合新闻单位提供素材，通过大众传播媒介的宣传，使公众对某一问题有正确、全面、客观的了解。

2) 公益服务活动

企业通过投入一定的时间和财力在目标市场国的公共事业方面，可提高公众信誉。企业可以为公共事业捐款，扶持残疾人事业，赞助文化、教育、卫生、环保事业等，树立为目标市场国的社会与经济发展积极做贡献的形象。

3) 书面、视听资料

企业可以借助一些书面和视听资料联系和影响目标市场。书面资料有年度报告、小册子、文章、公司业务通讯和刊物等；视听资料是有关企业和产品的电影、幻灯片、录像带和录音带等。

4) 电话营销服务

电话是最易取得的公关工具，通过打电话，潜在顾客和现有顾客可以从企业那里获得信息和良好的服务。

5) 参观联谊活动

为了消除公众对企业的误解，或增进公众对企业的了解，培养公众对企业的感情，可邀请特定的公众或公众代表参观考察企业，利用这个机会获取公众的理解和支持。为了联络公众的感情，可有计划地举办一些特定的公众联谊活动，如与业务往来单位、新闻单位、社区、顾客等开展联谊活动，可安排电影招待会、舞会、聚餐会、文艺晚会、体育比赛等方式的活动。

6) 展销会

企业可举办新产品或组织的生产、经营成果的介绍、展销、鉴定、试用、品尝、表演会，以促进产品的销售和树立企业的形象。

7) 典礼、仪式

对重要节日、纪念日进行庆祝，以扩大社会影响，增加员工的自豪感和荣誉感。

2. 国际公共关系的策略

在国际营销活动中，为了建立和维持企业与公众之间的关系，企业公共关系人员要根据不同的目的采取不同的公关策略。

1) 宣传公关策略

宣传公关指公共关系人员运用大众传播媒介和内部沟通方法，开展广泛的宣传活动，让公众充分了解企业及其国际营销活动并进而关心、支持企业国际营销活动的公关活动方式。宣传公关策略会因为宣传对象的不同分为内部宣传和外部宣传。

内部宣传的主要对象是企业的内部公众，如股东、工作人员等。企业可通过内部报纸、职工手册、黑板报、宣传栏、闭路电视、演讲会、讨论会、竞赛等形式向内部公众宣传企业的总目标、方针、政策、外界对企业的总体印象和评价，以及企业国际营销活动的目标、措施方法、挑战与业绩等来鼓舞士气，以取得内部理解和支持。

外部宣传是对企业外部公众的宣传，目的是让他们迅速获得对本企业有利的信息，形成良好的舆论。外部宣传可以通过举办展会、经验或技术交流会等不通过大众传播媒介的方式，也可通过广告、事件营销等必须借助大众传播媒介的方式来达到宣传目的。

2) 交际公关策略

交际公关策略指国际公共关系人员通过人际交往的方式去传播企业和产品形象的活动。这种策略主要通过人与人之间的直接接触进行感情上的联络，与其他企业广结良缘，建立广泛的社会关心，形成有利于开展国际营销活动的人际环境。通过这个桥梁，企业可以通过与公众的人际交往广泛地宣传自己的产品和企业本身。与团体的交际公关包括招待会、座谈会、工作午餐、宴会、茶话会、舞会等；与个人的交往包括交谈、拜访、祝贺、个人署名的信件往来等方式。

3) 服务公关策略

公共关系人员通过提供优质服务的手段，用自身的实际行动传播企业和产品形象，来获得公众的了解、信任和支持。这种策略的效果较为显著，因为服务特殊的性质给了公众看得见、摸得着的利益，公众能从"服务"中领会企业和产品的形象内容，企业也比较容易树立良好的形象和地位。

4) 社会公关策略

国际公共关系人员利用举办各种社会性、公益性、赞助性的活动传播企业和产品形象来扩大企业的社会影响、提高社会声誉、赢得公众信任和支持，以树立企业和产品良好的社会形象。社会公关策略的特点是公益性强、文化性强、影响力大且范围广泛，但是相关的费用较高，而且效益很难在近期内体现出来。

5) 征询公关策略

通过提供信息服务这一手段，建立企业与公众的联系，并使公众了解、信任和支持企业的国际营销活动。征询公关策略在具体的应用中可以有很多种形式，如征询调查、征文活动、民意测验、访问重要客户、建立信访制度、设立监督电话、处理举报和投诉等。

企业在选择公共关系策略的时候应当根据本身国际营销活动的需要加以选择利用。在产品生命周期的不同阶段采取不同的公共关系策略，在企业开展国际营销活动的不同阶段也必须采用不同的策略或者相关策略的组合。

8.5 国际会展

国际会展是国际促销中的主要形式，它以其"短、平、快"和集中影响的宣传促销效果吸引了众多的厂家、商家和广大顾客。在发达国家，企业通过参加会展进行产品推广已成为企业的重要营销活动。美国贸易展览局近期的一份调查显示：制造业、通讯业和批发业中，2/3 以上的企业经常参加会展；金融、保险等服务性行业虽然只能展示资料和图片，但依然有 1/3 以上的公司将会展视为主要的营销手段。在德国，企业将参展作为生产研发之后的头等大事，他们认为没有哪一项商业活动能够像参展这样每天与数十个客户面对面交谈，并最终促成签约。

8.5.1 国际会展形式的特点和类型

1. 国际会展的特点

一些大的跨国公司充分认识到利用国际会展促销的重要性，因此舍得在这方面进行大投入。如 IT 巨头微软公司一年内参与 5000 场形式各异的会展，平均一天有 14 场次之多。在微软参加的 5000 场会展中，有 60%是国际级知名会展，如 COMDEX、CeBIT；30%是一般性会展；10%是小型私人会展。由此可见，微软在选择会展类型时不设限制，其推销产品的原则是绝不轻易错过任何机会，哪怕是小型私人会展。会展之所以受到大企业的青睐，是因为其具有其他促销手段所不具有的特点。

(1) 有效性。国际会展是国际上最常用的促销形式，因为在会展上促销产品形象，生动、直观、眼见为实，能使企业与顾客之间形成最直接的双向沟通，具有很强的说服力。

(2) 综合性。国际会展利用一切可以传播产品信息的工具和手段，形成一种综合、立体和复合的传播系统，能最大限度地刺激顾客心理。

(3) 集中性。国际会展的宣传相当集中，是一种高强度、高密集的传播过程，具有声势浩大、气势磅礴之氛围，能形成一种很强的影响力和冲击力。

(4) 广泛性。国际会展常由大型企业和政府出面主办，往往会构成新闻事件，被新闻媒体报道，进一步增加了展览会的宣传促销效果。

(5) 时间性。买方和卖方都会把会展看做是一次难得的交易机会，因为会展商品集中，规格齐全，有质量保证，价格优惠，服务周到，而且可以从会展中了解市场，开阔眼界，掌握动态，把握市场方向。

2. 国际会展的类型

国际会展按不同的标准有不同的分类。

按展览地点划分，可以分为国际、全国、地区、本地四个层次。本地会展的规模相对小，旨在吸引附近的参展者，如各城市举办的房展会等；地区性会展一般是全国性会展的一部分；国际性会展的参展商和观众往往来自许多国家，如2001年由德国汉诺威展览公司在上海光大展览中心举办的首届亚洲信息技术展览会、中国出口商品交易会(广交会)等。

按展览内容划分，可以分为综合性会展和专业性会展。综合性国际会展规模大，参展项目繁多，参展内容全面，综合概括性强。专业性会展的主题性比较强，是针对具有某一类兴趣的顾客而举办的，其规模一般要小于综合性会展。随着经济的迅速发展，会展市场的逐步完善，众多的会展为参展商提供了丰富的参展机会，参展商对市场细分的需求越来越迫切，专业性的会展成为会展的主流，几乎每个行业都有自己的会展。西方发达国家的会展已经完成从综合性会展向专业性会展的转型。

8.5.2 国际会展促销策略

1. 国际会展促销方式

会展促销的方式有两个：一是企业自己主办国际性的展览会进行营销推广；二是参加由他人举办的国际性展览会。是自己办展还是参加他人举办的国际性展览，取决于企业自身的条件。

1) 企业自己办展

企业自己举办会展，其目的在于达成企业的营销目标，开辟新的销售路径和促销形式，每次会展都有着特定的任务和鲜明的主题，其优点非常突出。

(1) 可以更全面、更完整地向国际市场介绍自己的产品和企业的情况。会展可以在集中的地点和集中的时间向目标顾客全面地展示企业的产品，同时通过会展的规模和办展水平等表现企业的实力。

(2) 有利于更快地在国际市场树立自己的企业形象。一次成功的会展，因其目的性和针对性强，在精心准备之下，通过宣传和实质性的交往，可以在有限的时间内大幅度地在参展目标顾客中形成良好的企业形象。

(3) 有利于表现自己的竞争实力和加强在国际竞争中的地位。筹备办展就是一次提高企业实力和水平的过程，当企业把美好的一面集中展示在参展者和目标顾客面前时，所形成的声势和局面有利于提高企业的身份和地位。

由于国际会展在国际营销中的重要性已经被企业认识，人们对国际会展寄予的期望越来越高，企业自己举办国际会展难度越来越大。总之，企业自己举办国际会展，需要具备以下一些相关条件。

(1) 有一定知名度和影响力。无论是主办者还是承办者，都应在国际上有较高的知名度和影响力。国际知名度高，影响力大，才有足够的吸引力；否则可能得不偿失。

(2) 有办展的需要。企业应当拥有多种产品或多种经营业务，需要或值得花费精力和资金自己举办。举办国际会展是企业的战略安排之一，有近期效益和远期效益。

(3) 有市场。企业在举办地应有较大的市场或潜在市场。国际会展的主要目的还是促进销售，如果市场容量有限，不必在企业所在地举办。

(4) 有实力。具有举办国际会展的能力和经济实力。

2) 参加他人举办的国际会展

具有上述条件办国际会展的企业比较少，大多数企业是参加会展以促销产品。如"美的"每年在国内外参展10多次，既有综合性的国际家电展览会，也有专业性的展览，如法国家电展、香港电子展、南非国际贸易博览会等。参加他人举办的国际会展，可通过别的机构或专业公司搭建的交流平台，促销自己企业的产品，其优点如下。

(1) 借船出海。参加会展，可以利用办展者在国际上的声望和权威性来增强参展者的国际形象。

(2) 成本低。参展与办展相比，成本要低得多，而且没有像办展那样多的条件限制，因而适用面要广得多。缺乏办展条件或能力的国际营销者都可以通过参展进入国际市场。

2. 国际会展促销策略

会展是一项极为复杂的系统工程，受制因素很多。从制定计划、市场调研、展位选择、展品征集、报关运输、客户邀请、展场布置、广告宣传、组织成交直至展品回运，形成了一个互相影响、互相制约的有机整体，任何一个环节的失误，都会直接影响展览活动的效果。因此掌握国际会展促销的策略至关重要。

企业的国际会展促销策略从程序上来看，主要包括明确参展目的、选择会展、会展前活动、会展中活动、会展后活动及促销策略效果评估，以及作为补充的网上展览等。

1) 明确参展目的

企业由于各自情况不同，其参展的目的也不同，在决定参展之前，企业必须设定参展目标。总的来讲，参加国际会展的目的是与国际市场沟通信息，具体地讲，如沃尔什所指出的，国际营销者一般有以下几种参展目的：①就地接收订货单；②收集国际市场对产品的意见；③扩大市场影响；④开发国际渠道，挑选今后的国外代理商或经销商；⑤借机会进行国际市场调查，评估市场潜力和产品地位。

2) 选择会展

企业可以根据自身的需求选择会展。选择会展时主要考虑如下一些因素。

(1) 会展的目标市场。会展的目标市场包括其主题定位、目的、观众结构等，企业参展前要确定该会展是否与企业的发展计划相吻合，能否促进企业达到预期的目标。

(2) 会展的规模。成功的会展必然具备一定的规模，规模大的会展可以吸引更多的专业观众，而这正是保证参展商达到参展目的的最主要因素。评估会展的规模主要看参展商和专业观众的数量以及展览面积的大小。

(3) 会展组织者的能力。应选择有影响力、富有经验及对行业的认知度高的组织者。会展的组织是一项庞大的组织工作，从会展推广、专业观众的邀请、行业活动的组织安排到客户服务等一系列工作需组织者在切实了解参展商需求的情况下做出策略性统筹才能成功举办。企业可以从其对外的招展函、广告以及各项组织计划等方面来评估组织者的策划能力和宣传推广能力。与德国汉诺威展览公司等国外著名展览公司相比，我国的展览公司整体水平不高，在招展、组展、展台建设等方面还有较大差距。

(4) 会展的历史和影响。会展的历史和影响包括在过去几年中，参展商有哪些、会展的效果如何等。企业应选择有影响力、知名度高、参展商多且参展商的影响力强的会展，如德国汉诺威商品交易会、莱比锡国际展览会以及布尔诺国际博览会等。

(5) 参展的费用。在参展费用越来越高的趋势下，企业应根据自身的财力在预算内选择适合的会展，参展的费用不能对企业造成额外的负担。对于开支谨慎的中小企业来讲，更应如此。在英国，制造企业将其几乎 1/4 的促销预算用在商品交易会上。许多欧洲公司常常会为商品交易会花费最高达 50%的促销预算。会展成本问题始终是参展商的"心病"，即使是微软也不例外。微软把会展预算分为 6 个部分：35%为内部耗费(包括服务人员的开销、食品及饮料费等)，25%为场地租用费，15%为视听耗材和舞台及灯光设备费，10%为会展管理和市场运作费(包括宣传广告、精美画册等)，10%为运费，5%为硬件技术支持费。微软的相关负责人表示："我们真的想试图平衡花销。"

(6) 会展所在城市和展览馆。一般来说，大城市、国际性大都市是会展选择的重点，其交通运输、酒店、报关、签证以及展馆的配套及服务水平要优于其他城市。我国大部分的会展都在经济、交通、信息、人才、科技、服务等方面拥有综合优势的上海、北京、广州、大连、深圳等城市举办。

3) 会展前活动

会展前活动包括公关活动以及提前辨识可能的客户并给其发送特别邀请。企业可以利用会展的会刊、展前快讯、展前的媒体宣传等手段来扩大企业的影响力，吸引更多的目标客户。同时还可以询问该展览会过去的参展客商，重点了解其过去在该展览会上有哪些主要开支费用，碰到过什么问题，是怎样解决的，参展收到的实际效果如何，包括是否要将资料翻译成交易会所在国的语言，最佳的运输路线、运输方式的调查，参展商品的价格信息调查等。同时了解各国商品交易会的规则，因为不同的交易会有许多不成文的规则。如欧洲和美国的开放时间是从早上 9 点或 10 点到下午 4 点或 5 点；而墨西哥的交易会通常到下午 2 点或 3 点才开门，到晚上 8 点或 9 点结束。

4) 会展中活动

会展中活动是决定企业参展成败的决定因素，主要包括展位的选择、展台的布置、展品的选择及其展示方式、展台的人员配备、洽谈环境以及会展期间的相关活动等。

(1) 展位的选择。展位的选择具体涉及展位的位置、面积的大小。展位的选择一般根据人潮在整个会场移动的方向来考虑；展位面积通常为 9 平方米，称为标准展位。值得说明的是特修展位，也称为自由布展区，指展位面积超过 4 个或 4 个以上标准展位的面积时，企业可以只预定光地面，其他的装修则可以根据公司产品特点、技术特点、市场定位、展览期间的活动安排等因素由企业自主决定。这类展位能充分表现企业文化、宣传品牌理念，非常有利于树立企业整体形象。展台是企业显示企业实力和产品特色的窗口，有个性、有视觉冲击力的展台布置可以使企业在众多的参展商中脱颖而出。展台设计的根本任务是帮助企业达到参展的目的，展台要能反映企业的形象，能吸引观众的注意力，能提供工作的功能环境。

(2) 展品的选择。要选择能体现自身产品优势的展品，展品品质是参展企业给观众留下印象的最重要的因素。选择展品有三条原则，即针对性、代表性、独特性。针对性是指展品要符合展出的目的、方针、性质和内容；代表性是指展品要体现企业的技术水平、生产能力及行业特点；独特性是指展品要有自身的独特之处，能与其他同类产品相区别。

(3) 展示方式选择。大部分情况下，展品本身并不能说明企业产品的全部情况、显示全部特征，一般需要配以图表、资料、照片、模型、道具、模特或讲解员等真人实物，借助装饰、布景、照明、视听设备等展示手段，加以说明、强调和渲染。同时应考虑展会所在地目标顾客的偏好和文化习俗，力求以符合当地口味的新颖的形式吸引他们。总之，展示设计应做到内容与形式的统一、整体与局部的统一、科学与艺术的统一、继承与创新的统一等。

(4) 人员配备。人员配备的质量决定着参展企业在会展上的成败，尤其是在国外参展时，参展人员的服务质量比展品的质量显得更重要。企业配备的人员能力及其展示反映了企业在行业中的地位，没有代表参展或仅有狭小摊位的企业，将面临失去市场份额的危险。特别是服务人员的身体语言、对话是否具有亲和力对会展的成功极为重要，服务人员在发放资料时应尽量多与观众沟通交流达到互动的效果，力求通过人员的行为、形象体现本国优秀的文明传统和本企业优良的行为规范。展台的人员配备一般可以从以下方面来考虑：第一，根据展览性质选派相关部门的人员；第二，根据工作量的大小决定人员数量；第三，考虑人员的基本素质，如相貌、声音、性格、能动性等；第四，现场培训，如专业知识、产品性能、演示方法等方面的培训。参展企业还可以在展会期间进行新产品发布会、经销商年会、产品演示等配套活动，这是在稳定老客户的基础上发展新客户的有效手段；此外，营造轻松、愉快的洽谈环境对提高商务成功率也大有帮助。

5) 会展后活动及促销策略效果评估

企业应将在会展中收集到的信息纳入企业的营销信息系统中，对获得的市场信息进行分析和评估。企业还应及时将展览结果与预定目标进行比较，总结效果如何，分析原因何在。一般来说，会展的效果难以精确评估，其原因主要是有些成果可立刻产生，但更有可能在会展结束一段时间之后产生。会展的组织者为了帮助参展商进行会展评价，一般会提供有关会展与会者的统计信息。企业可根据这些统计信息并结合自身实际情况对参展的效果进行评估，并就下次是否参加该会展做出初步决策。

6) 网上展览

由于网络的便捷性和无界性，网上展览越来越重要，已成为一道新的风景线，被称为永不落幕的展览会。虽然目前其还只是实物展览的补充和配角，但随着信息技术和电子商务的进一步发展，网上展览有望后来居上，成为现代会展业的主体。企业可以自建网站或把产品信息放在专业展览网站上实现实物展览与网上展览的相互补充。目前我国已经出现一些展览专业网站如中国展览总网、中国国际展览网、中国会议网、中国出口商品网、在线广交会、易成商务网站、阿里巴巴网站、美商网等等，仅中国出口商品网就已经吸纳了 19 万家出口企业和 100 多万种商品，为广大无缘进入广交会的中小企业提供了出口交易的机会。

案例　　互联网时代宝洁公司面临的挑战

作为全球最大的消费品公司之一，宝洁公司并不为中国消费者陌生。飘柔、海飞丝、潘婷、沙宣、碧浪、汰渍……在中国的一二线城市，宝洁的产品一度通过商场、超市以及电视媒体包围了所有人的生活。然而，随着移动互联网的发展，近些年，更多的人可能会发现，在电视离我们的生活越来越远之外，宝洁的产品也渐渐被其他产品所替代。这意味着宝洁的市场份额正在渐渐遭受蚕食。宝洁 2018 财年二季度财报显示，去年 10 月到 12 月的几个月中，宝洁的净利润下滑七成，第二财季的产品平均售价是宝洁公司自 2011 年以来的首次下跌。这已经不是宝洁业绩衰退的开始，实际上 2015 年和 2016 年，宝洁的年度销售额分别下滑 5% 和 8%。2017 财年，宝洁销售额 651 亿美元，基本与 2016 年持平。

在这个变化和不确定性成为常态的时代里，宝洁业绩出现颓势显然并不是个例外。但是却是一个值得研究的范本。根植于工业时代的宝洁，擅长以大规模、低成本通过大渠道满足大部分消费者的需求，这也是宝洁的竞争优势所在。

在品牌端，宝洁可以重金拿下类似于央视这样的电视媒体黄金时段的投放权，并形成战略合作伙伴。而在传播渠道和平台掌握在少数几个组织手里的时候，其他品牌要想进入消费者的视线难如登天。在渠道端，宝洁与沃尔玛等零售业巨头进行合作，可以在沃尔玛等零售巨头的扩张中，迅速地把产品带到更多消费者的面前。

然而，随着互联网特别是移动互联网的发展，信息传播渠道和商品零售渠道进入碎片化时代，此时消费群体也开始分化。一些小众产品、特殊功能产品开始更多地进入消费者的视野，此时宝洁的产品不再能满足分化的消费者需求。例如在中国市场，奉行多品牌战略的宝洁，其高端产品在消费升级的背景下已然沦为中端产品。比如原来消费者心中的高端洗发产品潘婷，显然已经被资生堂、狮王甚至是云南白药等替代，那部分消费者自然也不再属于宝洁；而佳洁士等低端产品，则被舒克等国内品牌蚕食。宝洁在渠道端的传统优势似乎也在减弱。近几年，沃尔玛等零售巨头的关店消息不时传出，而对于新兴的互联网渠道，作为传统日化巨头的宝洁，优势显然也并不明显。

资料来源　雪奈：《销售额退回十年前，快消巨头宝洁跌落神坛》，搜狐网，http://baijiahao.baidu.com/s?id=1598504325837268127&wfr=spider&for=pc。

8.6 国际市场促销与网络营销

菲利普·伊文思(Philip Evans)和托马斯·S.乌斯特(Thomas S. Wurster)在《深入到字节：新型的信息经济学如何转化为战略》一书中说道："每一宗生意都是有关信息的生意。"信息与物质、能源一起构成了人类社会发展的三大支柱。由此可见信息沟通在国际市场营销中的重要作用，国际市场促销就是企业与国际客户信息沟通的行为。而随着网络技术和电子商务的发展，在营销实践中，又涌现出了许多新的营销方式，网络营销就是其中的一种。网络营销这种新型的营销方式建立在互联网的基础之上，并借助互联网的特性来进行企业的生产经营活动。迄今为止，互联网已经渗透到社会生活的各个方面，网络不仅仅是一种强大的传播媒体，更是一种双向互动的信息沟通工具，还是一种新的商务活动平台。开展国际化经营的企业不仅要将传统的国际市场促销方式作为重点，也应当充分认识到网络这一媒体与平台的重要作用，组建自己的国际网络营销体系，开展有针对性的国际网络营销活动，以利于更好地实现企业的营销目标。

网络营销(on-line marketing 或 cyber marketing)全称是网络直复营销，属于直复营销的一种形式，是企业营销实践与现代信息通信技术、计算机网络技术相结合的产物，是企业以电子信息技术为基础，以计算机网络为媒介和手段而进行的各种营销活动(包括网络调研、网络新产品开发、网络促销、网络分销、网络服务等)的总称。

1. 网络营销的层次

根据企业开展网络营销程度的不同，网络营销可以分为五个层次。

1) 网上宣传阶段

网上宣传是网络营销的起点，也是网络营销的基本功能之一。网上宣传只是把互联网作为一种新的信息传播媒体，这一媒体具有高效率和低成本的特点，可以用虚拟的、多媒体的手段吸引大众并与访问者双向交流，及时有效地传递并获取有关信息。企业可以建立自己的网站，通过网站进行宣传，不受传统媒体的版面、时间限制，还可以实现企业产品信息的实时更新。媒体宣传的关键在于是否被大众注意并留下印象，要真正获得长期的宣传效果，必须把宣传内容建立在现实世界的基础上，在现实世界形成让消费者喜欢的企业特色。

2) 网上市场调研阶段

网上市场调研作为一种新的市场调研方式受到越来越多企业的重视，通过市场调研，发现顾客的需求动向和行为变化，是企业市场营销活动的重要内容，也是制定营销策略组合的重要依据。但是如何在大量信息的包围中吸引网民参加并积极配合，如何排除重复参与，提高调研的准确性，仍需要进行更多的探索。

3) 网上分销阶段

尽管网络的发展十分迅速，但相对传统的销售渠道而言，其份额仍然很小。传统的分销渠道仍然是企业最重要的市场资源，但互联网所具有的高效、及时的双向沟通功能为企业与分销商的联系提供了新的、更为有利的平台。企业可以通过互联网建立虚拟专用网络，将分销渠道的内部网融入其中，及时了解产品的分销状况和最终销售情况，为企业及时调整产品线、补充脱销产品、分析市场特征、实施营销策略提供方便，为企业降低库存、采用实时生产方式创造条件。

4) 网上直接销售阶段

网上直接销售合并了销售过程中的大部分环节,并提供更为详细的产品信息,买家能更快、更容易地比较产品的特性及价格,从而在产品选择上居于更主动的地位,需求和购买行为都将趋向理智,购买的前期决策过程大大得到简化。网上直接销售不仅是面向网上消费者的销售方式,更包含了企业间的网上直接交易,是一种高效率、低成本的市场交易方式。

5) 网络营销集成阶段

互联网是一种新的市场环境,这一环境不仅对企业的某一环节和过程,还将对企业组织、运作及管理等所有领域产生重大影响。一些企业已经迅速融入了这种环境,依靠互联网与原料供应商、制造商和顾客建立密切联系,通过互联网收集和传递信息,充分利用合作伙伴的能力,实现满足顾客需求的产品、生产和售后服务的全过程信息化的统一调度。

网络营销集成是对互联网的综合运用,是互联网对传统商业关系的整合,它使企业真正确立了市场营销的核心地位。企业的使命不是制造产品,而是根据消费者的需求组合现有的外部资源,高效地输出一种满足这种需求的产品,并提供服务保障。在此模式下,各种类型的企业通过互联网联系、相互融合,充分发挥各自的优势,形成共同发展的伙伴关系。

2. 网络营销的促销策略

网络营销采取的促销方式与传统的国际营销沟通方式最大的不同就在于利用的媒介不同。网络促销组合主要由网络广告、网络销售促进、网络公关三种方式组成。

1) 网络广告策略

在互联网上,信息的传递方式发生了改变,信息推动变为信息拉引,这不同于传统的广告策略。互联网上的企业广告信息被存放在企业的站点上,便于用户主动挑选站点。因此,网络广告策略首先是吸引网络用户访问企业的站点,其次是吸引网络用户回访。

(1) 吸引网络用户访问站点。在使用互联网进行促销时,企业首先要使用户知道站点的存在才能吸引访客。但是互联网上大量的网站使信息查询有时变得困难而混乱,因此,必须采取必要的策略来吸引访客。目前,企业吸引访客主要有五种方式:标题广告、商业中心、搜索引擎、传统媒体、口碑,这些方式既能单独使用,也可以组合使用。

(2) 吸引网络用户回访。站点只有产生回访才能最终成功,吸引客户回访比吸引他们初次访问难得多。为了与客户建立长期良好的网上关系,企业必须让他们有回访的理由。这就要求企业对客户的需求有深入的了解,能够为客户提供有价值的东西。目前,企业增加客户回访的策略主要有站点更新策略,即企业站点必须时常更新。企业可以定期更新自己的产品信息和诸如消息、新闻、快讯等一般内容或鼓励顾客登记自己的电子邮件地址,以便站点信息更新时能及时通知他们。

2) 网上销售促进策略

销售促进主要用来短期性地刺激销售。网上销售促进就是在网上利用销售促进工具刺激顾客对产品的购买、消费和使用。互联网作为交互的沟通渠道和媒体,具有传统渠道所没有的优势,在刺激产品销售的同时,还可以与顾客建立互动关系,了解顾客的需求和对产品的评价。

一般而言，网上销售促进主要有三种形式：有奖促销、拍卖促销和免费促销。开展网上有奖促销时，要注意促销产品是适合在网上销售和推广的，对于一些目前不适合网上销售的产品，虽然通过有奖促销可以吸引大量顾客访问网站，但可能只产生很小的购买量，达不到网上促销效果。目前适合网上促销的多半是一些技术类产品和新上市产品。拍卖促销就是将产品不限制价格在网上拍卖。互联网的开放和自由使得一些易于通过互联网传输的产品非常适合在网上进行促销。例如，软件厂商允许顾客通过互联网下载产品，在试用一段时间后再决定是否购买。另一种形式是免费资源促销，指通过对访问者无偿提供访问者感兴趣的各类资源吸引访问者访问，提高站点流量，并从中获取收益，其主要目的是推广网站。

3) 网络公关策略

公共关系是一种重要的促销工具，通过与企业利益相关者包括供应商、顾客、雇员、股东、社会团体等建立良好的合作伙伴关系，为企业的经营管理营造良好的环境。网上公共关系和传统公共关系功能类似，只不过是借助互联网作为媒体和沟通渠道。网上公共关系较传统公共关系在某些方面更具有优势：能够通过与网上新闻媒体建立良好合作关系，将企业有价值的信息通过网上媒体发布和宣传，引起消费者对企业的兴趣；通过网上新闻媒体树立企业良好的社会形象；通过互联网宣传和推广产品；通过互联网建立良好的沟通渠道。

本章小结

本章介绍了国际促销的概念、促销类型及其组合策略，网络营销的层次和网上促销策略，国际市场促销的主要促销方法即国际人员推销、广告、公共关系、会展、网络促销等的基本原理及适用环境和原则，以及各种促销方法的组合策略的应用环境。

关键术语

国际市场促销	直接推动策略	间接拉引策略	国际市场广告
国际广告语言	国际广告主题	国际广告媒体	国际广告代理商
国际广告标准化	国际广告差异化	形象广告策略	产品广告策略
基本需求策略	选择需求策略	国际洽谈	国际公共关系
国际会展	网络营销		

思考题

1. 如何根据不同国家、地区来选择广告的形式和内容策略？
2. 国际推销人员的选择、培训和考核应注意哪些问题？
3. 国际公共关系的内容和手段有哪些？

4. 国际会展的举办应该注意什么问题？
5. 网络在国际促销活动中扮演什么角色？

参考文献

1. [美]菲利普·R 凯特奥拉，[美]玛丽·C 吉利，[美]约翰·L 格雷厄姆. 国际市场营销学[M]. 15 版. 赵银德，沈辉，张华，译. 北京：机械工业出版社，2012.
2. [美]Warren J Keegan. 全球营销管理[M]. 7 版. 段志蓉，钱珺，译. 北京：清华大学出版社，2007.
3. 寇小萱，王永萍. 国际市场营销学[M]. 5 版. 北京：首都经济贸易大学出版社，2017.
4. 纪宝成，吕一林. 市场营销学教程[M]. 5 版. 北京：中国人民大学出版社，2012.
5. [美]菲利普·科特勒. 营销管理——分析、计划、执行与控制[M]. 12 版. 梅汝和，梅清豪，译. 上海：上海人民出版社，2001.
6. 甘碧群，曾伏娥. 国际市场营销学[M]. 3 版. 北京：高等教育出版社，2014.
7. 从财务数据比一比全球五大广告集团 2016 年的成绩[OL]. (2017-03-07). https://mp.weixin.qq.com.
8. 2017 年全球移动广告行业发展趋势及市场规模预测[OL]. (2017-11-25). http://www.chyxx.com/industry/201611/471325.html.
9. Ad Age：2014 年美国广告主花费 TOP 10 [OL]. (2015-07-12). http://www.199it.com/archives/364573.html.

案例研讨

H&M：促销引爆流行

H&M 与世界著名家居连锁商宜家一样来自瑞典，是一家服装零售商，被称为"时装界的宜家"，从某种程度上来说，H&M 的经营理念与宜家是一致的——用快速、标准、流行的方法销售服装、家具以及流行文化。H&M 将自古以来毫不沾边的"高贵"和"低廉"完美结合起来，成为其傲视市场的砝码。H&M 运用时尚多变的品质和大众评价，实现了像麦当劳卖汉堡一样贩卖时装，除了这些核心的优势之外，H&M 也将国际市场促销手段的综合运用能力发挥得淋漓尽致，如利用设计师加盟、名模代言、广告、限量贩售等手段让全世界没钱却有品味的时装 fans 为之疯狂，开创了服装界的新竞争蓝海。

H&M 的历史可以追溯到 1947 年，那时，在北欧瑞典，曾是中世纪文化、贸易中心宝地的韦斯特罗斯市开了一家名为"Hennes"的服装店，凭借合理的价格与时尚和优质的服装，让顾客趋之若鹜；1968 年，Hennes 并购"Mauritz Widforss"商店，店名改为 Hennes & Mquritz(H&M)，并沿用至今。1974 年，H&M 开始极力扩张，新增产品线，化妆品、青少年装、婴儿装的推出不断丰富了货架，而专卖店也跨出了北欧，进军英国、德国等欧洲大陆国家，数量稳步提升。2000 年，H&M 已经发展成为欧洲最大的服装零售商，在 14 个国家拥有 840 多家商店，并在纽约开了首家旗舰店。2006 年，H&M 专卖店增长到 1345 家，分布欧美亚 14 个国家，销售总额增长到 800 亿美元，净资产收益率高达 40.2%。在世界全球化的环境里，H&M 是如何保持和增强竞争力，令企业利润高速增长？

一、模仿潮流

"做时尚的跟随者，而不是创造者。"H&M 如是说。随着消费者的口味变化越来越快，H&M 不停地调配以适应顾客的需求，其采取的策略并不是创造潮流，而是在流行趋势刚刚出现的时候，准确识别并迅速推出相应的服装款式，把最好的创意最快地收为己用。H&M 通常在一年前已经由设计部及采购部开始规划潮流趋势和时尚产品，派专人参加每年春夏全球各大时尚都市举行的时装周会，这样，只需三周，当时尚大牌的拥趸们还在为买一件小礼服而绞尽脑汁时，普罗大众却能够在 H&M 的专卖店里，用便宜的价格买到与香奈儿当季风格明显相似的衣服。除了时装周，各地街头文化、电影媒体、各类贸易节及潮流历史，也是 H&M 灵感的源泉，搜集到的潮流信息由总部超过 100 名的设计师进行分析，并以此为蓝本进行他们的设计程序。此外，高效能信息系统的辅助也是 H&M 得力的工具，流行信息一旦获得，可以最快的速度通过该系统传至 H&M 总部，使设计部门在第一时间掌握受顾客欢迎的款式，在最短时间内将前沿的流行趋势带到世界各地的平价民众消费者当中。当然，对于企业自身来说，这还可以极大地减少生产出不受顾客欢迎服装的风险和折扣促销导致的损失。

二、明星设计师加盟

2004 年，H&M 的男主角顶级设计师 Karl Lagerfeld 隆重登场，作为时尚界的教父级人物，他与 H&M 的联袂合作引起了圈内的轩然大波。对于 H&M 来说，与明星设计师的合作，能加强其在行业内的时尚和品质领先的地位，吸引更多的眼球。只要衣服扣子的质地允许，精明的 H&M 几乎都会秀出"Karl Lagerfeld For H&M"的字样。这仅仅为时一周的合作当月即使 H&M 销售额飙升了 24 个百分点。

首战告捷后，2005 年，H&M 请出了同样大名鼎鼎的 Stella McCartney。名门之后的 McCartney 出道之路几乎顺畅无阻，尽管设计系列销售成绩一般，但其女性化又不失女孩味的风格还是青春富家女的心头所好。与 Stella McCartney 合作之后，H&M 专门请来意大利名模 Mariacarla Boscon 为 Stella McCartney 系列代言，当月销售额就增长了 11％。经过前两次的运作，H&M 更加大胆成熟。2006 年，丹麦设计师拍档 Victor & Rolf 隆重登场，这对组合虽然没有传奇世家的尊贵出身，但其才华却已足够引人注目。成品一经进入市场，顾客遂即蜂拥而至，货架上的产品被一抢而光。

2014 年，H&M 破天荒地向 Alexander Wang 递过橄榄枝。当时年仅 31 岁的 Alexander Wang 成为第一位 H&M 联名计划名单上的美国设计师。他为这家快时尚品牌设计的系列服装既充满未来感，又兼具实用性，合作产品中用到了科技面料与运动元素，例如护目镜与拳击手套。而这一切恰巧赶上了时尚界兴起的"运动休闲风"，很少有设计师能够像 Alexander Wang 一样如此完美地诠释这一风格。来自市场的肯定让 H&M 大为欣喜：南京门店开卖首日，男装在短短 17 分钟内售罄。

三、明星代言

2007 年，正在众人翘首企盼之时，H&M 的明星策略稍稍改变，它相继邀请国际流行乐坛大姐大麦当娜和天后凯莉•米洛格分别代言淑女装和沙滩装，这一改变更是把全世界 H&M 购物迷的热情煽动至高潮，麦当娜主导的限量系列"M by Madonna"一经推出，又让 H&M 3 月份的销售额激增 17%。

H&M 在中国内陆的第一站——淮海路营业店开张当天，凯莉·米洛格为其代言品牌"献声"，并进行为期 5 天的品牌推广，此外，包括赵薇、莫文蔚在内的 30 多位中国一线明星受邀捧场。这一举动不仅引起了消费者的关注，同时，引起了新闻媒体的追捧，使 H&M 快速成名。

H&M 自 2014 年初起每年会推出主打中国新年元素的一套服装。第一年是请超模何穗与游天翼拍摄的广告。而后，H&M 就开启了 CP(couple)模式：2015 年的新年系列是请周迅和高圣远代言，这一对在前一年刚刚结婚。2016 年 H&M 请的是刘雯和崔始源，他们在《我们结婚吧》综艺里的表现很讨观众喜欢。2017 年，借着李晨和范冰冰这对小情侣的 520 天(我爱你)相爱纪念日，H&M 宣布李晨和范冰冰将以情侣形象代言 H&M 2017 年新春时尚系列。而在此之前，H&M 的代言人包括大卫·贝克汉姆、超模吉赛尔·邦臣和米兰达·可儿；女歌手碧昂斯、水果姐(Katy Perry)、Lady Gaga 和 Lana del Rey 等等。

四、广告造势

尽管 H&M 在内部成本控制上非常严格，但却舍得花钱用来造势，在进军中国市场的道路上，"广告"和"明星"成为 H&M 的左右护法。在广告造势上，H&M 采取多元化的策略，淮海路嘉丽都商厦的外墙上的巨幅海报，申城各大公车亭和外墙面的广告标语，关于 H&M 的历史及与 ZARA 品牌竞争故事的软性文章铺天盖地，甚至小到顾客的购物袋都不肯放过。攻势之猛让人无可阻挡。此外，在广告内容上，H&M 极力突出低价策略，几十元的 T 恤、一百元左右的上衣……这些显眼的标语吊足了消费者的胃口。

五、排队进店

有人说："上海排队买东西的地方有两个：一个是在银行排队买基金，一个是在 H&M 店门口排队等进店。"H&M 上海淮海路店从开业后，都坚持排队进店，侧大门放人进去，另一侧出人，放人进去的一侧有三个保安把门，店门前筑起了长长的人流。任何一个消费者进门要排 30 分钟的队，试衣服也要排 30 分钟的队。在这个信息爆炸的社会，从消费者心理来看，广告的宣传和品牌的承诺已经远远不及朋友、同事的评价值得信赖，更别说比亲眼所见来得惊心动魄、热血沸腾。排队进店引起的口碑营销可以形成正反馈循环和雪球效应，正反馈效应可以促进消费者知晓、理解、信服、欲望甚至购买，而雪球效应可以制造出用户群体中的热点，构成环境威力，引爆时尚流行。

H&M 的促销策略引爆了时装在中国的流行，实现了大众的时装梦想。H&M 宣称，上海开店首日其单店营业额单日最高已经达到 200 万元，相当于 200 个中国服装品牌日销售额的总和。

▣ 案例思考题

1. 阐述 H&M 如何进行各种促销策略的组合运用。
2. 各种促销策略对 H&M 在引入期的成功起了怎样的作用？
3. 如果你是 H&M 的营销主管，如何安排下一步的促销？

第 9 章　国际市场价格策略

📝 **本章提要**　通过本章的学习，了解影响国际市场价格构成与价格阶升，了解国际市场定价的影响因素，熟悉倾销与反倾销、转移定价等概念，掌握国际市场定价方法和定价策略。

> **引　　例**
>
> 休布雷公司是美国生产和经营伏特加酒的专业公司。其生产的史密诺夫酒，在伏特加酒市场享有较高的声誉，市场占有率达 23%。随后，另一家公司推出一种新型伏特加酒，其质量不比休布雷公司的史密诺夫酒差，每瓶价格却比它低 1 美元。
>
> 面临对手的价格竞争，按照惯常的做法休布雷公司有三种对策可以选择：
> (1) 降价 1 美元，以保住市场占有率；
> (2) 维持原价，通过增加广告费用和推销支出与竞争对手相对抗；
> (3) 维持原价听任其市场占有率降低。
> 由此看出，不论休布雷公司采取其中哪种策略，它都似乎输定了。
>
> 然而，该公司的市场营销人员经过深思熟虑之后，却成功地制定了对方意想不到的第四种策略——将史密诺夫酒的价格再提高 1 美元，同时推出一种与竞争对手新伏特加酒一样的瑞色加酒和另一种价格低一些的波波酒。
>
> 其实这三种酒的品质和成本几乎相同。但实施这一策略却使该公司扭转了不利局面：一方面提高了史密诺夫酒的地位，使竞争对手的新产品沦为一种普通的品牌；另一方面不影响该公司的销售收入，而且由于销量大增，使得利润大增。

价格，是营销组合中唯一的收入因素，也是最活跃的因素，带有强烈的竞争性和多因素的综合性。一个企业的国际营销活动开展得怎么样，在很大程度上要看价格制定是否合理。当产品进入国际市场时，产品的定价要考虑到国内、国际营销环境两方面因素的影响，因此，国际市场定价比国内营销定价要复杂得多。

9.1 国际市场产品价格构成与价格阶升

9.1.1 国际市场产品价格构成

国际市场产品价格构成与国内市场产品的价格构成相比,既有其共性,也有其差异性。当产品的价格至少能弥补相应的成本和费用时,企业才能持续经营下去。因此,国际市场产品价格构成主要考虑以下四个因素。

1. 生产成本

生产成本是企业生产过程中所支出的全部生产费用,即企业为生产产品而发生的成本。生产成本是生产过程中各种资源耗用情况的货币表示,包括各项直接支出和制造费用。直接支出包括直接材料(如原材料、辅助材料、备品备件、燃料及动力等)、直接工资(如生产人员的工资、补贴等)、其他直接支出(如福利费等);制造费用是指企业内的分厂、车间为组织和管理生产活动所发生的各项费用,包括分厂和车间管理人员工资、折旧费、维修费、修理费及其他制造费用(办公费、差旅费、劳保费等)。生产成本是企业在制定产品价格时最先考虑的因素。

2. 销售成本

销售成本是指企业在从事经营业务过程中所发生的广告和推销费用。在市场经济体制下,企业为了增加销售量、提高市场份额,往往会增加广告或采取其他促销手段,因此,企业在制定产品价格时必须考虑销售成本。

3. 储运成本

储运成本是指企业将产品传递至消费者手中所耗费的运输和储存费用。由于国际市场商品交换的距离远,商品需要经过长途运输、装卸与储存,与国内市场产品交换相比较,距离远、时间长、难度大,风险也比较大,所涉及的装运费、保险费和包装费就比较高,因此,企业在制定产品价格时必须考虑储运成本。

4. 关税

关税是一种特殊形式的税收,指当货物从一个国家进入另一个国家时所缴纳的费用。这也是国际市场产品价格构成与国内市场产品价格构成的明显区别之一。产品由一国进入另一国国境时所缴纳的费用,对产品的定价有着直接的影响。

9.1.2 价格阶升

1. 价格阶升的定义

国内产品出口到国外市场,所经过的每一个环节和步骤都会产生相应的费用,从而导致成本的增加,最终导致产品在进口国的价格上升。例如,美国卖 40 美元一件的男士衬衣在委内瑞拉的零售价是 80 美元;一瓶 Cutty Sark Scotch 威士忌在美国的零售价为 15 美元,而在日本要卖 90 美元以上;一盒 10 片装的清热镇痛药胶囊在日本的价格是 5.4 美元,而在纽约 24 片装的也仅为 3.29 美元。

人们常感到惊奇，为什么同一商品出口到国外价格就翻倍，甚至会几十倍的增长。其实价格的提升也并不是所有出口商的初衷，但是由于产品从一个国家出口到另一个国家的过程中附加了许多成本，所以产品在进口国的最终价格就高于出口国的价格。价格阶升是指由于装运费、保险费、包装费、关税、较长的分销渠道、较高的中间商毛利、专门税费、行政管理费、外汇波动而导致最终价格上涨的情形。

表9-1是国际价格阶升的一个典型例子。一位堪萨斯城的农业机械分销商将一个集装箱农业设备运往日本横滨。这批产品在堪萨斯城出厂价只需3万美元，最终在横滨总零售价超过5万美元，几乎是堪萨斯城工厂交货价的2倍。

让我们来看看这批货走过的历程。首先，总的运输费用是5453.07美元，相当于堪萨斯城工厂交货价的18%。其中主要部分是总计5267.80美元的陆运和海运费。根据美元相对于日元的坚挺程度计算货币调整因子(CAF)。这个数将随货币价值的变动而变动。

所有进口费用都是根据货物的到岸价(CIF价格)估价。注意此例中并没有列出关税项目，运往日本的农业设备不收取关税，也许其他国家会收取关税。名义上10%的分销商毛利(3651.67美元)实际相当于12%的横滨CIF价，因为毛利计算的基础不仅包括工厂交货价，还有货运费和增值税(假设分销商毛利包括从港口至横滨的运输费)。最后，再加上25%经销商毛利10042.10美元，合横滨CIF价的33%。同分销商毛利一样，经销商毛利也是基于总的到岸价计算的。

这个累加过程的效果造成横滨的总售价为50210.53美元，也就是堪萨斯城工厂交货价的1.66倍。这就是价格阶升。

表9-1 一个20英尺集装箱的农业设备从堪萨斯到横滨的价格阶升　　　　　单位：美元

项　目		以FOB价格的百分比衡量的成本/(%)
堪萨斯城工厂交货价	30000	100
从堪萨斯城到西雅图的集装箱运费	1475.00	
港口终端处理费	350.00	
20英尺集装箱海运费	2280.00	
货币调整因素(CAF)(海运费用的51%)	1162.80	
保险费(按CIF价值的110%投保)	35.27	
货运代理费	150.00	18
运输费用总计	5453.07	
CIF横滨总价	35453.07	
增值税(CIF价值的3%)	1063.69	3
计算增值税后价格	36516.76	
分销商利润(10%)	3651.67	12
计算分销商利润后价格	40168.43	
经销商利润(25%)	10042.10	33
总零售价格	50210.53	166

注意：这是在生产商的工厂门口装货，采用火车运送到西雅图，然后通过海运运送到横滨。从工厂门口到横滨港口的运输时间需要28天。

2. 降低价格阶升的措施

价格阶升并不一定就能给出口企业带来高额利润。首先，由于价格的提升可能会打破先前的产品定位。其次，由于价格阶升，使得企业目标市场的消费者需要花高价购买同样的商品，高的价格抑制了需求，减少了企业产品的销售量，对生产企业产生不利的影响。因此，企业要努力采取措施抑制价格的逐步升级。大致可以采取降低成本和降低关税两种措施抑制价格的逐步升级。

1) 降低成本

(1) 降低生产成本。如果生产企业能够在产品生产过程中降低生产成本，那将对价格阶升的整条价值链产生影响。减少产品功能、降低产品质量是降低价格阶升的一项措施。一些发达国家需要的功能对于发展中国家或欠发达地区的消费者而言可能是多余的，取消这些功能可以达到降低成本、控制价格的目的。降低产品质量也可以降低产品的制造成本。如宝洁公司在与金佰利的巴西尿布价格战中，为了降低价格而降低了质量。不过虽然降低质量可以降低成本，进而降低价格阶升，但是存在着一定的风险，会影响企业的形象。

还有一个降低生产成本的方法就是在生产成本低的第三国进行生产。例如，很多国外的大企业的很多产品就是在发展中国家加工生产的，一些国外知名品牌的产品从原料到生产都是"Made in China"，国外许多企业就是利用我国廉价的劳动力资源来降低生产成本的。

(2) 降低分销成本。缩短分销渠道也可以抑制价格阶升。拥有较少中间商的销售渠道，既可以减少中间商的加价，又可以减少税金。因为一些国家征收增值税，货物每转手一次，就征收一次税。增值税可以是累积的，也可以是非累积的。累积增值税按总销售价格计征，货物每转手一次都要征收一次。非累积增值税则是按中间商进货成本和销售价格之间的差额计征。因此，在征收累积增值税的国家，人们乐于为了少纳税而缩短分销渠道。但也并不是渠道越短越好，因为某些中间商在某些市场里可能发挥着某些特殊的功能，是难以取消的。

2) 降低关税

关税也是价格阶升的重要原因之一，降低关税可以降低价格阶升的幅度，因此企业应寻找一些方法来人为地降低关税。

(1) 产品重新归类。不同种类的产品有着不同的税率，有些产品属于何种类别有时是模棱两可的，企业可对这些产品重新归类，将其列入关税较低的类别。如进入澳大利亚，计算机设备要征收25%的关税，通信设备只收取3%的关税。美国一家企业的数据通信设备可以合法地归入以上两种类别中的任何一种，而它通过说服澳大利亚政府把产品类别从计算机设备改变为通信设备，提高了产品在价格上的竞争力。

(2) 修改产品。即按照较低税率的标准来适当修改产品。

(3) 改变商品形式。通常零部件与半成品的关税要低于成品。例如，将零部件运到进口国，在当地组装就可以按照比较低的税率缴纳关税，在一定程度上降低了关税，从而使价格降低。

(4) 利用自由贸易区。一些国家为了便于进行国际贸易，纷纷建立了自由贸易区或自由港，在我国则称为保税区。这样的贸易区或自由港全世界有300多个，在那里进口货物可以进行储存或加工。货物进入自由贸易区时不必交关税,只有离开自由贸易区,由自由贸易区所在国正式进口时才征关税。由税收、关税和运费等引起的价格阶升可以通过自由贸易区得到一定控制。因此,自由贸易区可以抑制价格阶升。

9.2 国际市场定价的影响因素

国际市场定价比国内市场定价要复杂得多。一般而言,国际市场定价除了要考虑成本、需求、竞争这三种基本因素之外,还需要考虑国际定价目标、政策与法规的影响。

9.2.1 国际市场定价基本影响因素

国际市场定价考虑的基本因素主要有三个:成本、需求与竞争。三者对于定价的影响如图9-1所示。

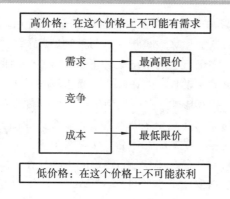

图 9-1 制定价格的 3C 模式

资料来源 科特勒著,梅汝和、梅清豪译:《营销管理》(新千年版第十版),中国人民大学出版社,2001年。

1. 成本因素

无论国内市场还是国际市场,对于定价来说,成本都是一个关键因素,也是企业定价的最低界限。从长远看,任何产品价格只有高于成本,企业才能补偿生产上的消耗,从而获得一定收益。当然,企业会因为一些原因在一定时期内使个别产品价格低于成本。

产品的价格一般是按成本、税金和利润三部分来制定的。成本通常可以分为固定成本和变动成本两部分。固定成本是指成本总额在一定时期和一定业务量范围内不受业务量增减变动影响而保持不变的成本,如厂房和机器设备的折旧、财产税、房屋租金、管理人员的工资等。变动成本是指成本总额在一定时期和一定业务量范围内随着业务量的变动而呈线性变动的成本,如直接人工、直接材料等。

2. 需求因素

根据供求规律,价格与市场需求之间存在着相互影响、相互作用的关系。在其他因素不变的情况下,需求量随着价格的上升而减少,随着价格的下降而增加,两者表现出一种负相关关系。反过来，价格变动会影响市场需求总量，从而影响企业的销售量，因此，企业制定价格就必须了解价格变动对市场需求的影响程度。

需求价格弹性是指市场商品需求量对于价格变动做出反应的敏感程度。其公式是：

$$需求价格弹性=需求量变动的百分比\div 价格变动的百分比$$

为了计算方便，需求价格弹性通常取绝对值。需求弹性大于 1 时，需求富有弹性，即价格若发生变动，需求量也会随之发生变动，且变动的幅度更大。也意味着如果价格降低，需求量会增加，价格下降的幅度小于需求量增长的幅度，以致企业总收益增加。需求弹性小于 1 时，需求缺乏弹性，即价格降低将导致需求以小于价格变动的幅度增加，企业总收益趋于下降。需求弹性等于 1 时，需求弹性中性，价格降低的幅度与需求增长的幅度相一致，企业总收益保持不变。因此，企业无论是提价还是降价，都必须考虑产品的需求价格弹性。

3. 竞争因素

市场竞争也是影响产品定价的主要因素之一。按照市场竞争程度可以分为完全竞争、完全垄断、垄断竞争和寡头垄断竞争四种类型。市场结构不同，对企业定价的影响程度也不同。如在完全竞争的市场条件下，价格完全由市场决定，企业是市场价格的接受者，没有定价的主动权。而在寡头垄断市场条件下，由于企业数目较少，企业间的行为相互依存、相互影响，企业任何价格的变动都会引起竞争者的关注，并致使竞争者采取相应的对策。在完全垄断条件下，一个行业由一家企业垄断，因此，该企业完全控制了市场价格。在垄断竞争条件下，各个企业的产品具有差异性，但同时产品之间又可以相互替代，存在着竞争，定价的主动权在企业，企业可以根据产品差异化程度和竞争者的价格制定适当的价格。产品的差异化程度高、竞争优势明显的企业，其价格可高于其他竞争者。

案例　　　　三星为何宁愿减产也不愿降价

外媒报道，因苹果缩减了 iPhone X 的订单，OLED 面板供应商三星也下调了 OLED 面板的产能。

在全球手机行业对中小尺寸 OLED 面板需求增加的情况下，在中小尺寸 OLED 面板市场占据主导地位的三星自然成为最大的获益者。2017 年的业绩显示面板业务是三星的主要利润来源，该业务对三星的利润贡献仅次于存储芯片。在这样的情况下，三星自然将保证 OLED 面板业务的利润放在首位。

在智能手机企业当中，苹果显然愿意付出更高的成本获得三星高等级 OLED 面板的供应。中国手机企业由于成本关系在中低端手机当中更愿意采用成本更低的 LCD 面板。它们虽然也希望在中高端手机上更多采用 OLED 面板，但是由于它们中高端手机的售价要远低于三星和苹果的手机，因此在价格博弈中自然希望三星降低 OLED 面板的价格而处于观望中，但是作为主导者的三星显然不希望如此。

> 于是在博弈中，三星方面释放出了缩减OLED面板的产能以向中国手机企业显示出即使如此也不会降价的态度，而且由于有了自家手机和苹果iPhone对OLED面板的需求保证，特别是苹果的iPhone为三星的OLED面板业务贡献了大量利润，让它更有底气优先确保OLED面板业务的利润。
>
> 资料来源　柏颖：《三星为何宁愿减产OLED面板也不愿降价销售？》，新浪财经头条，2018-03-02，https://t.cj.sina.com.cn/articles/view/3769804445/e0b2a69d001006ebj。

9.2.2　国际市场定价目标

企业从事一切营销活动都是为了实现自己的目标，因此企业的一切活动都要围绕企业目标而展开，产品定价也不例外。定价目标是确定定价方法和定价策略的基础，不同的企业有不同的目标，也有不同的定价方法和策略来实现自己的定价目标。

国际市场产品价格制定的高与低，都是由定价目标所决定的。由于国外市场环境和企业状况不同，不同企业的定价目标也会有所不同。例如，如果企业采取低价渗透策略，可能是以迅速占领市场、扩大市场份额为目标；如果企业采取高价撇脂策略，可能是以尽快收回成本、获取高额利润率为目标。企业定价目标主要有以下几种。

1. 利润最大化目标

追求高利润几乎是所有企业的共同愿望。但利润最大化并不意味着要采取最高价格政策，只有当企业处于垄断地位或企业的产品在市场上处于绝对优势地位时，如案例中的三星公司，才可考虑实行高价，否则，高价格、高利润会刺激其他竞争对手的涌入和替代产品的出现，同时还会抑制需求，导致消费者不满，最终会减少利润。利润最大化通常是指企业追求长期总体利润的最大化。一般而言，企业在开拓国际市场的初期或产品刚上市的时候可能出现亏损，或者在不同国别市场出现盈亏不等的情况。有时，企业可能会牺牲一些眼前利润以最终获取长期利润的最大化。

2. 投资收益率目标

投资收益率是一定时期企业投资的平均收益百分比，是衡量企业盈利水平的重要指标。在这种目标下，企业希望可以从每年的销售额中收回一定比例的投资回报。高利润意味着高投入和高风险。为了规避高风险，企业一般倾向于以适当的预期投资收益率为定价目标。由于企业在国际市场上开展营销活动要比在国内市场冒更大的风险，所以对国际市场的预期投资收益率也高于国内市场；同时，在风险大的国别市场的预期投资收益率要高于在风险小的国别市场。因此，在产品成本一定的情况下，预期投资收益率的高低就直接影响企业产品的价格水平。

3. 扩大或保持市场占有率目标

现在，很多企业已经将高市场占有率作为企业的目标。因为高市场占有率伴随的大量销售会导致成本的降低，从而提高企业的竞争力。虽然从短期看，企业可能会损失一些利润，但从长远来看，即使价格降低，而市场占有率的扩大也可以给企业带来长期的更大利润。采取低价获取高市场占有率的策略需具备以下条件：①目标市场的需求弹性较大，偏低价格能刺激消费者的需求；②随着生产和销售规模的扩大，产品的成本有明显的下降；③降价可以击退现有的和潜在的竞争者。

目前，我国企业的产品在国际市场上的市场占有率还比较低。例如，我国内地中药在全球300亿美元的中草药市场的份额中还不足5%，这显然与我国5000多年传统中药的应用史以及中药发源地的地位很不相称。"洋中药"不仅在国际市场上占据了90%以上的份额，而且还抢滩中国市场。统计资料表明：自1998年开始，中国中成药的进出口贸易就开始出现逆差。1999年第一季度，中国中成药出口量比1998年同期下降30%，而进口量却增加3倍。2000年1月至8月的贸易逆差已达2亿美元。现在，我国每年洋中药的进口额已超过6亿美元，产地以日本、东南亚和欧洲居多。因此，我国企业的当务之急是通过制定合理的价格，并且配合其他营销策略，提高我国产品在国际市场上的竞争力，扩大市场占有率。

4. 应付或规避竞争目标

不论是在国内市场上还是在国际市场上，价格竞争都是最常见的竞争方式之一。为了在竞争中占有主动权，不被竞争对手挤垮，企业也常常将应付或规避竞争作为定价目标之一。通常，企业会以对产品价格有决定影响的竞争者的价格作为参考，在广泛收集资料和权衡比较之后，选择高于、低于或者等于竞争者产品价格的策略来确定本企业的产品价格，以应付或规避价格竞争。一般而言，中小型企业可以采用跟随型定价策略以避免与其他企业针锋相对的竞争；具有较强经济实力或产品具有明显优势的企业可以采用主动的进攻型定价策略。

5. 维持企业形象目标

为了维护企业在国际市场上的良好形象，企业一般都会使用稳定的价格来体现产品的质量和服务。这对在国际市场上进行营销活动的企业树立长远目标十分重要。美国强生公司在中国的合资子公司——上海庄臣，为了强调其产品是护肤产品而非一般的化妆品，把价格定得较高，虽然近些年来一直面临亏损，但为了维持企业形象，并没有随便调低价格。强生公司认为从长远来看这是完全值得的。

除此之外，还有其他一些定价目标，如增加出口创汇、产品质量最优化目标等。表9-2 为美国著名的八家大公司的定价目标。总之，企业的定价目标是多种多样的。目标选择正确与否关系到企业的盈利和生存。由于企业在国际市场上进行营销活动受多种因素的影响，所以，实际上许多企业可能会选择两个或多个定价目标，而不是单一目标。

表9-2 美国八家著名大公司定价目标的差异

公 司 名 称	定价主要目标	定价附属目标
通用汽车公司 (General Motor)	20%的资本回报率(缴税后)	保持市场份额
固特异 (Good Year)	对付竞争者	保持市场地位 保持价格稳定
美国罐头公司 (American Can)	维持市场销售份额	应对市场竞争

续表

公 司 名 称	定价主要目标	定价附属目标
通用电气公司 (General Electric)	20%的资本回报率(缴税后) 增加7%的销售额	推销新产品 保持价格稳定
西尔斯公司 (Sears)	增加市场销售份额 (8%～10%为满意的份额)	10%～15%传统的 资本回报率
标准石油公司 (Standard Oil)	保持市场销售份额	保持价格的稳定 一般资本回报率
国际收割机公司 (International Harvester)	10%的资本回报率	保持市场中第二的位置
国民钢铁公司 (National Steel)	适应市场竞争的低价	增加市场销售份额

9.2.3 政策与法规因素

许多国家普遍通过政府出台的法律政策来控制价格。当一个企业进行国际营销的时候，既要受到本国法律政策对价格的干预，又要受到外国政府对价格的干预。有些国家对所有产品实行价格控制，而有些国家只对个别产品实行价格控制。如法国曾经全面冻结产品价格；美国政府除对少数公共产业产品实行价格控制外，均实行市场价格；而日本仅对稻米的价格加以管制。通常实行价格管制的是必需品，如食品、日常用品、药品等。

政府出台法律条文对国际市场定价进行干预的形式多样，一些国家直接控制利润率，如阿根廷政府规定制药公司的标准利润率为11%。政府对价格的管制主要表现在规定最高价格和最低价格、限制价格变动和国际价格协定。

(1) 限定最高(最低)价格。作为出口企业，不可避免地要受到各国政府的有关价格规定的限制，遵守政府对进口商品实行的最低限价和最高限价，从而约束了企业的定价自由。如为了防止进口商品在本国市场上低价倾销，许多国家都制定了反倾销的规定，要加收反倾销税，这对出口企业的产品价格也会带来较大的影响。如在欧盟市场上，中国企业生产的彩电和节能灯等产品就由于价格过低而受到反倾销制裁。

(2) 限制价格的变动。在通货膨胀条件下，为了控制物价上涨的幅度，政府通过制定相应的法规来限制产品上涨的幅度与频率。

(3) 国际价格协定。即使东道国政府对价格的干预很小，但企业仍可能面临如何应对国际价格协定的问题。国际价格协定是同行业各企业之间为了避免恶性竞争，尤其是竞相削价而达成的价格协议。这种协议有些是在政府支持下，由同一行业中的企业共同达成的；有些则是由政府直接出面，通过国际会议达成的多国协议。企业必须注意目标市场的价格协议，同时关注各国的公平交易法(或反不正当竞争法)对价格协定的影响。

9.3 国际市场定价的方法

由于各个企业在国际市场上的定价目标不同,因此所采用的定价方法也就不相同。虽然国际市场与国内市场性质不同,价格的构成也不同,影响价格的因素更复杂,但是在国际市场上,成本导向定价法、需求导向定价法和竞争导向定价法仍是基本的定价方法。

9.3.1 成本导向定价法

成本导向定价法是以产品的成本为重点考虑因素的定价方法。成本包括生产成本(包括固定成本和变动成本)和经营成本(包括销售费用、管理费用、运费和关税等)。具体有以下几种方法。

1. 成本加成定价法

成本加成定价法是指在单位产品成本的基础上加上一定比例的利润来制定产品价格的定价方法。其计算公式为:

$$产品价格 = 单位产品成本 \times (1 + 加成率)$$

成本加成定价法在国际市场上得到了广泛的应用。运用该方法的关键是合理确定产品的加成率。因为在成本一定的情况下,加成率的高低会直接影响产品价格。在不同的国家或地区,不同的商品种类或项目,或者不同类型的厂家或经销商,产品的加成率会有很大的区别,从而影响产品在市场上的最终售价。

成本加成定价法是最简单的一种定价方法,其优点如下。①计算方法简单,透明度高。顾客和物价部门可以了解企业的利润率制定在多高的水平。②对买卖双方都比较公平合理。卖方可以保证合理的利润,买方也不会因此付出高价。③可缓和同行业竞争。如果同行业中所有企业都采用这种定价方法,则在成本和加成率相似的情况下,可以缓和同行业之间的价格竞争。其缺点主要是忽视了市场需求和竞争,而且一味地定低价还会影响产品和企业的形象。我国企业在运用该方法的时候,要考虑到由于我国劳动力成本比较低而导致的产品价格低,有可能在国际市场上被其他国家误认为有倾销倾向。

成本加成定价法主要适用于对国际市场上的需求或竞争不甚了解的企业。

2. 目标利润定价法

目标利润定价法是指根据企业的总成本和计划的总销售量,加上按投资收益率制定的目标利润率来制定产品价格。其计算公式为:

$$产品价格 = (总成本 + 目标利润)/计划销售量$$

目标利润定价法有利于加强企业管理的计划性,可较好地实现企业的投资计划。其缺点是,如果根据计划销售量计算的价格不合适,将会影响预期的销售目标。因此必须准确估计价格和预期销售量的关系,以避免价格制定后因销售量达不到预期目标而陷入被动。

3. 边际成本定价法

边际成本定价法是指企业在定价时只考虑产品的变动成本，不考虑产品的固定成本。只要产品的价格定得高于变动成本，企业就可以获得对固定成本的边际贡献。这种定价方法一般在市场竞争激烈时使用，即使产品要降价销售，只要售价不低于变动成本，企业的边际贡献就大于零，企业就有利可图，此时产品的最低价格是变动成本。在国际市场上，企业可以先利用此方法迅速打开其他国家的市场，待站稳脚跟之后，再逐步提升价格，争取更大的收益。由此可见，运用边际成本定价法可以使价格比正常价格低很多，从而增强企业的价格竞争能力。但是仅仅考虑变动成本，不考虑固定成本，只能是短期行为，所以不可以作为长期的定价方法。

4. 盈亏平衡定价法

盈亏平衡定价法是指在知道固定成本和变动成本的前提下，先确定企业的盈亏平衡点，再根据盈亏平衡所达到的销售量来确定产品的价格，也就是产品的保本价格。其计算公式为：

产品保本价格＝固定成本÷盈亏平衡点销售量＋单位变动成本

这种方法的主要特点就是使企业能做到不赔不赚、保本经营，主要适用于企业在经营不利，已经不能获得利润，但又不想赔本经营的情况。同时这是一种短期的定价方法，不适合长期使用。

9.3.2 需求导向定价法

需求导向定价法是指企业根据国外市场对产品的需求强度和消费者对产品价值的理解来制定产品价格，即以消费者可以接受的价格而不是产品的成本来制定产品的价格。这并不是说不考虑产品的成本，如果产品价格连成本都不能弥补，企业也就没有利润可言。一般来讲，这种定价方法的主要步骤是先了解目标顾客对企业产品的理解价值和需求程度，了解他们可以接受的价格水平，然后再从消费者可以接受的价格中除去中间商毛利、关税、运费等费用，从而推算出产品的离岸价(FOB)。假设企业产品在国际市场上的可接受价格是 40 美元，从中扣除国外零售、批发商的加成，再扣除关税、运费、保险费等，就可以确定该产品的 FOB 价(如表 9-3 所示)。

表 9-3 需求导向定价法

1		国外市场零售价	40.00 美元
2		减零售商加成 40%	－16.00 美元
3		零售商成本	24.00 美元
4		减批发商加成 15%	－3.13 美元
5		批发商成本	20.87 美元
6		减增值税 12%	－2.24 美元
7		CIF 加关税	18.63 美元
8		减关税 9%	－1.54 美元

续表

9	CIF 价	17.09 美元
10	减运费、保险费	-2.09 美元
11	FOB 价	15.00 美元

根据倒推出的 FOB 价，企业就可以对出口机会进行评估。若 FOB 价高于这一产品在国内的售价，企业就可以进行出口活动；若 FOB 价低于国内售价，企业还要对其他一些因素进行综合分析，再决定是否出口。

测定国外市场上目标顾客对产品价值的理解程度和需求程度，评估消费者可以接受的价格，常采用理解价值定价法，即根据产品在消费者心目中的价值来确定产品售价。顾客对产品价值的感受主要不是由产品的成本所决定的，所以企业可以运用各种营销手段，影响国外消费者对企业产品的认知，使之形成对企业有利的价值观念。

在使用该定价法时，在倒推的过程中，中间商的毛利率不好估算，特别是在国际市场上，变化因素太多。

9.3.3　竞争导向定价法

企业定价不仅要考虑成本、顾客需求等因素，还要考虑市场上的竞争状况。竞争导向定价法就是根据国际市场上竞争对手的产品价格来确定自己产品的价格。其特点是，即使成本和需求发生了变化，只要竞争对手的产品价格不发生变化，企业的产品价格也不会改变。竞争导向定价法主要有两种类型。

1. 随行就市定价法

随行就市定价法是指企业根据本行业在某个目标市场上的价格水平来定价。随行就市定价法主要适用于以下四种情况。第一，企业在某一时期某市场上的主要目标是击退竞争对手，使价格等于或低于竞争对手的价格，并且会随着竞争对手价格的变化而变化。但这种情况容易形成打价格战的局面。第二，企业(主要是中小企业)在某一时期某市场上为了避免竞争而采取这样定价方法。因为中小企业还不具有实力与居市场领导地位或垄断地位的大企业展开直接的价格战，因此通常会追随大企业的定价。同时，大企业之间为了避免竞争而导致两败俱伤也会采用此方法来维护行业的共同利益。第三，企业刚刚进入某个市场，对市场上的需求和渠道因素不了解，此时最好的办法就是模仿竞争对手的价格，这样也容易被消费者所接受，待对市场有所了解后再调整价格。第四，在类似于完全竞争的市场上，产品提供者数目众多且成本相差很小，宜根据当前市场流行的价格定价。如某些大宗商品(如小麦、咖啡、煤炭等)基本是标准化的产品，它们的国际价格是经过多次交易而达成的，企业只要随行就市就可以了，没有必要再考虑自己的产品价格应该定在多高的水平。

2. 密封投标定价法

密封投标定价法是指企业在国际市场上投标定价时，主要根据竞争者的可能报价来确定自己的报价。一般密封投标报价并不直接以成本或需求为依据，但是企业定价一般也不会低于边际成本,以保证适当的利益。密封投标定价的做法是:买方公开招标,卖方按照要求在规定的时间之内密封投标,最后买方根据众多卖方投标的价格选择最优者与之签约。这种定价方法最关键的就是估计竞争者的可能报价。这种定价方法主要适合于建筑工程的承包、大型机器设备的购买等。

对于企业而言,采取何种定价方法主要由其定价目标和所处的环境来决定。不论采取哪种定价方法,只要可以达到自己的定价目标,就是一个好方法。同时要注意,有一些目标和定价方法是短期的,对于一个想长期在国际市场上经营的企业来说,要灵活地变换目标和定价方法。

9.4 跨国公司的定价取向

跨国公司在进行定价决策时,通常有三种定价取向:母国取向定价、东道国取向定价和世界取向定价。

9.4.1 母国取向定价

母国取向定价是指产品的价格在世界各地均保持一致,运费和进口关税由进口方承担。这种方法的优点是价格策略的执行极其简单,因为不需要额外考虑竞争或者市场信息。而且这种定价策略还可以使公司和产品在国际上树立统一的形象,便于企业对价格进行管理。这种方法的缺点在于它过于简单,无法对各个不同国家和区域的竞争和市场情况做出及时反应,因此也就不能使得每个国家或者区域市场的利润最大化。

锐步在印度市场的定价是一个通过定价保持高质量形象的例子。锐步在进入印度市场时,面临诸多挑战。其中之一就是如何定价。当时高档运动鞋市场实际上还未得到开发,当地最贵的胶底运动鞋价格为 1000 卢比(大约相当于 23 美元)。那么,锐步应该特别地为印度建立一套大规模的鞋生产线并且将价格定在 1000 卢比,还是在印度销售和世界各地一样的设计,并且将价格定在 2500 卢比(58 美元,相当于当时印度初级公务员一个月的工资)?经过多方考虑,锐步决定在全球出售的鞋中选取 60 种款式提供给印度消费者,实行全球统一定价。锐步做出这个决定的原因之一就是要保持锐步高质量的形象。"2000 卢比到 3000 卢比这一价格区间让人们感觉它们确实与众不同。例如如果你想在一个聚会上引人注目的话,它比你买一块手表要便宜得多。"

9.4.2 东道国取向定价

东道国取向的定价允许下属或者分公司的经理根据其环境制定最合适的价格。跨国公司不会对世界范围内的价格一致性进行控制,但是会在公司系统中设定转移价格。东道国取向定价方法的优点在于有利于对当地情况灵敏地做出反应,缺点是忽略了在市场之间差价超过运输费和关税时可能会发生的产品套利问题。如果各个不同国家或者区域市场之间的差价过大(超过运输费和关税)这种情况真的存在的话,大胆的业务经理可能会利用该差价,通过在低价市场购买产品、在高价市场出售产品来赢利。东道国取向定价策略的另一个问题是跨国公司积累的关于有效定价的知识和经验不能充分运用于各个当地市场。

9.4.3　世界取向定价

世界取向的定价既不是在世界范围内制定一个统一的固定价格，也不是对下属或者分公司的价格决策置之不理，而是采取一个折中态度。遵循这种取向的跨国公司认为制定价格时应该充分考虑当地市场不同于其他市场的独特的市场因素，包括成本、收入水平、竞争和当地营销战略。成本对定价策略的影响体现在当地成本加上期望利润构成价格下限。在跨国公司进入新市场初期，可能因为市场渗透的短期目标，选择外国货源地并且制定低于成本和利润总和的价格。如果市场接受该价格，跨国公司接着会建立当地生产工厂以进一步发展已经确定的市场获利机会。如果市场反应不良，因为没有自建工厂，不需要达到固定的销售量以实现盈亏平衡，公司则可以灵活调整销售价格。

制定一个能与当地产品竞争的价格非常关键。美国最大的电器生产商当时在向联邦德国出售它的一系列家用电器时，和美国市场一样，只是简单地对其产品系列中的每一项产品成本都加上了28.5%的毛利。这种定价方法导致的问题是系列产品中混杂了很多定价不足和定价过高的产品。定价不足的产品销路很好，但是它们本可以在更高的价位上产生更大的利润；定价过高的产品则销路很差，因为当地公司能够提供性价比更好的同类产品。所以，产品应该进行分类定价，即将部分产品的毛利定得低于正常毛利，另外一些产品的毛利定得高于正常毛利，这样才能取得整个系列的最大利润。

世界取向定价非常重视总部价格协调的作用，它在处理国际大客户和产品套利问题时通常很有效。另外，因为遵循世界取向定价的跨国公司在全球范围内的定价通常是一个有意识的系统行为，它也能够使跨国公司积累的定价知识和经验得到充分利用。

跨国公司作为一个全球竞争者，在定价时应该考虑全球市场的竞争对手。定价应支持其全球性战略目标，而不是单一国家的最佳表现。因此，从理论上来说，世界取向定价从理论上来说是最优的。世界取向定价可以更好地反映产品在不同国家/地区的价格竞争力和当地消费者的购买能力，但不可忽视的是，这种定价方法比其他两种需要更大的信息量，而且也需要公司总部和下属公司之间更密切的配合。Samli 和 Jacobs 通过邮件调查的方法调查了《财富》500 强企业中的 350 家公司和 100 家较大的总部在美国的跨国公司，从而得出以下结论：这些公司中的70%在全球采用了标准化的价格策略，只有30%的公司在不同的市场采用不同的价格。这说明，理论上最优的世界取向定价实施起来并不容易。

9.5　倾销与转移定价

9.5.1　倾销与反倾销

1. 倾销的定义与类型

随着经济全球化步伐的加快和世界市场竞争的加剧，倾销与反倾销成为国际市场上的一个主要话题。美国国会将倾销定义为"伤害、破坏或阻碍美国工业发展"的不正当贸易行为。由此可见，美国的定义只适合于该国，它只提到了保护该国的贸易。关贸总协定(GATT)1979 年的反倾销协议对倾销的定义是：进口品的销售价低于国内或来源国市场的正常售价。这个定义适用于各个国家。因此可以看出，判定倾销有两个条件：一是产品的出口价格低于正常价值；二是倾销对进口国确实造成了实质性的损害、威胁或阻碍。在美国，要证实倾销的发生，必须证明存在价格歧视和伤害，缺少两者中的任何一个都不能构成倾销罪名。其中判定价格低于正常价值的主要依据，一是产品国际市场价格低于其在国内的生产成本；二是国际市场价格低于其在国内市场的售价。

一般来讲，倾销有以下三种类型。

(1)偶然倾销。又称零星倾销，是指企业为了把损失降为最低，往往把库存过时的或在本国市场已无销路的产品以低于生产成本的价格向国外市场抛售。这种倾销行为是短期的，所以给进口国带来的不利影响也是短期的，企业既避免了在国内引起价格战，又给进口国消费者带来了物美价廉的产品。

(2)间歇倾销。又称掠夺性倾销，这种倾销行为是带有攻击性的，是为了打垮国外竞争对手，先以低于国内价格或成本的价格向国外销售，等在进口国垄断市场后，再提高产品的价格，从而赚取利润。这种倾销行为违背公平竞争的原则，破坏国际贸易的正常秩序，冲击进口国的市场，通常受到各国反倾销法的抵制。

(3)持续性倾销。又称为长期性倾销，是指长期以低于国内市场的价格大量向国外市场销售，是持续时间最长的一种倾销。通常是某一商品的生产商为了在实现其规模经济效益的同时，维持其国内价格的平衡，而将其中一部分商品持续以低于正常价值的价格向海外市场销售。但是持续性倾销很少会发生。持续性倾销的一个例子是，以国际价格出售农产品，同时农民得到更高的补贴价格。

除以上三种倾销之外，间接倾销和社会倾销的现象也已经引起了国际社会的重视。间接倾销通常也称第三国倾销，是指甲国的产品倾销至乙国，再由乙国销往丙国，并对丙国的有关工业造成损害。在这种情况下，虽然乙国的出口商并没有实施实际倾销行为，但丙国相似产品生产商可依反倾销法申请对乙国的生产商和出口商进行反倾销调查，也可要求乙国对甲国的产品采取反倾销措施。至于乙国当局是否会根据丙国的请求，对甲国的倾销产品实施反倾销措施，往往取决于乙国与丙国的政治与贸易关系。社会倾销最初仅指出口利用犯人生产的廉价产品，现在已经扩大到计算生产成本时所必须考虑的其他因素。发展中国家由于廉价劳动力和生产环境的低标准等种种因素，使其出口商品在国际市场和国内市场上的价格都比较低，因此不能按现有的法律定义确定其倾销。但由于这些廉价出口商品对发达国家的市场带来冲击，因此，发达国家，特别是欧盟的贸易保护主义者，一直在呼吁制止这种所谓的社会倾销。

2. 反倾销的定义与措施

反倾销是指进口国政府为了维护本国工业的发展和正常的市场经济秩序，通过立法或者征收反倾销税等措施来抑制倾销的一种手段。常见的反倾销措施主要包括临时措施、价格承诺和征收反倾销税三种。

1) 临时措施

在初步裁定确认存在倾销和损害的事实后，进口国为了防止该国产业进一步受到损害，可以采取临时措施。《反倾销协议》第 7 条规定，在符合下列条件时，调查当局可以采取临时反倾销措施：①已开始调查，已予以公告，并已经予有利害关系的当事人提供资料和提出意见的充分机会；②已做出倾销存在和对国内相关产业造成损害的肯定性初步裁定；③调查当局认定采取临时措施对防止在调查期间继续发生损害是必需的。临时措施的种类包括征收临时反倾销税、采用担保方式、支付现金或保证金。临时反倾销税和保证金的数额不得高于初步裁定确定的倾销幅度。临时措施应从开始调查之日起 60 天后方可采取，其实施的期限一般不能超过 4 个月；如果有关贸易的大部分出口商提出要求，由调查当局决定，该期限可延长至 6 个月。此外，采取临时反倾销措施应遵守征收固定反倾销税的其他规定。

2) 价格承诺

价格承诺是指进口国调查当局与出口商或出口国政府就提高倾销产品价格或停止以倾销价格向进口国出口以便消除损害影响而达成的一种协议。

反倾销调查程序开始后，如收到任何出口商提高倾销产品价格或停止以倾销价格向进口国出口的令人满意的承诺，从而使主管机关确信倾销的损害已消除，则调查程序可中止或终止，而不采取临时措施或征收反倾销税。主管机关应在做出初步肯定裁定后才可寻求或接受出口商的价格承诺，在初步裁定做出之前，或做出的裁定是否定的情况下，调查当局不能寻求或接受价格承诺。价格承诺可由进口国的主管机关提出建议，但不可强迫出口商做出价格承诺。

达成价格承诺的要求可以由调查当局提出，也可以由受调查的出口商提出，但无论是谁首先提出的，对方都没有必须接受的义务。如果出口商提出价格承诺，主管机关认为接受价格承诺不可行，则不必接受所提价格承诺；若拒绝接受价格承诺，则在可行的情况下，应向出口商提供其认为不宜接受承诺的理由，并在可能的限度内给予出口商就此发表意见的机会。

3) 反倾销税

反倾销税是最主要的是一种反倾销措施，它是在反倾销调查当局在最终裁定中做出肯定性的倾销和损害存在的结论时所征收的税项。

征收反倾销税应遵循以下原则：①自主决定原则。根据《反倾销协议》第 9 条规定，在所有征收条件都具备的情况下，是否征收反倾销税以及征收反倾销税的金额是否等于或小于倾销幅度的决定，均由进口国的主管机关决定。②非歧视性原则。进口国的主管机关如对进口产品征收反倾销税，应该对已被认定倾销和造成损害的所有来源的进口产品，根据每一案件的情况在非歧视原则上征收适当金额的反倾销税。③相适应原则。反倾销税的金额不得超过出口价格低于正常价值那部分的差额。

随着经济全球化、贸易自由化进程的加快，贸易摩擦或纠纷成为国际经贸领域中经常出现并长期存在的问题。由于关税及非关税壁垒的逐步减少，尤其是配额、许可证等控制进口措施的限制使用，反倾销作为 WTO 赋予其成员的合法权利，日益成为各国解决贸易摩擦或纠纷的有效途径、用来对付非公平竞争的必要工具和国际通行的保护国内产业的手段。由于它具有形式合法、易于实施、能够有效排斥外国产品进口和保护本国产业而不至于招致报复的特点,因此被西方国家作为保护本国产业利益的最佳方法之一而频繁使用。20世纪80年代以来,反倾销作为贸易保护主义的有力武器,已经成为当前国际上的一个热点问题。世界贸易组织规定,当产品销售价格低于正常出口价格或低于原产国成本加上合理销售成本和利润,且这种做法可能有损于进口国经济活动时,应征收反倾销税,也可以通过对那些在生产、出口或运输上享有补贴的外国商品征收反补贴税,来限制进口数量。

自1996年起,中国就成为世界上出口产品受到反倾销调查最多的国家,我国为此遭受的损失保守估计约合100多亿美元。中国成为全球反倾销最多的国家以及最大的受害者。据统计,仅钢铁行业在2016年度就遭受国际反倾销案件共计43起,其中亚洲20起,北美7起,欧洲5起。在新发起的调查案中,亚洲最多,主要集中在东南亚和印度,甚至非洲地区的南非和埃及2016年也开始启动反倾销调查。

9.5.2 转移定价

随着经济全球化及跨国公司数目的不断增加,公司内部不同部门之间的定价就成了一个突出的问题,因此转移定价也成为国际营销定价的重要组成部分。

1. 转移定价的概念

转移定价(transfer pricing),指企业内部关联企业之间(如母公司与子公司、子公司与子公司等)进行商品或者劳务交换时使用的内部交易价格,是关联企业之间对于有形资产的购销、转移和使用,无形资产的转移和使用,资金融通及劳务提供等各种往来业务的定价,是跨国企业常用的一种经营策略。在跨国企业各关联方的内部交易中,转移定价具有举足轻重的地位。企业通过利用不同的转移定价方法,不但能够调整各关联企业的产品成本,还能够调整各关联企业的利润水平。此外,不同于一般的独立企业间的关系,关联企业之间制定的转移价格不需要遵从完全市场竞争原则,只需遵循国际经济合作组织规定的参照标准,因此跨国企业在制定转移价格时可获得较大的空间。转移价格不同于企业外部贸易所采用的国际市场价格,它是根据企业利润最大化和跨国公司的全球战略制定的一个内部交易价格。由此可见,转移价格可不受市场供求关系的影响,并且不被正常交易时买卖双方遵循的独立竞争原则和交易对象的实际成本所束缚,因此转移定价成为跨国公司进行利润管理、税收筹划和内部资源配置的常用手段。

转移定价具有以下特点。

(1) 秘密性。转移定价是由公司的高层管理者制定的,只有少数的管理者知道,只是反映账面的销售价格,政府部门很难知道价格形成的实际情况。

(2) 计划性。由于转移定价是国际企业根据该公司的总目标制定的,所以国际企业的转移定价是有一定依据的,具有高度的计划性。

(3) 广泛性。国际企业的转移定价运用范围广泛,不仅涉及有形产品,如原材料、半成品等;还包括无形产品转移定价,如技术使用费等。

2. 转移定价的动机

由于各个国家和地区的税收制度、管理方式、经济发达程度、市场状况不同,这些因素都会在不同程度上影响跨国企业的转移定价策略。跨国企业采取转移定价策略的动机主要有以下几点：

1）减少纳税

减少纳税是跨国企业采取转移定价策略最直接的动机，而这一目的主要通过对位于不同税率国家和地区的子公司进行利润调节来实现。国际营销中所涉及的税收主要包括所得税和关税。由于世界各个国家的税率水平是不同的，所以可以通过转移价格有效地将应纳税基数由高税率国家向低税率国家转移，从而减少整个公司的纳税总额。

所得税额的高低直接影响到企业的利润水平，跨国公司一般通过转移定价来减少税收。如高所得税国家的子公司以低价出售产品给低所得税国家的子公司，或以高价向低所得税国家的子公司购买产品，从而把利润从高所得税国家的子公司转移到低所得税国家的子公司，降低整个企业的纳税总额。各国的所得税率相差悬殊，有像瑞典这样税率较高的国家，还有的被称为"避税天堂"，如巴拿马、列支敦士登、巴哈马群岛、开曼群岛等，许多大公司在这些国家和地区都设有子公司。跨国公司在进行贸易时，可以先以低价将货物出售给这些避税区的子公司，然后再以高价将货物出售给其他子公司。其实货物并不经过避税区的子公司，而只是通过转移定价的形式在公司之间进行转账，从而达到减少税收的目的。

假设一家美国企业来华投资设厂后，以 10 美元的价格从其母公司进口原材料，在中国又追加投资 2 美元，则其成本应为 12 美元。但是在华子公司仅以 11.5 美元的价格把产品返销给其母公司，从账面看这家美商在华投资企业就是亏损的，而其母公司很可能以 14 美元的价格把产品转手销售给其他消费者，这样利润就被截留在中国之外了。对中国而言，转移价格直接造成了税收的流失。对此，国家税务总局反避税处指出，实行转移定价税收管理是一项行之有效的调整措施。据介绍，中国从 1986 年开始实行转移定价税收管理。1991 年，中国对此正式立法。目前中国现有专职审计人员 500 人，兼职人员 300 人，每年从 3 万"嫌疑企业"中筛选出 2500 户进行审计，并有约 800 户结案。

利用转移定价同样可以减少关税的交纳。关税多为从价计征的，企业制定较低的转移价格可以减少应纳的关税。如跨国企业的母子公司只要以较低的转移价格向高关税的国家出售货物，就可以降低从价进口关税。跨国公司还可以利用区域性关税同盟或有关协定的规定避税。例如，欧洲自由贸易区规定，如果商品是在自由贸易区以外生产的，由一贸易成员国运往另一成员国时，要交纳关税。但是如果该商品的价格一半以上是在自由贸易区内增值的，那么产品在区内各成员国运销时可以免交关税。

但是，有时候利用转移定价逃避关税和所得税是互相矛盾的。例如调低转移价格可以减少关税，但是会相应地增加子公司的利润，而要交纳过多的所得税。所以跨国公司要综合考虑转移定价对所得税和关税的影响。一般来说，所得税率要高于关税税率，所以跨国公司在转移定价时，会优先考虑所得税。

2）提高市场占有率

提高子公司产品在其所在国家或地区的市场占有率也是跨国企业实行转移定价的主要动机之一。这一目的主要依靠子公司相较于所在国境内其他生产同类产品公司的价格优势来实现，而子公司的价格优势正是来自母公司通过转移定价策略制定的关联交易价格。当跨国企业在某国境内的子公司经营状况不佳时，母公司通过用较低的价格向该国境内子公司提供原材料、产品或劳务，从而降低子公司的生产成本，实现子公司所生产销售产品价格的降低。这就使得子公司的产品相较于该国国内无法获得低价原材料和劳务的其他公司的产品产生了极大的价格优势。而价格是影响消费者选择商品的重要因素，价格优势能够吸引更多消费者，从而迅速打开子公司产品在该国的市场，实现子公司产品在该国市场占有率的快速增长，进一步实现子公司整体竞争力的提升。

3) 规避风险

通过转移定价，跨国企业还能实现对于如汇率风险、财务风险等多种风险的规避。当企业遭遇汇率风险或财务风险时，例如当子公司所在国汇率上升或母公司遭遇财务危机时，跨国企业可以通过转移定价快速将资金转移回母公司，如将原本采用直接投资方式投资给子公司的资金改变为通过借贷方式借给子公司的债务，同时向子公司收取一定的利息。这样一方面能缓解母公司的财务危机或成功规避子公司所在国汇率上升带来的风险，另一方面增加了子公司的成本，实现了子公司向所在国纳税额的减少。

4) 获取政策优惠

除上述动机外，一些转移定价手段还能帮助子公司获得其所在国家或地区的政策优惠。跨国企业的子公司大多设立在世界贸易组织成员方，而这些国家为吸引投资、促进贸易增长，通常对境内企业提供贸易补贴、退税和其他优惠政策。跨国企业可通过提高子公司产品的出口价格，使子公司获得更多的贸易补贴和政策优惠，同时此举还能洗刷产品价格过低的倾销嫌疑。

3. 转移定价的方法

从转移定价的主要动机可以看出，转移定价策略能够为跨国企业的经营带来非常多的正面效用。然而跨国企业在进行转移定价、确认转移价格时并不是随心所欲的，必须遵循相关的法律法规和国际准则。世界经济合作组织(OECD)制定的转移定价规则要求关联公司之间的转移定价相对于独立公司之间的正常交易价格不能存在过大偏差，必须以独立公司之间的正常交易价格为前提，结合企业的实际经营方式与企业所处经济政策环境确定关联交易的转移价格。以下是跨国企业制定转移价格的几种主要方法。

1) 以成本为基础

以成本为基础的转移定价方法是指跨国企业在制定转移价格时，以产品生产的各个环节所发生的成本或提供劳务的实际成本为基础，制定关联交易的内部转移价格。由于企业在制定转移价格时，可以根据实际需要选择完全成本、标准成本或变动成本作为确认转移价格参照物的基本成本，甚至可以加上没有实际发生的机会成本，在选择成本计量方法时，也可从完全成本法、边际成本法、完全成本加成法等多种成本计量方法中选择最佳计量方案，因此企业能在很大范围内控制作为转移价格基础的成本的高低，从而控制转移价格的高低。此外，相对于其他转移定价方法而言，成本定价法的数据较易获取，使用起来较为简单明了，因此许多跨国企业纷纷选择使用成本定价法对转移价格进行确定。成本定价法还可通过间接费用的分摊，实现对企业财务报表的调整，可帮助子公司营造一个经营状况良好的现象，提升社会公众、企业股东和广大股民对子公司信任，增强子公司竞争力，同时促进子公司股价的上升。成本定价法也有其相应的缺点，根据选取的具体成本计量方式不同(如采用包含机会成本在内的成本定价法时)，可能无法真实反映产品带来收益的能力。

2）以市场为基础

在以市场为基础的前提下制定转移价格时，转移价格的高低主要由外部市场价格来决定。这种方法的特点是以公平交易为原则，以竞争市场下的产品价格为参照，相对于成本定价法来说，此方法制定的转移价格更加接近市场价格。相比以成本为基础进行的转移定价，由于价格确认的范围变小了，以市场为基础的转移定价在资金回收或规避税收方面的效果会有一定程度的减弱。但该方法能对子公司进行有效的激励，避免子公司在财务状况不佳时一味依赖母公司通过转移定价进行的经济援助，有利于提升子公司的经营业绩，使母公司对子公司进行更佳的业绩考核。

3）以利润为基础

以利润为基础的转移定价方法指企业使用利润作为进行转移定价调整的基础，主要包括交易净利润法和利润分割法，其中交易净利润法使用非关联第三方进行独立可比交易时的利润，利润分割法使用企业与关联方进行内部交易时的利润。相较于成本计价法而言，利润分割法能够制定的转移价格范围较小，因此就转移定价的效果来说不如成本定价法显著。但由于以利润为基础的转移价格确定方法能有效地反映产品或劳务带来的经济收益，也就克服了成本计价法无法客观反映产品真实附加价值的缺点，有利于企业对产品或劳务盈利能力进行考察，从而进行更好的资源配置，因此以利润为基础的转移定价方法正逐步成为越来越多跨国企业的选择。

由于转移定价的性质是跨国企业内部的关联交易，转移价格几乎不受供求关系和市场竞争的影响，只需在合乎法律法规的前提下服从于企业利润最大化的目标，因此企业在采取何种转移定价方法上拥有较大的自主选择权。如何选择最佳的转移定价方法，确定效用最大化的转移定价策略也逐渐成为跨国企业最重视的经营策略之一。

本章小结

本章介绍了国际市场定价的影响因素、主要定价方法和定价策略，最后介绍了倾销与反倾销，以及国际市场的转移定价。

国际市场价格的制定主要受到企业定价目标、成本因素、需求因素、竞争因素以及政策与法规因素的影响。成本导向定价法、需求导向定价法和竞争导向定价法仍然是国际市场定价的三种基础方法。

倾销是指进口商品的销售价低于国内或来源国市场的正常售价。倾销包括三种类型：偶然倾销、间歇性倾销和持续性倾销。反倾销是指进口国政府为了维护本国工业的发展和正常的市场经济秩序,通过立法或者征收反倾销税等措施来抑制倾销的一种手段。常见的反倾销措施主要包括临时措施、价格承诺和征收反倾销税三种。

转移定价(transfer pricing),指企业内部关联企业之间(如母公司与子公司、子公司与子公司等)进行商品或者劳务交换时使用的内部交易价格,是关联企业之间对于有形资产的购销、转移和使用、无形资产的转移和使用、资金融通及劳务提供等各种往来业务的定价,是跨国企业常用的一种经营策略。跨国公司转移定价的动机包括减少纳税、提高市场占有率、规避风险和获取政策优惠。转移定价的方法主要有三种:以成本为基础的定价方法、以市场为基础的定价方法和以利润为基础的定价方法。

关键术语

需求价格弹性	成本导向定价	需求导向定价	随行就市定价
密封投标定价	母国取向定价	东道国取向定价	世界取向定价
倾销与反倾销	转移定价		

思考题

1. 国际市场产品价格受到哪些因素的影响?
2. 国际企业的定价目标有哪些?
3. 成本导向定价法具体有哪几种?其各自的优缺点是什么?
4. 什么叫倾销?倾销具体可以分为哪几种?
5. 转移定价主要有几种方法?众多企业采取转移定价的动机是什么?

参考文献

1. [美]菲利普·R 凯特奥拉,[美]玛丽·C 吉利,[美]约翰·L 格雷厄姆. 国际市场营销学[M]. 15 版. 赵银德,沈辉,张华,译. 北京:机械工业出版社,2004.
2. [美]Warren J Keegan. 全球营销管理[M]. 7 版. 段志蓉,钱珺,译. 北京:清华大学出版社,2007.
3. 寇小萱,王永萍. 国际市场营销学[M]. 5 版. 北京:首都经济贸易大学出版社,2017.
4. 纪宝成,吕一林. 市场营销学教程[M]. 5 版. 北京:中国人民大学出版社,2012.
5. [美]菲利普·科特勒. 营销管理——分析、计划、执行与控制[M]. 梅汝和,梅清豪,译. 上海:上海人民出版社,2001.
6. 甘碧群,曾伏娥. 国际市场营销学[M]. 3 版. 北京:高等教育出版社,2014.

案例研讨

太钢冷轧不锈钢的欧盟反倾销应诉

中国一直是贸易救济调查的最大目标国,并且已连续21年成为全球遭遇反倾销调查最多的国家,连续10年成为全球遭遇反补贴调查最多的国家。其中,中国的钢铁产品已经是遭遇反倾销调查的重灾区。

进入2016年以来,欧盟对来自中国的钢铁制成品已发起了近20起反倾销和反补贴调查,几乎涉及中国钢铁制成品的各个主要品类。2016年11月12日,欧委会对原产于中国的无缝钢管产品做出反倾销调查初裁,并决定征收为期6个月高达81.1%的临时反倾销税,生效日11月13日。该初裁涉及湖南、湖北和江苏等无缝钢管生产厂家,所征收临时反倾销税率为43.5%~81.1%。在我国屡遭反倾销调查的钢铁产业里,无缝钢管首当其冲。就在欧盟公布中国无缝钢管产品反倾销调查初裁之前,2016年11月4日,墨西哥宣布对中国无缝钢管延长征收反倾销税5年,税率为1252美元/吨。

中国先后遭遇了欧盟、俄罗斯、美国、印度、巴西、泰国等国家或地区发起的不锈钢产品反倾销调查。山西太钢正是遭遇欧盟反倾销的众多企业之一。

山西太钢不锈钢股份有限公司是目前国内最大的不锈钢生产基地,是国内唯一的全流程不锈钢生产企业,产量和市场占有率居全国第一。产品广泛应用于建筑、石化、城市交通、环保、医疗及食品机械等各个领域。公司生产的不锈钢产品曾获得"中国消费品市场深受欢迎百佳产品""国家质量金奖"等荣誉。同时,太钢也是国际上重要的不锈钢生产厂家之一。长期以来,太钢的不锈钢产品以良好的质量和服务赢得了国内外广大客户和企业的广泛赞誉,在欧洲市场也深受广大消费者的欢迎,成为中国冷轧不锈钢产品出口欧盟市场的最大出口商。目前已形成了100万吨不锈钢、70万吨不锈钢材(其中40万吨不锈冷板)的综合生产能力,进入国际不锈钢十强行列。

但是太钢却在国际市场上深受反倾销所带来的伤害。2014年5月,欧洲钢铁协会提出了一项反倾销诉求,申诉中国企业以不公平的低价向欧盟出口冷轧不锈钢板。在启动反倾销调查后,欧盟委员会裁定,于2015年3月26日起征收临时关税,有效期为6个月。

其实早在2008年2月,欧委会就应欧洲钢铁工业联盟的申请,对原产于中国大陆、台湾地区和韩国的冷轧不锈钢板发起了反倾销调查。据报道,原因就在于一些欧洲钢铁制造商可能认为,中国利用国内严重过剩的产能,在欧洲市场以低于生产成本的价格"倾销"产品,使欧洲本土钢铁生产商失去竞争力。在太钢等涉案企业多轮抗辩之下,2009年3月,欧洲钢铁工业联盟撤回申诉。"硝烟"尚未散尽,此次欧盟卷土重来。

"欧钢联如此针对冷轧不锈钢产品,与欧盟自身的产品结构和竞争优势有关。"中商流通生产力促进中心分析师赫荣亮表示,欧盟钢企有能力大量生产冷轧不锈钢这种附加值较高的产品。由此导致该种产品的产能过剩,进而排斥中国同类产品。

在欧盟对中国进行反倾销调查开始,太钢就迅速启动应诉机制,按照欧盟法律进入了调查程序。在调查期间,太钢积极配合欧盟调查机构欧委会开展应诉工作,提供了真实、准确的信息资料、证据和相关数据;同时,也多次派员赴欧盟总部布鲁塞尔出席听证会,据理力争,积极抗辩,以表明太钢出口的冷轧不锈钢产品并未对欧盟市场构成倾销行为,也没有对欧盟的产业造成损害。

但是，欧委会没有接受太钢提出的抗辩主张，并于 2015 年 8 月做出终裁——因不承认中国大陆市场经济地位，欧委会采取了以美国作为替代国计算中国企业倾销幅度的做法——对太钢等中国大陆应诉企业征收 24.4%~25.3%的反倾销税。

高税率之下，中国大陆涉案企业损失严重。数据显示，2014 年，中国大陆向欧盟市场出口涉案产品 30.5 万吨，金额 7.3 亿美元。在欧委会做出反倾销终裁后，中国大陆相关生产商和出口商基本退出了欧盟市场，其中也包括太钢公司。

太钢认为，欧盟委员会在调查过程中对中国大陆冷轧不锈钢反倾销案采用了不公平、歧视性做法，最终的裁定所依据的事实不充分，不符合欧盟法律的规定，太钢按照欧盟的法律，进入司法诉讼程序，将欧委会的裁决上诉至欧盟法院。太钢希望得到一个公平、公正的结论。

资料来源
1. 刘明：《倾销这个"锅"中国不背》，《国际商报》，2016-08-16，http://finance.china.com.cn/roll/20160816/3861910.shtml。
2. 《太钢公司就欧委会冷轧不锈钢反倾销终裁上诉至欧盟法院》，钢之家，2015-12-17，http://futures.hexun.com/2015-12-17/181249476.html。
3. 《2016 年 11 月国际对中国钢铁反倾销汇总》，中国铁合金网，2016-11-23，http://www.ferro-alloys.cn/News/Details/229479。

案例思考题

1. 什么是倾销、反倾销和反倾销应诉？
2. 中国钢铁行业为什么会屡次遭受反倾销？
3. 如何理解国际市场定价策略与反倾销之间的关系？
4. 如果你是太原钢厂反倾销应诉的负责人，对于欧盟市场你觉得下一步应如何做？

第 10 章　国际市场营销管理

📝 **本章提要**　通过本章的学习，了解国际市场全球化与本土化理念，熟悉国际营销管理导向和原则，了解国际营销组织形式及其选择，熟悉国际市场营销控制的方法、手段、程序等。

引　例

2018 年 "BrandZ™ 中国出海品牌 50 强"排行榜及报告于 2 月 6 日正式发布：前三名分别为联想(1697 分)、华为(1530 分)、阿里巴巴(1101 分)。其中联想已是连续两年蝉联中国出海品牌 TOP 1。该排行榜上的品牌均为得到海外用户较高认知度的中国出海企业。

目前，联想海外业务布局国家 160 多个，PC、移动、数据中心等三大业务居于世界前列，70%的营收来自海外，这也是联想成为全球用户知名度最高的中国品牌的重要原因。

联想找准契机，大胆对国际行业顶尖品牌和业务进行并购，并通过建立现代国际化企业管理和人才结构，对并购业务进行有节奏和针对性的消化与整合，结合联想自身优势，做到全球化运营、资源全球化调配、技术全球化研发、产品全球化创新。

通过观察对比可以发现，真正具有全球影响力的品牌和企业，首先必须有全球化的胸怀和更具包容性的企业文化，如此才能聚焦全球最顶尖的人才，并且完成深入不同区域市场的本地化运营。比如微软 CEO 纳德拉、Google CEO 桑达尔·皮查伊都是印度籍高管，微软也拥有众多中国、印度、欧洲等非美国本土员工，微软亚洲研究院更是成为中国云计算、大数据和人工智能等领域初期的人才聚集地和 "黄埔军校"。

联想国际化之后的联想执行委员会(LEC)从成立至今，一直都是真正的国际化管理团队，目前共 9 名成员，分别来自中国、美国、荷兰、意大利、英国、加拿大等 6 个国家。有媒体统计，2017 年参加联想 GLT(全球领导团队)会议的 110 多位高管分别来自 17 个国家，其中 60%都是外籍高管。联想除了中国区自己的内部会议，其他环境一律使用英语。每当有一个朋友去联想工作，数月之后英语水平都有大幅提升，有业内朋友调侃称 "效果堪比新东方"。

无论是坚持任用更多具有本地市场和运营经验的人才，而不是派遣更多中国员工；还是以英语为主要工作语言，这种变革对于任何一家中国企业而言都是一个严峻的挑战，但也造就了联想从内而外的国际化员工认同感和企业思维方式改变。

在媒体发布会上,凯度华通明略 BrandZ™ 全球总裁王幸表示,国际化巨头需要做到针对全球不同地方市场变化的快速反应,只有真正的全球化运营才能实现。而联想已在中美两国建立双总部,形成了 24 小时不间断的公司管理与运作,可以保证对全球市场及时反馈。并构架了以中国、美国、日本三地为支点的全球研发框架,聚集了全球不同国家和区域的顶尖人才,比如美国罗利研发中心拥有业界最佳 PC 架构设计人才、领先的研发质量管理流程,日本横滨研发中心拥有全球顶尖的笔记本研发团队和设计团队,北京研发中心则聚集了消费产品设计和多领域研发方面的人才。目前联想有 1 万名左右的工程师,美国 3000 多名、日本 2000 多名、中国 5000 多名,并在全球拥有 2.6 万个有效专利。2016—2017 财年,联想集团研发投入近 15 亿美元。

资料来源　宿艺:《联想成中国最强出海品牌,带给出海企业哪些启示?》,微信公众号:壹观察,2018-02-06。

已经进入国际市场的企业,无论是中小企业还是大的跨国公司,如何有效地对国际市场营销活动进行管理是企业所有任务的重中之重。从营销理念与战略的梳理与确立,如是全球化还是本土化,还是全球本土化,到组织结构的打造与调整,再到国际市场营销过程中的整体控制,都是开展国际市场营销活动必须面对的重要问题。

10.1　国际市场营销的全球化与本土化

国际市场营销的全球化是指企业为了实现整体目标,集中企业的资源,用以寻找、选择和开发国际国内各种营销机会的过程。它是一种营销战略,是企业为了在全球范围内销售产品而制定的一种全球化的产品营销战略。强调在营销策略上淡化国家的界限,模糊本国国内市场与国外市场的差异。全球化是与标准化策略紧密相关的。标准化一般通过技术的通用性来实现,将生产与营销标准化,不仅降低了成本,获得规模经济效益,而且为营销全球化奠定了基础。因此,许多公司倾向于在其产品及营销活动中执行统一的标准,创造出所谓的"全球品牌",即在全球用同样的方式进行营销。

国际市场营销的本土化是指从不同地区、不同种族、不同文化背景下顾客的个性化与多样化需求出发,强调通过产品的差异化及营销的针对性来满足全球不同顾客的需要。从 20 世纪 50 年代开始,本土化问题就引起了一些大的广告公司的注意。当时,跨国公司的广告在国际移植中出现的各种问题使得众多的广告从业者开始讨论广告的标准化与本土化的问题。20 世纪 80 年代,伴随着当时地区经济一体化浪潮,来自不同国家或地区的跨国公司在它们的海外投资过程中发现,如果带有更多来自母国的政治、经济与文化色彩,很容易受到东道国的排斥、疑忌和限制。

美国学者菲利普·科特勒主张跨国公司"思维全球化,行动本土化"(think globally, act locally)。不能把标准化与本土化简单隔裂开,它们实际上是企业国际营销战略连续体的两种极端值(如图 10-1 所示),企业的实际营销战略只是处于二者之间。决定标准化与本土化的程度应依企业所面临的具体国际市场环境而定。

正确理解国际市场营销的全球化与本土化之间的关系,需要注意以下三点。

完全本土化 ←——————————→ 完全标准化

图 10-1 国际营销战略连续体

一是两者并不是相互矛盾和冲突的。并不能简单地从国际市场营销的全球化与国际市场营销的本土化各自的概念出发，把它们看做是对立的。经济的全球化趋势要求国内企业加快营销的全球化进程，但全球化也无法抹杀不同国家和地区文化、宗教及传统的差异。所以，又要求企业在全球化营销中实现营销的本土化，即全球化营销中的营销本土化，两者是不矛盾的。

二是不能存在极端的国际市场营销全球化或是国际市场营销本土化。过分强调市场营销的全球化就是强调营销的标准化，这是有悖于市场营销的核心思想的，将顾客价值置于次要的位置。也不可过分强调企业营销的本土化，因为这样将失去应有的规模效益。

三是要正确协调企业国际市场营销全球化与本土化之间的关系。"战略上的全球化，战术上的本土化""全球本土化"等观点，要求企业在设计公司使命、制定战略过程中重视全球经济一体化，以全球范围作为公司战略决策的出发点，而在具体实施营销方案时要考虑地区的差异性。引例中联想集团之所以能成为中国最强出海品牌，具有全球化的胸怀和更具包容性的企业文化，具有完成深入不同区域市场的本地化运营的优势是其原因之一。

10.2 国际市场营销管理的战略要素

10.2.1 国际市场营销管理的 EPRG 导向

在基础市场学中，对营销管理的概念和实质曾从不同角度做出过多种阐述和界定，简言之，营销管理就是为在目标市场上达到公司所追求的目标而自觉努力。而指导这些努力的哲学，即在看待和处理市场营销活动中所涉及的公司、顾客和社会这三者之间的利益时，到底应以何者为重点，这涉及的就是营销管理取向问题。国际市场营销公司在营销管理指导思想上，除了存在一般的取向外，由于国际市场营销活动的特殊性，还存在另外一套营销管理取向，即国际营销公司管理当局对世界的性质是如何看待和臆断的问题。Howard Perlmutter 根据其国际化的程度、目标和倾向，把实施国际化战略的企业分为四种管理导向，即民族中心主义(ethnocentrism)、多中心主义(polycentrism)、地区中心主义(regioncentrism)和全球中心主义(geocentrism)。不同的管理导向，标志着不同的权力重心基础；不同的权力重心，形成了企业国际营销战略的差异；这些不同的国际营销战略决定着企业所适应的国际营销组织结构。这种取向结构如图 10-2 所示。

1. 民族中心主义

民族中心主义是人类的一种文化心理现象。民族中心主义原本的概念表示这样一种态度，即一个人类集团将自己放在周围世界的中心。持此态度的集团肯定自己的成就和价值，相信自己的优越性，而歧视和否认异己文化的价值。民族中心主义通常被用来描述群体中心感和优越感。这种感觉在幼年时期已经被无意识地内化，儿童的偏见与其父

图 10-2　国际市场营销管理取向

母的民族中心主义有显著关系。因而所有文化及其成员都在一定程度上带有民族中心主义倾向。人们在与本族群之外的人进行交际时,往往带有一种主观主义的态度,更偏向于本族群的生活方式,并以此为标准而否定或贬低其他族群的生活方式和文化。当一个人认为他的母国优于世界上所有国家时,便被认为具有民族中心主义观念。具有民族中心主义观念的公司人员,只看到各个市场的共同点,并认为在母国取得成功的产品和经营技术,由于其令人信服的优越性,也必将在世界任何地方同样获得成功。在不少抱有民族中心主义观念的公司看来,母国之外的营销机会是无须考虑的,他们坚持认为,在母国能取得成功的产品必然是优越的产品,从而不需任何适应性的改变而可在世界任何地方销出去。

在持有民族中心主义的国际营销公司中,外国的经营技术和实务被认为是次要或从属于本国经营技术或业务实践的。这些公司往往以下列臆想为据来开展工作,他们认为本公司"经过试验靠得住"的知识和机构能力可以应用到世界的其他地方,这样有时就会使公司在地方市场上的长处、有价值的管理知识和经验受到忽视。就制造业方面的公司来说,民族中心就意味着把外国市场看做处理国内过剩生产的场所。海外市场的计划采用与在国内相同的政策和程序来制定,在本国之外不进行系统的市场研究,产品也不进行多大修改。甚至国际市场上的消费者的需求和欲求与本国显然不同,总公司当局对此仍然不予考虑。

在日本日产公司向美国出口小汽车和货车的最初几年,其民族中心主义表现得很明显。日产公司向美国出口的那些汽车,完全是按日本暖和的冬季气候条件设计的,致使这些汽车在美国许多地方的几个月寒冬中打不起火。这是因为在日本北方,寒冬时节许多车主都会给他们汽车的引擎罩盖上毛毡,于是日产公司便假定美国的车主也会这样做,结果造成了失误。日产的这种民族中心主义,直到 20 世纪 80 年代才得以修正,开始向美国出售那些专门为美国市场开发的产品。

50 年前,大多数工商企业,特别是那些位于像美国这样大国中的企业奉行民族中心主义,往往可在业务经营中取得很大成功;但是在今天,民族中心主义已成为公司所面临的最大的内部威胁。

2.多中心主义

多中心主义取向是民族中心主义的对立面。多中心主义一词的含义是指公司管理部门相信和断定，公司开展国际营销活动的每个国家国情是互不相同的。这种假设为每个子公司制定自己不同的经营和市场营销策略提供了根据，多国公司一词通常就是用来形容这样一种结构。花旗银行的全球金融服务都是以多中心主义取向来运作的。花旗银行的总裁詹姆斯·贝利对该公司曾做如下描述："我们像一个中世纪的国家，这里有国王和他的法庭，并由他们负责管理这个国家，是这样吗？否！负责这个国家的是各个地方的贵族。国王和他的法庭可以发布这样那样的命令，但各地的贵族却可各行其是。"由于各国社会文化环境、政治法律环境的不同，大多数情况下，跨国公司在各国所面临的营销任务和挑战是有一定差异或大不相同的。因此，既不能把跨国公司本国的产品选择标准、价值观、审美观强加给各个国外市场，也不能以跨国公司总部为本国设计的整套市场营销策略和方法为蓝本，要求世界各地的分支公司如法炮制，否则必然会与某些国家的国情格格不入，不能因地制宜卓有成效地开展国际市场营销活动。

　　实行这种管理导向模式的企业认识到国际市场的特殊性，将海外业务作为不可缺少的部分。考虑到各国环境有其特殊的背景、文化、习性、需求，母国人员不可能真正充分了解外国环境，唯有当地的人最能了解当地人，故给予国外分公司管理上的自主权，尽量以东道国的做法为依据。根据各国市场的差异，制定差异性的战略和计划，按国别组织营销活动，即采用多中心主义的模式。各个子公司可以彼此独立地确定各自的营销目标和计划。在国际营销战略的决策权力方面，母公司相对薄弱，例如，飞利浦以各国分公司为利润中心，当地总经理有自主管理的权利。

　　实行多中心主义导向模式的企业，其策略的拟定以符合当地文化的需求为原则，在各东道国任用当地人才来负责公司经营，并授予其权力，使其能因各地之不同进行适当调整。如果一家公司在多种文化的国家从事企业活动，则该公司的整体计划将会调整以适应各种文化的需要。此法对子公司之利润虽极有裨益，但却会牺牲整个企业的长远目标，对资源造成浪费，因为各子公司常会出现重复研究、人力重置等情况。

3.地区中心主义

　　奉行地区中心主义的公司的管理当局把地区看做是独一无二的，需要制定相应的综合地区策略。例如一个美洲的公司，当它把营销努力只集中在北美自由贸易协定各国——美国、加拿大、墨西哥时，就是一种地区中心主义取向。同样一个欧洲的公司，当它把自己的注意力只集中在欧洲时，也是一种地区中心主义取向。采用这种管理导向模式的企业主要根据某地区内各个市场之间存在的共性制订一体化的地区市场计划，从而以地区为基础将母公司的利益与子公司的利益结合起来。其策略的拟定兼顾当地与地区的需要，专注于经营某一个地区而非某一个国家。例如，在欧盟从事企业活动的企业，其所感兴趣的对象应是所有的成员国。地区中心主义的经理人可能将地区以外的世界视为本国或多国导向，或两者之综合。英国从事多角化经营的国际企业，有50%都采用这种战略规划。这种组织机构比多中心主义管理模式更为复杂。地区经理拥有较大的决策权力，以地区的绩效作为评估与控制标准的基础。

4.全球中心主义

　　全球中心主义取向实质上是一种民族中心主义和多中心主义的合成物，它看到各个市场和各个国家的共同性和差异性，并注意制定一种能完全反映地区需求的全球营销策略。而地区中心主义的管理人员，对自己努力集中经营的地区，承认其市场需求及营销环境既有不少相似之处，也有不少相异之处，因而分别采用民族中心主义观念和多中心主义观念作为国际市场营销的指导思想，但对该地区以外的世界市场，则单纯以民族中心主义观点或多中心主义观点作为指导思想来开展市场营销活动。全球中心主义导向的基本前提为：企业不是由许多个别国家的公司所组成的集合体，而是一个全球性的整体组织，用全球性的眼光衡量规划。其绩效、激励、制度等皆有一套全球性通盘衡量的准则。本国和东道国的公司进行全球性的协调配合，互相合作，充分沟通。

实施全球中心主义管理导向的企业是从全球的角度来考虑优化配置组织资源，根据全球市场环境确定全球营销战略目标。全球营销战略目标要求在多国经营的基础上取得最大经济效益，而不是着眼于国际业务活动中某个市场的成败得失。实施全球战略的企业，在国外经营活动的规模程度很高，企业内部的分工水平也非常高，企业的组织结构复杂，各个部门的依赖性很强。实施全球战略的企业在权力与决策方面致力于母公司与海外子公司的通力合作。评估与控制的标准要既符合地区性又适应全球性。全球战略是跨国公司发展到高级阶段的产物，一些发达国家的大型跨国公司采用这种模式。实施全球战略的企业在全球人才库中寻找精英，把全球视为一个市场进行全球合理化之资源部署与管理应用，例如，哪里有最好的制造(研发)人才，就把制造(研发)中心放在哪里。特大型的国际企业均有这种倾向。它们生产因地区不同而有些许差异的全球性产品，并且雇佣来自不同国家的精英，担任组织中的重要职务。以全球真实意义而言，多国籍企业有全球倾向；然而，如果多国籍企业属于小型企业或其企业营运仅局限于特殊文化或地理区域，则多国籍企业或有多中心主义倾向或地区中心主义倾向。全球著名家用电器商惠而浦公司(Whirlpool Corporation)的行政总监 David Whitwam 曾说，除非我们能够在全球范围内利用自己的资产使企业实现一体化，除非我们在意大利的业务能够加强我们在巴西的业绩，除非我们在墨西哥的经历能使我们在香港的行事更精明，除非我们能够在全球运用自己的核心技术，否则全球化战略就会失灵。

综上所述，在国际市场营销管理上，奉行民族中心主义的公司是中央集权的公司，奉行多中心主义的公司是地方分权的公司，奉行地区中心主义和全球中心主义的公司，是分别在一个地区范围和全球范围实行集权和分权管理相结合的公司。上述各种管理取向之间的最重要区别在于对每一取向的基本假设，民族中心主义取向立基于母国优越感的信念，是建立在道德的基础上，以一国的消费者为研究对象；多中心主义取向的基本假设是，世界各国在文化、经济、市场营销情况上有许许多多的差别，跨越国界传播市场营销经验是不可能的，也是无益的；地区中心主义是以一个地区的消费者为研究对象，除了道德因素之外，还可能包括其他符合地区特色的因素，有助于解释消费者对本地产品的态度和行为意愿，也可以设法根据消费者地区中心主义倾向，调整营销策略；全球中心主义是将目光放眼全球，实施全球战略。

10.2.2　国际市场营销管理中领导者的能力

国际营销的组织结构是较为复杂的，而且在实际的操作中各种很微妙的东西需要领导者具有一些特殊才能。一个在中国做了几年生意的外国人把"在中国办事"与观赏中国古代园林做了精妙的借喻：最容易看到的门往往是走不通的，那也许只是一个装饰物；

正确的方向通常需要绕七八个弯子，所谓"曲径通幽"，但这正是中国园林美的地方。国际营销策略成功与否与实施的地点、时机有很大关系。因此要求开展国际营销的公司领导者必须具有能够抓住时机和处理各种微妙关系的能力。

一是需要具备面向全球的洞察力和对各地市场需要的敏感性。领导者必须能够清晰地表达全球性战略远见和连贯的全球战略，这些战略整合了公司在各国的反应能力、效率和资源利用能力。领导人是公司组织的设计师，能设计适合于公司的战略，也是公司组织的指挥者，能全面及时知晓事物发展变化中的特殊状况及其性质。

二是需要具备对组织及其营销活动的控制力，确保公司有合适的控制机制。这样，在各行各业错综复杂和市场迅速全球化的世界里，组织的目标才能顺利实现。

三是需要具备指导公司下属有效地开展工作和创新的能力，能最大限度地利用公司资源，把握全球机会。在公司使命的宣言中，应明确地表述公司信仰、价值观和经营活动的目标地理范围。在使命宣言和类似文件的指导下，每个经营单位的成员都必须承担起他们的直接责任，并在不同地点的职能部门与产品专家和各国的国情专家开展合作。许多有全球意识的公司已经认识到高级管理层的最佳人选并不一定是土生土长的本国人，一些公司正开始挖掘世界各地的人力资源。

另外，除了从总体上把握方向的领导者是重要的，被派驻国外子公司的外方经理在当地的子公司中也发挥着领导者的作用。他们除了作为总部的"特使"外，还在国际市场营销活动中扮演着三种角色。

第一个角色是客户代表。外方经理必须与当地市场的现有客户、有潜在价值的客户和供应商保持紧密的联系。当地的营销活动可以由当地人来实施和执行，但是他们必须能够在操作的时候与外方经理保持联系。这部分工作直接与关系营销有关，而关系营销在当前以客户为导向的公司中发挥着很重要的作用。

第二个角色是子公司的维护者。外方经理在公司总部必须扮演子公司的维护者的角色。当地公司的要求比如产品修改、广告和额外的资源需求都要由外方经理做出解释，并证明是正确和正当的。

第三个角色是网络协调者。外方经理必须保持与公司全球网络中其他机构和组织之间的联系。协调产品在不同国家的投放活动、控制生产进度和交换市场信息就是一些需要各国经理保持密切联系才能完成的工作。

在执行全球战略的时候，外方经理的后两项任务是非常重要的，而第一项任务与其他的营销人员基本相同。正是总部和子公司之间的联系给全球营销者提供了额外的竞争优势。这种联系的紧密程度取决于外方经理，同样也取决于当地员工。

10.3　国际市场营销管理的组织结构

从管理的角度来看，组织是一种管理职能，是指企业为协调内部的各项活动而设置的管理结构体系；从企业营销活动的发展过程来看，组织则是一个随着企业战略目标的调整而动态演进的过程。组织结构是组织中的职位安排，将各种职位或作用有意识地组合在一起，以利于组织目标的实现。为了使企业的营销活动不断适应变化的市场，企业应该构建一个与国际目标市场环境相适应的组织结构。当一家国内公司的业务不断发展壮大,想由国内市场向国际市场扩张时,就会遇到如何去组织国际市场营销活动的问题。要解决这些问题,关键就是要建立能适应公司目标和任务,适应国际市场营销环境的国际市场营销组织。国际营销组织结构是否合理有效,是国际市场营销战略能否顺利实施的保证和重要因素。

10.3.1 国际市场营销组织结构的演变和发展

国际营销组织的组织结构一般都由三个基本要素组成——职能、产品和地区。进行国际营销的企业一般都经历了从小到大、从国内到国外,以及从地方到全球的过程,其组织结构也必然随着公司的发展而变化。影响组织设计的因素包括产品、地区和职能(见图10-3)。

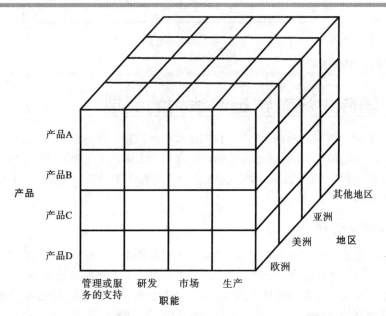

图10-3 组织结构的基本要素

美国的斯托福德(John M. Stopford)和韦尔斯(Louis T. Wells)在对跨国公司的组织机构进行大量调查的基础上,提出了国际企业选择组织结构的四阶段论。

第一阶段,在企业进行国际营销的初级阶段,即当企业海外产品的多样化程度和企业海外营销业务比重都较低时,一般会采用国际部的组织结构。

第二阶段,当企业在海外的销售额大量增加,而在海外的产品多样化程度仍较低时,通常会采用地区型结构。

第三阶段,当企业的海外产品多样化程度提高时,理想的组织机构是世界性产品型结构。

第四阶段,当企业的海外产品多样化程度和企业海外营销业务的比重都较高时,跨国公司已经面临适应当地市场环境的巨大压力,纷纷采用矩阵结构或混合型结构,在全球范围内进行业务的优化组合,充分改善每个国家的经营绩效,既能全球化又能本地化,可大可小,可分权又可集权。

国际企业在组织结构设计方面的这一演变过程如图10-4所示。

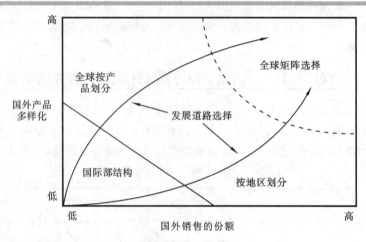

图10-4　国际组织结构的演变

10.3.2　国际市场营销组织结构的类型

对于国际市场营销企业来说，仅制定战略和策略是不够的，还需要有一定的组织结构去实施战略和策略。由于国际营销活动在国际企业内部所处的地位不同，国际企业内部可以有多种组织结构。以下所述就是国际企业处于不同发展阶段时所采用的不同组织结构形式。

1.出口部(exporting division)结构

当一家企业出口业务不多时，或是国内导向型企业在对外扩张的初期，经常会设立一个小型出口部，作为一个单独的职能机构来负责处理国际营销业务(见图10-5)。但在实践中随着销售业务的增长，出口部往往缺乏公司总部和其他职能部门强有力的支持，影响其他海外业务的扩展。因此，公司的出口部应随着业务量的扩大而扩大并择机进行调整。

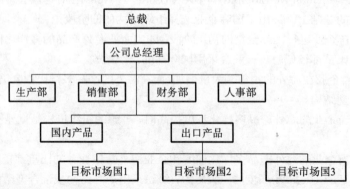

图10-5　出口部结构

2. 国际(事业)部(international division)结构

随着国际业务的不断发展，企业进入国际市场的方式日趋多样化，因而使得协调国际市场营销活动的职责超出了国际营销出口部的范围。同时，由于国际营销出口部在国际业务方面与日俱增的权力会引发与国内营销部之间的摩擦。因此，原有的出口部已不足以解决这些问题，而需要建立一个能统一管理和协调生产和财务等职能部门的机构，这个机构在许多公司里被称为国际(事业)部(见图 10-6)。在这种结构下，公司活动分为两部分：国内部和国际部。

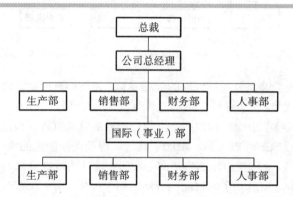

图 10-6　国际(事业)部结构

国际部的主要职责是分管公司在国外的业务活动。国际部与公司其他职能部门平级，它由营销、生产、研发、财务、计划以及人力资源等部门组成，由国际部经理负责。国际部经理拥有更大的权力，能在更大程度和范围引导企业拓展国际市场；公司能充分利用自己的资源和能力在国际市场上施展拳脚。但是国际部仍然是从属于公司的一般业务部门，那些国内市场占绝对重要地位的企业可能会限制其国际部在国外市场的拓展；国际部往往不能参与公司整体战略的制定，这就使得国际部得不到足够的资源用于开发特殊产品、实施促销计划和开拓海外市场；随着海外业务的发展，高层管理者之间的摩擦也将增加；由于公司的研发以国内市场为导向，海外市场的研发往往沦为简单的产品改良。因此，到一定阶段时，这种组织结构形式就不能适应国际业务进一步发展的需要。

3. 区域型组织(geographical organization)结构

随着公司海外销售收入的剧增，以及管理海外经营需要更多时间和资源，公司通常把它的国际(事业)部按照国家或贸易区域进一步细分。国际(事业)部这时候一般都还存在，只是在其下设立了新的组织来协调各新建区域市场。区域型组织在日本公司和欧洲公司中较多，当国内市场很大时，就单独为国内市场设立组织部门。当国内市场的销售小于国外市场的时候(许多欧洲公司也有类似情况)，国内市场在这个区域内的地位就越来越不重要，这时就不再设立国内部。

区域型组织结构(见图10-7)和国际市场营销观念的结合最紧密，因为每个区域和市场都受到了强烈的关注，所以便于对市场多样化进行管理。这种组织结构注重区域市场，并能增强各区域市场与所在区域内的国家市场的协调作用。区域型组织结构能够发挥本

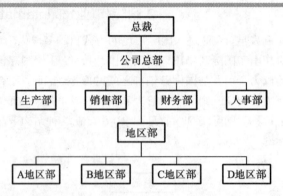

图 10-7 区域型组织结构

土化的优点,也能够充分发挥经理的管理专长,使他们有用武之地;较好地发挥了集权和分权的各自优势,使企业组织结构既具有较强的灵活反应能力又拥有统筹规划的整体优势。但是,区域型组织结构需要一批数目相当多且具有管理技能,特别是具有特定国家和地区管理经验的经理人员,增加了高层管理者在控制上的难度。而且,因其地理/区域导向的缘故,区域型组织结构趋向于在所在地区内或在分公司内促进职能和产品经营活动的一体化,而忽略了区域间经营活动的一体化。由于没有专人负责特定产品的经营活动,从而可能造成单项产品管理上的混乱;也可能导致各地区各自为政而牺牲全局利益。这种组织形式主要适用于各地区市场差别较大,而各地区的内部市场之间差异较小,产品系列较少,产品关联性较强的、技术性能较稳定的国际营销企业。

4.产品型组织(product organization)结构

产品型组织结构是指企业根据其所经营的产品类别来设计营销组织机构。采用这一组织形式的国际企业通常是有多少个产品大类,就设立多少个产品部,由各产品部经理负责全球营销活动。产品部结构是跨国公司最常用的一种组织结构形式(见图 10-8)。这种结构使业务单位独自负责其各自的产品在全球范围内的营销。

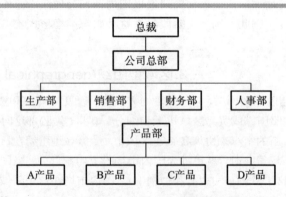

图 10-8 产品型组织结构

这种结构的主要优点是管理者能够通过生产设施的集中管理来提高效率、减少成本,有利于企业对各个产品系列给予足够的重视,防止企业忽视开发新产品和那些销售量虽小但有发展潜力的产品,也有利于改进部门内部职能活动的协调性。同时,分权化使部门领导有很大的主动性和积极性,对国外市场变化反应敏捷;可以比较稳定地控制管理产品生命周期。然而,产品型组织结构比职能型组织结构需要更多称职的经理人员。这种组织结构仍然有碍于发挥集中化服务的经济效益,不利于总公司的控制;可能导致总公司和子公司之间在营销、财务、协调和一体化方面管理活动的过度重复,并有可能弱化公司的国际化专门技能和经验;另外,在产品部门的协调上也会出现很大的问题;这种结构不利于技术转让。按照产品线组织的公司,所引进的新技术在转移到国外时比采用其他组织结构的公司要慢,并且其产品进入外国市场时,这些公司更多地采用特许的形式,而不是采用直接投资的形式。然而,采用产品型组织结构时,国际产品扩散的速度会更快。产品型组织结构最适用于有多种多样的最终用户,或既生产工业用品又生产消费品的大型企业、实行国外销售当地化生产的企业,以及拥有非常多样化的产品线和高层次的技术能力的企业。

5.职能型组织(functional organization)结构

职能型组织结构是指企业根据其主要管理职能设立有关部门,按市场、财务、人事、研究开发、生产等职能分布,各部由一名副总裁负责该方面的全球业务。在所有的组织结构类型中,职能型结构(见图 10-9)从管理的角度来看是最简单的一种,因为它强调了公司的基本任务即生产、销售、研发等。当公司的产品和客户相对较少而实质上又相近时,这种结构设置最有效。

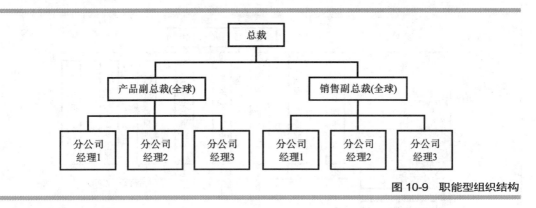

图 10-9 职能型组织结构

职能型组织结构形式符合专业化原则,合理地反映了职能要求。按职能进行控制,可以使企业把管理侧重点放在内部功能上,每个职能区域都能取得规模效益;提高了各职能部门的专业水平,从而使人力和专门知识的利用更为有效;能维护主要职能的权力和威信;成本核算和利润获取的主要职责集中在企业高层,子公司不存在利润核算问题,不会产生利润中心彼此冲突的情况,有利于公司的统一成本核算和利润考核。

这种结构虽然解决了国内和国际的协调问题,但是需要重复安排地区专家,由于这些关键人员过度专业化,观点狭隘,各职能部门之间的隔阂普遍存在,削弱了它们之间的协调。生产活动和市场营销活动分离,职能部门经理不可能具有每种产品的专业知识,不利于开展多种经营和地区扩展。经理人员易滋长过于强调本部门职能的狭隘看法。只有高级管理人员才能对利润负责,权力集中在上层,限制了基层单位的灵活性和对东道国环境的应变能力。拥有高度专业化的人才，产品范围相对狭小或产品较为标准化，在市场上已站稳脚跟，没有强手竞争的企业可以采用这种组织形式。

案例　　　　美的日电的海外营销体系整合

据报道，美的日用家电集团对海外营销体系进行了调整。美的日用家电集团近日对下属各产品事业部(照明电气公司除外)海外营销职能进行整合，分别成立国际营销事业部和东盟事业部。其中，国际营销事业部业务范围涵盖除东盟地区以外的全球市场；东盟事业部在原东盟公司的基础上成立，实施研产销一体化运作，重点发展东盟地区美的品牌业务。美的日用家电内部人士表示，成立国际营销事业部及东盟事业部，将海外市场销售与各个事业部的生产制造分开，突破原来各事业部营销资源较为分散的瓶颈，进行统一管理和资源整合，加强日电集团对外销业务的统筹和支持力度，对海外市场业务进行专业化区域运作，同时在目标区域市场重点推进自有品牌业务。此次整合以客户为导向，希望借此为海外客户提供更高效的沟通渠道，提供更多、更好的产品组合及更优质的服务。

本次日电外销整合完成后，美的家电业务的组织模式已经从单一的产品事业部制管理模式转变为"产品事业部+区域事业部"的矩阵式管理模式(见图10-10)，进入新的发展阶段。

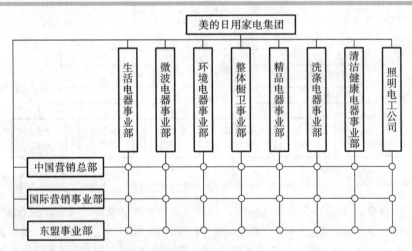

图10-10　美的日用家电集团全新组织结构图

资料来源　张颖：《美的日电整合海外营销体系　成立国际营销事业部》，速途网，2011-04-21，http://www.sootoo.com/content/113401.shtml。

6.矩阵型组织(matrix organization)结构

案例中美的日电整合后的海外营销体系不是单一的产品型、地区型或职能型组织，是"产品事业部+区域事业部"的矩阵式管理模式。随着产品多样化、区域扩散化、经营功能复杂化，开展国际营销活动的企业面对着不断涌现出的急需处理的各种新问题。这些问题要求实现既重视纵向的指挥和命令也强调横向协调合作的矩阵式结构。矩阵型组织(见图 10-11)赋予职能、地区和产品三维因素中的两维或三维相同的权力，形成双重或三重指挥和命令系统，对开展国际营销活动企业的全部业务进行纵横交叉甚至立体式的控制与管理，每个子公司都同时接受来自两个或三个矩阵部门的领导，并分别向其汇报，各矩阵部门共同分享对子公司的领导权并分头工作，制定本部门的战略。公司最高管理层统率各系统，负责整体战略管理，综合协调，裁决分歧。

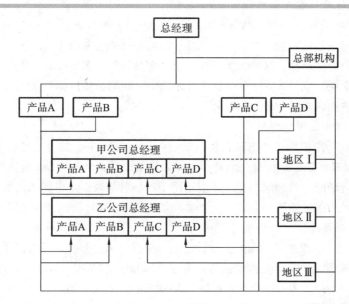

图 10-11 矩阵型组织结构

在矩阵组织中，市场和产品受到了同样的重视。一种产品在既定国家的市场营销活动，不但要向负责这种产品在各个国家经营情况的国际产品经理汇报，而且也要向所在国子公司经理汇报，该经理负责所有产品在这个国家的经营情况。这种结构有很显著的优点：使企业更加有效地应对复杂的经营环境；能综合分析和处理多种环境因素；应变能力强，较好地解决了市场反应灵活性与规模经济之间的矛盾；加强了公司总部对各个区域的经营活动的计划和控制；加强企业内部之间的协作，能集中各种专业人员的知识技能，又不增加编制，组建方便，适应性强，有利于提高效率；这种结构试图创造一种协同力，使管理人员相互依赖和协作，建立起整体观念，能根据整体利益而不是部门利益来判断是非和衡量某项决策的得失。

但是，矩阵型组织结构在实施中可能遭遇的困境也很明显。由于经理们需要同时向两层领导负责，决策可能会受人际关系和政治因素的影响；组织结构较为复杂，可能导致机构臃肿，调控难度加大，运行费用提高；双重指令体系和双重核查体系会造成额外的管理费用，会影响企业效率；由于过于分权化，使得组织的稳定性较差。正是因为矩阵式结构的这些问题，有些企业已经放弃其矩阵式结构。目前，这种理想的组织结构仍在探索之中。矩阵型组织结构兼顾地域和产品两大变量在营销决策中的重要性，适用于产品经营高度多样化并且地域经营也高度多样化，技术实力、资本实力和管理能力都较强的国际企业。

7. 全球性组织（global organization）结构

全球性组织结构将全球业务视作一个整体，更强调组织结构的整体性。实施全球化战略的企业通常采用这种组织结构。具体可分为全球产品型组织结构(global product organization)、全球地区型组织结构(global geographic organization)、全球职能型组织结构(global functional organization)三种形式。

1) 全球产品型组织结构

采用这一组织形式的国际企业按产品系列划分部门，各产品部的经理负责该产品在全球范围内的各种职能。国际企业在总部还另设有地区专职人员，负责协调该地区内的各种产品的业务活动。这种组织结构适用于产品种类繁多、市场分布广泛、技术要求较高的国际企业，特点是国际企业总部首先确定企业的总体目标和发展战略，然后各产品部据此制定出各自的业务发展计划。

2) 全球地区型组织结构

采用这种组织形式的国际企业，按地区业务划分部门，其主要经营责任由地区部负责。总部及其所属的职能部门则从事全球发展战略的设计和控制，地区部控制和协调该地区的所有职能。这种组织形式一般适用于产品种类较少，市场销售条件、技术基础、生产方式较为接近的国际企业。一些食品加工、医药和石油企业具有上述特点。

3) 全球职能型组织结构

采用这种组织形式的国际企业按市场、财务、人力资源、研发及生产等职能分部，各部由一位副总经理负责该项职能在全球范围的活动(见图 10-12)。这种组织形式适用于产品系列不是很多、企业规模不是很大的国际企业，其特点是对各种职能本身控制很紧，但各种职能之间互不联系。由于采用这种组织形式的企业对其所属的各子公司进行多头控制，因而有些国际企业转而采用按地区划分的组织形式。

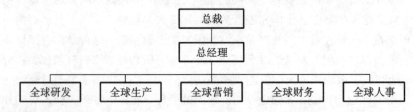

图 10-12　全球职能型组织结构

10.3.3　影响国际市场营销组织结构的因素

影响国际市场营销组织结构的因素有很多，除了各目标市场国的政治、经济、文化、技术和法律等宏观因素的影响外，企业规模、企业战略、地理位置、产品属性、外部环境等因素都是在进行组织结构选择时需要着重考虑的因素。

1. 企业规模

开展国际业务的企业在刚开始涉足国际市场时，其规模不大，企业的营销重点还在国内市场，它的组织结构比较简单。随着企业规模的扩大，资金实力、管理能力都增强了，这时它的组织结构会变得较为复杂，营销重心会向国际市场偏移。

2. 企业战略

企业的高层管理者制定的公司发展战略不同，企业的组织结构也会不同。企业的产品进入国际市场时采用间接出口、直接出口，还是合同进入或是投资进入模式，会影响企业的组织结构。企业进入国际市场程度的深浅决定着企业组织结构的复杂程度。

3. 地理位置

企业设在国外的子公司地理位置影响着它的国际市场营销组织结构。如果企业的子公司设在文化、经济、政治环境相差很大的不同地区，那么企业应按地区来构建组织结构，充分放权，进行本土化管理。如果某些国家如加拿大、美国在一些产品的需求上有很大的共性，可以向两国市场提供某一同质产品，而向其他的国家提供分类产品，企业的组织结构可以按产品来建立。

4. 产品属性

产品属性不但指它的物理性质与化学性质，还包括产品的通用性、普及性等。产品属性会影响企业的组织结构，比如说，麦当劳食品通过公司的成功运作已销到全球多个国家，公司采用连锁店的统一管理模式，这是它的通用性与普及性决定的；又由于该食品的保鲜、运输上的特点，只能在本土加工，母公司的组织结构则不得不考虑地区的特殊性。

5. 外部环境

外部环境主要指企业的竞争者与消费者、供应商、中间商、公众等。竞争者的情况会影响企业对组织结构的选择与改变，例如，竞争者对产品不断创新与发展，会迫使企业增设新产品开发部门或按产品来构建组织结构。消费者的不同文化水平、宗教习惯、经济状况、购买行为习惯会使企业按地区来构建组织结构。

10.3.4　国际市场营销组织的设计原则

1. 系统原则

国际企业营销组织的设置必须服从并服务于营销目标，与营销目标保持高度一致。企业组织结构要与企业外部大环境相适应，要从动态的角度考虑企业与员工以及外部环境的关系。企业在建立营销组织时，要依据企业总目标，为企业每个层次和部门制定子目标，各个部门又为本部门的职工制定个人目标，从而构成一个目标体系。

2. 最佳经济效益原则

最佳经济效益原则即以最小耗费获取最大的经济效益。如单一组织结构比矩阵结构运行费用要低得多。在选择组织结构类型时，对运行、管理的成本和费用以及效率等都需要进行权衡。从合理处理局部与全局、近期与长期、内部与外部、微观与宏观等方面的关系出发，统筹兼顾，权衡利弊，以促进效益最大化。

3. 集权与分权统一原则

集权是把权力集中于高层领导，分权是将权力分散于组织的各个层次。一般而言，集权应以不妨碍基层人员的积极性的发挥为限，分权应以不失去对下级的有效控制为限。

4. 分工协作原则

分工与协作是社会化大生产的客观要求。营销工作的专业化，已成为现代营销管理发展的一大趋势。协作包括纵向协作和横向协作。

5. 命令统一原则

命令统一原则的实质，就是在管理工作中实行统一领导，形成统一的指挥中心，避免多头领导。命令统一原则要求各管理层形成一条等级链。

10.4 国际市场营销管理控制

营销控制(marketing control)就是对营销计划执行过程的监督和评价，并据此采取适当的措施以纠正计划执行过程中的偏差，确保既定的营销目标的实现。

营销控制的必要性取决于企业管理的分权程度。只有营销计划和组织而没有必要的控制，就难免在执行计划的过程中出现偏差，甚至导致营销目标的落空。

10.4.1 影响国际市场营销控制的主要因素

由于不同企业的条件和所处的环境不同，因此采取的国际营销控制手段也不完全相同。一般来说，影响国际市场营销控制的因素包括以下几个。

1. 国内营销的控制方法

大多数开展国际营销的企业都是首先在本国市场上取得成功后开始开拓国际市场的，在国际营销控制中，这些企业便继续沿用那些在国内市场营销中已被证明为行之有效的控制方法。现在许多国际企业已经在传统的国内营销控制方法的基础上建立起了一整套标准化的控制制度，用以控制企业在全球范围内的经营和销售。这种标准化的控制制度有利于国际企业在全球范围内比较各子公司的经营状况，有利于国际企业人才和信息在全公司内的流动。

2. 距离和通信因素

影响国际市场营销控制的另一个主要因素是交通和通信设施的发展水平。过去，在交通和通信设施不发达的市场开展国际营销活动，不得不采取高度分权化的管理。距离决定了集权控制的费用和决策的时间，所以，随着子公司与母公司的距离的增大，母公司对子公司的授权范围也将增加。如今，交通和通信手段已经得到了飞速发展。如在通信方面，有电话、传真、电子邮件、邮件等通信方式，网络即时通信平台的发展更是使得国际企业总部的管理人员能定期与国外子公司管理人员进行面对面的商谈，使公司总部与国外子公司保持不间断的接触。发达的现代交通和通信系统使国际企业进一步加强国际营销控制成为可能。

3.环境因素

总部与海外子公司所处的政治、经济、社会、文化、技术、法律等环境差异越大，对子公司授权范围越广泛，控制子公司的程度就越小。许多国际企业为了加强对国外子公司的控制，采用了地区型的组织结构，成立若干个地区总部，这使得各地区之间环境差别较大，而每个地区内各国之间环境差异较小。另外，环境的稳定性也影响了企业的国际营销控制。子公司所在国环境(尤其是政治和经济环境)越不稳定，母公司对子公司的营销控制程度就越小。当子公司所在国环境动荡不定时，对母公司来说比较明智的办法是放手让处在第一线的子公司独立决策，自主经营。

4.产品的性质

产品的性质直接影响国际营销控制的方法。技术复杂的产品在世界各地的用途很接近，可以由公司总部集中制定统一的控制标准和绩效评估方法。对文化环境不敏感的产品，如计算机，总部可制定统一的控制标准和绩效评估方法，而药品和食品及许多日用商品如衣服等属于对文化环境敏感的产品，对这些产品的控制不能一刀切，而要对具体情况做具体分析，采取分权式的控制方法。

5.国际营销业务的比重

国际营销业务的比重越大，公司总部的职能管理人员也就越多，对子公司控制的范围相应的就越广泛；反之，国际营销业务的比重越小，公司总部所能雇用的职能管理人员就越少，对子公司的营销控制的范围也就越狭窄。

6.子公司的计划效率

当国外子公司能圆满完成母公司制定的营销计划，绩效显著时，母公司对其控制将放松，国外子公司的自主权将加大。相反，当国外子公司完不成计划，屡遭败绩时，母公司对其控制将加紧，国外子公司享受的自主权不可避免地要被削弱。

7.母公司和子公司的距离

在其他条件都一样的情况下，母公司和子公司的距离越大，母公司对子公司的控制就越弱，子公司享受的自主权也就越大。这是因为遥远的距离不仅增加了旅差费用和使用电话、电传和其他电讯设备的费用，而且也可能延误决策的时间。因此，随着子公司与母公司距离的增大，母公司对子公司的授权范围也会增加。

10.4.2 国际营销控制的程序

国际营销控制须遵循严格的程序，具体步骤如下。

1.明确标准

首先，将企业国际营销计划中的营销目标进一步分解和具体化，既提出营销控制的定性要求，也提出营销控制的定量指标，如计划达到的市场份额，或者计划完成的销售指标或利润指标等。然后，将企业目标制成目标说明书。目标说明书不仅要阐明企业的总目标，并且要将经营业务目标的详细情况告知负责人。明确目的和分清责任，才能有的放矢。

2.绩效评估

对企业国际营销活动的绩效评估，是指根据企业营销控制的标准，利用直接或间接营销控制方法，对企业国际营销计划执行情况进行检查与评估。通过对下属机构或海外子公司营销活动的评估，可以了解国际营销计划的执行进度，以判定是否偏离标准及偏离的程度。对下属机构进行评估的形式主要是进行定期和不定期检查，并建立报告制度，即总部要求各子公司定期提交经营结果报告或在制定重大决策时向总部报告。除报告制度外，企业还可建立督导制度，定期对营销工作进行巡回检查，通过实地调研了解企业出口营销情况和执行营销计划的进度。在通过各种方式了解企业出口经营现状之后，母公司还需要分析和判断哪些营销人员完成了预定目标，哪些人员在哪些方面背离了预定目标或出现了偏差。

3.纠正偏差

纠正偏差，就是对那些背离了预定目标的子公司提出纠正意见，要求子公司迅速采取措施，保证计划的完成。企业国际营销活动与国际营销控制目标要求之间产生偏差的原因是多方面的：一是市场发生了变化，如消费者对产品的需求偏好有所改变，从而导致企业产品销量下降；二是企业决策或人员决策的失误，如促销广告宣传效果不佳使企业产品销售量下降，市场份额减少；三是营销计划本身的问题，如营销目标定得过高，控制标准选择不当，都可能使实际情况与计划目标产生偏差。

4.选择控制方法

对国际营销机构的控制既可以是直接控制，也可以是间接控制。直接控制是指采用契约、协议、特别合同条款等经济法律方法或通过股权分享参与管理的行政方式对国际业务进行控制。如果企业总部能直接参与其国际业务代理机构的管理，那么就能确保较高的控制程度。间接控制是指靠传达信息与相互竞赛等来控制国外营销业务，让竞争发挥作用。间接控制依赖于相互沟通。

在控制系统有效运转以前，必须确定一套有客观根据的标准来测量进程，标准以企业经营目标为基础。明确标准可分为两步：第一步是确定控制对象和目标，第二步是建立衡量标准和考核指标。标准应尽可能明确，而且不受资金及成本费用等限制。如评价营销目标完成与否，可采用销售量、利润、预算支出等标准，并据此检查其执行情况，以便确定其是否切实可行和是否符合企业的国际经营目标。

5.明确控制责任

确定每一相关部门应该承担的责任，是"产权明晰"、保证营销控制有效进行的前提。国际营销企业的组织机构非常复杂，各机构之间的协作事项相当多，因此，为了建立良好的联络与协作关系，企业应将职责自始至终交给能与他人很好合作共事、进行统一行动与管理的称职人员，使之有权对他人的工作进行协调，以实现控制。各种组织机构之间应有沟通和协调,并且有人在不同层次最终负责。

6.建立信息反馈系统

信息系统和控制系统是企业的中枢神经系统。同国内营销相比,国际营销的信息系统应当更加正规和系统。在企业的营销控制中,信息沟通是一项非常重要的工作。收集情报资料是进行信息沟通的关键。可用四种方法收集信息。第一,定期或不定期检查。派遣人员到国外代理商、各地销售部门及向顾客了解情况。第二,自动收集信息。由各个部门定期填写报告,如销售人员所填写的例行报告,对这些报告进行定期检查,从中发现对控制进程有益的情报资料。第三,从企业档案中获取历史资料。第四,直接从市场中获取信息。设立信息系统必须审慎。因为过多的情报资料既浪费时间,又会降低报告价值,影响经理人员办事效率。此外,对于信息系统来说,沟通信息必须具体中肯,要使接收者能完全理解,以便于有效沟通。

10.4.3 国际市场营销控制的方法与手段

公司最高决策层在进行营销决策协调时,首先必须考虑各分权层次所处的环境、所拥有的技术、所遵循的管理规则,然后再对不同的分权地区和层次制定不同的决策标准。对于分权层次,总部可以同时采取正式和非正式的方法来控制。

1.正式的控制方法

计划和预算是公司所使用的正式营销控制的两个基本手段。在实践中,许多公司制定预算主要依赖两个指标:上年的实际业绩和产业的某些一般规范及历史规范。对于开展国际营销的公司,一个更好的方法是由总部预计在每个国家市场期望达到的和可能达到的增长水平。这种预计应以公司对各国和产业增长模式的研究为基础。

这种方法是公司所使用的从国内市场营销到国际市场营销中的一种基本技术的扩展。它包括在预算中用单位和现金项目测算来说明计划销售额、利润目标以及在市场营销方案上的支出,预算说明了目标以及为达到这些目标必要的支出。控制由衡量实际销售和支出组成。在实际情况与预算没有差异(或出现有利差异)的情况下,公司通常不采取行动。一个不利的差异,如低于计划的销售额,会吸引地区与国际总部的产品线及专职主管的注意力,他们会调查并试图确定导致不利差异的原因,寻找改善业绩的方法。

2.非正式的控制方法

除了计划和预算,非正式的控制方法也起着重要的作用。非正式的控制方法主要有两种。

1)非正式协调

非正式协调是分享不同市场上相似情况的有关信息,是许多公司战略统一化的第一步。在正式报告中经验一般是见不到的,而且通常要花很长时间相互讨论才能发现相关的独特经验,也就是我们所说的"只可意会,不可言传"的隐性知识。这种类型的非正式管理活动很难被系统化,有点类似于在全球范围内的走动管理(management by walking around,简称 MBWA)。在非正式协调的过程中,不同市场的经理可以互相以一个咨询者或者朋友的身份来了解情况,而不是像老板一样来视察工作。这样的非正式合作不能在营销计划中表现出来。"一项有关瑞典跨国公司经理的研究表明，有44%的经理去国外子公司都没有明确的问题和行动目标，只是为了培养这个网络。"另外，子公司员工和总部员工之间以及子公司员工之间的面对面的接触能够提供信息交换与判断的机会，以此作为对计划和控制过程的一项有价值的输入。在年度会议中，由于该区域中全体员工的参加，通常会在标准制定过程中增加一些非正式的输入信息。通过总部与各分权层次人员的接触与交流，一方面，可以使总部加强对各分权层次领导人的指导，另一方面，可以使总部与各分权层次之间有一个互相磋商和交流的过程，这最终会使分权层次进一步加深对总部目标的理解，有利于总部目标的贯彻执行。

2) 协调委员会

在一般可以由区域经理或国家经理组成的协调委员会中，成员们交换新产品的有关信息和竞争资料，分享市场调研数据，决定某一品牌是作为全球品牌还是区域品牌推广，设定销售业绩的国际标准，并且使产品同步投放市场。这些高层次的会议，加强了公司高层之间的联系，提供了一个协调和统一各单位活动的机会和场所。许多大公司都有这种委员会，如IBM、GE、飞利浦、西门子和沃尔沃等。

本章小结

本章首先说明了本土化和标准化之间的区别和联系，进而介绍了四种国际市场营销导向，即本国中心主义、多中心主义、地区中心主义和全球中心主义。不同的管理导向，标志着不同的权利重心基础；不同的权利重心构成了企业国际营销战略的差异；这些不同的国际营销战略决定着企业所适应的国际营销组织结构。其次，介绍了国际市场营销控制的方法与手段，指出影响国际市场营销控制的主要因素、国际营销控制的程序、国际市场营销控制的方法与手段。

关键术语

国际市场营销管理	全球化	本土化	战略要素
民族中心主义	多中心主义	地区中心主义	全球中心主义
组织结构	出口部结构	国际部结构	地域型组织结构
产品型组织结构	职能型组织结构	矩阵型组织结构	全球性组织结构
国际市场营销控制	正式控制方法	非正式控制方法	

思考题

1. 国际市场营销管理的全球化与本土化的含义是什么？二者之间的关系如何？
2. 国际市场营销战略的四种导向分别是什么？
3. 国际市场营销管理中领导者应具备哪些能力？
4. 国际市场营销组织结构的演变过程如何？

5. 国际营销组织结构的主要形式有哪些？各有哪些优点与缺点？
6. 影响国际市场营销组织结构的因素有哪些？
7. 国际市场营销组织的设计原则有哪些？
8. 影响国际市场营销控制的主要因素有哪些？
9. 国际营销控制的主要内容包括哪几方面？
10. 国际市场营销控制的方法与手段有哪些？

参考文献

1. [美]苏比哈什·C 贾殷. 国际市场营销[M]. 6 版. 吕一林，雷丽华，译. 北京：中国人民大学出版社，2004.
2. [美]菲利浦·R 凯特奥拉，[美]玛丽·C 吉利，[美]约翰·L 格雷厄姆. 国际市场营销学[M]. 15 版. 赵银德，沈辉，张华，译. 北京：机械工业出版社，2012.
3. 甘碧群. 国际市场营销学[M]. 北京：高等教育出版社，2001.
4. 万后芬，汤定娜，杨智. 市场营销教程[M]. 北京：高等教育出版社，2003.
5. 闫国庆. 国际市场营销学[M]. 北京：清华大学出版社，2004.
6. [美]詹姆斯·H 麦尔斯. 市场细分与定位[M]. 燕清，等，译. 北京:电子工业出版社，2005.
7. 王涛生，黄志红，霍林. 国际市场营销学[M].北京：国防科技大学出版社，2005.
8. 李永平.国际市场营销管理［M］.北京：中国人民大学出版社，2004.
9. [美]菲利普·科特勒，[美]阿姆斯特朗.市场营销原理[M]. 郭国庆，等，译. 北京：清华大学出版社，2007.
10. [美]达娜-尼科莱塔·拉斯库.国际市场营销学[M]. 马连福，等，译. 北京：机械工业出版社，2010.
11. 美的日电集团整合海外营销体系[OL]. (2011-04-22). 搜狐数码，http://digi.it.sohu.com/20110420/n280351171.shtml.
11. 李威，王大超.国际市场营销学[M]. 北京：机械工业出版社，2015.
12. 罗友花.国际市场营销[M]. 北京：中国财政经济出版社，2014.
13. 张涓义. 史上最大规模重组！宜家将裁员 7500 人[OL]. (2018-11-22). 华尔街见闻，https://wallstreetcn.com/articles/3441775 2018-11-22 15:53.

案例研讨

外来的"和尚"念好了中国的餐饮"经"

肯德基简称 KFC，是美国跨国连锁餐厅之一，也是世界第二大速食及最大炸鸡连锁企业，1952 年由创始人哈兰·山德士(Colonel Harland Sanders)——其招牌上那个看上去和蔼慈祥的老爷爷所创建。1986 年 9 月下旬，肯德基就开始研究怎样进入中国市场，因为中国不仅人口基数大，而且随着改革开放的深入实施，国民的消费能力不断增强，未来绝对有巨大的潜力。当时虽说在中国发展的前景乐观，但是肯德基在踏入这个陌生的市场时仍然存在很大的不确定性和风险。中国消费者是否可以接受纯西方风味的餐饮？开发中国市场有没有管理资源可以利用？店铺地址应该开设在哪些地方？这些都是迫在眉睫的问题。对此肯德基对中国市场进行更全面更彻底的调查，平衡了可能的风险和收益之后，决定暂时把北京作为一个起点，这为肯德基在中国的成功奠定了坚实的基础。1987年肯德基来到中国，在北京前门开出中国第一家餐厅。到2017年，中国肯德基已在1000多个城市和乡镇开设了5300余家连锁餐厅，遍及中国大陆的所有省、直辖市和自治区。

提到肯德基就不得不说说同样被大家所熟知的麦当劳，麦当劳可是全世界第一的餐饮品牌。然而，在进入中国将近三十年的时间里，麦当劳却始终屈居肯德基之后，而且差距巨大。就餐厅数量而言，在中国，肯德基的分店是麦当劳的两倍多。为什么在美国排名第七的肯德基能在中国叱咤风云，打败排名第一的麦当劳呢？是不是与其努力将自己从一个地地道道的洋品牌改变成中国特色浓郁的品牌有关？我们来看一下这个外来的"和尚"是如何念中国餐饮"经"的。

1. 开发适合中国消费者的产品

肯德基最初是以"洋面孔"的快餐身份来到大家面前，当时独特的烹调和新鲜的制作方式受到了中国人的一致好评。的确，跨国公司高质量的产品及其强大的品牌是进入全球其他市场最强有力的武器。但是好景不长，中国经济的快速发展使得中国消费者对那些洋品牌越来越熟悉，之前笼罩在洋品牌上面的光环也慢慢淡去，消费也更趋于理性，并且在中国这个美食大国，消费者很快就对鸡腿、汉堡失去了新鲜感且饮食观念也越来越趋向健康。肯德基敏锐地观察到了消费者热情的消退，决定主动出击，对中国文化和消费者的饮食习惯进行了深入的研究和调查，决定入乡随俗，不断地推出刺激味蕾的新食品，成功地开发出了许多适合中国消费者的本土化产品，重新找到了企业新的增长点。

肯德基花心思对异国风味的产品进行中式改良，如墨西哥鸡肉卷、葡式蛋挞等在口味上更符合中国消费者的习惯，让消费者的选择更加丰富。另外在调研中发现：中国人很注重早餐，并且大部分以粥作为早餐的不二选择，于是肯德基根据中国消费者的喜好，推出了一系列早餐产品，还推出符合中国消费者口味的中式快餐，如米饭(蘑菇饭、牛肉饭)、粥(皮蛋瘦肉粥、枸杞南瓜粥等)、油条等，这些在以前和洋快餐根本无法联系在一起的食品，现在都出现在了肯德基的餐厅中。同时在中国传统的节日里推出不同节日的食物形成新的卖点，元宵节出汤圆，端午节出粽子。还推陈出新地推出了一系列套餐产品，比如各式的儿童套餐、情侣套餐、全家桶等。现在几乎每个月，我们都能看到肯德基又多了一款或几款新产品。这是在其他快餐店难以实现的。

肯德基在供应商的选择上也采用本土化策略，一直坚持在中国采购绝大多数的原材料，由此有效节约了采购与运输成本等。本土化的供应链让肯德基(中国)在效率、质量、成本上都走在了对手前面。除此之外，肯德基对产品包装也进行了本土化的创新，采用红白相间的图形，红色在中国就是喜庆的代表，白色有纯洁的寓意，更加受到中国人的青睐，同时给中国人以美好的感受。

现在肯德基聘请有10多位国内的专家学者作为顾问，负责改良、开发适合中国人需求的快餐品种。为迎合中国人的口味相继推出了备受中国人民欢迎的肯德基"辣鸡翅""鸡腿堡""芙蓉鲜蔬汤"等品种，对肯德基这家一向注重传统和标准化的老店来说，这是前所未有的转变。

而且肯德基特别成立了中国健康食品咨询委员会，研究、开发适合新一代中国消费者口味的饮食新产品，以进一步扩大市场。

2. 从全国统一定价改为细分差别定价

"20多年以来，我们一直采取传统的全国统一定价模式，但随着肯德基的快速发展，已经不能适应和匹配快速发展的复杂商业环境。"对于肯德基在中国的定价策略，一位中国肯德基负责人说："我们的定价策略有了根本性变化，开始实施细分差别定价策略。"中国经济发展并不均衡，不同地区的经济条件相差甚远，在不同地区、不同城市要实行差别定价的策略，更好地细分市场服务人群，让更多的人接触到肯德基的产品。通过科学、人性化地细分商圈，进行差别定价，这个做法也更加符合消费者的不同消费需求。

优惠券是肯德基促销的特色之一。提倡身在中国就要同中国一起过节，于是肯德基在中国特殊的节假日推出优惠套餐活动，并且根据不同的消费者推出特定的优惠券，如专门针对学生的优惠券福利，以赢得青少年的青睐。而且针对中国不同的消费群体，将主餐巧妙地搭配甜点、饮料等来合理制定套餐价。通过发放优惠券，达到促销的目的。这些手段不但加快了点餐速度，还用优惠吸引了消费者，一举两得。

3. 与中国管理团队合作经营来培训人才

人员的本土化被誉为是最有效的本土化方式之一，但是很多跨国公司在初入东道国市场时，仍然喜欢从总部直接派遣管理团队进行领导，套用他们成功的管理模式，但是肯德基却认为只有中国人才能够更好地贯彻和执行肯德基的本土化策略，尤其是在餐饮行业，与中国人饮食习惯完全不同的外国人很难在最短的时间内做出正确的判断。所以肯德基在中国避免了这一弯路，直接选用中国的管理团队进行合作经营，雇用这些人员既能为公司在本土化经营中发挥管理作用，还可以大大加强公众的认同感，提高企业影响力和竞争力。肯德基不仅管理团队倾向于本土化的人才战略，同样各个层级的员工都提倡本土化，坚持员工100%的本地化并不断投入资金人力进行多方面各层次的培训。从餐厅服务员、餐厅经理到公司职能部门的管理人员，公司都按照其工作性质的要求，安排科学严格的培训计划。为使管理层员工达到专业的快餐经营管理水准，肯德基还特别建立适用于餐厅管理的专业训练基地——教育发展中心。肯德基(中国)公司着力培养、提拔和使用本地人才，充分发挥他们熟悉本国政策、竞争环境和市场特点的优势，这些培训不但提高了员工的专业工作技能，还丰富和完善了员工自身的知识结构和个性发展。

可见，肯德基在中国的成功很大程度上依赖的是本土化策略，不是把自己当成外来的市场入侵者，而是当作目标国市场中固有的一员融入当地文化。肯德基的母公司百胜餐饮集团中国事业部负责人最常说的一句话就是："中国肯德基是中国人的肯德基。"

资料来源

1. 王江骥：《肯德基在中国的本土化营销策略研究》，载《商业经济》，2018年第3期。
2. 马静，吕作良：《肯德基在华本土化经营策略研究》，载《现代商贸工业》，2016年第11期。
3. 谷润峰：《肯德基跨文化经营战略对我国快餐业的启示》，载《商情》，2018年第3期。
4. 李威：《浅析肯德基本土化之路及对我国餐饮业的启示》，载《新经济》，2016年第21期。

5. 陈晓环：《陈紫薇.麦当劳和肯德基品牌的本土化设计比较研究》，载《设计》，2016 年第 8 期。
6. 《肯德基今年二次调价 全国不再统一定价》，新华报业网-扬子晚报(南京)，2011-10-30。
7. 何莉，高源：《肯德基中国市场本土化营销策略研究》，载《新闻研究导刊》，2016 年第 10 期。
8. 李雯婷：《麦当劳的中国本土化营销策略分析》，载《中国集体经济》，2018 年第 12 期。
9. 王薇：《中国餐饮企业跨国经营的本土化营销策略研究》，载《现代商业》，2018 年第 5 期。

案例思考题

1. 肯德基的本土化能获得成效，除了案例中说到的几点外，还有哪些原因？
2. 肯德基在其他国家也有大力推广本土化策略，但是都没有中国做得好，其原因何在？
3. 肯德基的细分差别定价有什么弊端？你认为应如何解决？
4. 麦当劳近期也开始大举实行本土化的策略，假如你是肯德基(中国)的营销经理，对此如何应对？

主要参考文献

[1] 陈启杰. 现代国际市场营销学[M]. 上海：上海财经大学出版社，2000.
[2] 董小麟. 国际营销学原理[M]. 广州：中山大学出版社，1996.
[3] [美]菲利普·科特勒. 营销管理——分析、计划、执行与控制[M]. 12版. 梅汝和，梅清豪，译. 上海：上海人民出版社，2001.
[4] [美]菲利普·科特勒，威廉·格雷戈尔，威廉·罗杰斯. 营销审计时代的到来[M]// 营销学经典权威论文集. 8版(中译本). 大连：东北财经大学出版社，2000.
[5] [美]菲利浦·R 凯特奥拉，[美]玛丽·C 吉利，[美]约翰·L 格雷厄姆. 国际市场营销学[M]. 15版. 赵银德，沈辉，张华，译. 北京：机械工业出版社，2012.
[6] 辛玲，龚曙明. 市场调查与预测[M]. 2版. 北京：清华大学出版社，2014.
[7] 龚维新，彭星闾. 国际市场营销学[M]. 北京：中国财政经济出版社，1996.
[8] 甘碧群，曾伏娥. 国际市场营销学[M]. 3版. 北京：高等教育出版社，2014.
[9] 郭国庆，张轶凡. 国际营销学[M]. 北京：中国财政经济出版社，1996.
[10] 杭言勇. 世界经济概论[M]. 北京：机械工业出版社，2010.
[11] 韩创飞. 闯荡国际[M]. 北京：中国纺织出版社，2004.
[12] 胡正明，张喜民. 国际市场营销学[M]. 济南：山东人民出版社，2002.
[13] 纪宝成，吕一林. 市场营销学教程[M]. 5版. 北京：中国人民大学出版社，2012.
[14] 寇小萱，王永萍. 国际市场营销学[M]. 5版. 北京：首都经济贸易大学出版社，2017.
[15] [美]迈克尔·A 希特，等. 战略管理：竞争与全球化(概念)[M]. 吕巍，译. 北京：机械工业出版社，2016.
[16] 逯宇铎，常士正. 国际市场营销学[M]. 北京：机械工业出版社，2004.
[17] 梁能. 跨国经营概论[M]. 上海：上海人民出版社，1995.
[18] 李健. 国际市场营销理论与实务[M]. 大连：东北财经出版社，2006.
[19] 李永平. 国际市场营销管理[M]. 北京：中国人民大学出版社，2004.
[20] 李业. 品牌管理[M]. 2版. 广州：广东高等教育出版社，2011.
[21] 鲁桐. 中国企业跨国经营战略[M]. 北京：经济管理出版社，2003.
[22] [美]迈克尔·J 贝克. 市场营销百科[M]. 李桓，译. 沈阳：辽宁教育出版社，1998.
[23] [美]迈克尔·钦科陶，伊卡·龙凯宁. 国际市场营销学[M]. 曾伏娥，池韵佳，译. 北京：电子工业出版社，2015.
[24] 瞿彭志. 网络营销[M]. 北京：高等教育出版社，2001.
[25] [美]苏比哈什·C 贾殷. 国际市场营销[M]. 6版. 吕一林，雷丽华，译. 北京：中

国人民大学出版社，2004.

[26] 汤定娜. 国际市场营销学[M]. 北京：高等教育出版社，2006.

[27] 万后芬，汤定娜，杨智. 市场营销教程[M]. 3 版. 北京：高等教育出版社，2013.

[28] 吴健安. 市场营销学[M]. 北京：高等教育出版社，2000.

[29] 巫开立. 现代零售精要[M]. 广州：广东经济出版社，2004.

[30] 王涛生，黄志红，瞿林. 国际市场营销学[M]. 长沙：国防科技大学出版社，2005.

[31] 王英辉，李文陆. 国际市场分析与营销策略[M]. 北京：中国物价出版社，2002.

[32] 万成林. 国际营销管理[M]. 天津：天津大学出版社，2004.

[33] 徐剑明. 国际营销实务与案例[M]. 北京：机械工业出版社，2004.

[34] 许晖. 加速国际化——拓展国际市场战略[M]. 天津：天津大学出版社，2003.

[35] [美]约翰·B 库仑. 跨国管理[M]. 赵树峰，译. 北京：机械工业出版社，2003.

[36] 杨浩. 国际营销[M]. 北京：中国华侨出版社，2002.

[37] 闫国庆. 国际市场营销学[M]. 北京：清华大学出版社，2013.

[38] 杨锡怀，冷克平，王江. 企业战略管理理论与案例[M]. 2 版. 北京：高等教育出版社，2004.

[39] 庄宗明. 世界经济学[M]. 北京：科学出版社，2015.

[40] 赵放. 国际营销学[M]. 北京：机械工业出版社，2004.

[41] 朱玉童. 渠道冲突[M]. 北京：企业管理出版社，2004.

[42] [美]Johny K Johansson. 全球营销[M]. 江林，译. 北京：中国财政经济出版社，2004.

[43] [美]Warren J Keegan. 全球营销管理[M]. 7 版. 段志蓉，钱珺，译. 北京：清华大学出版社，2007.

[44] [美]凯文·莱恩·凯勒. 战略品牌管理[M]. 吴水龙，何云，译. 北京：中国人民大学出版社，2014.

[45] [美]詹姆斯·H 麦尔斯. 市场细分与定位[M]. 燕清，等，译. 北京：电子工业出版社，2005.

[46] 于丹，高俊云. 国际市场营销[M]. 北京：人民邮电出版社，2014.

再版后记

本书由中南财经政法大学的汤定娜教授主编,武汉工程大学的刘煜讲师、内蒙古财经大学的刘俊清副教授、湖北大学知行学院的刘梦玮讲师为副主编。各章作者分别是:第一章,汤定娜;第二章,刘煜、汤定娜;第三章,刘煜、郑雯珺;第四章,刘俊清、宋海龙;第五章,刘俊清,汤定娜;第六章,刘梦玮、廖文虎;第七章,刘煜;第八章,刘梦玮、汤定娜;第九章,刘梦玮;第十章,刘俊清。宋晓琳参与了第七章和第十章案例的编写,吕摇参与了第九章案例的编写。

本教材的编写无疑会出现一些偏差与错误,欢迎读者批评指正。在本书编写中引用了一些公开发表的资料,在此对资料提供者一并表示感谢。

感谢华中科技大学出版社的编辑和工作人员对本书付出的辛勤劳动。

编 者
2019-2-10

与本书配套的二维码资源使用说明

　　本书部分课程及与纸质教材配套数字资源以二维码链接的形式呈现。利用手机微信扫码成功后提示微信登录，授权后进入注册页面，填写注册信息。按照提示输入手机号码，点击获取手机验证码，稍等片刻收到 4 位数的验证码短信，在提示位置输入验证码成功，再设置密码，选择相应专业，点击"立即注册"，注册成功。（若手机已经注册，则在"注册"页面底部选择"已有账号？立即注册"，进入"账号绑定"页面，直接输入手机号和密码登录。）接着提示输入学习码，需刮开教材封面防伪涂层，输入 13 位学习码（正版图书拥有的一次性使用学习码），输入正确后提示绑定成功，即可查看二维码数字资源。手机第一次登录查看资源成功以后，再次使用二维码资源时，只需在微信端扫码即可登录进入查看。